数字化转型及数字技术应用

董方　田宇　高志龙　尹继尧◎编著

应急管理出版社

·北　京·

图书在版编目（CIP）数据

数字化转型及数字技术应用 / 董方等编著. --北京：应急管理出版社，2024

ISBN 978-7-5237-0545-2

I.①数… II.①董… III.①信息经济—经济发展—研究 IV.①F49

中国国家版本馆CIP数据核字（2024）第091913号

数字化转型及数字技术应用

编　　著　董　方　田　宇　高志龙　尹继尧
责任编辑　郭玉娟
责任校对　张艳蕾
封面设计　解雅欣

出版发行　应急管理出版社（北京市朝阳区芍药居35号　100029）
电　　话　010-84657898（总编室）　010-84657880（读者服务部）
网　　址　www.cciph.com.cn
印　　刷　北京四海锦诚印刷技术有限公司
经　　销　全国新华书店

开　　本　710mm × 1000mm $^{1}/_{16}$　**印张**　23　**字数**　359千字
版　　次　2024年6月第1版　2024年6月第1次印刷
社内编号　20231587　**定价**　176.00元

前言

2017年12月的中央政治局会议与中央经济工作会议上，习近平总书记指出，要构建以数据为关键要素的数字经济，建设现代化经济体系离不开大数据发展和应用。习近平总书记除了强调大数据在现代经济领域的重要性，还提到了运用大数据提升国家治理现代化水平；要切实保障国家数据安全，加强国际数据治理政策储备和治理规则研究，提出中国方案。

随后，我国制定了新时代中国特色社会主义的行动纲领和发展蓝图，提出要建设网络强国、数字中国、智慧社会，推动互联网、大数据、人工智能和实体经济深度融合，发展数字经济、共享经济，培育新增长点，形成新动能。中国数字经济发展将进入快车道。以云计算、大数据、物联网、人工智能等为代表的新数字经济，革命性的影响已经席卷各行各业，这场变革又揭开了全新的篇章——一个数字生态体系已初具雏形。

2023年9月，习近平总书记在黑龙江考察时提出了“新质生产力”的概念，之后多次就“发展新质生产力”作出重要论述。

新质生产力只有在中国才能大规模发展。从工业革命的意义看，新质生产力与以前的数次革命特性不同。中国的新质生产力路线，与美国大模型人工智能路线相竞争，这在工业革命历史上是罕见的。

当今，数字经济已成为全球共同的发展战略。数字经济的发展离不开数据，数据是数字经济最核心的资源，数据与数字技术是发展新质生产力的核心内涵。数据作为全新的生产要素已经崭露头角，正在突破资本和劳动力的极限，成为经济增长的新动能。

各行各业已经达成共识，新一轮技术革命以创新驱动，数据成为新时代的基石与新动能的特征！数据作为数字的价值体现，在发展经济、军事、治理等各个方面都将是最重要的资源。毫无疑义，谁掌控数据，谁就将掌控未来与发展。

因此，数据将成为知识型社会最宝贵的资源。在这些新的思维范式下，每个人的生产方式、生活方式及存在方式，都会发生根本性变化。

当前，我国正深入实施新一轮国有企业改革深化提升行动，重点是增强核心功能、提高核心竞争力，目标是着力打造现代化新国企，使其更好地承担科技创新、产业引领和安全支撑等任务。同时积极布局战略性新兴产业和未来产业，加快发展新质生产力，进而为中国式现代化和高质量发展提供战略支撑和基本保障。

我们的使命就是为数字转型提供开放且实用的数字化技术，帮助正在被数字经济赋能的客户将大胆创想转化为现实。

本书共分为六章：第一章主要介绍数字化转型趋势与关键点等内容。第二章主要介绍欧盟数字经济、美国民用与军事数字技术发展、英国国防数据战略等情况及对我国的启示；国内数字化转型与数字经济情况。第三章主要介绍数字与数据、全球数字监控生态系统、城市数字化建设与城市大脑、城市应急管理中心数字化平台、数据与算法算力、数字化安全技术等内容。第四章介绍现代工业的基本特征、解决数字化转型难题、新型能力体系建设总体框架、建设海洋装备智能数字工程平台、下一代智能制造之数字工程师及未来数年数字技术如何推动企业高质量发展等内容。第五章介绍数字孪生技术的发展过程、特征和价值，数字孪生的支撑技术和应用场景等。第六章介绍数字孪生技术在国际海事中的发展与应用情况，中国海事中的发展与应用情况，无人船数字孪生技术航运安全性全寿命周期管理等内容。

当前，我国产业的数字化、数字的产业化趋势明显，这是我国经济高质量发展的创新驱动力。未来我国数字经济发展趋势如何，怎样抓住百年一遇的机遇，应对挑战，实现新质生产力的快速发展，我们希望能够发挥微薄的作用，这是我们的初衷，也希望抛砖引玉。书中所引用的公开发表的资料，其知识产权属于原文作者。如有不当之处，敬请广大读者批评指正。

作 者

2023年12月

目录

1

数字经济成为国民经济新动能

1.1 数字化转型趋势与关键点

1.1.1 转型趋势

2021年9月21日，福布斯网站发文分析了2021年十大数字化转型趋势。

1.5G

远程办公在2020年成为常态，对可靠连接和更多带宽的需求以及对手机、平板电脑等的依赖更甚，从而凸显了5G需求。如今，5G部署已成为解决方案的重要组成部分，其价值在2021年已得到充分体现。

2. 客户数据平台

美国的国际商业机器公司（IBM）估计，“坏数据”每年会造成约3万亿美元的损失，应对这一挑战已成为首要任务。客户数据平台（CDP）通过从所有可用的数据源收集数据，对其进行组织、标记，然后提供给需要访问的人使用，来帮助解决这个问题。CDP从2021年就变得尤为重要。

3. 混合云（图1-1）

2019年，大型公共云提供商（如AWS、Azure、Google、IBM和Oracle）对混合云技术进行了重大投资，以满足客户的需求，应对指数级数据增长带来的挑战，同时积极应对隐私、安全和合规性等问题。混合云的现代化方法正在从支持传统IT扩展到支持工业应用。

4. 网络安全

新冠疫情期间，黑客在全球范围内扩大了对企业的攻击行动。2020

图1-1 混合云示意图

年1月到4月，针对银行的攻击增加了238%，对云服务器的攻击增加了600%。

5. 机密计算

增强网络安全的另一种方法是机密计算，特别是在解决通信和数据隐私问题时。机密计算的核心是加密整个计算过程，围绕敏感信息创建额外的安全层。这项技术在前几年还处于初级阶段，现在已成为主流。

6. 无头科技

“无头科技”（Headless Tech）的意思是，企业现在可以将其前端表示层与后端数据功能分离，以创建定制的个性化体验。

7. 居家办公

因疫情等原因，居家办公成为一种主要办公方式，而且很可能延续下去。居家工作可能带来人口迁移，这种迁移将推动对郊区和农村地区互联互通的更多投资，使人口较少的社区实现更高的生产力。

8. 人工智能

新冠疫情引发了人工智能和数据普及的加速。随着计算能力成本的降低，云使人们能够访问这种计算能力以及软件和框架，越来越多的公司将从AI中受益。随着主要芯片制造商在半导体方面的不断创新，然后将其CPU、GPU、FPGA和ASIC部署到云中。公司可直接或通过第三方应用程序访问此硬件和软件，从而进一步简化和普及AI。

9. 设备外形

用户对混合设备越来越感兴趣，如微软Surface Duo和三星Galaxy Fold 2，其能够兼作手机和平板电脑，并根据需要折叠和展开。除了折叠和多屏设备，通过5G和LTE实现全方位连接的电脑也获得了更大的发展势头。

10. 量子计算

近年来，量子计算获得了前所未有的关注。量子计算在控制疾病传播、研发治疗方法和疫苗方面处于前沿。随着人们意识到量子计算所具有的强大功能，量子技术可能会被更多地用于其他行业，在任何时候，从任何来源轻松地查询、监视、分析和处理数据。

1.1.2 转型关键点

数字化转型的本质应该是：在数据+算法定义中，以数据的自动流动化解复杂系统的不确定性，优化资源配置效率，构建企业新型竞争优势。2019年，安筱鹏博士在清华大学经管学院举办的高教论坛上，围绕“数字化转型2.0”进行了主题发言，介绍了数字化转型的本质。

关于企业数字化转型有很多新的概念，有些时候新概念太多，**也造成了“新概念雾霾”，我们需要拨开迷雾见实情，**看到数字化转型的全局，并看到数字化转型的细节；**我们也需要透过表象看到数字化转型的本质，即应该是：在数据+算法定义的世界中，以数据的自动流动化解复杂系统的不确定性，优化资源配置效率，构建企业新型竞争优势。**

当前，全球信息通信技术正进入技术架构大迁徙时代，企业数字化转型正在经历从基于传统IT架构的信息化管理，迈向基于云架构的智能化运营。

如何理解和认识企业数字化转型，下列关键点可以帮助我们理解数字化转型的本质：**①不确定性；②复杂系统；③竞争的本质；④转型的逻辑起点；⑤工具革命；⑥决策革命；⑦数据的自动流动；⑧软件的本质；⑨技术架构的大迁移时代；⑩体系重构。**

1.1.2.1 不确定性

1. 对不确定性的认知是理解社会规律的内在动力

人类社会发展一直伴随着对确定性的追求，只有深刻认识不确定性，才能深刻理解数字化转型的本质。

确定性是行为能够被预测的前提，也是我们安全感的来源。人类社会的发展史就是一部对抗不确定性、寻求人类命运发展确定性的历史，对不确定性的认知和对确定性的追求一直伴随着人类社会的发展和演进。

不确定性源于信息约束条件下人们有限的认知能力，应对不确定性，是人类永恒的挑战，如图 1-2 所示。

在过去几千年里，每一个个体、族群、部落、企业、国家等都会面临各种各样的挑战，如战争、冲突、灾害、竞争等。人们都面临如何在不确定性的环境中进行决策，这些决策正确与否会导致事情的成败、得失、利弊、对错、好坏、优劣等结果，决策结果又会影响个体的幸福、部落的兴衰、企业的成长、国家的繁荣、历史的走向。

化解不确定性的“三部曲”：

第一，理解和认知世界运行的规律，这是化解不确定性的逻辑起点；

第二，理解运行规律之后需要预测将会发生什么，这是决策的基础和依据；

第三，控制，这是将决策付诸行动的具体路径。

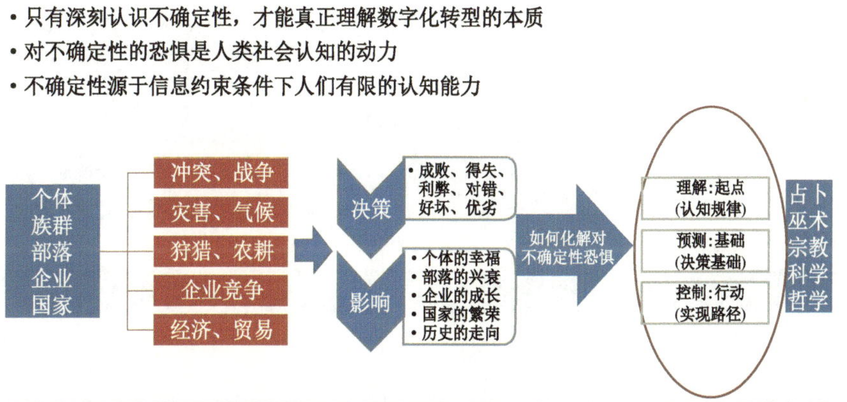

图 1-2　人类应对不确定性的挑战

2. 面对不确定性如何决策

几千年来，人类社会一直面临的重大挑战是，如何在不确定性的环境中进行决策。从游牧社会、农业社会、工业社会到信息社会，这都是一个永恒的话题，而在过去人类是如何进行决策的？

2000多年前，《史记·龟策列传》中记载“自古圣王将建国受命，兴动事业，何尝不以助善”。

100年前，爱迪生经过几千次试验发明了电灯；1969年，美国人把人类送到了月球，波音747实现了首飞。人类登上月球的每一个决策、飞机研发的每一次重大决策的背后基于什么？是科学。

今天，风电功率预测、工程机械设备全生命周期运维、盒马鲜生对生鲜食品的品类及数量选择、淘宝首页千人千面的背后，构建了新的决策机制：数据+算法。

3. 对不确定性认知的分野：从哲学到科学

对于不确定性的认知，也是从哲学、科学、经济学中分化的一个重要因素，如图1-3所示。从信息论来看，克劳德·香农认为“信息是用来减少随机不确定性的东西，信息的价值是确定性的增加”，信息最重要的就是要减少不确定性而增加确定性。回到数字化本质，就是在数据+算法定义的世界中，化解复杂系统的不确定性。

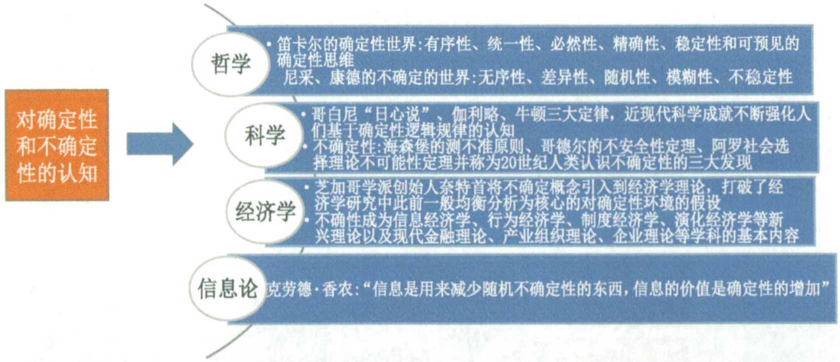

图1-3　不确定性的认知

1.1.2.2 复杂系统

1. 从万物互联到万物智能（图1-4）

没有网络的世界是一个机械系统。随着传感器、互联网、物联网的出现，IoT时代正在到来，所有产品最终都将成为一个网络终端。正如波特所说，未来，所有产品的功能将由动力部件、执行部件、智能部件、互联部件四个基本模块构成，未来的智能产品可以监测、可以控制、可以优化，产品的功能灵活性、易扩展性、安全性、可管理性都得以提高。

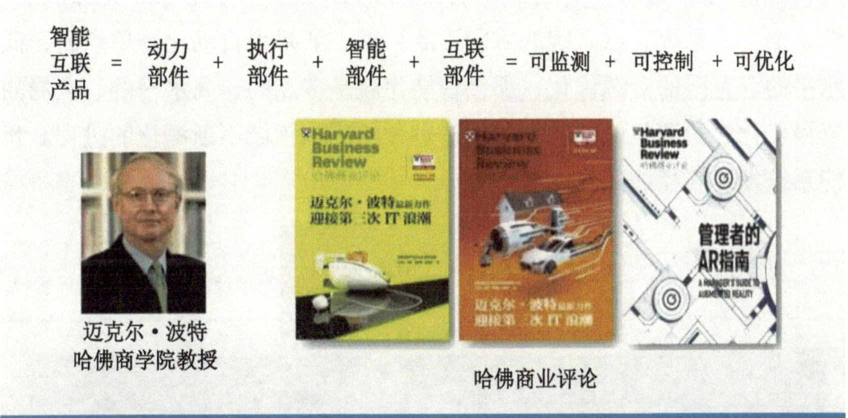

图1-4　从万物互联到万物智能

2. 从单一产品走向复杂系统，从机械系统走向生物系统

万物互联使得孤立产品走向复杂产品网体系。国内外著名企业的产品，大都是沿着传统产品→智能产品→智能互联产品→产品系统→产品体系的路径逐步演变。它不仅仅是一个产品，而且成为一个网络体系的组成部分。当成为一个网络体系组成部分的时候，就从一个原有的产品系统演变成一个复杂的生物系统。

3. 智能系统：单一系统、局部系统、复杂系统到巨系统

再来看智能制造，可以定义一个智能的最小单元——具有感知、分析、优化、执行功能的智能单元，如数控机床、智能机器人、AGV小车以及刀具管理、工装管理系统等，这些最小智能单元散布在制造体系的各个角落。今天，随着物联网、边缘计算、工业互联网等新的架构和技术体系的出现，以及市场需求对跨企业、跨环节、大尺度资源优化的

需求，最小的智能单元从一个小系统被不断接入企业内部大系统，企业内部大系统与上下游实现了互联互通互操作，构建起复杂产业链系统。

在此基础上，当企业把产业链系统向整个社会开放时，开始构建起一个复杂巨系统。我们可以看出，商业和制造系统正变得越来越复杂，从一个机械系统演变成了一个复杂生物系统。

德国工业4.0讲横向集成、纵向集成、端到端集成，从这个角度来讲，集成是数据的互联互操作，集成的本质是对制造资源优化范围、领域深度的描述，从自动化到智能化，就是从局部优化到全局优化的过程，在时间上优化只有起点没有终点，空间上参与优化的资源从点、线、面、大系统、巨系统的方向不断扩展。如果说自动化是单点的、低水平的、有限的资源优化，那么智能化就是多点的、高水平的、全局的资源优化。所谓集成，就是对制造过程的范围领域不断深化的过程。智能系统发展路径如图1-5所示。

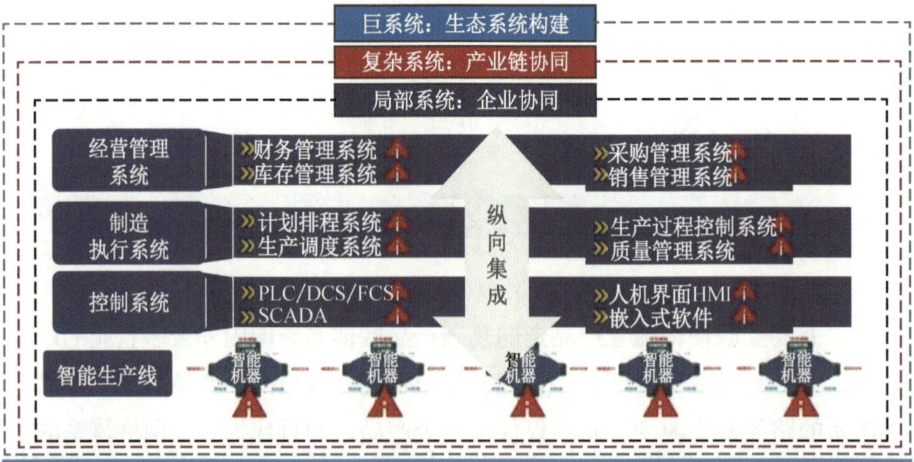

图1-5　智能系统发展路径

4. 智能制造：复杂的生态系统

传统的制造体系是一个简单的机械体系，确定性是常态。而智能制造是一个复杂的生态系统，要解决的核心问题是如何降低系统的不确定性。今天，在理解制造业、理解智能制造的时候，要从一种静态思维、机械化思维走向生态思维、系统思维。

1.1.2.3 竞争的本质

什么是企业？企业竞争的本质是什么？这是我们在理解数字化转型时必须要思考的问题。

企业是一种组织，是跟市场、政府一样，配置资源的组织。企业是一种替代市场进行资源配置的组织，是将技术、资本、人才、土地、机器设备等资源组织起来，以更高效、更低成本满足客户的需求。

企业竞争的本质是资源配置效率的竞争。就是以数据自动流动化解复杂系统的不确定性，优化企业资源的配置效率。企业面临的挑战是：当我们走进企业董事会、走进工厂、走进车间、走进研发中心，企业都要思考如何缩短一个产品的研发周期、如何提高一个班组的产量、如何提高一个机床的使用精度、如何提高一组设备的使用效率，所有这些问题，都可以归结为一个问题，就是如何提高资源配置效率。

面对这些问题，提高资源优化配置效率的核心是实现科学决策、精准决策、高效决策。企业的本质属性是在不确定性的环境中如何决策！对于企业来说，新品开发是决策，客户定位是决策，营销策略是决策，研发组织是决策，供应链选择是决策，交付周期是决策，库存管理是决策，排产计划是决策，商业模式选择是决策。科学决策的背后是资源优化配置效率的提高。

对商家来说，要思考的问题是如何发现客户的需求？如何找到新产品的最佳代言人？是选择电视广告还是网络广告？如何确定营销关键词？各个时期流行什么款式、什么颜色、什么尺码？何时备料、备多少？如何定价？所有这些问题的背后都是一系列决策。

1.1.2.4 转型的逻辑起点

1. 数字化转型的逻辑起点：适应竞争环境的快速变化

今天我们讲数字化转型，首先需要思考的问题是，转型的逻辑起点是什么？这个逻辑起点是，企业如何适应竞争环境的快速变化。智能就是一个主体对外部环境的变化做出反应的能力，这个主体可以是一个人、一个机器、一个设备、一个组织、一个企业等。工业4.0、智能制造等要解决的核心问题就是，面对客户需求的变化，企业如何适应和跟上这一快速变化，如何更好地满足客户需求，这是数字化转型的逻辑起点。

2. 消费者的需求已发生变化

在过去，消费者追求的更多是性价比、产品功能、耐用性等功能诉求；而当今，消费者不仅仅关注功能性诉求，而且关注内容、服务、参与度、社交体验、分享与交流等体验诉求，如图1-6所示。消费者的需求已发生变化，我们的供给能否跟上消费者需求的变化。

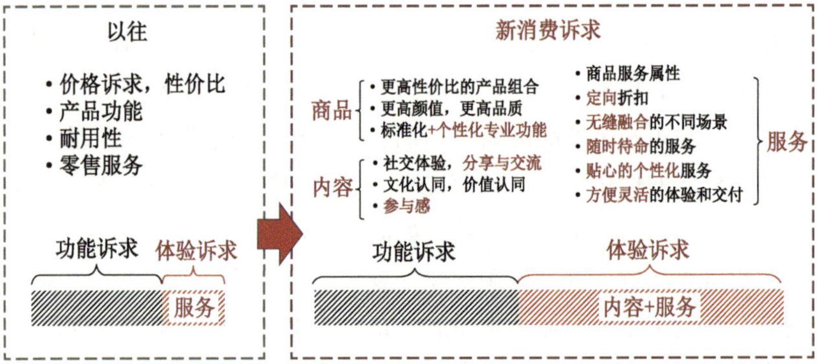

图1-6 新时代新需求

3. 制造企业需要面对不确定性快速做出反应

美国的标准与技术研究院对智能制造有一个理解，就是如何实现差异性更大的定制化服务、更小的生产批量、不可预知的供应链的变更。把这三个标准归纳成一句话就是制造企业如何面对不确定性，在外界环境发生变化时如何能够快速地、实时地、精准地做出反应。这背后体现的是一种能力。

对智能制造和数字化转型而言，其要解决的核心问题是如何解决小批量、多品种、短交期的问题。

4. 商业和制造系统的复杂性

商业和制造业变得越来越复杂，这个复杂性至少可以从两个维度去观察。

第一，产品本身越来越复杂。过去，仅仅是一个机械产品，现在变成了智能互联产品，产品增加了传感器、通信模块、计算模块、软件等，产品变得越来越复杂。

第二，需求变得越来越复杂。从大规模生产、大规模定制到个性化定制是一个不断演进的过程，如图1-7所示。当需求变得很复杂时，会给企业研发、设计、生产带来一系列挑战。

图1-7　资源优化及生产的复杂性

1.1.2.5 工具革命

数字化转型，本质是两个方面的革命，即工具革命和决策革命，如图1-8所示。

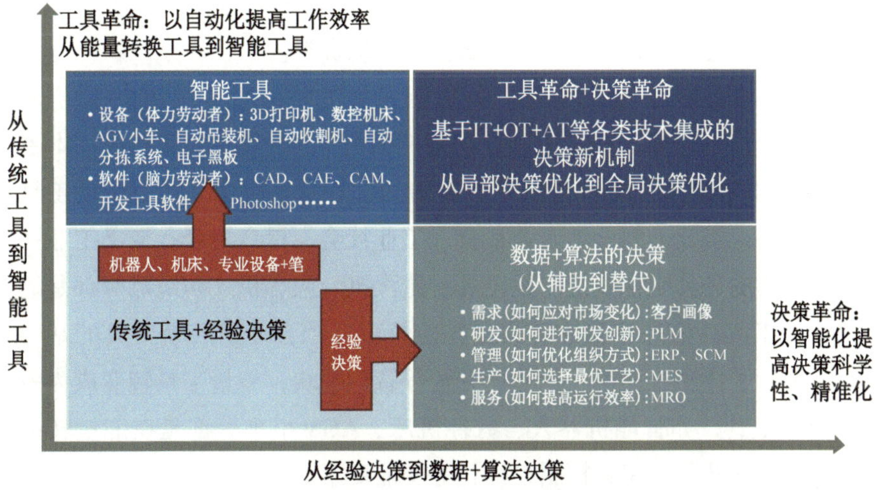

图1-8　制造业数字化转型本质

人们去一个地方可以选择步行、可以开车、可以乘飞机，这叫工具，工具决定了能走得多快；但是，离目的地是不是越来越近，还取决于你的决策是否正确。**数字化转型本质上就是解决两个基本问题：正确地做事和做正确的事。**

我们可以从这两个维度观察和理解企业的数字化转型。

从工具革命的维度看，自动化工具提高了体力劳动者和脑力劳动者的效率，传统的机器人、机床、专业设备等传统工具正升级为3D打印、数控机床、自动吊装设备、自动分拣系统等智能工具，传统能量转换工具正在向智能工具演变，大幅提高了体力劳动者效率；同时CAD、CAE、CAM等软件工具提高了脑力劳动者的工具效率。

从决策革命的维度看，企业内部EPR、CRM、SCM、MES等通用软件和自研软件系统，通过不断挖掘、汇聚、分析消费者以及研发、生产、供应链等数据，基于数据+算法构建了一套新的决策机制，以替代传统的经验决策，实现更加高效、科学、精准、及时的决策，以适应需求的快速变化。

工具革命：从能量转换工具到智能工具。

马克思在几百年前就说过，“手推磨产生的是封建主的社会，蒸汽磨产生的是工业资本家的社会”。马克思也说过各种经济时代的划分，如原始社会、农业社会、工业社会，这种时代的划分，不在于生产什么，而在于怎样进行生产，用什么样的劳动资料。

2004年，为了制定《国家信息化发展战略（2006 — 2020）》，开展了一个课题研究，即“中国信息战略研究”，研究成果集结成一本书《信息社会：概念、经验与选择（2006）》。在这本书中，通过劳动工具的差异将人类社会划分为农业社会、工业社会、信息社会。定义工业社会最重要的工具叫作能量转换工具，蒸汽机、内燃机、纺织机等都是能量转换工具。信息社会的工具是在传统工业社会能量转换工具的基础上，增加了传感、通信、计算、处理等智能模块，能量工具转变成为一种智能工具，如智能机器人、数控机床、AGV小车等都是在能量转换的基础上加载了传感、控制、优化等智能要素。

我们可以看到，在过去的几百年、上千年，从人类信息传播工具的演变：从过去的狼烟、驿站、旗语、邮局、电报、电话到互联网；生产加工工具的演变：从手工、机床到数控机床、在线数控机床。

过去工厂里传递信息是通过文档，设计师用纸、笔等工具画出汽车、飞机的几何外形；后来通过模型来传递信息，将几何模型、工艺模型信息等完全加载，用二维CAD、三维CAD来设计汽车和飞机，到后来基础模型的企业（MBD）等。无论是体力劳动者，还是脑力劳动者，通过新的工具，提高了生产、研发效率。

1.1.2.6 决策革命

用抽象的语言来描述决策革命就是通过在Cyber空间重建物理世界，对采集的信息进行处理、加工、优化，将优化的结果反馈到物理世界，再去优化物理世界。信息物理系统建设就是构建物质世界的运行框架和体系，以数据自动流动实现资源优化配置。这种决策将更加高效、精准、科学，且成本更低。

决策革命：基于数据+算法的决策。

决策革命简而言之就是基于数据+算法的决策。“数据+算法=服务”的实现分四个环节。

一是描述，在虚拟世界中物理世界发生了什么；

二是洞察，为什么会发生，事物产生的原因；

三是预测，研判将来会发生什么；

四是决策，最后应该怎么办，并提供解决方案。

在上述描述、洞察、预测、决策之后，可能都需要人来参与决策，但是人参与的决策越来越少，而系统参与的决策越来越多。就好像无人驾驶一样，从开始完全依赖人的驾驶到最后无人驾驶。我们在Cyber空间找了一个代理人，把人们对汽车驾驶运行规律的认知装载到软件系统中去感知、优化、控制、执行。通过这样一种方式优化资源的配置效率。正是因为我们构建了一种新的改造和认知世界的方法论，在开发汽车、飞机、高铁等产品的时候，研发、生产效率都会大幅度提高。

在不确定性的环境中进行决策是企业面临的巨大挑战，从基于经验的决策到基于数据+算法的决策，是企业数字化转型的基本模式。天猫联合玛氏、雀巢等多家一线品牌，共同建立新品创新中心，基于数据和新商业逻辑，洞察新品机会、提高研发效率，3C、服装、美妆、电器等新产品研发周期大幅缩短。

1.1.2.7 数据的自动流动

1.“数据+算法”背后的支撑：数据的自动流动

决策革命是基于数据+算法，支撑数据+算法的背后是数据的自动流动，即正确的数据在正确的时间以正确的方式传递给正确的人和机器。

自动化分为两种：一种自动化是生产装备自动化，叫作看得见的自动化，或者定义成工具革命，数控机床、机器人、立体仓库、忙碌而有序的AGV小车。还有一种叫作看不见的自动化，数据流动的自动化，把正确的数据在正确的时间传递给正确的人和机器，或者定义成决策革命。

当你采集一个人上身的18个部位、22个指标之后，首先自动生成一个适合这个人体型的一个版型，自动生成一个数控机床的加工指令，自动生成200个工序的加工工艺，定制化生产与规模化生产相比，其复杂度、面临的不确定性远远超出几个量级。

当面对一个定制化生产时，系统变得极其复杂，需要非常多的决策，每时每刻、每个人所面对的加工对象、工艺、方法都会发生变化。定制化生产的核心在于如何把数据在正确的时间以正确的方式传递给正确的人，以数据的自动流动化解复杂系统的不确定性。

2. 基于文档的信息流到基于模型的信息流

把这一模式概念拓展到一般生产场景，当企业采集了客户的数据之后，这些数据就会在企业经营管理、产品设计、工艺设计、生产制造、过程控制、产品测试的每一个环节中流动。要思考的问题是在数据流动的每一个环节，是不是可以没有人去参与。过去信息的流动是基于文档的流动，企业通过传真、e-mail、excel表、U盘、光盘、打电话、开会、自己开发工艺程序、编写软件等各种方式传递信息。今天，我们所要追求的是，数据在企业内部流动过程中不需要人的参与就可以实现信息的自动流动，如图1-9所示。

1.1.2.8 软件的本质

1. 软件是实现数据自动流动的核心

数据的自动流动，应做到正确的数据在正确的时间，以正确的方式传递给正确的人和机器，正确与否的核心是软件、算法、模型。

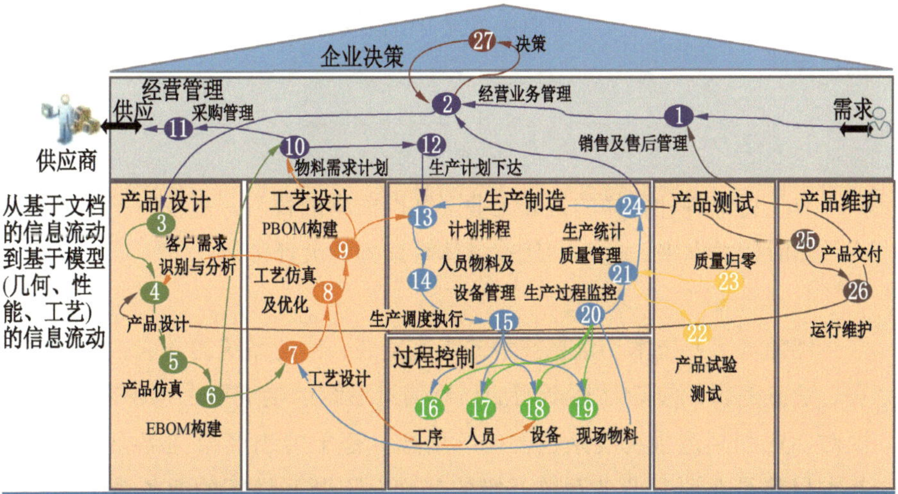

图1-9　数据流动的自动化

软件是一系列按照特定顺序组织的计算机数据和指令的集合，本质是事物运行规律的代码化，作用是构建数据流动的规则体系，是指导甚至控制物理世界高效、有序乃至创造性运转的工具，是工业和商业技术体系的载体，也是人类经验、知识和智慧的结晶。

无论是爱因斯坦的质能方程，还是牛顿的三大规律，都是我们认识物理世界的方式。我们可以把规律模型化、模型算法化、算法代码化、代码软件化，再用软件化去优化物理世界。我们构建了三个世界：物理世界、意识世界、数字世界。

2.“数据＋算法”构造了我们认识世界新的方法

2013年的诺贝尔化学奖，因发展了复杂化学体系中的多尺度模型，颁给了三位美国科学家（马丁·卡普鲁斯、迈克尔·赖韦特和亚利耶·瓦谢尔因）。这三位科学家的贡献是构建了一个做化学实验的方法论，这个方法论就是在计算机中做实验，它实际就是“数据+算法”的另一种表现形式。

过去科学家整天在实验室做实验，现在有一部分实验可以在计算机里面去做。对于制造业也是一样，过去飞机从立项到交付需要近十五年，现在只需要五六年的时间，因为人们构建了一个新的认识和改造世界的方法论。高铁可以通过虚拟的高铁在虚拟的京沪线上跑起来，来测试高铁运行中的电流、电压、噪声、稳定性、可靠性等，通过在虚拟世界的快速迭代，构造了一个改造和认识世界的方法论，这种方法叫作模拟择优法。

1.1.2.9 技术架构的大迁徙时代

今天讨论各种各样的云和工业互联网概念的背后，是我们正在迎接一个新时代的到来，这个时代就是体系架构的大迁徙时代。

1. 基于云架构的大迁移

伴随着工业技术和信息技术的飞速发展，商业系统的需求、生产流程、业务逻辑的复杂性逐渐增加，对信息系统的响应要求也越来越高。面对商业和制造系统复杂性的持续增加，基于传统IT架构解决方案的基本思路是在原有业务系统升级的基础上不断开发新的业务系统，**即“系统+系统”模式，面临业务系统“烟囱林立”、复杂臃肿、迭代缓慢、交付低效等挑战，**业务系统响应能力呈线性增长，越来越难以适应日益复杂的制造系统。

今天讨论工业互联网、工业云，讨论边缘计算、时间敏感网络等概念都在描述一件事情，即在构造一个新的架构体系，我们正在迎来一场历时20年的技术架构体系大迁移时代，这场迁移5年前已经开始，会在未来15年结束。这是一场基于复杂经济系统需求牵引的技术架构大迁移，商业系统、制造系统变得越来越复杂，这种复杂性来自产品本身、客户需求、全球化、供应链、世界政治经济环境的变化。

今天我们需要重新构建的架构就是基于云计算的架构体系，基于云架构实现各业务系统和解决方案的云化迁移，我们需要构建一整套基于云架构的软件体系、商业模式、咨询服务、运维体系，使大量数据、模型、决策信息平台化汇聚、在线化调用，系统之间实现互联互通操作，**实现了业务系统的功能重用、快速迭代、敏捷开发、高效交付、按需交付，即“系统之系统”模式。**

伴随着制造系统的复杂性增加，新的业务系统通过对原有业务系统模块的充分调用、部署实现了快速上线，系统响应能力指数级增长。智能+时代技术体系：一场历时20年，基于复杂经济系统需求牵引的技术架构大迁移如图1-10所示。

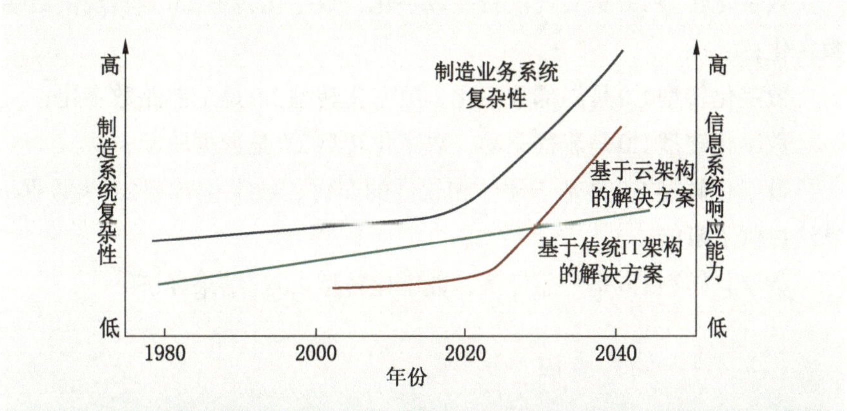

图1-10　技术架构大迁移

2. 从数字化转型1.0到数字化转型2.0

架构体系的迁移推动了企业数字化转型从1.0迈向2.0（图1-11）：

数字化转型1.0是基于传统IT架构的信息化管理，那么数字化转型2.0就是基于云架构的智能化运营；

数字化转型1.0是管理导向，数字化转型2.0是创新导向；

数字化转型1.0的核心是业务数字化，数字化转型2.0是数据的业务化；

项　目	数字化转型1.0	数字化转型2.0
时间	约30年	约2015年后
代表性技术	IT技术	云计算+AI为代表的新技术群落
技术功能	IT服务于管理	DT实现智能化运营，支持创新
价值载体/交付	硬件+软件的解决方案	基于软件+数据的赋能服务，结果经济
技术作用范围	局部、单一工具交付	全局、系统性赋能，支持企业运营、决策
科技企业与客户	客户：一次性交易、单向交付	用户：长期合作、双向共创
主要受益者	大型机构以此提高自身效率	海量小企业“用得起、用得上、用得好”
数字化进程	单点数字化、消费端高度数字化	多点、全链路数字化
阶段性主题	业务数据化	数据业务化
驱动因素	流程驱动	数据驱动
数字化推动者	CIO为主	CEO为主
数字化的内核	以数字化、自动化工具提高效率	以智能化的“数据+算法”提高决策精准性
产消关系	以企业为中心，企业向消费者交付产品或服务	以消费者为中心，产消合一

图1-11　数字化转型1.0VS2.0

数字化转型1.0是实现消费端数字化，数字化转型2.0是实现供给端数字化；

数字化转型1.0是局部数字化，数字化转型2.0是全链路数字化；

数字化转型1.0是流程驱动，数字化转型2.0是数据驱动；

数字化转型1.0是基于硬件和软件的交付，数字化转型2.0为数据+算法提供了赋能；

数字化转型1.0是产品经济，数字化转型2.0是结果经济。

1.1.2.10 体系重构

1. 数字化的逻辑殊途同归：数字孪生的世界

可以设想一下，未来十年、二十年、三十年之后，信息通信技术的发展趋势是什么？或者我们思考一个问题：数字化的终极版图是什么？

从未来看现在，我们今天所看到的物联网、大数据、云计算、人工智能、工业软件等技术，都是未来数字化终极版图的一个碎片，ICT技术发展及应用的过程，就是我们不断把这个碎片化的模块拼成一幅完整版图的过程，我们都是“拼图人”。形成的最终图景就是数字孪生。我们不断地把碎片化物理世界数字化后，在Cyber空间构造一个碎片化的数字孪生体，然后把这个碎片化的孪生体拼成一个完整的数字孪生体，直至构造一个数字孪生的世界，从数字孪生的心脏、数字孪生的飞机、数字孪生的建筑到数字孪生的城市，我们都走在构造数字孪生世界的大道上。

我们将在比特世界中重建原子世界，将在比特世界中优化原子世界，数字孪生世界在未来20年将经历三个阶段：局部的数字孪生、静态的数字孪生和动态的数字孪生。

2. 深度融合：体系重构的新阶

互联网、云计算、大数据等新一代信息通信技术与制造业融合带来了体系的重构，形成了以数据驱动、软件定义、平台支撑、服务增值、智能主导为特征的制造业新体系。在过去的两三百年时间里，制造业不变的追求是：制造的高效率、高质量、低成本和客户的高满意度。新的体系对于制造业来说，带来什么样的变化呢？带来了谁来生产、生产什么、用什么工具、以什么方式、在哪儿生产的改变。

生产者由单纯的生产者转变为产销者（Prosumer），消费者越来越深度地参与了生产的全过程；

生产产品由功能产品演进到智能互联产品，无人汽车、智能硬件等产品层出不穷；

生产工具由从能量转换工具到智能工具，3D打印、数控机床广泛应用于制造业；

生产方式从“试错法”到“模拟择优”，从实体制造到实体虚拟融合，虚拟仿真、数字孪生的技术正不断应用，体现出一种新的认识和改造世界的方法论；生产地点由集中向分散转变，网络化制造、分享制造正是这一过程的体现。

3. 转型：从思维转变开始

面对数字化转型大变革，企业如何转型？企业思维需要实现三个转变：

一是以不确定性应对不确定性。面对需求的不确定性，企业需要以数据+算法的策略应对不确定性，需要摒弃冗余思维、静态思维，走向精准思维、动态思维。

二是以增量革命构建新型能力。企业数字化转型，就是要把软件、设备、流程优化、管理变革最终转化为企业的新型能力，这是数字化的出发点，也是落脚点。

三是从产品制造商到客户运营商。制造企业应成为一个工业产品提供者，通过产品与客户建立一种“强关系”，能成为24小时在线，了解、预测、满足客户需求的“客户运营商”。

1.2
国外数字技术发展情况

1.2.1 欧盟瞄准数字化经济机遇

早在2022年二十国集团（G20）杭州峰会上，数字世界所面临的一系列挑战就成为议题。2022年4月，在德国杜塞尔多夫举行的G20数字化部长会议上，《G20数字经济部长宣言》和《数字化路线图》得以通过。

中国欧盟商会副主席发言指出，亚欧会议引起大家注意到近期国际层面的政治以及政治纲领的发展。杜塞尔多夫宣言进一步提醒亚欧会议国家进一步合作，来达到或者促成一个国际标准的制定和产生，同时，也为亚欧会议国家和国际标准组织，比如国际标准化组织（ISO）和国际电工委员会（IEC）合作带来更多的益处。会上还分享了欧洲在数字经济发展方面的经验——欧洲DESI数字经济和经济指数通过互联互通、人力资本、市民的网络使用率、商界数字技术的整合和使用，以及数字公共服务五个维度，在一定程度上指示欧洲在数字经济方面的表现，并向欧盟各成员国反映数字经济的进程。

保加利亚亚索菲亚大学经济学主任特奥尔多·塞德拉尔斯发言指出，过去十二三年，欧盟GDP占全球GDP从32%下降到23%，欧盟很难再成为全球制造业的中心，但是欧盟现在正在采取各项措施来扭转这样的颓势。以保加利亚为例，就有一个非常活跃的讨论聚焦于欧盟如何在数字化转型中发挥其自身的作用。欧盟非常希望利用经济方面的变化和长期的发展策略来促进创新和合作，而中东欧有潜力在这样一个过程中发挥作用。

面对日益复杂的世界，GE正以至简之道，强化自身竞争力。这家拥有138年历史的工业巨擘已在2015年开启了其内外兼修的数字化转型之路，如今它正集股肱之力，坚定迈向一个“简单”却不易的目标：成为世界上最大的数字化工业帝国。其战略步序是：

1. 修炼”内功，奠定数字变革之本

为了将数字化融入企业核心，2015年GE便进行了组织架构变革，将公司内所有的数字化职能部门整合成一个统一的数字化业务部门——GE数字部门（GE Digital）。架构变革后，原本分散在各事业部、各部门的资源得以整合，效率大大优化。

全新的GE数字部门将为客户及投资者创造更大的价值。到2020年，GE数字部门创造的收入将从2019年的50亿美元上升到150亿美元，GE也将由此跻身全球10大软件公司之列。

除此之外，GE还在内部打造了一个在线知识与技术资源的共享平台——GE商店。GE商店集合了GE在全球各领域的专家智慧，GE所有业务部门都能共享技术、知识、市场等资源，实现“规模创新效应”，同时也将创新理念辐射到更多的业务中。在过去的五年中平均增长率达到了5%，相当于同行的两倍。自2011年以来的利润率也已从原先的14.8%增长到17%。

2. 打造新“武器”，直指数字化工业之巅

要想在数字化转型之路上披荆斩棘，深厚的内功仍不够，GE还对软件、工业数据进行了十多年的深入研究，GE推出了全球第一个专为工业数据的收集与分析而开发的操作系统——Predix。它不仅能够实时监控包括飞机引擎、涡轮、核磁共振仪在内的各类机器设备，同步捕捉它们在运行过程中高速产生的海量数据，还能够对这些数据进行分析和管理，实现对机器的实时监测、调整和优化，从而提高运营效率。

仅在GE，如果全面应用Predix平台，当年就节省超过5亿美元的支出。GE已正式宣布向所有开发者开放Predix平台。到2020年，每年将有2万名开发者在Predix平台开放应用软件。随着大量全新应用程序的问世，带来的巨大经济效益可想而知。在2016年底，已经有20万美元资产设备、100个GE应用以及2万个开发者可以在Predix平台上工作。这些应用程序和软件将给GE带来高达50亿美元的收益，并且这个数字

还将以每年20%的速度增长。

基于Predix平台，GE还打造了一个全新的武器——“数字双胞胎”（Digital Twin）技术。每个引擎、每个涡轮、每台核磁共振，GE都可以在虚拟世界为它们创造一个数字双胞胎，可以在电脑上清晰地看到机器运行的每一个细节。

通过这些仿真的数字化模型，你不再需要在庞大的机器上进行反复调试、试验，只需要轻点鼠标，就可以知道如何使机器效率达到最高。随后，你只需要将最佳方案应用在机器上，就能轻松节省大量维修、调试成本。在GE90发动机上应用数字双胞胎技术后，大修次数减少，节省了上千万元成本；在铁路上应用数字双胞胎技术后，大大提升了燃油效率，同时降低了排放。到2020年，即计划有10000台燃气轮机，68000架飞机引擎，1亿只照明灯泡和1.52亿台汽车接入工业互联网。

3. 开放Predix：掀起全面数字化浪潮

Predix是全球第一个专为工业数据与分析而开发的操作系统，它不仅能够实时监控包括飞机引擎、涡轮、核磁共振仪在内的各类机器设备，同步捕捉它们在运行过程中高速产生的海量数据，还能够对这些数据进行分析和管理，实现对机器的实时监测、调整和优化，从而提高运营效率。

除此之外，Predix还提供安全的数据存储环境，确保在各种云环境中都能与各种应用无缝操作，Predix是实现全面数字化的敲门砖。

当Predix向所有开发者开放后，过去与工业产业毫无关系的软件开发者们将成为这个行业不可忽视的重要力量。他们能够把机器设备与软件数据合二为一，智慧机器、智能工厂不再是可望不可即的梦想。

这些开发者使用Predix平台时，数据直接从机器设备上传至Predix云平台，软件开发者通过云端的软件对数据进行分析和可视化处理，现场服务团队和客户根据分析结果进行优化、调整，提升设备工作效率。

4. 云端之上的数字联盟

如今，从能源、航空到医疗、照明，Predix早已将GE的每台设备都紧密相连，GE也已经通过该平台开发了近40款工业互联网应用程序。然而，数字工业世界的版图显然不止于此，建立全新的数字工业生态体系仍然需要更多开拓者。

在Predix全面开放后，GE随即集结了能源、航空、医疗、电网、制造、基建等各行业巨擘，如英特尔、凯捷、埃森哲、日本软银、AT&T等，建立起全球首个数字联盟。

除了向联盟伙伴开放Predix之外，GE数字部门还将为联盟伙伴的研发人员提供Predix相关的培训、研发数据库、技术资源等。当这些研发人员掌握Predix开发技术后，将通过Predix为更多行业客户开发工业App，产生几何级数般的辐射效应，甚至催化其他行业的变革。

在过去的两年里，Softtek与许多水处理客户合作，将冷却塔、锅炉、储水罐等设备与Predix相连，实时收集、监控、分析设备运行数据。现在，Predix已经成功提升了超过450万座水塔、水库的效率，也大幅优化了Softtek客户的运营流程。

“过去的经验让我们更有信心在Predix平台上开发专门针对水处理客户的定制化应用，进一步提升客户对设备运营状况的了解和分析能力。”Softtek首席全球化执行官Beni Lopez说道。

而对于GE来说，数字联盟孵化出的数字工业生态体系，将使工业互联网产生史无前例的巨大力量，从根本上改变工业与产业形态。

5. 用Predix预测未来是种怎样的体验？

很多年前，如果你想打电话，你需要找到一台连接进墙壁的电话机；现在，在很多工厂，如果你想检查一台机器，你必须走到它所在的位置去观察。但工业互联网将我们从中解放——就像智能手机让我们脱离了有线电话的束缚。

Predix提供足够的信息，可以轻松了解机器内部发生了什么、机器是否出了问题、我们应该怎么做。有了Predix，我们就成了“医生”，能够轻松“诊断”机器何时生病。

Predix的全面开放将使其成为工业中的“安卓”或iOS系统，衍生而出的解决方案将会释放大数据中隐藏的价值，让工业资产获得最大化的利率，挖掘无限潜力！

与GE长达138年的历史比起来，数字工业化的转变期十分短暂，但这却是有史以来最具革命意义的一次改变。

在前100年间，GE专注于工业化设备。而在过去的25年里，开创了大量具有商业价值的服务，因为GE已经洞悉了在卖出飞机发动机、燃气轮机或医疗设备后，在售后服务领域仍然潜藏着巨大的商业空间。沿着这条路继续发展，GE的火车机头、风力涡轮机和其他工业设备会变得更加数字化。

GE认为这不仅仅是一个趋势，而是一次革命浪潮，它将颠覆我们曾经做过的所有事情。如果“工业化”没有和“数字化”相结合，它将引发一场崩塌，可能会见到更多曾经伟大的公司陨落。与此同时，那些结合了数字工业化的公司将会以火箭般的速度发展到新阶段。

1.2.2 美国民用数字技术发展情况

美国的数字技术在世界上处于领先地位，并且出现了一大批在数字技术方面领先、经济价值超大的国际性企业。例如谷歌、亚马逊、苹果、脸书等美国数字高科技公司都是国际上数一数二的超大型企业，国际业务收入在其营收中占比很高并进入世界许多国家成为热门应用。

1.2.2.1 谷歌（Google）公司

谷歌是美国的一家上市公司，于1998年9月7日以私有股份公司的形式创立，以设计并管理一个互联网搜索引擎；谷歌公司总部位于加利福尼亚山景城，在全球各地都设有销售和工程办事处。

Google网站于1999年下半年启动；2004年8月19日，谷歌公司的股票在纳斯达克（Nasdaq）上市，成为公有股份公司。

谷歌成立的第一步始于创始人Larry Page 和Sergey Brin在斯坦福大学的学生宿舍内共同开发了全新的在线搜索引擎，然后迅速传播至全球的信息搜索者。Google目前被公认为全球规模最大的搜索引擎，它提供了简单易用的免费服务，用户可以在瞬间得到相关的搜索结果。

当您访问www.google.com或众多Google域之一时，可以使用多种语言查找信息、查看股价、地图和要闻、查找美国境内所有城市的电话簿名单、搜索数十亿计的图片并阅读全球最大的Usenet信息存档——超过十亿条帖子，发布日期可以追溯到1981年。用户不必特意访问Google主页，也可以访问所有这些信息。

2006年4月12日，Google公司行政总裁埃里克·施密特在北京宣布该公司的全球中文名字为“谷歌”。

1. 谷歌十大价值观

（1）以用户为中心，其他一切水到渠成。

（2）心无旁骛、精益求精。

（3）快比慢更好。

（4）网络民主的作风。

（5）获取信息的方式多种多样，不必非要坐在台式机前。

（6）不做坏事也能赚钱。

（7）信息安全无止境。

（8）信息需求，没有国界。

（9）没有西装革履也可以很正经。

（10）没有最好的，只有更好的。

2. 谷歌经营的主要业务

（1）谷歌搜索引擎。Google搜索引擎的主要搜索服务有网页、图片、音乐、视频、地图、新闻、问答。

（2）Google Play应用商店。2014年，谷歌计划面向中国市场上推出Google Play应用商店，希望借此在中国市场获得更大的影响力。在当前中国市场上，约有一半用户使用了谷歌的Android移动操作系统。

（3）Google Video。2005年1月25日，谷歌公司推出Google Video服务，该服务可以通过谷歌网站搜索网络上的各种视频文件或播出的电视节目。

Google Video根据关键词提供相关的视频内容下载或播放链接，并提供视频内容的预览画面。

（4）Google Answers。2002年4月，谷歌启动了名为“Google Answers”的新服务。Google Answers是传统搜索功能的扩展——用户不用自己搜索内容，他们请专家搜索然后付费。顾客问问题，并为问题提供一个相应的价钱，然后研究者们回答他们的问题。

1.2.2.2 苹果（Apple）公司

苹果公司总部位于美国加利福尼亚的库比提诺，核心业务是电子科技产品，目前全球电脑市场占有率为3.8%。

1. 简史

1976年，斯蒂夫·乔布斯（Steve Jobs）和斯蒂夫·沃兹尼亚克（Steve Wozniak，简称沃兹）创立苹果公司，在当年开发并销售Apple I电脑。1977年发售最早的个人电脑Apple II。1984年推出革命性的Macintosh电脑。2001年推出iPod数位音乐随身听。2003年推出最早的64位元个人电脑Apple PowerMac G5。2005年斯蒂夫·乔布斯宣布下一年度将采用英特尔处理器。

2. 成立前

在创立苹果公司前，沃兹已经是一个电子学骇客，自1975年，他在HP上班和帮斯蒂夫·乔布斯设计Atari电子游戏。当时沃兹向由Alex Kamradt开设的分时电脑系统服务公司Call Computer租用小型电脑使用。1975年起沃兹开始出席家庭计算机俱乐部（Homebrew Computer Club）的活动，当时新型的微型电脑如Altair 8800和IMSAI触发Woz将微处理内建于其电传印字机之内，成为一部完整的电脑。

当时市面上的微机处理器只有179美元的英特尔（Intel）8080和170美元的摩托罗拉（Motorola）6800。沃兹喜欢6800，但超出他的预算范围。所以他只能通过观察和学习在纸上设计电脑，并等待能买得起处理器的那天。1976年，当MOS Technology发布只需25美元的处理器6502时，沃兹为这台处理器编写了一个BASIC程序语言版本，并设计了一部可运行这种BASIC程序语言的电脑。由于6502的设计者和6800是相同的（因为MOS Technology是由Motorola的前雇员成立的），故此沃兹早前在纸上设计的基于6800的电脑，只需作出轻微修改就可以使用6502作为微处理器。

沃兹设计出电脑后，把它带到了家庭计算机俱乐部的聚会，并向电子同行展示了它的系统。在那里，他遇到了老朋友斯蒂夫·乔布斯。乔布斯意识到了这台电脑的商业潜力。

3. Apple III与Lisa

20世纪80年代，苹果在个人电脑业务上遇到了竞争对手。他们之中分量最重的是电脑业的“头号人物”——IBM。IBM的IBM-PC型电脑装有Intel的新型处理器——Intel 8088，并且可以运行微软的操作系统MS-DOS（IBM方面的叫法是PC-DOS）。该电脑一经问世即成为大热门商品（销售量：1981年2.5万台；1982年19万台；1983年70万台）。

当小型企业还在使用Apple II时，苹果感到它需要一个更新、更先进的电脑来参与企业用电脑市场。Apple III的设计师被迫遵循乔布斯的极高和有时不切实际的要求，据说乔布斯觉得散热扇“不雅致”因而被省略了，结果导致电脑容易过热，这迫使早期的电脑被回收。另外，Apple III售价高昂，虽然1983年推出了改善后的升级型，并随之进行了降价促销，但仍然无法挽回Apple III在市场中的劣势，这主要是因为1981年IBM推出的IBM PC及其兼容机席卷了个人电脑市场。Apple III总共制造了9万台。

与此同时，苹果内部的各工作组正在夜以继日地设计两款完全不同的新款个人电脑，使用了许多先进的技术，例如图形用户界面、鼠标、面向对象程序设计和网络功能。1979年12月乔布斯前往Xerox的PARC研究所，在参观了他们的概念机Alto之后，乔布斯决定未来将把图形集中、图标友善的思想贯彻在苹果的两个下一代电脑项目：Lisa和Macintosh上。

Lisa是一款具有划时代意义的电脑，可以说没有Lisa就没有Macintosh（在Mac的开发早期，很多系统软件都是在Lisa上设计的）。它具有16位CPU、鼠标、硬盘以及支持图形用户界面和多任务的操作系统，并且随机捆绑了7个商用软件。

Lisa在1983年1月以9995美元的价格初次露面。苹果再次推出了一款超越它所处时代的产品，但过于昂贵的价格（10000美元）和缺少软件开发商的支持，使苹果再次失去了获得企业市场份额的机会。Lisa于1986年被终止。

4.Macintosh的推出

Lisa计划从乔布斯控制的发展计划中途被取消。乔布斯立刻把他的注意力集中在Macintosh计划上，最初预想为一种“廉价Lisa”。1984年，Apple Macintosh以一个著名的超级杯广告（基于乔治·奥韦尔的小说《1984》）开始投放市场，其中更宣布：1月24日，苹果电脑将推出Macintosh，将会见到为什么1984不像“1984”。

Macintosh延续了苹果的成功，但不能达到它最辉煌时的水平。1985年，微软发布了Microsoft Windows。尽管首个版本的Windows在技术层面上不如Mac，但它加上一部PC复制机的价格则比Mac便宜许多，而且不久以后在Windows上也同样出现了很多软件。

20世纪80年代，乔布斯辞去苹果的职务，并创建了NeXT Computer公司。此后，苹果为了挽救公司，买下整间NeXT和它基于UNIX的系统NeXTStep，此举把乔布斯带回了苹果的管理层。作为新的首席执行长，他做的第一个动作就是促成iMac的发展，这同时挽救了公司免于破产，并使他们有时间开发新的操作系统。

2001年，苹果推出Mac OS X，一个基于乔布斯的NeXTStep的操作系统。它整合了UNIX的稳定性、可靠性、安全性和Macintosh界面的易用性，并同时以专业人士和消费者为目标市场。

2002年初，苹果首次展示了新款iMac G4。它由一个半球形的底座和数字化平板显示器组成。此产品于2004年夏天停止生产，2004年8月31日推出基于G5处理器的型号。此型号省掉了底座，把CPU和整台电脑的硬件藏在平板显示器的后面，只由流线型的铝脚支撑。新款iMac称为iMac G5，是世界上最薄的台式电脑，大约5.1厘米厚（约等于2英寸）。

除了电脑产品，苹果也生产消费者设备。1990年，苹果发表了Newton，创造了Personal Digital Assistance一词，为最早的PDA。它虽然销量欠佳，但成为如Palm Pilot和PocketPC等产品的先驱者。2000年初苹果推出的iPod数码音乐播放器大获成功，配合其独家的iTunes网络付费音乐下载系统，一举击败索尼公司的Walkman系列成为全球占有率第一的便携式音乐播放器，随后推出的数个iPod系列产品更加巩固了苹果在商业数字音乐市场不可动摇的地位。

2001年5月，苹果宣布开设苹果零售店，主要目的是：①抑制苹果的市场占有率下滑趋势；②改善代销商欠佳的行销策略。最初，苹果零售店只在美国开店。2003年底东京银座店开幕，这也是苹果在美国以外开设的首家苹果零售店。银座店之后，2004年8月大阪店、名古屋店和欧洲首家的英国伦敦店亦相继开幕。2006年5月苹果在纽约曼哈顿第五大道开设旗舰店。

1.2.3 美国军事数字技术发展情况

美国军事数字技术也处于国际领先地位，美国国防部一直致力于推进数字化转型，已从产品数字化阶段（交付数字化武器装备）过渡到过程数字化阶段（数字工程贯穿系统全寿命周期）。2018年6月，美国国防部负责系统工程的助理部长办公室发布了《数字工程战略》，明确了数字工程的发展目标。

2019年7月，美国国防部发布《国防部数字现代化战略》，进一步为未来美国数字化转型指明了方向。

2020年10月8日，美国国防部发布了首份《数据战略》，该战略是继2019年美国国防部发布《国防部云战略》《国防部人工智能战略》和《国防部数字现代化战略》之后的又一信息化（IT）现代化领域指导性战略文件。在美军正加速从“网络中心战”向“数据中心战”转型的关键时期，该战略的出台具有非常重要的指导意义。

1.2.3.1《数据战略》的发布背景

1. 美军数字现代化战略进一步深化的发展需要

2019年7月12日，美军发布了《国防部数字现代化战略》，该战略是美国国防部在IT现代化领域一系列其他战略文件的顶层指导性文件。

该战略明确提出了国防部数字现代化未来四年（2019—2023年）的愿景：创建“一个更安全、可协调、无缝的、透明的和具有成本效益的IT体系结构，该结构可将数据转换为可操作的信息，并在面对持续的网络威胁时确保可靠的任务执行”。

在《国防部数字现代化战略》中，明确“数据是战略资产”，必须“投资并维护使国防部数据成为可见、可访问、可理解、可信及可操作所需的基础设施”，从而“强化数据收集和处理、显示流程，为高层领导决策提供所需信息”。为此，国防部必须对现有数据中心进行优化，研发数据融合和决策支持的技术和系统，以及具有大数据处理能力的系统，使之可以自主作业并提出辅助决策方案。

可以认为，早在一年前，美国国防部就将数据的地位摆在数字化转型基石的层次，而此次发布的国防部《数据战略》，是国防部数字现代化计划的关键组成部分，它在数据方面进行了进一步深化和具体细化，是美军希望在“数据武器化”方面始终保持针对对手的技术优势，这是实现全面作战优势的又一重要举措。

2. 国防部“以网络为中心”的网络安全架构加速转型的现实需要

当前，美军“以网络为中心”的网络安全架构面临各种各样的困境。为此，美军近年来加速对“以网络为中心”向“以数据为中心”网络安全模式的转变，这种转变将影响网络空间的各个领域。美国国防部对此的解读是，原有的国防部IT建设的模式将进行转换，即从网络中心战要求的网络建设，转变到以数据使用和共享为目的的数据建设。而在网络安全建设的场景下理解，就是指从网络边界防护转变为数据安全防护。

当然，这个数据安全防护并非仅指狭义的数据安全（如数据防泄漏技术），而是以数据和资源为中心的安全防护理念。为此，美国国防部启动了网络安全架构转型之旅，从联合信息环境（JIE）的单一安全架构（SSA）到安全云计算架构（SCCA）再到目前的零信任架构（ZTA），国防部“以数据为中心”的网络安全架构一直在不断演进发展。

《数据战略》正是在这种现实需求下，面向“以数据为中心”的网络安全架构的转变，消除国防部传统的“以网络为中心”的安全模式，以关注如何保护国防部的数据和关键资源为首要任务，继而关注国防部网络安全。

3. 以人工智能为代表的新兴技术在军事领域的应用驱动

近年来，随着人工智能、云计算、大数据分析、移动互联网等新技术的不断涌现，其发展和融合为大规模获取和利用数据提供了基础，在军事领域的应用也越来越广泛。美国国防部对于21世纪的战场，要实现的一项核心重点任务是：不受传感器短缺问题困扰，包括士兵可穿戴设备、车辆、无人机、摄像机、频谱、信号和无线电传感器、网络传感器以及构成战场物联网的其他传感器。而更多的传感器意味着更多的数据，太多的数据限制了国防部及时将信息转化为可作战的情报能力。而人工智能对于战术边缘数量激增、种类繁多传感器所获取数据的利用，以及依赖这些数据的新兴应用变得越来越重要。

美军通过《国防部人工智能战略》（2019年2月发布）首先明确了人工智能的发展策略，继而通过众多人工智能的创新研究项目，对制约传感器数据“理解”的多项挑战进行攻关，进而推动了人工智能在关键领域的应用，比如美国国防部“行家”计划已利用Google公司的

TensorFlow人工智能系统来分析美国无人机视频数据，探测标记目标，然后将其传递给分析师；利用人工智能实现网络安全操作自动化，对威胁实现实时响应；利用人工智能技术来更好地理解战场电磁环境中所获得的信号的意义，过滤噪声和分类信号，以减少战士在信号检测方面的“认知负担”；通过联合全域指挥和控制（JADC2）实现实时收集、分析和共享数据，以及利用人工智能技术确保正确的数据到达正确的力量，以提供有效的态势感知和决策支持等。随着人工智能在上述关键领域的应用取得突破性进展，国防部《数据战略》所提出的数据目标具备了坚实的技术基础。

1.2.3.2《数据战略》的主要内容

1. 提出愿景

《数据战略》指出，国防部是一个以数据为中心的机构，通过快速大规模使用数据来获取作战优势和提高效率。该战略强调需要与作战人员紧密合作。最初的重点领域包括：①联合全域作战：在战场上利用数据优势；②高级领导决策支持：利用数据改进国防部管理工作；③业务分析：使用数据推动所有层级的明智决策。

2. 明确八项指导原则

《数据战略》指出，国防部利用以下指导原则来影响数据战略的目标和基本能力。这些指导原则是国防部所有数据工作的基础。

（1）数据是一项战略资产：国防部数据是一种高附加值商品，必须以能够带来即时和持久军事优势的方式加以利用。

（2）集体数据管理：国防部必须指派数据管理员、数据保管员和职能数据管理员，以实现整个数据寿命周期的问责制。

（3）数据伦理：国防部必须将伦理放在与数据收集、使用和存储方式相关的所有思想和行动的首要位置。

（4）数据采集：国防部必须在创建时启用电子数据采集，并始终维护数据的来源。

（5）企业范围内的数据可访问和可用性：必须通过适当的机制使国防部数据供所有经授权的个人和非个人实体使用。

（6）人工智能训练数据：人工智能训练和算法模型的数据集将日益

成为国防部最有价值的数字资产，必须创建一个框架来管理整个数据寿命周期中的资产。

（7）数据适用性：国防部必须考虑数据采集、共享、使用、快速数据集成以及尽量减少任何意外偏差来源的伦理问题。

（8）合规性设计：国防部必须实施IT解决方案，为信息管理寿命周期的全面自动化、数据的适当保护和端到端的记录管理提供机会。

3. 规划需要具备的四种基本能力

《数据战略》指出，实现国防部数据目标需要具备以下四种基本能力。这些能力并不特定于单个目标，实现所有目标都是必需的。

（1）体系架构：由企业云和其他技术支持的国防部架构必须允许数据的转换速度高于对手能够适应的速度。

（2）标准：国防部采用了一系列标准，其中不仅包括数据资产管理和利用的公认方法，而且还包括用于表示和共享数据的行之有效的成功方法。

（3）治理：国防部数据治理提供了从创建到处理各级别的有效管理数据所需的原则、政策、流程、框架、工具、度量和监督。

（4）人才和文化：国防部工作人员将越来越有能力处理与数据合作、做出基于数据的决策、制定基于证据的政策和实施有效的流程。

4. 细化七大数据目标

《数据战略》将国防部要实现的数据目标具体细化为七个。

（1）使数据可见：用户可以查找所需的数据。

（2）使数据可访问：用户可以检索数据。

（3）使数据易于理解：用户可以识别内容、语境和适用性。

（4）数据可链接：用户可以通过固有的关系利用数据元素。

（5）使数据可信：用户对数据信任，从而进行决策。

（6）数据可互操作：用户对数据有一个共同的表示/理解。

（7）确保数据安全：保护数据安全，防止未经授权的使用/操作。

1.2.3.3《数据战略》的主要特点

1. 强调通过数据融合实现军种联合

《数据战略》的一大愿景是，未来在战场上利用数据优势来实现联合全域作战。一体化联合作战是现代作战的主要样式，但是，诸军种行动高效融合受制于军队组织体制等因素的影响，军种之间的壁垒始终无法破除，严重制约了联合行动的效果。

《数据战略》指出，系统之间适当交换数据并保持语义理解，对于成功的决策和联合军事行动至关重要。

《数据战略》强调通过实现数据的可互操作性目标，包括国防部为所有系统含盟国系统编写和执行数据交换规范、国防部协调不同的数据标准和格式、颁布数据标记战略和后续执行计算等具体措施，利用共同的数据格式和机器对机器的通信实现语义和语法的互操作性，从而加快先进算法的开发，并为国防部通过数据融合实现军种联合作战提供战略优势。

2. 高度重视数据的安全性

在《数据战略》提出的七大数据目标中，“数据安全”占据最多的篇幅。对比2016年2月美陆军颁布的《陆军数据战略》，“确保数据安全”是新增的目标之一，这反映出美军对数据提出了更高的要求。

《数据战略》指出，保护国防部在静止、移动和使用中的数据是未来作战和武器系统进入的最低要求。在整个企业中使用规范的数据保护方法，如基于属性的访问控制，使国防部能够最大限度地利用数据，同时采用最严格的安全标准来保护美国公民。

未来，美国国防部将实现精细化的权限管理（身份、属性、权限等），以规范数据的访问、使用和处置；数据管家定期评估分类标准并测试合规性，防止数据汇总造成安全问题；国防部执行经核准的安全标识、处理限制和记录管理标准，确定并实施分类和控制标识；制定并实施内容和记录保存规则；国防部实施数据丢失预防技术，防止数据意外发布和披露；只有授权用户才能访问和共享数据；访问和处理限制元数据以不可更改的方式与数据绑定；对数据的访问、使用和处置进行全面审计；等等。通过这一系列具体措施，未来国防部的数据安全将得到强有力的保证。

3. 强调数据全寿命周期的标准化处理能力

数据采集与识别、表示、分析、利用、交换、共享、管理等构成了其全寿命周期，《数据战略》特别强调数据在上述各个阶段的标准化能力，这个能力是《数据战略》规划的四大基本能力之一。

未来，美国国防部在数据全寿命周期推行的一系列标准主要包括：通过实施元数据标准，包括共享数据的位置和访问方法以保证数据可视性；通过实施标准的应用程序编程接口（API）使数据可访问；特别地，为了实现数据可理解性，国防部将以一种保留语义的方式呈现数据，并在整个国防部以标准化方式表达；对相同的数据类型使用通用的数据语法，并在数据资产中包含语义元数据等。

此外，国防部将实施全球唯一的标识符，以便数据能够容易地被发现、链接、检索和参考，并利用通用的元数据标准，使数据得以合并和整合，从而保证数据的可链接性；国防部将为所有系统编写和执行数据交换规范，包含所需的元数据，并与数据集一起传达标准化的语义以保证数据的可操作性；等等。美国国防部通过上述标准推动核心数据功能的可视化、可获取、可信任、可理解性、互操作性、可链接性和安全性等数据目标的实现，从而形成一个高效的信息共享战场环境。

1.2.4 英国《国防数据战略》

1.2.4.1 构建数字主干，加快数字转型

大数据时代的到来不仅影响了人类生活、工作和竞争方式，也深刻地改变了战争方式。如何利用数字技术提升军事效能，更好地实现国防目标成为各国关注的焦点问题。2021年5月27日，英国国防部发布《国防数据战略——构建数字主干，释放国防数据的力量》(简称《国防数据战略》)，详细阐述了英军未来的数字能力建设计划。该战略的发布使英国成为最先在军事领域提出数字能力建设战略的国家之一，是英军数字化建设的里程碑。

1. 战略提出背景

信息化时代，数据作为一国国防的重要战略资产是几乎所有国家军队的一项共识。然而到目前为止，能够完全释放国防数据价值的军队却并不多见。究其原因，在于多数国家的军队仍存在诸多不适应数字时代的短板，英军也不例外。《国防数据战略》指出，英军现有的指挥和作战体制中存在的以下问题严重影响了其数字能力的发挥。

一是核心技术安全性不足。英军虽然高度重视先进科技的作用，不

断地对其信息系统进行更新换代。然而，过于追求开发速度和性能优化的做法导致这些系统的安全漏洞在不断增多，技术债务问题越来越严重，各部门数据和系统条块分割现象严重，造成信息孤岛。

二是整体规划不足。英军不同军种、部门之间的信息系统重复建设较多，集成度较低，显得较为复杂和冗余，这同时还造成了国防数据在不同部门之间不能通用的问题，给英军数据资源整合带来不小的挑战。

三是人员运用和开发现代化数字科技的能力不足。技术水平的不足，特别是在超大规模云计算技术上的短板是英军提升数字化建设水平的重大障碍。

四是英军的组织和文化未能适应信息时代的要求。英国国防部认为，英军的体制机制尚未从工业时代的大规模机械化战争背景下走出来，以数据资源为主导的作战指挥意识不足。同时，英军整体缺乏鼓励创新和冒险的文化氛围，不利于数字化改革的进一步深化。

这四项短板是全球各国军队数字化转型过程中普遍存在的共性问题。在技术水平高速发展的今天，各国的军事变革速度都很难完全跟上时代的步伐，而能够更快地落实数字化转型的军队必将在作战领域取得巨大优势。因此，英军紧随美军之后，将数字化转型工作提升至战略层面，对数字能力建设提出了较为清晰的目标规划。

《国防数据战略》指出，到2030年，英国国防部将把数据视为推动和实现系统集成的重要资源，并将持续提供安全的、集成的、易于使用的数字能力，以获得“可持续”的军事优势。

建立国防数字主干是英军实现数字化转型愿景的重要手段，也是《国防数据战略》的核心内容。这对于英军实现多域整合和军事力量转型至关重要。数字主干的本质是一个分布式通信层，旨在提供一套服务器和数字设备之间通用的通信接口，使所有数字设备只需要使用这些通信接口即可满足设备间互联互通的要求。英国国防部提出，国防数字主干不能仅仅从狭隘的技术视角来驱动，还应该围绕英军的作战设想来建设和规划。随着投资力度的加大，国防数字主干将实现英军与国防供应商和盟国军队的互联。

2. 国防数字主干的特点

一是标准化。国防数字主干将基于英国国防部门的共同数字系统架构来搭建，以确保系统的通用性和数据的自由流动。国防数字主干的开发过程还将由英国国防部首席信息官全程监督指导，以确保数据标准的统一。

二是安全化。国防数字主干在设计过程中将充分考虑安全性因素，确保国防部的数据、网络、系统和决策过程的安全可靠。

三是现代化。国防数字主干以云技术为核心，采用人工智能等新兴科技，开发先进的数据系统。

四是数字化。国防数字主干将是以软件为核心的系统，实现数字化操作，使英国国防部能方便地将国防数据作为战略资产加以利用。

1.2.4.2 数字主干带动数字建设

数字主干的意义不仅仅限于其本身，更重要的是英国国防部希望以构建国防数字主干为契机，实现提升英军整体的技术实力、改进国防部的工作方法和文化环境、促进英军军事思想转变等数字化转型目标。《国防数据战略》提出，英国的国防数字主干将是一个由人、工作流程、数据和技术四个要素有机结合的生态系统。针对这些要素，《国防数据战略》制定了发展规划。

数字主干功能的发挥不只与数据和技术有关，人的因素也是其中至关重要的一环。为实现英军部署和有效利用数字主干的目标，英国国防部正在转变其运作方式，在整个国防部门嵌入数字技能要求。同时，英国国防部还制定了一份数字人才培养计划，以建立一支具备所需技能的员工队伍。在这份计划中，英国国防部确定了三个目标。

(1) 加强人员的数字能力。英国国防部将加大对技术人员培训的投资力度，提升所属人员在数据分析、敏捷交付和网络安全等领域的新技能。英国国防部还将利用多种手段加强自身技术开发能力，如建立高效灵活的组织制度，加大人才引进力度，从政府、企业和学术界借调人员等。

(2) 打造可互操作的数字人才队伍。英国国防部将把国防数字和信息能力通用化和专业化，为相关专业人才提供一个共同的专业发展框架，设计明确的能力标准、职业发展道路和通用的人才管理方法，推动数字人才在不同职能部门之间的灵活使用。

（3）开创多元和包容的工作环境。英国国防部认为，仅仅通过培养技术人才来构建数字主干是不够的。实现数字主干的全部潜力需要在国防领域营造敢于冒险和创新的文化环境。这种文化鼓励思想创新，促进国防部实现数字化思维转变。为此，英国国防部将着力提升员工队伍的数字意识，让他们相信通过适当地使用数据和技术能让工作方式发生重大变化。

技术的指数级发展速度使得为数字主干的设计和运营设定合适的工作流程至关重要：过于复杂则会扼杀创新，影响数字主干价值的发挥；而过于简单则会导致混乱和低效。为此，英国国防部将采取措施，为数据、技术、网络和人员设定正确、安全、高效的工作流程，以加强多领域的横向整合。

一是建立统一的数字工作标准。英国国防部将改进信息技术服务管理和集成方法，把各部门、各军种的信息技术基础设施视为一个单一的实体，并以一致的方式进行管理。同时，英国国防部所有的新技术投资都将根据一致的标准进行合规性测试，从而对数字风险进行整体管理。

二是改进国防部的工作方式。在数字化转型过程中，英国国防部将利用专业化、网络化、数字化的项目管理方式，控制工作成本，改善工作绩效。英国国防部还将改革决策程序，使核心开发部门更容易开展工作，让新思想能够迅速转化为实际可用的成果。

英国战略司令部司令帕特里克·桑德斯说：网络、信息交换和数据的标准化是国防的数字支柱，是一切整合的关键推动者。数据的一致性、标准化和有效管理是数字主干成功的核心。当前，英国国防部虽然有能力获取大量数据，但由于缺少统一遵守的数据规范、技术和管理生态，限制了其利用数据的能力。为解决这一问题，英国国防部将从以下四个方面着手。

（1）制定国防部数字转型计划。英国国防数据办公室将为国防数据资产的管理、治理和开发定义新数据框架，并将与政府、企业和学术界的合作伙伴共同进行数据整合工作，让国防部门得以高效地协同工作。

（2）建立统一的数据规范。英国国防部将通过建立必要的数据标准使数据资产管理专业化，让决策层能够时刻掌握数据内容、类型、存储地、管理者等信息。

（3）嵌入数据控制和治理。数据将成为英国国防部体制运行和决策过程中的重要组成部分，使英国国防部完成向数据驱动型组织的转型。

（4）提高数据开发能力。英国国防部将致力于国防数据资产的开发。通过运用人工智能技术和大数据算法，优化开发模型，英军的数据开发能力将得到极大的提升。

总之，英军将以实现数据的标准化、安全化、可互操作为抓手，逐步打破部门之间的藩篱，让数据得以自由地、安全地流动，充分发挥数据的价值。

技术是确保数字主干正常运行的基础。英国国防部将通过以下三项核心技术来构建和开发数字主干。

一是超大规模云技术。云技术是构建数字主干的核心技术。云存储设备将为英军提供易于访问和快速扩展的基础设施，为英军形成数字能力奠定基础。

二是允许无缝访问数据的下一代网络技术。这一技术不仅能加快英军的数据传输速率，还能简化数据访问流程，使其更容易与盟友和合作伙伴进行协作。

三是用户端的服务程序。英国国防部将开发方便易用的应用程序，使英军能够在战场上快速、安全地访问和处理数据。英国国防部还将以通用技术架构和标准为基础，加快应用程序的开发和交付速度，并通过标准设计模式来实现多领域集成，保持数字主干技术的现代化水平。

1.2.4.3 数字主干的应用领域

对于国防数字主干的作用，英国国防部参谋长尼克·卡特曾评价："所有的传感器、效应器和决策系统都将嵌入国防数字主干中，而各层次的战争中都将使用到数字主干。"可以看出，英军希望通过数字主干实现对各部门、各作战领域的国防数据进行无摩擦访问，完成英军自身的数字化转型，使英国不仅能与盟友保持同步，还能领先对手。

正如《国防数据战略》指出，"释放国防数据的力量"是构建国防数字主干的最终目的。有效利用国防数字主干提供的核心服务和能力对国防部发挥数据的力量并发展军事优势至关重要。虽然数字主干只是英军诸多使能器中的一种，但英军对国防数据的充分利用将彻底改变其军事变革进程。通过提供各军种和各部门共同的、可互操作的和标准化的数据和数据服务，现代数字能力将被置于英军军事体系运作的核心，并在以下四个领域得到全面应用。

（1）辅助战场决策。现代战争中多变的战场态势环境以及多域联动的战争样式产生了海量的战场数据，这使得指挥员在决策过程中容易陷入新技术条件下的"战争迷雾"，影响决策效率。国防数字主干将使英军部队能够在全球范围内实时访问所需要的各种战场数据，让英军的前线指挥官能够通盘考虑不同领域的战场要素，更快地了解实时战场态势。在人工智能的助力下，英军指挥官将能够在快速做出决策的同时提升决策的科学性和准确性，英军的作战能力也将大幅增强。

（2）制定后勤计划。由于资源和需求不易进行准确的匹配，传统后勤保障工作容易产生严重的浪费和效率低下等问题，成为后勤能力提升的瓶颈。在国防数字主干的帮助下，英军的供应链和后勤人员将得到英军的综合保障信息。通过对这些后勤数据的全面分析，英军后勤部门将能够制定更为精确、高效的后勤计划，最大限度地提升英军的后勤保障能力。

（3）获取军事优势。现代战争中，作战样式和作战理念日新月异，可谓"一场战争一种理论"。通过战场数据分析，能够得出更为丰富、科学和先进的作战理论。国防数字主干将加快英国国防数据的整合，通过数据分析和人工智能的结合，使英军能够比对手更快地感知、识别和应对新的机会和威胁，推动英军新军事思想和作战样式的产生，保持在军事理论上的领先。

（4）提高作战能力。推动陆、海、空、天、网五域融合是英军现代化改革的核心内容。英军认为，军事数据既是进攻武器也是防御武器。通过国防数字主干，无论地理位置、作战平台还是组织边界，英军指挥官都能够访问到五个作战领域可信、及时的战场数据，连接到任何作战单元。这使英军的五域融合真正落到了实处。同时，跨组织边界的无缝数据流将提升英军完成大型复杂项目的效率，从而大幅提高英军的军事能力。

1.2.5 国外数字技术发展对我国的启示

欧美对数字技术十分重视，并发展迅速，无论民用和军事方面的技术都处于国际领先地位，而且造就了多个国际著名的数字技术公司，对世界各国的数字技术发展起着至关重要的作用。我国要打破垄断，从他们的发展中寻找突破点，持续创新发展，才能赶上和超过国际先进技术水平。

1. 充分认识数据资产的战略地位，积极应对数据中心战的到来

随着决策中心战的理念成熟，驱动决策的数据也必然成为国防领域的战略资产和关键武器。军事数据，作为基础性战略资源，在军队建设和作战运用中的作用日益凸显。

我们应充分认识到“数据”的巨大价值和应用潜能，借鉴美军在军事数据规划建设上的经验，通过明确军事数据需求、建设内容、标准要求和建立配套的组织机构、管理制度、协调机制等，谋划以数据为中心的国防组织架构，提升数据治理水平，利用数据获得战略机遇和战术优势，提高我军在大国竞争时代的作战和制胜能力。

当前，美军正处于从“网络中心战”向“数据中心战”转型的关键时期，《数据战略》必然促进其加速转型。在人工智能和大数据技术的驱动下，美军的数据中心战将实现海量数据的获取、处理、利用、共享，将打通网络之间的壁垒，实现高效的作战力量协同，大幅强化作战能力，加速作战流程，最终大大提升作战效能。

对于我们而言，这是必须面对的挑战。同时，我们也拥有发展机遇，我国在这一轮以人工智能、大数据为代表的产业变革中，与西方发达国家基本同步。我军发展基于数据的新型作战能力的潜力巨大，应以积极姿态应对数据中心战的到来。

2. 统一顶层设计，全面构建标准化的数据集

目前，美军的数据管理、标签和跨机构访问的标准各异，阻碍了人工智能与机器计算用户访问所需数据，因此，《数据战略》的核心就是要构建全军标准化的数据集，为实现基于人工智能的大数据分析决策做铺垫。

当前我军的数据格式不同，来源各异，缺乏统一的数据处理规程，造成了数据资源的极大浪费。为此，我军应制定相关的数据战略目标，针对数据获取、数据处理、数据交换、数据服务、数据安全等开展标准研究，构建一套结构优良和功能齐全的军事数据标准体系，并发布相应的军用标准指导相关数据功能的开发和建设，统一顶层设计。借鉴美军

经验，在数据质量管理、云计算管理、大数据管理等重点领域制定完善的核心标准，并对元数据、数据安全、云计算数据等功能制定相关通用标准来规范其顶层设计。

3. 大力推进科技攻关，探索数据安全的创新实现

对于军事作战数据而言，“安全”是数据战略的根基。无论是公开的、敏感的或涉密的信息都必须根据法律法规和政策来处理，以确保数据和信息的安全性。而数据安全这一战略目标的实现手段会随着战争形态的变化不断更新。

当前，美军正在探索的数据安全先进实现技术有：①数字孪生技术，该技术可实现一种可验证、保护隐私、与真实世界相匹配的合成孪生，在保护数据安全的前提下，加快数据利用和分析。其代表性项目是美国空军的GEMINAI，GEMINAI能够创建统计上等效的数据点（但不包括任何潜在的涉密信息），它可以保留数据点的主要属性，而不必牺牲任何可能与特定收集时间或收集地点相关的内容。当某个军种或民用机构希望与潜在的研究伙伴共享数据，但由于信息安全方面的考虑而不想共享实际数据时，他们可以改为共享数字孪生，用于研究、开发和建模。②区块链技术，美军正在尝试通过区块链数据库项目来实现作战数据的保密和不可篡改，以确保安全通信和数据完整性；实现作战行动数据的不可否认，解决复杂、多方、联合军事动作的事后扯皮等问题；追踪数据源和使用情况，确保数据可验证可审计；实现内嵌原生数据安全能力，通过加密、签名、验证、时间戳和数据上链等，让用户在使用过程中无法关闭、无法绕过，从而符合军方数据安全要求。

对此，我们可以借鉴美军做法，对数据安全的先进实现技术进行探索，借助高校、企业等科研部门的数据安全技术研究力量，通过走军民融合之路，加速数据安全战略目标的实施，并且引导、规划、指导和扶持未来数据安全战略创新性技术科研项目建设。

1.2.6 跨境数据流动与全球数字经济的重要联通点

1.2.6.1 背景情况

1. 全球信息流动

随着19世纪50年代第一条横跨大西洋的电缆和20世纪50年代第一

条横跨大西洋的电话电缆的兴起，全球信息流动不断增加。如今，互联网创造了向世界任何地方快速、免费发送大量数据的潜力。

自新冠疫情流行起，数据流动对全球经济的作用更加凸显。数据流动不仅有利于新冠疫情的经济应对（如医疗研究数据共享、疫苗生产设施的监测和自动化控制，以及采用数字服务实现业务连续性），也有利于新冠疫情的社会应对（如家庭视频通话、用于娱乐和在线购物的流媒体内容）。随着更多国家和部门接受数字化转型，数据流动量只会继续攀升。

2. 数据本地化及障碍

与此同时，越来越多的国家对数据跨境传输设置了新的障碍，这使得合法的数据跨境传输变得更加昂贵和耗时。数据本地化针对的是越来越多的特定数据类型以及被视为"重要"或"敏感"或与国家安全相关的广泛类别的数据。一些政策制定者——尤其是欧洲和印度的政策制定者——公开呼吁将数据本地化作为数字保护主义的一部分。

3. 数据本地化vs全球数字经济

数据本地化政策的日益扩大对全球数字经济的潜力构成了越来越大的威胁。数据本地化不仅使互联网的可访问性和安全性降低，同时使得数据访问成本更高、流程更复杂，从而导致创新性更低。企业使用数据来创造价值，许多企业的最大化价值是建立在数据可以自由跨境流动的基础上的。

因此，数据本地化削弱了数据密集型服务对经济生产力和创新的影响。一些国家的数据限制日益严格，将导致其经济出现价格上涨、贸易减少和生产力下降。

经济合作与发展组织（OECD）2018年的一份报告指出，数字化与贸易开放程度正相关联，双边数字连通性增加10%使得双边服务贸易增加了3.1%，反之亦然。ITIF的计量经济模型估计，一个国家的数据限制性指数（data restrictiveness index，DRI）每增加一个单位，其总产出交易量（5年内累计）就会下降7%，下游产业的商品和服务价格会上升1.5%，整个经济体的生产率会下降2.9%。

4. 共享治理

强制数据本地化破坏了共享治理的潜力。一方面各国在数据自由流动的前提下解决如防止间谍活动、维持金融监督和进行执法调查等需求；另一方面各国也应建立健全的数据隐私框架来保护消费者和国家安全。常见的数据保护法，如基于OECD关于保护隐私和个人数据跨境流动的指导方针并不构成对数字贸易的限制。如果发送到国外的数据被滥用，追究数据输出者的事后责任是完全可以接受的，对于企业而言，遵守这些数据保护法律的成本是开展业务的典型成本。

因此，当前情况下，政策制定者需要做更多的工作以确保全球数字经济仍然是新冠疫情下经济增长和复苏的引擎。

1.2.6.2 数据本地化

近年来，制定数据本地化要求的国家/地区数量几乎翻倍，从2017年的35个国家增加到2021年的62个国家。数据本地化政策总数增加了一倍多，从2017年的67项增加到2021年的144项。此外，世界各国正在提议或起草另外38项数据本地化政策。

数据本地化主要有三个方面：其一，限制特定类型的数据传输到境外。主要包括个人数据，健康和基因组数据，地图和地理空间数据，政府数据，银行信用报告，财务、支付、税务、保险和会计数据，公开上市公司的公司内部数据，用户在社交媒体和互联网服务平台上生成的内容相关的数据，传统电信和基于因特网的通信服务的用户数据和通信内容及元数据，以及电子商务运营商数据。其二，各国越来越多地限制涉及被视为“敏感”“重要”“核心”或与国家安全相关的数据，并将该类数据的范围广泛化、模糊化。欧盟和印度将限制扩展到针对非个人数据的广泛框架。其三，事实上的数据本地化也在增长。由于数据传输变得复杂、昂贵且不确定，尤其是可能会面对巨额罚款，公司基本只能将数据存储在本地。例如，欧盟取消数据传输机制，未能为数据传输添加新的认证和其他新的法律工具，以及对这些剩余机制（例如标准合同条款）的限制和条件不断增加，有可能使通用数据保护制度（GDPR）成为世界上最大的事实上的本地化框架。

政府强制执行数据本地化主要通过以下五种不同类型的规则来执行：

（1）本地数据镜像：公司必须先在本地存储数据副本，然后再将副本转移到国外。其中涉及在本地保留的最新版本的数据。

(2) 显式本地数据存储：公司必须在数据来源的国家物理定位数据。某些情况下允许对数据进行外部处理（之后数据必须存储在本地）。

(3) 事实上的本地存储和处理：公司在本地存储数据是因为严格的数据传输要求（例如获得传输的预先批准和明确同意）和数据传输的法律不确定性，再加上巨额罚款和任意执法，会给公司带来不可接受的风险。

(4) 显式本地数据存储和处理：国家禁止转移到其他国家。

(5) 显式的本地和歧视性数据处理、路由和存储：一些国家使用歧视性许可，认证和其他监管限制来要求本地数据存储，并将外国公司排除在管理和处理本地数据之外。

1.2.6.3 决策建议

1. 一般性建议

（1）关注不同监管系统之间的"互操作性"。

（2）寻求新的数字经济合作协议或合作机制，例如澳大利亚、智利、新西兰和新加坡之间的合作协议或机制。

（3）与志同道合的国家合作，创建可互操作的健康数据共享框架，在权责明确且合乎道德的基础上进行健康数据和基因组数据的跨境流动。

（4）向非亚太经济合作组织（APEC）成员开放APEC跨境隐私规则（CBPR），使其成为数据治理的全球模式。

（5）支持志同道合的民主国家共同制定《日内瓦数据公约》，以建立管理政府访问数据的共同原则、流程和保障措施。

（6）在金融数据监管方面，制定有针对性的战略，以支持采用侧重于监管数据访问而非数据存储位置的金融监督框架。

（7）改进现有的和建立新的机制以改进与执法调查相关的跨境数据请求，例如CLOUD（澄清合法的海外数据使用）法案协议和更新的司法协助条约（MLAT）。

2. 关于数据治理最佳实践的建议

（1）各国政府应为跨境传输个人数据提供多种机制，并且这种机制可以被各种规模的公司应用。各国应明确提及个人数据可接受的转让框架和标准。

（2）各国政府应鼓励企业提高数据管理方式的透明度，例如定期披露有关政府数据访问的信息。

（3）政府应支持在发展和使用数据（或数字技术）的相关标准制定方面的努力，例如通过多方利益相关者论坛和政府间论坛（如经合组织）。

（4）政府应确保云提供商能够根据国家和国际标准、行业特定法规（例如医疗保健和金融行业）、国家认证（例如美国FedRAMP、德国C5、澳大利亚IRAP）、全球认证（例如ISO 27001 和ISO 27018）进行审计和认证，从而保护基于云的政府数据和服务安全。

（5）发达经济体应向发展中经济体提供技术援助和能力建设援助，帮助后者建立数据治理框架。

3. 支持数字自由贸易和反对数字保护主义的建议

（1）支持世贸组织电子商务谈判中关于数据流动的相关规则成果，其中包括明确禁止数据本地化。

（2）为了创造互惠，数字自由贸易国家的政策制定者应该针对制定数据本地化和其他数字保护主义措施的国家制定新的对策。来自数字保护主义国家的公司不应受益于开放的数字市场。

（3）政策制定者应鼓励国家、区域和全球组织就数据本地化的影响和其他跨境数据传输障碍进行详细调查。

（4）数字自由贸易国家应倡导将透明且良好的数字监管作为贸易协定的一部分。

4. 详细建议

（1）决策者应该将“数字互操作性”的概念用于制定全球数字经济规则战略的核心。

（2）追求新的数字经济协定和合作机制。

（3）通过互操作性框架支持数据驱动的健康研究。

（4）利用亚太经合组织的跨境隐私规则构建全球数据隐私框架。

（5）构建政府数据访问框架。

（6）关注访问，而不是位置：支持金融监管监督和数据流动。

（7）完善机制，帮助执法部门对跨境索取数据进行详细的决策者建议阐述。

1.3

国内数字技术与产业情况

世界工厂，这个称呼在过去十几年中始终伴随着中国制造业的成长。过去认为，中国制造能力愈加成熟的同时，创新能力却难以与之匹配。但是，今天如果仍然这样认为，那就有些落伍了。

人工智能的突破很大程度上依赖于对新的、独特的或丰富的数据资产的访问。在某些领域，机器学习模型可以从初始的数据集开始，并在进一步添加数据时改进。但是，由于现有数据的数量每两年翻一番，基于过去的数据所获得的竞争优势是很容易崩坏的，对于未来数据的获取非常重要。

联合研究项目表明，数据所有权对于跨行业以及行业内的管理者来说都是一个棘手的问题。例如，调查受访者对专有数据、公共和公司所有数据的混合以及公共领域数据哪一种在行业中最为普遍这一问题存在分歧。至关重要的是，排他性数据的数量往往决定了竞争优势，这要求高管们需要更深入地理解行业和公司内部数据来源的价值和可用性。

AI掀起了一场新的战争，有赢家就有输家。任何一家公司，现在都需要一个关于人工智能的计划；目前落后的公司，需要立刻加快脚步追赶，如果持续落后下去，最终可能会发现摆在眼前的路越来越难走。这不仅需要战略上的高度重视，政策上的有序引导，更需要优秀企业具有开放融合的胸襟和中流击水的勇气，还需要基础研发体系的支撑引领。无论如何，这是一场硬仗，越早准备越好。

1.3.1 全球18万艘船舶实时数据免费共享

2017年8月30日，国家交通运输物流公共信息平台数据资源目录推介会在杭州召开，国家物流信息平台正式发布跟踪、信用两类数据服务，并联合中国物流与采购联合会（以下简称“中物联”）发出倡议，共建物流诚信联盟。

用户可以通过国家物流信息平台的统一入口，实现上述数据的“一站式”查询，动动鼠标便能获知货物在途实时位置、核验合作对象相关资质。除查询、核验之外，用户还可以利用国家物流信息平台提供的“数据池”，深度挖掘数据背后的价值。

今后，只要登录国家物流信息平台网站，输入运单号，就可以轻松查询全球18万艘货运船舶和国内400余万辆货车的实时情况。对于物流企业而言，像查询快递状态信息一样，轻松查询货物实时位置正在成为现实。其中，跟踪数据涵盖全球18万艘货运船舶实时位置及历史轨迹数据，东北亚地区16个港口集装箱状态数据，全国400余万辆12吨以上货运车辆实时位置及历史轨迹数据，浙江省内三大空港作业数据，浙江口岸、宁波口岸货物通关状态数据等；信用数据则包括道路运输管理部门注册登记的人、车、户资质信息，全国830万家物流企业工商信息，全国身份证信息真实性核验等。

1.3.2 电子购物京东公司

除了微软之外，许多云服务供应商（CSP）客户均依赖于英特尔架构来处理人工智能推理工作负载。

中国政府高度重视数据链与AI产业发展战略，中国正在快速形成商业应用开发能力，行业创投的领域正在紧追美国等先进国家，并在应用层的一些领域显现出竞争实力，部分指标达到了与美国相近的水平。

与互联网相似，中国将成为数据链与AI应用的最大市场，拥有丰富的应用场景，拥有全球最多的用户和活跃的数据生产主体。我们需要进一步加大基础学科建设和人才培养，以便让中国的数据链与AI有机会走得更远。目前，国内领先的电子购物企业京东正在太平洋地区大力投资以数据为基础的人工智能和无人机配送技术。

最近，通过利用英特尔Arria10 FPGA，京东部署了卷积神经网络（CNN）和长短期记忆网络（LSTM）来帮助分析京东上的海量图片，并进行光学字符识别（OCR）。测试结果显示，与GPU替代方案相比，Arria10 FPGA可以将LSTM性能加速提高5倍，从而避免一些效率低下的计算并减少图像识别延迟。

1.3.3 阿里巴巴的“淘工厂”

1.“淘工厂”概述：让产能在线化

“淘工厂”是链接淘宝卖家与工厂的平台，解决淘宝卖家找工厂难、试单难、翻单难、新款开发难的问题，为电商卖家与优质工厂搭建一道稳固的桥梁，一站式解决卖家供应链难题。淘工厂通过聚合海量工厂，覆盖消费品行业类目，帮助电商卖家解决找工厂难、小单试单难、翻单备料难、新品开发难的问题。从满足电商柔性供应链开始，逐步向线下品牌渗透，向周边国家渗透，未来将覆盖整个供应链条。

2.主要特点

淘工厂最大的特点在于生产上将更加符合淘宝卖家的需求，淘宝卖家可以尝试小批量试单，并快速翻单。阿里巴巴要求入驻的代工厂为淘宝卖家免费打样、提供报价、提供档期，并且接受30件起订、7天内生产、信用凭证担保交易等协定。在产品设计方面，阿里要求工厂将产能商品化，并开放最近30天空闲档期。档期表示工厂接单意愿，如果工厂没有空闲档期，则卖家搜索时会默认过滤掉。而柔性化程度高的工厂将被优先推荐。同时，阿里将通过金融授信加担保交易解决交易资金缺乏和资金安全的问题。淘宝卖家在支付货款时可使用阿里的授信额度。工厂可凭信用证收回全款，如果买家失信，阿里将会补上这份金额给工厂。

3.主要流程

（1）邀请工厂入驻，将线下工厂数据化搬到线上，并对提供的工厂信息进行第三方验厂（工商注册、产能、擅长品类、擅长工艺、工人数、开发能力、生产线、设备、车间、版房、品管、协力工厂）。

（2）让工厂将产能商品化，开放最近30天空闲档期，让电商卖家能够快速搜索到档期匹配的工厂。

（3）柔性化程度高的工厂将被优先推荐。如工厂能提供的最低起订量、打样周期、生产周期、7天内可供面料，电商卖家可以通过频道、搜索快速找到最适合柔性化的工厂。

（4）金融授信加担保交易解决交易难题。淘宝卖家支付货款时使用阿里授信额度，大笔交易全款支付。工厂也不再担心买家会跑路、欠款的问题，只要双方达成交易，买方确认收货后，工厂即可凭信用证收回全款。如果发生买家店铺倒闭，阿里金融将承担损失，并向买家追偿。

（5）交易规则保障。入驻淘工厂平台的工厂需要交纳一笔生产保障金，保障买家成品的质量和交期问题，如果发生交易纠纷，依据合同条款和平台规则，平台介入处理。

1.3.4 国内数字经济发展中存在的主要问题

得益于良好的数字基础设施，数量庞大且收入快速增长的人口、强大的制造能力和质优价廉的丰富工业产品等因素，中国数字经济和平台企业飞速发展，但是需要看到，我国数字经济发展也存在不少短板与痛点，这些短板与痛点也是下一步发展中需要重点解决的问题

1. 产业基础能力不强

尽管我国数字产业的创新能力有了长足进步，但是由于发展时间积累不够，基础能力不强的问题仍然比较突出，精密传感器、集成电路、工业软件、操作系统、数据库等基础数字产品和服务严重依赖进口。在“逆全球化”、科技产业竞争加剧和发达国家加强对高科技出口管制的情况下，我国数字经济的发展面临高应力断裂的威胁，而且由于数字技术广泛应用的特点，还会产生影响其他产业供应链的放大效应。

2. 先进技术存在差距

尽管我国在人工智能领域涌现出一批具有全球影响的企业，在量子通信等前沿技术领域处于世界前列，但是与美国相比仍存在不小差距。例如，前沿数字科技的基础理论大多由发达国家的科学家率先提出，新一代信息技术产品或服务的原型由发达国家的科技公司原创；人工智能、操作系统等最重要的数字技术开源社区的运营方和主导者是硅谷的基金会和科技公司，我国许多数字科技企业在这些开源软件的基础上进行二次创新，对开源社区的贡献比较有限。

3. 国际化发展水平低

尽管我国已涌现出阿里巴巴、腾讯、百度、字节跳动、美团点评、滴滴等市值或估值超千亿美元的互联网公司，但总体上看，这些互联网巨头的市场主要在国内，国际业务比重低，只有抖音国际版TikTok等少数应用在国外比较流行、拥有数量较大的海外用户。相比之下，谷歌、亚马逊、苹果、脸书等美国数字高科技公司进入世界许多国家并成为热门应用，国际业务收入在其营收中占比很高。

4. 法制环境不完善

长期以来，我国对数字经济的发展秉承“包容审慎”的监管原则，较为宽松的发展环境对数字经济的高速增长发挥了重要作用，但是数字经济有关的法律制度不完善正成为数字经济进一步发展的掣肘，人工智能等新一代数字技术的不合理应用可能会造成破坏性影响。从国内看，由于缺少相应的法律规定，一些数字业务难以开展，例如，对数据确权法律的缺位造成数据交易难以推进；法律规定的缺位还会加大一些数字业务创新可能带来的社会风险、金融风险，比如曾经火爆的P2P金融业务。从国际上看，数字领域的法律缺位会导致我国在未来数字经济国际规则制定和我国数字企业国际化中处于不利地位。

5. 数字经济发展不平衡

虽然我国数字经济发展速度快、数字经济总量大，广义的数字经济增加值占GDP的比重达到36.2%，但数字经济发展不平衡的问题非常突出。从产业的地域分布来看，我国数字经济企业主要集中于一、二线城市，未来数字经济持续高增长可能会进一步拉大地区间的经济差距。从消费者使用情况看，我国数字经济的用户集中于城市地区，老年人的智能终端普及率和互联网服务的使用率较低，数字服务的快速扩散可能会造成人群之间新的数字鸿沟，比如老年人在支付、打车、健康码等方面就遇到了很大困难。从企业数字化转型情况看，我国既有数字化水平世界领先的企业，同时也存在大量缺少互联网意识、数字化投入少、数字化人才匮乏、数字化水平低的企业。

我国要解决上述问题，应该遵循下述原则：

（1）补短板与创新并重。既要针对我国数字产业链的关键环节发力，解决基础性技术瓶颈，减轻对国际供应链的依赖，摆脱受制于人的困境；又要紧紧抓住新一轮技术革命与产业变革的契机，通过创新发展实现在未来产业领域的领先。

（2）消费端与产业端并重。继续发展消费互联网，也要抓紧新一代数字经济赋能水平不断提高的机遇，大力推动产业互联网发展，加快数字技术与实体经济的深度融合和产业转型升级的同时，也为我国数字经济创造新机遇、培育新的大型高科技企业。

（3）自主可控与对外开放并重。当前的国际环境日益复杂，我国既要保障供应链的畅通运行与产业链的平稳发展，也要解决关键数字技术的自主可控，畅通国内市场；既要充分利用全球科技、人才资源与市场，尽可能融入全球价值链，整合全球资源创造、生产优质的数字产品和服务，也要把我国的优质数字产品和服务提供给全球客户，形成国内国际双循环互相促进的新格局。

（4）效率效益与包容普惠并重。既要继续保持数字经济的高速增长及其强大的赋能作用，带动整个经济的效率与效益提升，也要重视数字经济发展的包容性与普惠性，关注欠发达地区数字技术设施和互联网服务的覆盖、关注弱势群体在数字经济时代的生活，给每一个国民都带来生活水平的改善，成为全面建成小康社会的重要支撑。

（5）市场机制与制度优势并重。数字经济领域的科技创新、商业模式日新月异，需要大量企业的探索创新才能成功。我国数字经济的高速发展得益于充分发挥了市场机制的作用。要在坚持市场作用的同时，重视发挥我国的制度优势，在关键核心技术特别是“卡脖子”问题上集中力量攻关，实现核心技术的自主可控。

（6）竞争政策与产业政策并重。加快确立竞争政策的基础地位，激发微观市场主体的创新创业活力。防范大型企业利用市场优势地位限制竞争、形成垄断，对数字经济的科技创新与商业模式造成影响。同时也要发挥产业政策的积极作用，对数字领域的科技创新、科技成果的产业转化、“卡脖子”领域的突破给予重点支持。需要注意产业政策作用的范围、力度，从特定性、选择性的产业政策向完善环境性与功能性产业政策转型。

1.3.5 把握数字经济发展趋势和规律、推动数字经济健康发展

党的十八大以来，中国高度重视发展数字经济，实施网络强国战略和国家大数据战略，拓展网络经济空间，支持基于互联网的各类创新，推动互联网、大数据、人工智能和实体经济深度融合，建设数字中国、智慧社会，推进数字产业化和产业数字化，打造具有国际竞争力的数字产业集群，我国数字经济发展较快、成就显著。

强调发展数字经济是把握新一轮科技革命和产业变革新机遇的战略选择。

一是数字经济健康发展有利于推动构建新发展格局，数字技术、数字经济可以推动各类资源要素快捷流动、各类市场主体加速融合，帮助市场主体重构组织模式，实现跨界发展，打破时空限制，延伸产业链条，畅通国内外经济循环。

二是数字经济健康发展有利于推动建设现代化经济体系，数字经济具有高创新性、强渗透性、广覆盖性，不仅是新的经济增长点，而且是改造提升传统产业的支点，可以成为构建现代化经济体系的重要引擎。

三是数字经济健康发展有利于推动构筑国家竞争新优势，当今时代，数字技术、数字经济是世界科技革命和产业变革的先机，是新一轮国际竞争的重点领域，我们要抓住先机、抢占未来发展制高点。

要加强关键核心技术攻关，牵住自主创新这个“牛鼻子”，发挥我国社会主义制度优势、新型举国体制优势、超大规模市场优势，提高数字技术基础研发能力，打好关键核心技术攻坚战，尽快实现高水平自立自强，把发展数字经济自主权牢牢掌握在自己手中。

要加快新型基础设施建设，加强战略布局，加快建设高速泛在、天地一体、云网融合、智能敏捷、绿色低碳、安全可控的智能化综合性数字信息基础设施，打通经济社会发展的信息“大动脉”。要全面推进产业化、规模化应用，重点突破关键软件，推动软件产业做大做强，提升关键软件技术创新和供给能力。

要推动数字经济和实体经济融合发展，把握数字化、网络化、智能化方向，推动制造业、服务业、农业等产业数字化，利用互联网新技术

对传统产业进行全方位、全链条改造，提高全要素生产率，发挥数字技术对经济发展的放大、叠加、倍增作用。要推动互联网、大数据、人工智能同产业深度融合，加快培育一批“专精特新”企业和制造业单项冠军企业。要推进重点领域数字产业发展，聚焦战略前沿和制高点领域，立足重大技术突破和重大发展需求，增强产业链关键环节竞争力，完善重点产业供应链体系，加速产品和服务迭代。

要规范数字经济发展，坚持促进发展和监管规范两手抓、两手都要硬，在发展中规范、在规范中发展。要健全市场准入制度、公平竞争审查制度、公平竞争监管制度，建立全方位、多层次、立体化监管体系，实现事前事中事后全链条全领域监管。要纠正和规范发展过程中损害群众利益、妨碍公平竞争的行为和做法，防止平台垄断和资本无序扩张，依法查处垄断和不正当竞争行为。要保护平台从业人员和消费者合法权益。要加强税收监管和税务稽查。

（1）要完善数字经济治理体系，健全法律法规和政策制度。

（2）要完善体制机制，提高我国数字经济治理体系和治理能力现代化水平。

（3）要完善主管部门、监管机构职责，分工合作、相互配合。

（4）要改进提高监管技术和手段，把监管和治理贯穿创新、生产、经营、投资全过程。

（5）要明确平台企业主体责任和义务，建立行业自律机制。

（6）要开展社会监督、媒体监督、公众监督，形成监督合力。

（7）要完善国家安全制度体系。要加强数字经济发展的理论研究，就涉及数字技术和数字经济发展的问题提出对策建议。

（8）要积极参与数字经济国际合作，主动参与国际组织数字经济议题谈判，开展双多边数字治理合作，维护和完善多边数字经济治理机制，及时提出中国方案，发出中国声音。

数字经济事关国家发展大局，要做好我国数字经济发展顶层设计和体制机制建设，加强形势研判，抓住机遇，赢得主动。各级领导干部要提高数字经济思维能力和专业素质，增强发展数字经济本领，强化安全意识，推动数字经济更好地服务和融入新发展格局。要提高全民全社会数字素养和技能，夯实我国数字经济发展社会基础。

1.4
推动传统行业数字化转型

习近平总书记指出，“信息化为中华民族带来了千载难逢的机遇”“推动信息领域核心技术突破，发挥信息化对经济社会发展的引领作用”。习近平总书记的重要论述，明确了我国经济社会发展的战略方向，为实施国家大数据战略、加快建设数字中国、大力发展数字经济提供了根本遵循。

1.4.1 制造业数字化转型

我国是制造大国和互联网大国，推动传统行业数字化转型具备丰富的应用场景、广阔的市场空间和强大的内生动力。然而，一些企业囿于传统观念和路径依赖，对科技发展态势认识和理解不充分，甚至对新技术应用存在抵触情绪，缺乏转型动力；一些企业面对数字化转型初始投入、过程建设、后期维护等成本高以及可能带来的阵痛和风险，不敢率先探索；一些企业缺少经过实践验证的成功经验和路径，在方法、技术和人才方面也相对匮乏，导致转型乏力。发挥信息化对经济社会发展的引领作用，需要创新思路和方法，有效解决这些突出问题。

数字经济以数字化知识和信息作为关键生产要素，以现代信息网络作为重要载体，以信息通信技术的有效运用作为效率提升和结构优化的重要推动力。面对数字经济发展的历史机遇，各个行业都需要认清时代大势，主动拥抱信息化。适应数字经济发展趋势，推动企业数字化转型，需要积极培育互联网思维和数字化思维，适应信息技术在经济社会发展过程中从“工具”“助手”到“主导”“引领”的功能转变。传统行业需要换位思考，从新一代信息技术的视角来审视自身，针对转型发展中的瓶颈问题，开展“自我革命”；信息技术企业也要融入传统行业，学习掌握相关行业的知识，努力引领传统行业转型发展。

当前，信息技术已融入经济社会生活的方方面面，催生出许多新产业新业态新模式，这对数字化人才培养提出了诸多新要求。数字时代需要的不仅仅是技术型人才，更需要能将设计思维、业务场景、经营方法和信息技术等有机结合的复合型创新人才。培养适应信息化发展需求的人才，需要社会各界共同努力。要做好数字化人才培养的顶层设计，鼓励多元投入，营造人才成长的良好环境。高校、科研院所要坚持面向世界科技前沿、面向经济主战场、面向国家重大需求、面向人民生命健康，构建高水平复合型人才培养模式。相关行业、企业要为数字化人才建立可持续的成长机制，形成助力人才发展的环境和文化。

推进信息化建设、发展数字经济是一项系统工程，需要多方协调、统筹推进。要进一步做好发展规划，结合实际情况，制定合理的引导措施，指导相关产业、行业和企业实现数字化转型发展。企业要推动传统管理方式向数字化管理方式转换，在管理模式、组织结构、经营理念、产品研发等方面做好规划，有序、按需深化信息技术的全流程应用，实现转型效益最大化。

当前，很多行业和企业均已认识到，信息化将成为转型发展的必然选择。推动数字化转型，要对现有的业务流程、产品体系、管理架构、经营方式等进行深度重构。不同行业、企业信息化建设所采用的理论方法、技术方案、经营思想等不尽相同，需要吸收借鉴多种成功案例的经验。相关行业、企业要在政府部门的引导和支持下，开展多层级、多方位、多途径的试点工程建设，探索传统行业数字化转型的科学路径。

1.4.2 企业数字化转型

企业数字化转型是指：企业在产品、运营或业务模式上，以数字化为特征，发生实质性的形态变化。“转型”必须发生形态变化，就像化蛹为蝶一样，而不只是将数字化作为技术手段，只是将过去的业务变得电子化、自动化——“数字化转型”不等于“数字化”。这样的话，企业从非数字化状态变成数字化状态的“数字化转型”有三种形式：①产品和服务的数字化转型：以数字化的方式交付产品和服务，或者产品和服务本身就是数字化或者包含数字化特性，例如音乐产业，数字化音乐下载替代了传统的唱片和CD，其后在线音乐播放又替代了音乐下载。②运营的数字化转型：企业的整体业务过程从物理现实转换到数字空间，实现实时线上化、数据智能化，这类转型意味着需要大规模重构企业运营的核心信息系统的架构。例如制造业的“数字化孪生”，物理实体对象被数字化，无论是顾客、合作伙伴，还是企业员工，利用数字化界面来实现人与企业数字空间的交互。③商业模式的数字化转型：数字化重构行业价值链和价值网络，改变原有的收入和利润模式。例如IT企业服务行业全面向云转型，重构了行业传统的硬件、软件、服务价值链，厂商从一次性收入模式变为年金收费模式。

这里说的“数字化转型”，特指由数字化本身推动的转型，而非一般意义的企业转型。有些企业的确发生了非常成功的运营模式或商业模式转型。例如安踏，从一家以“安踏”为主品牌的渠道品牌企业，转型为以“安踏”/“FILA”双品牌为主的多品牌、多渠道体育用品公司；又如，一家全棉无纺布制品的制造企业“稳健医疗”，转型成为了以全棉制品为特点的消费品零售企业“全棉时代”。在转型过程中，数字化往往发挥着非常重要的作用，但是这些属于“企业转型”，不属于典型的“数字化转型”案例。

还有一类是原生数字化企业或者先天具有极强数字化特性的新创企业，在产品、运营和商业模式上，对同行业的传统企业形成了利益格局重构，甚至威胁、颠覆了传统行业，例如电商对实体零售，或者外卖平台对餐饮行业的改造，这类企业可称为“数字化颠覆者”。

下面介绍几类企业数字化转型的典型案例（图1-12）。

1. 金融服务业

在面向个人的金融服务市场中，支付宝（蚂蚁）和微信毫无疑问已经彻底颠覆了中国这个行业，这两家从“场景”来切入个人生活，提供支付、信用、理财、保险等服务，尽管几乎所有传统银行都提供了“网银”，“网银”是个人账户的简单数字化延伸，不属于数字化转型。而招商银行的网银和掌上生活两个APP强调用户体验，采取了类似于支付宝的生活场景切入策略，相比其他银行的类似举措，更具备数字化转

行 业	数字化转型			数字化颠覆者
	产品和服务转型	运营转型	商业模式转型	
金融服务业	招商银行	建设银行	平安集团	众安保险/蚂蚁/微信
制造业	三一重工	美的	远景能源/西门子	特斯拉/卡特拉
消费品和零售业	星巴克	宝岛眼镜	苏宁/良品铺子	美团/元气森林
其他行业	明源云	顺丰	贝壳	嘀嘀/抖音

图1-12 企业数字化转型的典型案例

型特点。

在运营数字化转型上，从2010年开始，历时7年的中国建设银行“新一代核心系统建设”可能是中国金融业有史以来最庞大的系统建设工程。围绕业务运营的产品管理、营销支持、产品运营、业务支持、风险管控、决策与报告六个方面，将流程、数据、产品和用户交互等方面进行建模，实现了组件化、平台化的现代化IT架构。企业的数字化运营转型除技术问题外，在推进相应的组织、人员变革方面还存在很大的挑战。

“开放平台”是金融服务的商业模式转型，众安保险就是数字化原生的颠覆者。从传统金融服务的商业模式向生态构建、平台服务进行转型的典型，当属平安集团。平安是一家志向远大的企业，战略上提出不仅要做全球领先的金融企业，而且要做全球领先的科技企业，以客户为核心，用技术来构建金融、医疗、车、住宅和城市五大生态。

2. 制造业

制造业企业向用户提供的产品和服务，从物理产品变成数字化产品的转型模式，最典型的例子是车联网。目前提供车联网服务的企业很多，三一重工是工程机械行业里的先行者。十多年前，三一重工就在其产品中广泛设置了互联传感器，其初衷是提高产品运行状态诊断及主动性维修服务的效率，以及加强租赁销售资产保全。今天，数字化互联产品甚至起到了帮助政府进行经济决策的作用。

美的数字化转型是围绕运营数字化的，从2012年底开始的“632工程”（6个运营系统：研发PLM、计划排产APS、供应商协同SRM、

ERP、制造执行MES、客户管理CRM；3个管理系统：财务、人力、BI；2个集成：用户界面集成、数据集成），到最近的工业互联网和数字化灯塔工厂建设，能观察到的是运营体系的全面数字化，而背后驱动力是美的的组织扁平化，产销模式变化（美的叫“T+3”）等一系列运营变革，美的也从这轮数字化转型中取得了显著效益，如图1-13所示。

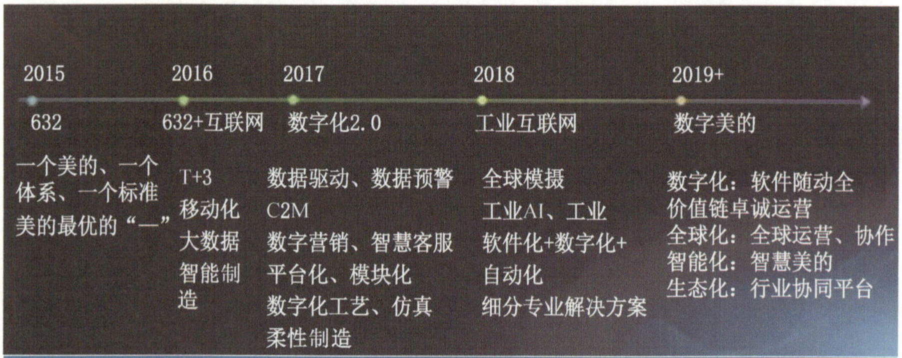

图1-13　美的数字化转型路径示意图

利用数字化实现从卖产品到卖服务转型的制造业商业模式转型，远景能源是个很好的案例。十多年前中国曾经掀起过一阵风电设备热，然而远景能源从众多风能发电机制造企业中脱颖而出，基于物联网和大数据，以能源物联网平台为愿景，提供智慧风场管理软件、能源资产管理服务、能源互联网技术服务等，并且自营风力发电场。

颠覆者从全新的数字化角度进入传统行业，特斯拉是大家熟悉的例子，整个改变了汽车的销售渠道、供应链、增值服务的价值网络。卡特拉是建筑行业的特斯拉，这家公司生产“装配式建筑”，用制造业的方式来改造传统建筑业。

3. 消费品和零售业

消费品和零售业是我们可直接感知的数字化转型前沿。在数字化产品方面，消费者购买星巴克的方式已经在不知不觉中从门店柜台前转移到了啡快App上，这也使得星巴克在国外早就在尝试的“超级个性化推荐”在中国成为可能。

在零售运营上，数字化已经经历了几个发展阶段的尝试、失败、迭代，前些年的智能销售助理、数字化无人门店、阿里新零售等，多有跌宕起伏，今天会员数字化和社交销售已经成了零售标配，宝岛眼镜是个很好的案例。

通过渠道销售的快速消费品企业，早已经把广告投入的主战场从电视、室外广告牌等传统媒体，转移到了投放更精准、策略更复杂的数字化媒体上，并且加强数字化用户运营，建立自有流量池，“数字化营销”已经是消费品企业数字化转型的普遍实践。

前述数字化转型还仅是用户界面或者营销运营上，**数字化驱动的商业模式转型的巨大挑战是价值链再造中的利益分配问题，这也出现了“戴头盔看房”这样荒诞而真实的现象。**消费品零售企业很难处理传统线上、线下渠道利益割裂问题，很少有传统企业能够实现整合的“全渠道转型”，苏宁、良品铺子就是不多的实现了多个线上、线下渠道“同款同价同促销”的新形态零售企业。

像元气森林这样的新生代消费品企业，虽然在产品和渠道上还是与传统消费品企业竞争，但其从创业开始就带有很强的互联网思维，**即线上运营、数据驱动，虽然不是原生数字化企业，但可以认为是数字化驱动的行业颠覆者。**

4. 其他行业

有些行业由于其自身特性，例如资源禀赋、监管、产业发展阶段等特点，数字化转型成熟度还较低。

IT企业从传统的软硬件系统提供向云服务转型，除了原生云公司外，最成功的无疑是微软、Adobe等公司，这也是资本推动的热点。国内软件公司里，用友和金蝶很早就紧跟潮流推进SaaS以及云平台转型，然而一家在房地产行业外并不知名的软件公司——明源云，获得投资人热捧和广泛关注，市值高达500亿~600亿元，这家营收只有十多亿元的软件公司已经相当于中国房地产公司市值前20位的水平。**明源云从传统的ERP、CRM管理软件公司，转型成一家提供面向前端采购、销售、工地、物业的SaaS公司（图1-14）。**

顺丰是运营数字化转型的典范，在激烈竞争的快递物流市场，顺丰的科技实力是领先竞争对手的重要因素，从手持设备到二维码，从电子面单到人工智能流程，顺丰都是行业内率先使用新技术的公司，**今天，顺丰甚至将其科技公司独立出来从事技术服务。**

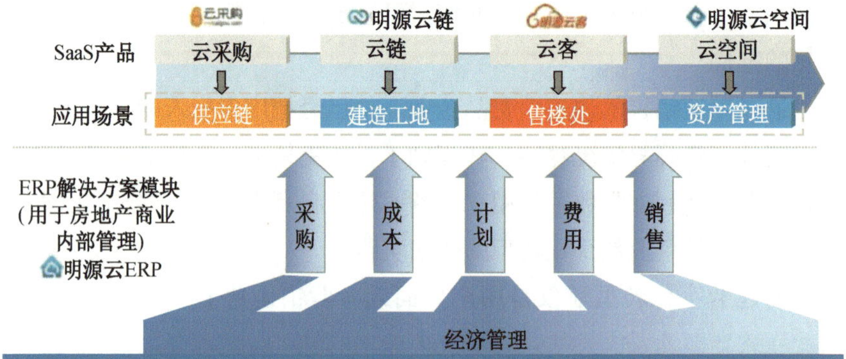

图1-14　ERP解决方案

2014年初，万科出高薪请当时的网红店主马佳佳去万科给管理层讲课，讲90后的互联网思维以及对房地产的影响，为啥万科请这小姑娘去讲课？万科真正关心的并不是在互联网上卖房，而是想知道现在这些呼风唤雨的互联网资本究竟在想什么，**按当时万科的市值，它的最大竞争威胁来自于看不见的资本影响。**

而从二手房经纪企业链家发展出来的贝壳，则更是利用数字化再造了房地产行业的价值网络，从中介交易及加盟的商业模式，变成了一个开放平台（图1-15），**市值超过了任何一家传统房地产企业。**

嘀嘀、抖音、美团则是数字化原生的颠覆者，彻底改变了出租车、传媒、餐饮等传统行业的价值网络。

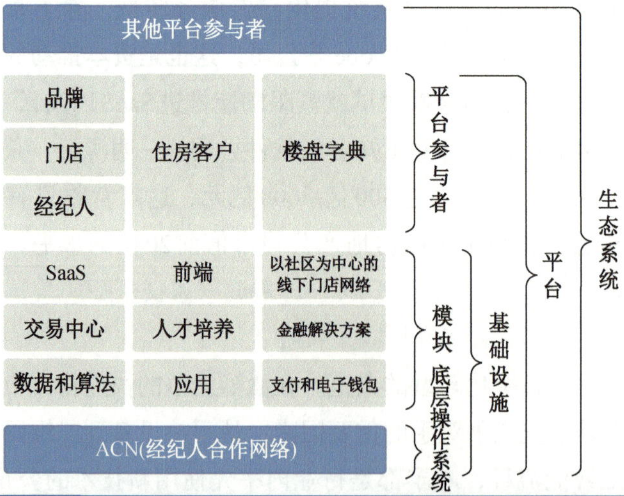

图1-15　链家开发平台

1.4.3 数字化企业转型技术方案

1.4.3.1 方案目标

1. 经营管理

面对定制化、差异化的市场需求，产线如何调整应对、如何保证产线建设投资正确、如何在产线布局方案中做出最优且正确的决策，避免未来车间调整带来的时间和成本浪费，主要在于选型的软件是否支持企业数字化工厂转型，数字孪生建设选型的软件是否支持产线、工作单元、工位等不同级别的生产系统，全维度仿真选型的软件对虚拟现实的支持程度如何。

2. 产线建设

如何快速构建满足仿真要求的三维工厂模型，如何确定加工、物流设备数量，如何合理设置制品存放缓冲区，如何实现有限场地的合理利用，如何避免后期生产中出现的碰撞干涉，如何保证工位机械臂、操作工人可达性。

3. 产线改造

如何实现基于现有物理工厂构建虚拟三维工厂模型，如何在不影响现有生产的前提下保证改造方案可行，产线经过怎么样的改造能保证达到提产目标，产线经过怎么样的改造能保证新增产品后多品种混线生产的交期，如何发现瓶颈工位、提高产线平衡，如何实现产线的物流最优和JIT生产。

1.4.3.2 化危为机，应对挑战

达索系统数字工厂解决方案中的虚拟工厂可帮助企业快速搭建三维虚拟工厂模型，执行工厂生产流程仿真及分析，优化工厂布局及物流，提高工厂生产运行效率。在3DEXPERIENCE平台中无须切换软件环境就可进行其他虚拟制造仿真验证，例如虚拟装配、人机工效、机器人搬运、机器人焊接、机器人喷涂、机器人虚拟联调、切削加工、增材制造等。

虚拟工厂解决方案除了具备“可视化”“可仿真”的数字化工厂特性外，还可与PLM、ERP、MES等系统集成，打通企业数据链条。基于搭建的三维虚拟工厂模型（图1-16）可展示真实物理工厂制造执行信息，支持企业未来工厂的“数字孪生”建设。

图1-16　虚拟工厂模型示意图

1. 工厂模型快速搭建

(1) 正向建模。依据工厂二维CAD布局图，精确定位，快速布局工厂三维模型（图1-17）。

图1-17　工厂三维模型

软件自带传送带、料箱、料架、工作台桌、通用设备等参数化和非参数化工厂资源模型库。参数化模型可依据实际尺寸调整参数，快速适配，自带多个品牌数量超过1500的机器人模型（图1-18）。

(2) 逆向建模。通过扫描实际工厂设施生成点云，并创建工厂三维模型。

2. 工厂布局验证

基于三维工厂模型环境，可对工位作业人员，机械手的可达范围，大型工件的通过性进行验证。

软件提供尺寸精确且外形逼真的不同种族人体模型（图1-19）。

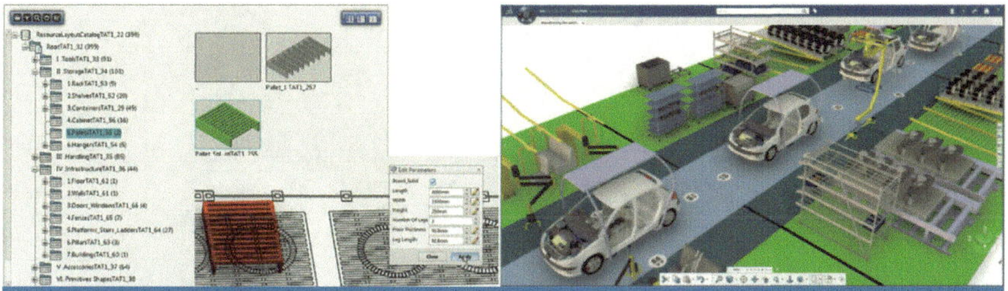

图1-18　参数化模型与机器人

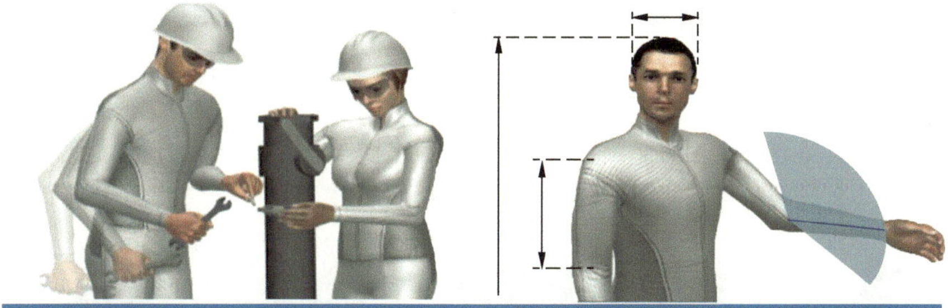

图1-19　人体模型

可对机械设备的运动机构及运动行程进行定义（图1-20）。

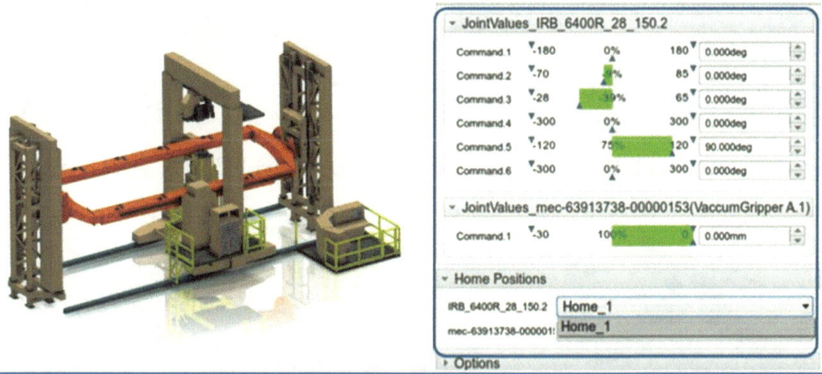

图1-20　运动机构与运动定义

可对产品在产线的通过性和产品在工位的可达性进行验证（机器人达，工人可达），保证工位设计合理（图1-21）。

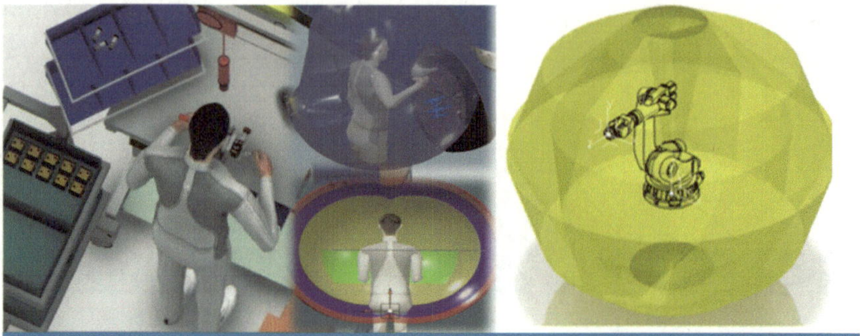

图1-21　合理的工位设计

3. 工厂物流仿真

可对传送带、AGV等物流要素进行建模（图1-22），可设置现场排班、设备故障、返工返修等仿真影响因素。

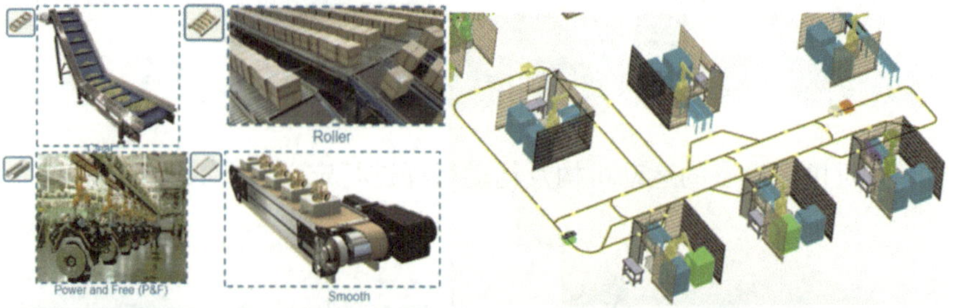

图1-22　物流要素建模

通过产线连续生产的动态过程仿真展示（图1-23），直观地查看仿

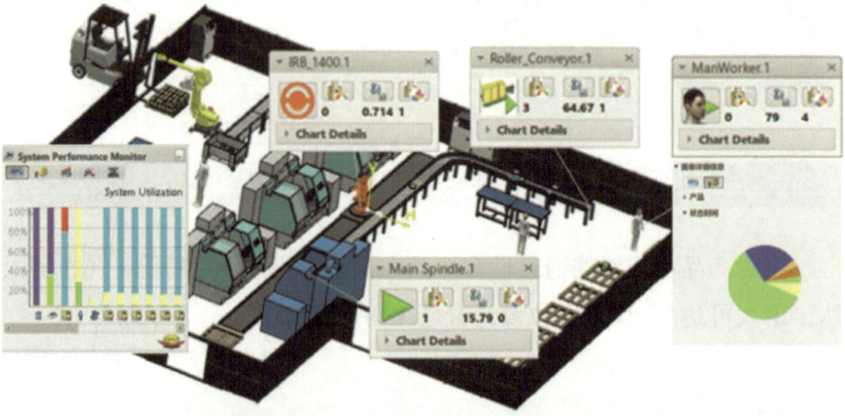

图1-23　生产线动态过程仿真

真运行过程中物流是否顺畅，加工设备、缓冲区、物流设备的动态指标数据。

输出仿真结果数据，判断产能满足、排查生产瓶颈、平衡工位负载、提高设备利用率、优化物流路线、配置物流资源，设置合理库存。

评估产线的合理化程度，分析产线存在的问题，针对存在的问题进行假设性方案调整，再次运行仿真，直至仿真结果最优，保证一次投资的正确性。

4. 虚拟现实

支持直接连接VR设备，在沉浸式虚拟环境中体验生产制造过程。

5. 项目收益

一般认为，通过工厂虚拟仿真，可为企业带来如下收益：产能提升15%~20%；投资成本减少20%；库存减少20%；避免出现规划错误，降低投资风险；最大程度利用生产资源。

1.4.4 数字转型案例

1.4.4.1 背景分析

智能制造是先进制造技术与新一代信息技术、新一代人工智能等新技术深度融合形成的新型生产方式和制造技术，它以产品全生命周期价值链的数字化、网络化和智能化集成为核心，以企业内部纵向管控集成和企业外部网络化协同集成为支撑，以物理生产系统及其对应的各层级数字孪生映射融合为基础，建立起具有动态感知、实时分析、自主决策和精准执行功能的智能工厂，实现高效、优质、低耗、绿色、安全的制造和服务。

新技术发展日新月异，生产和生活发生巨大变化，商业环境也随之改变。过去的商业模式，是企业生产什么消费者就得买什么，**但未来可能会变成消费者需求什么企业生产什么，这对企业的业务模式和流程将带来颠覆式的改变。**

随着数字化浪潮与“互联网+”思维的兴起，我国也迎来了数字化改造热潮。产业数字化的不断深入，促使越来越多的企业尝试通过数字化改造等途径来降低生产成本、提升综合竞争力。然而这一进程也面临着前所未有的挑战，特别是不少中小企业，他们或是“不会转”或是“不能转”或是“不敢转”。“不转型等死，转型找死”体现了中小企业对时代变革的迷茫。

如何乘“数字中国”这列快车完成转型升级，是企业实现高质量发展的关键。企业数字化的演进路径可以划分为三个阶段：连接、分析、智能。但是很多传统企业甚至连“数据”这个门槛都没有迈过去，就谈不上“智能”，对于这些企业来说，连接尚存问题，分析还没有头绪，智能就更是遥遥无期了。

生产智造ERP的实施应用是数字化转型的首要工作，基于企业生产经营过程解决“数据”这个槛，从企业资源计划的层面实现业务信息化和数字化，然后才能进行数据分析和智能化管理。ERP是企业信息化的核心系统，对销售、生产、采购、仓库、质量、成本核算等环节进行数字化管理。要实现全自动化智能工厂，还需要在ERP和智能生产设备之间多一个执行控制系统MES，即制造执行系统。MES系统更侧重于技术的整合应用，实现信息与设备的深度融合，为ERP系统提供完整、及时、准确的生产执行数据，属于生产车间的执行系统。

企业要实现数字化、智能化，首先要在计划层面完成ERP改造和实施应用，解决企业运营的数字化管理；然后通过ERP集成工业机器人、数字化仓库、MES系统等完成智能化升级，才能稳健步入智能制造工业4.0时代。

从传统企业到工业4.0，制造技术发展将面临四大新的转变：①从相对单一的制造场景转变到多种混合型制造场景的变化；②从基于经验的决策转变到基于证据的决策；③从解决可见的问题转变到避免不可见的问题；④从粗放型管理向精细化管理转变。

要适应这些转变实现智能制造，首先要建立“标准化”，先进标准是指导智能制造顶层设计、引领智能制造发展方向的重要手段，必须前瞻部署、着力先行。其次要明确智能制造的“三不要”原则：①不要在落后的工艺基础上搞自动化——对应于工业2.0阶段，必须先解决在优化工艺基础上实现自动化的问题；②不要在落后的管理基础上搞信息化——对应于工业3.0阶段，必须先解决在现代管理理念和基础上实现信息化的问题；③不要在不具备数字化网络化基础时搞智能化——要实现工业4.0，必须先解决好制造技术和制造过程的数字化、网络化问题，进行补课、普及、充实和提高。

企业中有组织、人员、系统、产品、业务等元素，而这些元素之间需要连接和协同，包括线上和线下协同，通过协同共同推进企业运行。高效的连接与协同能够帮助企业在市场上赢得巨大的竞争力。疫情期间，数字经济比非数字部分遭受的损失要小得多，而数字化领先的企业则受到的影响更小。企业从疫情中得到的宝贵经验是：数字化不是可选，而是必须。

1.4.4.2 生产ERP的实施

ERP全名企业资源计划系统，让企业实现柔性生产和灵活制造，通过“以销定产”模式快速响应市场，也为智能设备对接和敏捷制造提供了更大的可能性和可行性。

ERP的实施并非易事，有很多认识上的误区，处理不当也会让企业蒙受巨大损失甚至倒闭风险，比如早期的夏新电子公司是一家上市企业，花费上千万元实施ERP，结果却导致更快破产。当然也有很多生产企业上线ERP后稳健发展或快速壮大，不但产品远销海内外，还在资本市场获得了可观回报和千亿估值。

作为中小企业，如何在数字化浪潮中不落伍实现信息化转型，又要避免掉入“数字陷阱”导致不必要损失，则是ERP实施的要点和重点，让生产型企业少走弯路，能更快、更平稳地上线ERP系统，走好数字化转型的第一步。

ERP实施忌讳“好高骛远”，不能太理想化。所谓“方向不对，努力白费”，如果企业管理层对ERP有太多误解，就会无形中消磨企业的人力、物力和财力，让企业错失市场发展的宝贵契机，会让企业在变革中陷入“困局”。

要对ERP有理性认识，以“适合、适度、有效”六字为原则，用更小的代价、更低的风险稳步推进ERP建设。首先要考虑企业的实际情况，能用起来的系统才有意义谈发展，没用起来一切先进理念都是空谈。不能高估ERP的用途，错误理解为完全自动化、智能化的系统，这样很难达到预期会迷失方向。刚上线ERP时，可以简单理解为企业数字化的基础工作，以极简原则来实施ERP，追求“极简的组织架构、极简的可靠流程”，只有关键节点的业务数据才录入系统，非关键节点不能事无巨细都录入系统，过多数据会增加人员负担而起反效果。

ERP的用途，经典的概括是“打通数据通道，缩短中间流程，降低中间成本”。目的是实现“三化”（流程化、标准化、规范化），推动企业价值链的再造升级，改变传统企业的低效运营、管理、市场、销售方式，让企业核心资产数字化，例如智力成果、财务和人力资源的数字化，让企业对外部环境的反应速度更快。比如海尔，通过对传统生产模式的颠覆与升级，打造按需设计、按需制造、按需配送的互联工厂体系，使整个制造过程实现高度的柔性，满足个性化定制的需求。

下面分别介绍ERP实施的几个阶段和注意事项。

1. 外部数字化（销售端）

可以考虑引入线上新零售平台，包括第三方平台和自建的系统。第三方比如国内的淘宝、京东、拼多多，国外的亚马逊、ebay、新蛋平台，利用第三方平台可以利用平台的大流量客户资源。另外可自建平台，使用微信小程序商城创建新零售平台，把推广的流量引入自己的平台，从而固化积累更多的客户资源，也扩大宣传，提升企业自身的数字化形象。

2. 内部管理数字化

通过系统实现“销售部、门店、新零售部、设计部、生管部、生产车间、采购、仓库、财务部、售后服务”等各部门共享数据、协同作业。

（1）使用两套软件系统：财务系统和生产运作系统；两个系统共享数据，以“模块化”原则分解业务，分别授权给需要使用的部门。比如生管部分配生产计划模块和生产领料模块，在编制审核生产计划的同时，可以直接编制“生产领料单”，仓库就可以凭单快速发货。

（2）财务部要获取各个部门涉及的开销费用，可以开通各个部门数据的查阅权限。同时在采购、销售和物料出入库等关键业务环节，根据业务数据直接生成会计凭证，从而打通财务与业务部门的数据通道。

（3）传统企业中员工接受数据分析的能力比较慢，各中层管理者已经习惯了通过Excel查看数据，欠缺“一切以数据说话”的企业文化。倘若上线ERP系统时，可以直接用Excel处理数据，然后一次性导入系统，那么使用ERP系统可以不改变原有习惯，认可度和积极性会更高，陌生感和不适应度会大为降低，上线的效率和可靠性就能极大地提高。比如门窗类生产企业要使用型材加工，型材在采购时用公斤称重计价，但是加工时按长度米，仓库领用时则习惯用数量“支”领用，这时存在“主副单位”的转换，在登记原材料档案时，需要体现不同型材的主副单位和转换比例，如果在系统中一个个登记，效率非常低下，通过Excel批量录入和检查，然后一次性导入系统，自动更新主副单位的转换关系和对应价格，则数据准备的效率就会快速提升，系统上线的周期就可以缩短两三个月。物料档案是系统的源头，档案没有处理好，其他工作都会延误，源头数据会影响ERP项目的整个上线周期。而时间就是成本，比如企业每月人员工资为100万元，三个月就节约300万元的人力成本。

（4）编码规范化：生产物料不能全部用条码来标识身份，商品条码一般用于流通消费，便于消费者识别和供应链流转，需要遵循国家标准条码规范或国际规范。而生产用料有些是原材料，并没有消费性质的商品条码，需要适用便于企业自身管理与识别的编码规范。这里以某个行业的编码规则为例，介绍编码规范可借鉴的一些规则和要点：产品或物料有多种属性，对属性的共同点进行分解，包含产品形式、系列、颜色等，不同属性进行唯一性编码，比如产品系列尊享用ZX代码，经典用JD，颜色典雅灰用01，金粉咖啡用03，则最终一个物料的编码是多个属性代码的组合，比如成品“尊享－典雅灰－连体固定”用编码CZXWK010050002，并非商品条码。这种规范更容易识别和管理，按企业自身习惯去编码，内部认可度更高。当然物品档案要预留条码项目，好比人的身份证和户口本有两套编码。

（5）生产计划实现“销售、设计、生产”各部门业务协同。销售部门、门店或新零售部门接收客户下单并登记销售单，生产设计部提取销售单编制生产计划单，通过产品BOM表自动生成物料配件分配表，然后根据行业特性进行MRP重运算，自动生成生产加工单和用料需求单（图1-24）。

以家装行业的门窗为例，在生产计划单中，输入门窗的宽、高、樘数及其他关键参数，通过MRP重运算自动生成不同型材的加工尺寸和数量，不同配件的使用量。自动提取所有用料的当前库存，判定缺货状态，计算采购需求量（图1-25）。

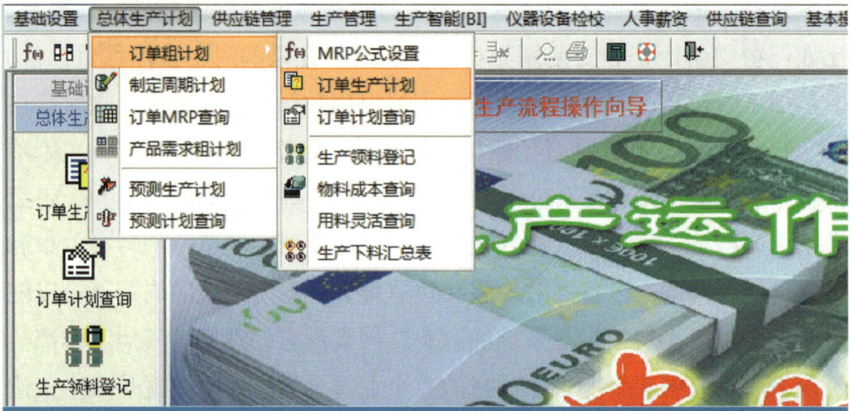

图1-24　自动生成加工单与材料表

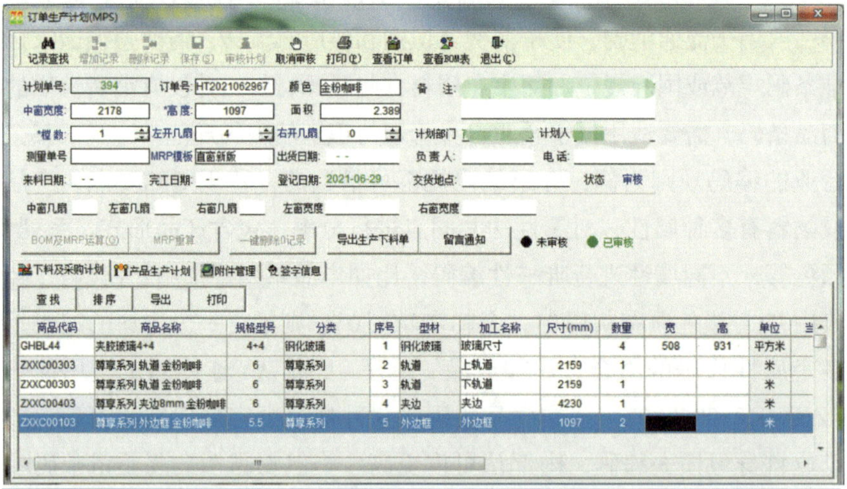

图1-25　库存与需求分析

在附件管理选项页，设计部门可以上传CAD设计图纸，以分享的方式供生产车间和其他协作部门调阅与使用。

通过生产计划单，生管部通过勾选方式快速获取数据创建用料申请单或用料申购单，仓库根据用料申请单出货，采购部门根据申购单下达供应商进行采购。生产计划单经过多个相关部门主管会签后，正式安排生产，由生产车间打印生产下料单，把生产单据同物料配件一起放置于周转物流车，加工过程按生产单信息全程跟踪及核对，避免配件发生漏料或者混用，规范生产作业流程，以销定产模式贯穿生产整个过程。

通过数据共享实现部门间协同作业，并有严格的权限控制。按“员工、部门、公司”三级对业务数据进行授权，员工权限只允许查询和更改本人登记的业务单据，部门经理可以查看和修改本部门所有职员的单据，生产总监可以调阅不同部门的业务单据。

（6）模块化文件档案管理：采购单、销售单、会计凭证和生产计划单等业务模块可以单独管理设计图纸或往来文件，比如合同扫描件、电子合同、付款凭证等。把非结构化的多媒体数据转换成结构化的大数据，不断积累“智力成果”，也便于检索、追溯和审计（图1-26）。

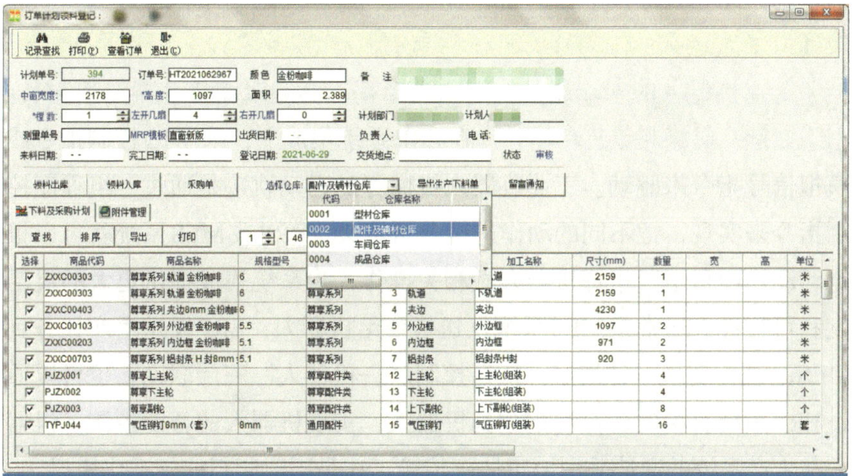

图1-26　文档检索

数字化转型的本质是提质、增效、降本，帮助企业实现精益制造。企业在运营、生产、交易等环节中，会产生大量的文件和合同，盖章、扫描归档、储存、调用等问题需要规范管理，从而简化流程、提高效率。不建议把合同的所有信息都登记成销售订单，过多的数据录入会增加人员负担，且无法提升效能。

3.ERP与工业机器人或MES系统集成

MES与ERP之间的完全集成对现代企业的商业运作来说至关重要，MES制造系统的整体集成可以帮助企业实现一流的运营效率。MES即制造执行系统，是生产现场各种自动化设备或智能设备的统一控制与协调系统，是生产现场的精益制造执行系统，主要利用通信指令对设备进行调度与控制，同时与ERP系统交互生产指令，实现系统集成。

工业机器人是广泛用于工业领域的多关节机械手或多自由度的机器装置，具有一定的自动性，可依靠自身的动力能源和控制能力实现各种工业加工制造功能。工业机器人被广泛应用于电子、物流、化工等工业领域中。

随着用工成本提升和用工荒的出现，越来越多的工业企业考虑使用工业机器人替代人的部分作业，很多繁重、重复或者毫无意义的流程性作业可以由工业机器人完成。

最早的“灵巧手”用到了压力传感器，目前还有视觉传感系统、声呐系统、光电管等技术，工业机器人可以通过环境识别智能校正自己的准确位置。

工业机器人的末端通常使用气动抓手、真空吸盘等装置抓取物品，用于搬运、码垛等重复性动作。在ERP系统集成上，采用IO控制指令或模拟信号指令来驱动。工业机器人机械臂的运动轨迹是通过一组程序控制指令来实现，把不同的动作进行分组定义，ERP或MES系统就可以根据“动作项目组”指挥机器人做相关操作，为系统集成提供更大的灵活度和可行性。通常是MES系统发送指令给机器人，ERP发送生产任务到MES系统，实现“计划层—执行控制层—机器人”三层联动，也可以通过ERP系统直接发送控制指令到机器人，实现机器人的智能控制。机器人与生产系统的通信采用TCP协议传输，这是国际通行的标准化协议。

工业机器人也可以不与其他系统交互，独立完成特定工种的重复性操作。市场上，工业机器人的厂家很多，主要有两类：一类是多关节机械臂的机器人，另一类是多个机械臂并联驱动的机器人，不同场合各有优点。

图1-27所示的六关节机器人，有效负载更大，活动半径在1 m以上，操作灵活度高，应用场景广阔。可以完成的作业有“螺丝锁付、抛光打磨、点胶涂胶、上料下料、自动包装、喷粉涂漆、智能焊接、检测筛选、自动搬运、自动装箱、摆盘码垛、打标贴标”等。

图1-28所示的阿童木并联机器人，由三个机械臂并联驱动抓手，灵活度和移动范围不如多关节串联机器人，其优点在于高速运行，标准

动作范围及速度*

机械臂	工作范围	最大速度
关节1	±270°	±270°/s
关节2	-85°, +265°	120°/s
关节3	±175°	120°/s
关节4	-85°, +265°	180°/s
关节5	±270°	180°/s
关节6	±270°	180°/s
工具端最大速度	/	3m/s

*在动作范围内运动时，可能会由于末端工具或安装环境的原因导致干涉，请用户结合实际情况确定动作范围。

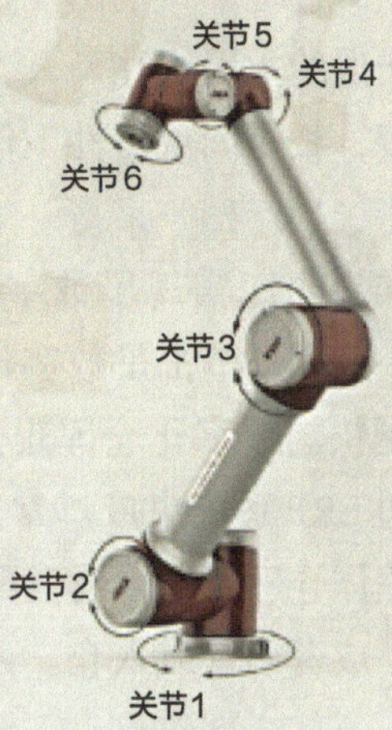

图1-27　六关节机器人

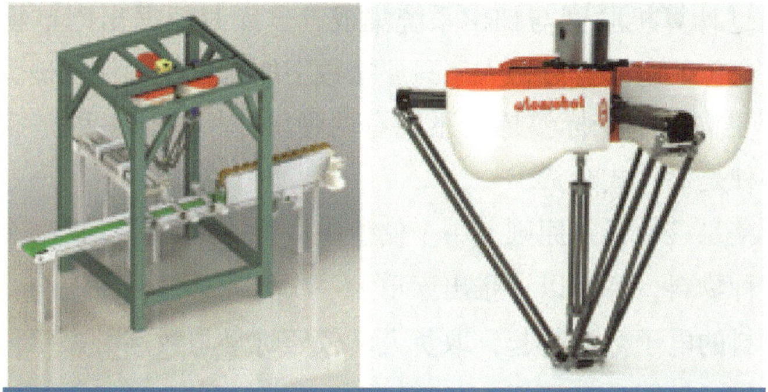

图1-28　阿童木并联机器人

循环时间小于0.4 s，适合高速运转的生产流水线，可最大效率完成单点作业。适于食品、医药等行业的高速生产作业，主要用于轻小散乱物料的装配、搬运、分拣等。

1.4.4.3 ERP与数字仓库的集成

生产企业货物出入库是最常见的工作内容，生产订单越多，出入库的工作量越大。在作业过程中，很容易出现各种人为失误，最终导致货物取错或送错等问题。而生产用料的不匹配将直接导致产品批量报废，损失巨大。

因汽车外饰产品低库存、高节拍、快速备货、精准供货的制造特点，生产过程中一旦出现错误往往会被各个制造环节进行重复放大。而造成错误的主因往往是人，如员工疏忽导致原材料使用错误造成产品批量报废，长时间重复性工作导致员工疲劳产生的零部件错漏装等。**如何避免错误的产生一直是外饰行业持续面临的问题。**

如果仓库实现了数字化管理，确保商品从入库、上架、拣货、出库等一系列环节都是数字化的，那么整个仓库作业过程就更容易、更准确、更快。数字化仓库也是一种自动控制装备，通过TCP/IP协议更容易通过ERP系统集成。常用的有“自动立体仓库”和LED电子标签仓库。立体仓库更适合物流配送行业，每个仓位对应一个客户订单，可以一次性成套出仓或入仓。**而生产用料要从一个仓位的物料中取出需要的用量，不能全部取出，无法使用立体仓库自动取货，可以采用电子标签拣货系统辅助拣货。**

LED电子标签拣货系统，用电子标签显示每个仓位的取货数或配货数，通过计算机联网与ERP系统集成，出库时根据出库单物料编码点亮对应仓位的电子标签，人工只要按数字取货就能确保准确无误，出入库效率更高。电子标签拣货系统有两种操作模式，一种是摘果式取货，另一种是播种式配货。

（1）**摘果式取货：**原则上一个储位内放置一项物品，即一个电子标签代表一种物料，并且以一张出库单为一次处理单位，系统会将出库中有对应物料的电子标签亮起，取货人员依照灯号与数字的显示将物料自货架上取出，如图1-29所示。

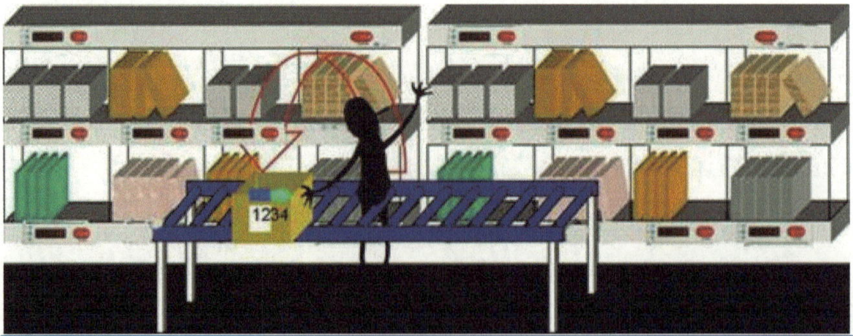

图1-29　依电子信息取货（摘果式）

（2）**播种式配货：**每一个电子标签所代表的是一个订单或一个配送

对象，每个品项为一次处理单位。比如某汽车外饰产品有5000件，要存到8个仓位，每个仓位要放入的数量各不相同。系统将该项物品关联的仓位点亮，每个仓位可能代表某一个送货的目标货主，配货人员依电子标签的灯号与数字存入该物品即可，如图1-30所示。

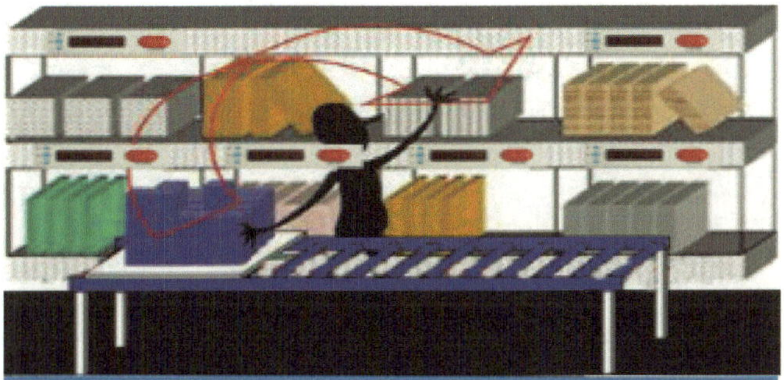

图1-30 依电子信息存货（播种式）

企业是国家经济的最基本组成单位，所以**“数字经济”的基础设施建设核心就是“数字化企业”**，全力发展数字化企业是构建中国数字经济底层的最关键步骤。只有传统企业完成数字化转型才可能形成中国经济发展的内核力。只有大部分国内企业都实现了数字化转型，进而形成数字化企业的产业集群，才能提供未来中国用数字经济构建核心竞争力的重要保障。

数字化转型对于企业来说虽然重要，但是不能操之过急，因为大家都在摸着石头过河。**企业数字化也不可怕，只要坚持“适用、适合、有效”的原则，由易到难，从信息化到智能化，工业4.0的智能化现代化目标就会稳步实现。**

1.4.4.4 典型案例场景

案例1：辅助维修人员在设备检维修中制定方案与快速排查进行维修。

企业不定期设备检维修中，在更换设备吊车进入装置区时，通过三维可视化平台模拟可以确定吊车的型号、进场路线、限高限宽等，而且非常精准；地下管网动土作业时，通过三维可视化平台，管道埋深、附近管线等都能一目了然，保证施工安全、提高施工效率，减少事故发生。通过和生产控制系统的无缝集成，任何一台设备的运维数据都能够被及时查找，并根据设备运维管理要求触发维修工单的生成，从而大幅提升运维效率，保障安全生产。操作员访问平台中有关故障信号的所有信息，通过信号跟踪更快地排除故障（图1-31）。

图1-31　维修人员快速排除故障

案例2：三维沉浸式安全和运行培训。

利用平台虚拟现实软件，可以对企业员工进行三维沉浸式的安全和运行培训。培训中，即使厂房还没有建造，技术人员也可以使用VR眼镜在整个虚拟工厂中随意移动、彼此交流，在各种场景下工作。沉浸式培训课程对操作员在个人电脑上的操作具有加深记忆、主动应对危险情况的作用有效，这也是职业安全措施中的重要环节。图1-32中操作员在COMOS生成的虚拟工厂里，提前熟悉未来的工作环境。

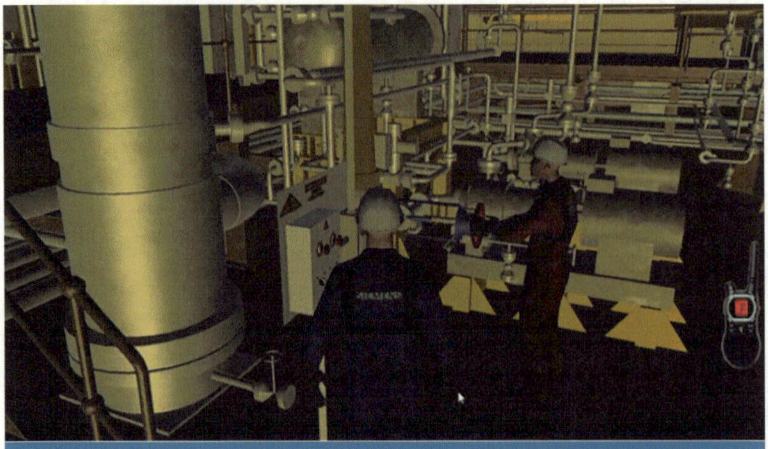

图1-32　虚拟现实工厂培训

案例3：快速、稳妥模拟试车。

利用平台虚拟现实软件，还可以随时查看施工数据的状态，快速、稳妥地模拟试车，有效降低实际试车时的错误率。图1-33中值班人员在模拟试车过程中快速定位故障阀门。

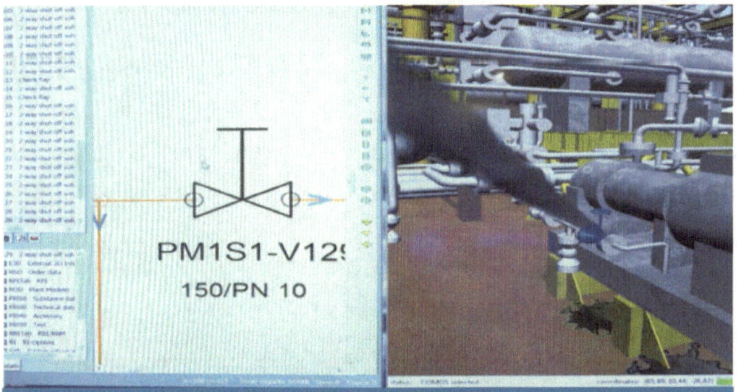

图1-33　值班人员试车中快速定位故障阀门

案例4：工厂协同设计。

在流程企业工厂规划设计阶段，在基于统一的数据库的软件平台上，无论是工艺、电气还是自动化相关设计，各个专业设计人员都可以统一在平台上协同完成设计，大大缩短了开发时间，降低了成本并提升了设计效率，提高了规划水平，如图1-34所示。

图1-34　协同设计平台

案例5：结构化项目和工厂文档管理。

在企业生产研发中，通过大数据中心平台建立结构化项目和工厂文档，实现无缝的数据修订、版本控制和归档。它使工厂运营中牵扯的各方能够融洽协作，无论是文档规划和开发、文档自动分发、导入外部文档，还是用于修订、版本控制和归档，平台都能对结构化项目和工厂文档进行管理，保护安全的文档工作流程和校对机制，如图1-35所示。

图1-35　结构化项目和工厂文档管理平台

案例6：基于数字化交付的移动办公。

企业决策者可以在世界的各个角落移动办公。无论在会议中、旅途中还是在工厂检查期间，平台移动解决方案都可让企业管理者随时随地工作，所有工厂信息尽在手中（图1-36）。在全球合作的时代，移动办公的优势非常明显。可以使用最常见的移动设备访问大数据中心的工程数据和文档，检查、修改和审批工厂文件。在现场对工厂组件的更改可以立即反映在数字化工厂数据和文档中，有助于使工厂信息保持最新。

图1-36　基于数字化交付的移动办公示意图

案例7：智能施工管理。

在数据集成的基础上，平台根据设计数据可以自动形成不同施工阶段各专业的工作内容，能根据预设的标准工序和定额形成计划工时，能自动形成材料需求，能基于与采办仓储系统的集成进行材料预测预留，满足企业对施工可视化管理的需求，包括设计数据可视化、施工组织可视化、施工进度可视化、施工逻辑可视化、管理数据可视化，充分利用数据集成的优势为智能施工管理提供服务，如图1-37所示。

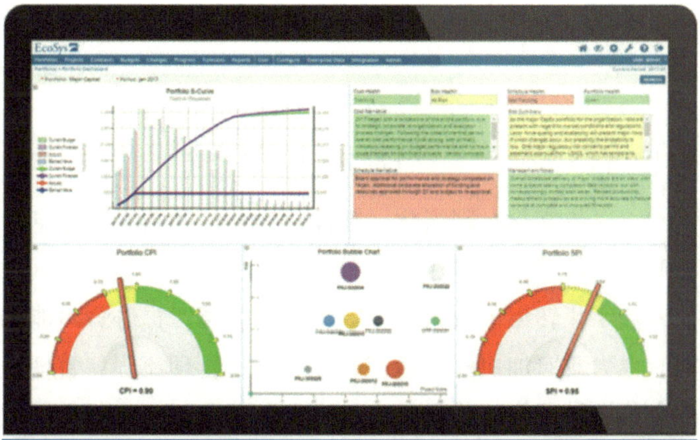

图1-37　智能施工管理平台

1.5

数字化转型是庞大的工程

1.5.1 流程重塑要"以科研人员为核心"

近年来，以数字化、网络化、智能化为特征的新一代信息通信技术（ICT）为政府科研管理提供了新的技术手段，拓展了新的空间。

当前，数字化转型已成为企业顺应社会变革、提升竞争能力的必然选择，同时也为政府加快科研管理文化、项目管理流程、管理组织架构等方面的变革提供了新的路径。

而新冠疫情、国际竞争合作等因素对科学数据和信息共享、数据基础平台建设、在线项目流程管理等方面提出了更加迫切的需求。

政府科研管理数字化转型是指在政府科研管理的主要业务中，运用现代信息通信技术、数字化管理理念，通过搭建信息系统和共享科研资源，实现管理决策、管理架构、管理流程的数字化，从而不断优化组织管理模式、提高科研管理效率和水平的过程。

政府科研管理的数字化转型是一个漫长而庞大的工程，如何利用数字化技术高效规范地将科研活动、管理决策和各种科研信息资源有机组织起来，是政府科研管理亟待解决的问题。

1.5.2 政府管理数字化转型的意义与影响

1. 政府管理依靠数据辅助决策更加迫切

以数据驱动为主要特征的数字化手段，在改善政府科研管理的宏观统筹协调、创新科研组织模式、优化项目管理流程等方面影响深远。

在宏观统筹协调方面，决策分析是以全局、整体思路整合政府多个部门的信息资源，并通过政府购买服务、协议约定、依法提供等方式对科研主体形成的大数据进行分析研判，形成高效的联动管理。

在科研组织模式方面，需要针对数字化转型带来的新特点，不断创新组织模式、提高组织效率，确保在符合科研规律的前提下有力支撑国家重大战略决策。

在项目管理流程方面，运用数字化技术优化项目计划编制、实施和验收等基础性流程更加迫切。大数据协同工作标准和自然语言处理能够提供更多更及时的数据，通过链接不同的信息系统数据库，这些工具能转变为科研管理的循证基础，有助于揭示研发经费和实际成果之间的关系。

2. 组织架构日益向平台化和扁平化发展

从长远来看，政府科研管理组织构架呈现平台化、扁平化的发展趋势。

政府依托数据开发者打造“科学数据资源服务平台”，将科研人员、资源和数据汇集，用数字技术匹配需求，实现精准化服务。

此外，信息屏障被打破，信息在不同部门和层级之间流畅地传递和共享，科研管理人员将通过获得相关信息授权，利用源自多个部门的科研项目数据，优化管理构架和流程。

3. 流程重塑突出“以科研人员为核心”的理念

当前数字化转型推动科研管理向“以用户为中心”的服务理念转变，强调科研人员才是真正的终端用户，政府科研管理的最终目的是实现广大科研人员需求和资源之间的高效对接。一方面，数字化时代所建立的即时、泛在、准确的信息交互方式，将有助于更快更准地发现和掌握科研人员的需求，实现企业、高校、科研机构、个人等创新主体之间实时有效的互通互联。另一方面，运用数字技术可以将各种碎片化的资源进行整合，发挥数据整合优势，建设具有最佳用户体验的数字化终端，从而实现“数字管理-全链整合-创新驱动”的实力提升。

4. 科学数据的开放共享加速赋能科学研究

数字化时代的科学研究越来越依赖大量、系统、高可信度的数据，科学数据的开放共享使科研人员、社会公众与个体普遍受益。

以公共卫生领域为例，由于人类和微生物在不同司法管辖区之间的流动不断增加，迫切需要交换和共享数据。

此次中国在应对新冠疫情中，组织医疗机构、科研院所、企业共享科研数据和信息，让科研数据充分发挥其价值，对联合科研攻关发挥了重要作用。

1.5.3 中国管理数字化转型的主要问题

1. 尚未形成“数据驱动”的科研管理文化

一方面，政府管理者往往缺乏与数据“沟通”的经验，而更善于与人打交道。各项决策缺乏“用数据说话”的氛围，基础信息数据不清、心中无数，导致决策无法做到精准化和科学性。另一方面，对于科研管理数字化的认识，尚未触及数字化转型的本质，即一整套数字管理方法和管理工具的应用，优化资源配置效率。

2. 数据孤岛、数据割据成为瓶颈

中国在管理过程中积累的数据，在宏观上还未形成统筹管理。

每个机构或部门都有自己的数据存储机构，但这些机构并不愿意分享各自的专有数据，导致项目选题分散重复、资源浪费、聚焦国家战略需求不够等问题。

各机构科研数据收集统计工作效率较低，数据质量不高，部分历史数据缺失。

数据没有统一的标准和格式；除了涉密科研数据，统计分析功能未能及时统计或关联，导致数据割据、碎片化问题。

3. 缺乏统一高效的技术支撑系统

对于政府部门科研管理人员来说，科研管理信息系统数据库建设不足，智能分析和辅助决策功能欠缺。

隐藏在表面数据中的有效关联信息尚未得到深入挖掘和使用，无法为科研管理人员提供有力的科学决策支撑。

对于科研人员和社会公众来说，目前政府信息公开提供的大多是文本形式的文件，或是经过归总分析后的统计报告，缺少用户视角和数据利用思维，不便于被专业人士开发利用。

4. 市场与社会力量参与不够

在科研管理中，要集聚更广泛的市场力量和社会力量，打破传统的

封闭式管理模式。

在政府与市场合作新模式方面，还缺乏积极探索，如新型基础设施建设、科研资源数字化服务外包等业务还没有得到广泛开展。

在主动引入社会力量方面，信息化平台建设与应用还没有充分吸引高质量的参与者，"面向用户、需求驱动、应用导向"的基本理念还未形成，用户增长数量和体验效果也未达到理想目标。

5. 引发数字安全与隐私泄露问题

随着政府机构之间以及政府与企业、学术界之间数据流动机会的增加，容易引发数字安全和个人隐私泄露等问题。

近年来，数据泄露事件时有发生。科研管理中产生的涉及科研计划及其成果的相关信息等一旦泄露，将严重影响个人、组织甚至国家的利益与发展。

此外，随着数据生产、存储、分析的数量加大而产生的个人隐私问题也会愈加凸显。

1.5.4 促进中国管理数字化转型的相关建议

1. 培养管理文化，提升科研管理人员的数据素养和技能

在推动政府科研管理数字化转型过程中，关键在于使数据驱动的理念深入科研管理过程中。

应当充分利用数据分析方法为科研人员和决策者提供依据，利用数字化工具，形成迭代性更强更迅速的管理方式。

要求政府科研人员必须加强自身综合素质，认真学习现代管理理念，了解信息技术的特性和数字化管理的新要求与新模式，成为既精通业务管理又掌握数字技术的复合型人才。

此外，政府应该帮助各个层次的管理人员为数字化转型做好准备，设置丰富多样的数字化管理培训课程，提高他们的管理素养与数字技能。

2. 加强整体谋划，循序推动管理组织架构变革

推动科研管理变革所需要的不仅仅是数据和数字平台，更需要强大的执行力和创造力。

在实际操作中，探索组织结构调整，形成统一领导、协同联动、责任明确、运转顺畅的推进机制，推动政府科研管理转型迈上新台阶。

从国家层面完善顶层设计，明确框架指标，统筹数据资源，加快实现从各自为政向共享共用转变。相关部门要坚持协同联动、资源整合，形成数据开发与共享的合力，切实提升行政决策效能。

以转变职能、服务科研人员为核心目标，引导供需有效匹配衔接，充分发挥数字技术对政府科研管理转型升级的推动作用，实现向开放、高效、整体性模式的转变，提升服务能力与水平。

3. 搭建基础设施，充分发挥信息技术和数字平台的作用

未来需要在国家科技报告制度、国家创新调查制度和国家科技管理信息系统基础上，汇交集成科技创新的各方面信息资源，以系统工程的理念，开展更有效的从科技计划到各方面的科研管理，持续开展应用建设和数据治理，大幅度提升科研管理的数字化水平。

具体包括建立如下子系统：①建设国家基础数据平台，主动引入市场和社会力量汇聚数据资源，为科研管理提供技术支撑和数据支持；②拓展国家科技管理信息系统的功能，从科研人员需求出发，不断完善线上功能设计和线下交易服务等，推进平台的简单化和易访问；③完善决策支持平台，建立全国科研机构、重点团队、基地平台设施，将分散到不同机构的数据、设备等进行集中统筹管理，实现对集成数据的深度挖掘和智能分析。

按照应用场景建立分析预测模型，找到数据之间的切实关联，优化资源配置，形成按需组建的跨学科、跨领域、跨地域的多元并行的科研组织模式。

明确管理职责，在科学数据共享与安全方面凝聚多方共识。科研管理数据治理要平衡共享与安全的关系、政府与市场的关系，确保国家利益、公共利益和商业利益。一方面，从共享和安全的平衡角度出发，政府应当明确管理职责，构建一个合理、权限分明、保护数据且能够让知识价值流转的机制。确定科学数据安全等级和开放共享条件，根据信息的涉密程度对不同的使用对象赋予不同权利。通过有计划、分阶段地执行科学数据开放策略，为科研人员提供更加便捷可靠的共享服务。另一方面，需促进政府、市场、社会各界的广泛合作，充分发挥专业优势和企业作用，持续推动企业研究新技术，增加数据的获取和访问，为政府部门和各类创新主体提供数据基础性服务，形成政府引导、市场和社会共同参与的科学数据共建共享生态系统。

2 国内外数字技术的发展战略

2.1

美国数字技术发展战略

2.1.1 美国数字发展战略：数字经济，数字政府，数字国防布局

“战略”的本质是维护和增进战略主体的利益，具有全局性、长远性和系统性特征。其中，国家战略的制定事关国家全局、长远和根本性利益，涉及政治、经济、文化、社会、科技、军事等诸多领域，为国家发展勾画了蓝图，锚定了方向，在国家发展全局中发挥着极其关键的作用。因此，在战略的制定过程中，需要综合考虑国内外因素，合理配置和有效利用资源。

美国数字战略布局是伴随互联网的兴起而开始的。20世纪60年代，美国国防部为应对集中军事指挥中心可能遭受毁灭的风险，斥资建立了世界上第一个计算机网络——阿帕网（ARPANet），即互联网的前身。20世纪80年代，美国国家科学基金会（NSF）为促进美国大学和研究机构间的信息共享，资助建立了“国家科学基金网”（NSFNet），将互联网技术从军事领域拓展至民用领域，揭开了互联网时代的序幕。20世纪90年代，随着信息技术革命持续深入，计算机和互联网技术日新月异，为经济发展带来无限可能。美国政府敏锐地捕捉到这一未来发展趋势，为占领全球技术领先地位、增强国家竞争实力，迅速将信息科技产业作为战略重点，开始了长达30年的战略布局和政策支持。

2.1.1.1 美国数字战略发展历程

自20世纪90年代美国正式开启数字战略布局以来，其数字战略经

历了以技术创新和信息基础设施建设为重点的克林顿－小布什执政时期、以推进新技术应用为重点的奥巴马执政时期、以聚焦国际竞争为重点的特朗普执政时期和拜登执政时期4个阶段。

1. 克林顿－小布什执政时期

克林顿在任内高度重视并大力发展信息技术，推动建设先进信息基础设施。1993年9月，克林顿政府颁布了《国家信息基础设施行动计划》，将建设“信息高速公路”提到战略优先级，计划投资4000亿美元，用20年时间实现家庭电信光缆全覆盖。在建设信息基础设施的同时，美国也十分重视信息技术研发，推动互联网的发展和普及。美国是全球最早布局数字经济的国家，克林顿和其继任者小布什均鼓励和支持发展数字经济。

美国商务部于1998年发布《浮现中的数字经济》报告，正式揭开了美国数字经济的发展序幕。此后，商务部相继发布《新兴的数字经济》《数字经济2000》《数字经济2002》《数字经济2003》等年度报告，重视发展信息技术产业为数字经济赋能，奠定了美国数字经济的领头羊地位。克林顿政府的一系列政策布局使美国经济在其任期内实现了持续增长，失业率降至24年来最低点，通货膨胀率降到30年来最低点，实现了良好的经济增长。据世界银行数据，美国1993—2004年国内生产总值（GDP）增长情况如图2-1所示。

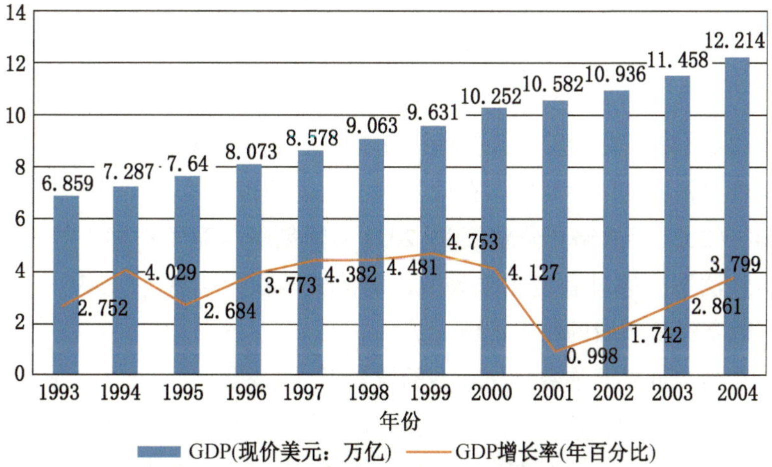

图2-1　美国GDP增长情况

2. 奥巴马执政时期

奥巴马继任后，加大了对数字战略的推进力度，先后布局云计算、大数据、先进制造、5G、量子通信等前沿领域，推动以移动互联网、人工智能、区块链等为代表的新一代信息技术快速发展的同时，也加快了先进技术的应用进程。

2010年，美国联邦通信委员会向国会提交《连接美国：国家宽带计划》，计划从四个方面加快宽带建设：①促进市场竞争；②有效分配和管理政府资源；③推动宽带在不同地区的普及；④加强宽带在教育、医疗等公共部门的应用。这大大提升了宽带的普及度和应用度，2009—2017年美国固定宽带用户数量增长了2倍多。在云计算领域，美国设立了多个云计算管理机构，共同处理联邦政府云计算事务，确保云计算在所有联邦政府采购项目中居于优先地位。

奥巴马政府出台的一系列加快先进技术应用的举措促进了美国的经济繁荣。2017年美国数字经济总量约为11.50万亿美元，居全球首位，占美国GDP的比例为60%左右。

3. 特朗普执政时期

近年来，全球信息技术产业蓬勃发展，中国、欧盟、英国、日本等国纷纷加快信息基础设施建设，提升数字经济产业竞争力，优化数字战略布局。为应对来自其他国家的挑战，特朗普执政以来采取全面对抗策略，以维护美国数字技术和产业全球领先地位为重点，将人工智能、量子信息科学、5G、先进制造四大科技应用领域列为国家“未来产业”。

2019年2月，特朗普签署《维护美国人工智能领导地位的行政命令》，大幅提高美国在人工智能和量子信息科学领域的研发支出，强化关键技术领域的国际竞争。在此基础上，还颁布了《临时国家安全战略指南》《2021年战略竞争法案》《2021美国创新与竞争法案》等一系列竞争性法案。通过制定相关政策，确保美国在人工智能、5G、自动驾驶等数字经济领域的领先地位。

在当今世界面临数字化转型的背景下，美国国际开发署发布《数字战略（2020—2024）》，试图在全球范围构建以自身为主导的数字生态系统。

4. 拜登执政时期

美国于2021年1月从特朗普政府过渡为拜登政府，在被称为“Jobs Plan”的计划中，推进AI、半导体等尖端技术的开发投资。该计划简述了其研究开发预算的动向，以及总统科学技术顾问委员会（PCAST）为强化未来产业的建议等。之后将以网络和信息技术开发程序（NITRD）、联邦数据战略（Federal Data Strategy）、军队数据战略（DoD Data Strategy）等为中心，介绍美国相关的主要政策和动向。

2.1.1.2 美国数字战略的主要特点

1. 奉行技术领先策略

技术进步是推动产业变革和经济发展的根本动力。从计算机、互联网到大数据、云计算、物联网，美国政府始终保持对技术变革的高度关注，推动新技术发展是其数字战略的重中之重。

1）对数字技术的首次布局

开启美国数字战略进程的标志性事件，是1991年美国国会通过的《高性能计算法案》。这是美国政府出台的第一部关于计算机与互联网建设的综合性国家战略，它阐明了计算机科学与技术对国家安全、经济繁荣和科学进步的重要意义，明确了国家高性能计算项目的建设目标、任务以及政府机构的职责和分工，以确保美国在高性能计算及其应用方面保持领导地位，并促成了高性能计算和通信计划的推出。该计划后来发展成为美国政府最早实施的、最大的、跨部门的信息技术领域正式计划——网络与信息技术研发计划。

2）对数字技术的持续跟进

1998年，美国国会通过《下一代互联网研究法案》，首次对《高性能计算法案》进行修订，在其中增加了下一代互联网建设重点任务：①支持研究、发展和验证更先进的网络技术，提升互联网效能；②将大量研究机构连接起来，建立更加先进的研究试验网络，支持新的网络技术发展；③拓展满足国家需要的互联网应用。这为信息技术的未来发展方向提供了宏观指导。

此后，美国政府在促进信息技术发展中一直发挥着主导和引领作用。进入21世纪，信息技术日新月异，特别是近年来数字化、网络化、智能化深入发展，移动互联网、云计算、大数据、人工智能、物联网、区块链等数字技术不断突破，美国政府紧跟信息技术发展趋势，从国家战略高度实施了《网络与信息技术研发计划》《大数据研究与发展计划》《机器人技术路线图》《国家战略计算计划》《国家人工智能研究与发展战略计划》《国家宽带研究议程》《关键和新兴技术国家战略》等一系列关于技术发展的部署，始终保持了对数字技术未来发展方向的掌控。

在互联网还没有普及和商业化时推出《高性能计算法案》，体现出美国政府这一战略的主要目标是加大美国在计算机和通信技术领域的研发力度，进而推动技术进步。在法案通过之后的十余年里，计算机技术的发展、世界互联网的建立，在很大程度上得益于美国政府给予的资金支持，以及它所引导的公私部门在技术研发上的强力合作。网络与信息技术研发计划更是一直延续至今，为美国数字技术创新提供了广泛而庞大的资金支持。美国对数字技术的战略布局如图2-2所示。

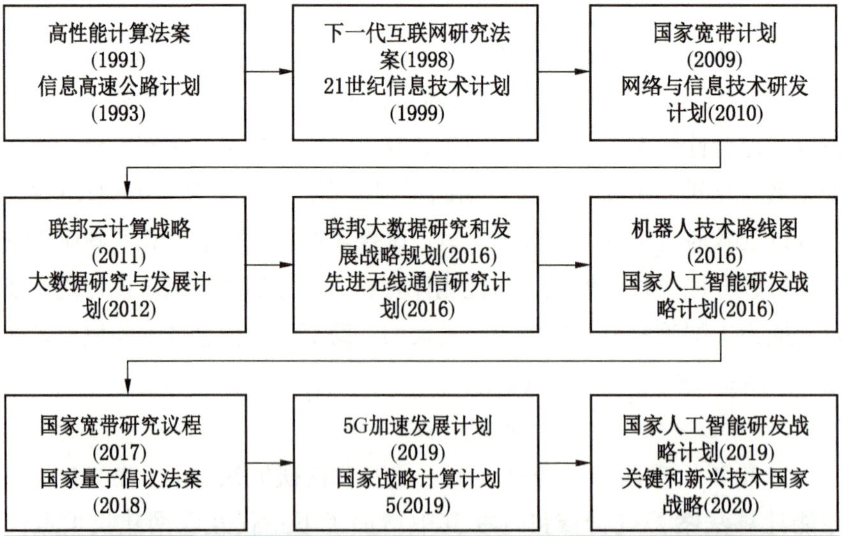

图2-2　美国对数字技术的战略布局

2. 技术应用：军事数字化催生“数字国防”

国家出台数字战略的重要目的之一是最大限度激发数字技术对经济发展和社会进步的积极作用。为了运用数字技术促进国家安全和经济持续增长，美国政府从20世纪90年代就开始推动数字技术与各个领域的融合发展。国防军事是美国推进数字技术应用的重要领域之一，阿帕网就是为满足美国军事需求而出现的产物。美军通过出台一系列数字战略，用以指导推进美军能力建设和技术发展。

1）布局军事信息基础设施建设

美军成体系大规模推进信息化建设可追溯至20世纪90年代。为了响应“武士”C4I计划，美军于1993年启动国防信息基础设施建设（即DII计划），并先后发布了8版《DII主计划》，以建立高效、无缝、保密、互通的全球指控系统。随着信息栅格概念的兴起，1999年美军将DII计划升级为全球信息栅格建设（即GIG计划），打造高度一体化的信息网络，为各地美军提供全球互联及端到端的信息能力。为应对联合作战需要，提高互操作性、填补安全漏洞、降低维护成本，2011年美军开始着手建设联合信息环境（即JIE计划），全面重塑GIG基础设施。总的来看，美军很长一段时期内的信息化建设是围绕网络中心战这一基础理念展开的军事信息基础设施建设。

2）运用新技术推动作战模式转型

21世纪以来，高速通信网络、高性能计算、高质量传感器、大数据以及人工智能等技术不断突破，催生战争形态从机械化、信息化向无人化、智能化转变。为积极应对新变化、保持军事战略优势，美国国防部相继发布《国防部云战略》《国防部人工智能战略》《国防部数字工程战略》。

作为落实2018年美国《国防战略》的路线图，美国国防部于2019年发布《数字现代化战略》，以网络安全、人工智能、云、指挥控制和通信为四个优先事项，在JIE框架下推进数字环境现代化，这是当前美军推进现代化的顶层指导文件。

2020年，美国国防部更是发布首份《国防部数据战略》，明确提出“数据是一种战略资源，必须以带来直接和持久军事优势的方式加以利用”，推动美军从网络中心战，向以数据和信息为中心的作战形态转变。美国军事领域主要数字战略布局如图2-3所示。

3. 技术应用：公共管理数字化催生“数字政府”

公共管理是美国推进数字技术应用的另一个重要领域。美国通过出台联邦层面的数字政府建设的总体战略，统筹推进政府的数字化转型。从发展历史看，美国数字政府战略经历了“电子政府—电子政务—开放政府—数字政府”四个阶段（图2-4）。

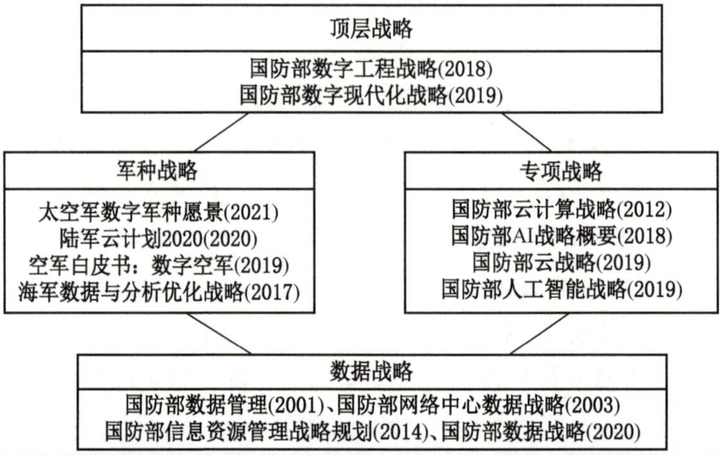

图2-3　美国军事领域主要数字战略布局

1）电子政府

电子政府的理念源于1993年，时任美国副总统戈尔在《国家绩效评估》中提出要运用信息技术重塑政府，建立以客户为导向的电子政府。这一时期，美国电子政府的建设是在《国家信息基础设施行动计划》总体框架下进行的，属于国家信息基础设施建设的一部分，主要任务是推动政府文件、信息、数据等的电子化，促进行政管理与服务的自动化，提高政府部门的办事效率，让公众更加容易地获取政府信息。

2）电子政务

随着电子化水平的持续提升，美国电子政府建设已经进入电子政务阶段。2002年初，美国白宫管理与预算办公室（OMB）发布《电子政务战略——简化面向公民的服务》。同年12月，美国国会通过《电子政务法案2002》，在白宫管理与预算办公室设立电子政务办公室和电子政务专项基金，用以支持联邦政府的信息化水平。

这一时期美国的电子政务确立了以公民为中心的导向，明确了政府对公民（G2C）、政府对企业（G2B）、政府对政府（G2G）、内部效率与效果（IEE）四方面主要任务，重点从实现办公自动化转向提供更优质的服务。

3）开放政府

自推进国家信息基础设施建设以来，让公民更便捷、更全面地获取政府信息始终是美国政府推进数字化转型的重要目标。在实现大量政务活动电子化、政府信息“上网”之后，美国政府于2009年发布《透明和开放政府备忘录》《开放政府指令》，2010年发布《开放政府计划》，系统布局政府信息开放工作，强化政府数据的归集和统筹。

特别是建立Data. gov政府数据公开网站，设置数据、主题、影响、应用程序、程序开发、联系六大板块，提供包括数据提供、数据检索、数据利用、交流与互动在内的服务。

4）数字政府

随着数字技术的迅猛进步，为应对移动互联网的快速发展、更好地适应数字世界趋势，2012年美国政府发布《数字政府：建立一个面向21世纪的平台更好地服务美国人民》，明确提出让美国公民和员工能够随时、随地、使用任何设备获得高质量的数字政府信息和服务的战略目标，并从以信息为中心、构建共享平台、以客户为中心、安全和隐私保障四个方面开启美国政府数字化进程。与此同时，美国政府长期以来十分重视新的数字技术的应用，积极采用云计算、大数据、人工智能等技术和服务，建设更高水平的数字政府。美国数字政府战略演变历程如图2-4所示。

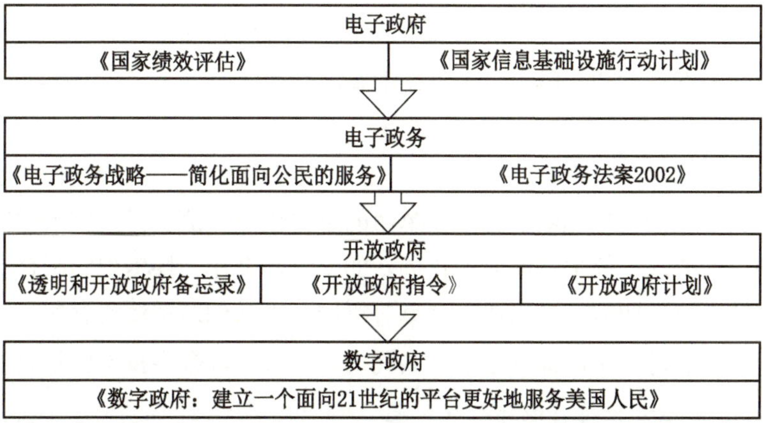

图2-4 美国数字政府战略演变历程

作为世界信息和数字技术的发源地和引领者，美国政府有计划地实施一系列数字战略，充分运用政府的力量，通过连续实施针对性的政府项目，大力推动数字技术进步和广泛应用，形成了以技术领先为牵引、以推进数字技术应用为支持、公私部门合作、公众共同参与的战略路径。美国数字战略总体布局概要如图2-5所示。

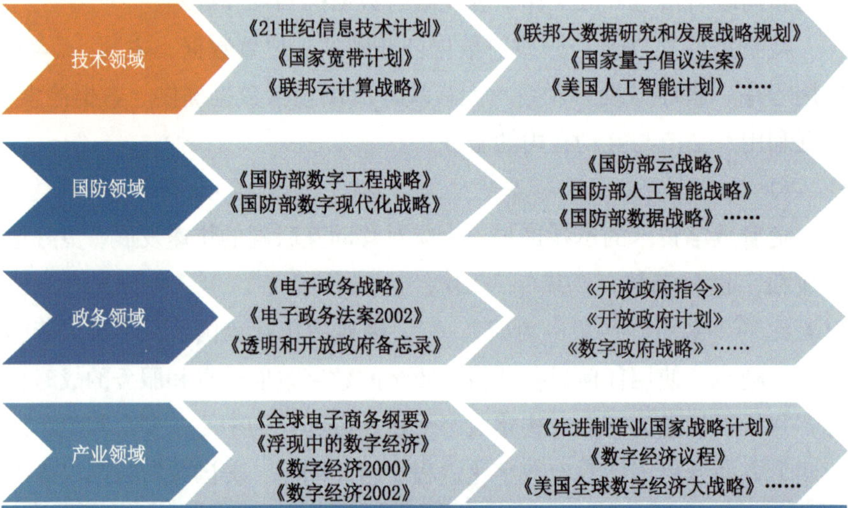

图2-5　美国数字战略总体布局概要

当前，信息技术创新日新月异，数字化、网络化、智能化深入发展，我国正在加快推进数字中国建设，科技创新、数字化变革正在催生新的发展动能。通过梳理美国数字战略的发展历程和主要特点，为我国数字战略的制定和实施提供了有益借鉴。

4. 注重数字技术创新合作共享

合作共享是技术创新的重要路径。技术领先是美国政府奉行的第一条原则。我们要把握新一轮科技革命的难得机遇，落实科技创新“四个面向”的要求，就迫切需要深化创新的交流与合作，探索建立联合实验室、联合攻关团队、技术成果共享等机制，推动创新资源跨领域、跨学科流动，促进产学研深度融合，共同推动重大关键数字技术创新突破。

1）促进数字基础设施互联互通

基础设施是推动实现高质量发展的重要基础。美国数字经济的蓬勃发展在很大程度上受益于20世纪90年代初即启动的大规模信息基础设施建设。随着物联网、云计算、大数据等新技术不断取得突破，数字技术与自然世界、人类社会深度融合，互联互通边界不断拓展，这要求我们密切合作，共同打造数字基建新生态，促进万物互联、人机交互、天地一体，让信息资源充分涌流。

2）推动数字技术应用蓬勃发展

创新应用是数字赋能新领域新空间的关键。在私营部门推进数字技术在经济社会领域应用的同时，美国政府通过数字战略推进数字技术在国防军事、公共管理等领域的应用，极大地促进了技术与各领域的融合发展。这启示我们要不断培育打造新产品、新应用、新模式，助力能源、交通、制造等行业数字化智能化转型，探索多元化应用场景，拓展经济发展新空间，培育经济发展新动能。

3）筑牢数字化发展的安全防线

网络安全、数据安全是数字化发展的重要保障。这要求我们要坚持统筹发展和安全，系统推进新型网络安全防护体系建设，全面加强关键信息基础设施安全防护，持续提升数据全生命周期保护能力，自觉践行治理守则和伦理规范，为数字化发展构筑坚实安全基石，共同营造安全高效、健康发展的数字生态。

2.1.2 美国最新数字发展战略汇总

2020年9月10日，CNAS发布了一篇题为《设计美国数字发展战略》的文章。这是同年7月CNAS组织召开的一次研讨会成果，文章介绍了美国数字发展战略的若干指导原则和五项关键举措。

2.1.2.1 四项指导原则

全面且协调的数字发展战略可以推动美国的政策和技术创新，使得世界向着更加自由和开放的数字未来发展。CNAS为这样的数字战略提出了四项指导原则。

1. 整体：政府层面的“整体战略”

这项工作包括美国国际开发署（USAID）、国际开发金融公司（DFC）以及美国国务院、财政部和国防部的参与。与数字发展相关的问题涉及领域广泛，各个机构在领导和落实其具体发展举措时需要一个协调机制或机构来确保各方的努力和投资方向一致。

2. 投资：充分调动私营机构力量

美国政府在数字基础设施发展上的投资不会超过中国，但美国可以更好地利用和激励私营部门在风险市场进行投资和竞争。CNAS在2019年就建议设立数字发展基金，为海外私营部门项目提供资金支持。

3. 合作：优先考虑与其他国家合作

数字发展战略的执行应从尚未完全确定开放数字发展道路的国家开始，并树立在地区有影响力的例子来帮助其他国家做出选择。比如，印度、越南和其他发展中国家都拥有蓬勃发展的数字经济和日益增强的经济规模，在区域决策方面处于领先地位。新加坡这类规模较小、宽带普及率高的国家也是接触的关键，特别是在技术使用规范方面。通过与这些国家合作，建立开放的数字发展道路，该战略将获得发展的动力及更广泛的合作伙伴和支持者。

4. 务实：强调开放数字生态系统在GDP增长、创造就业、创新和能力建设方面的益处

例如，美国科技公司可以向各国提供长期的技能培训和投资，而云计算互操作性的开放标准可以帮助中小型企业（SMEs）更有效地扩展业务。

2.1.2.2 五项关键举措

为了推进以上原则的执行和确保数字发展战略的成功，应该举美国全国之力，寻求可信赖的替代方案，在经济增长和赋权的框架下，与盟国和私营部门开展广泛合作。

1. 合作：扩大现有合作范围，提升联合项目影响力

（1）扩大合作：扩大现有合作以协调印度–太平洋地区和澳大利亚、日本、韩国等区域盟友的数字发展项目，利用现有的政府资助机制来资助美国和国外私营企业之间的合作项目。

（2）战略整合：将美国国际开发署的数字战略与英国国际发展部、日本国际合作署和瑞典国际开发合作署等联合开发机构的战略进行整合。

（3）品牌塑造：利用联合国大会来提升蓝点网络等多边发展倡议的

影响力，将美国的数字发展与联合国的可持续发展目标以及联合国秘书长的数字合作路线图作为共同品牌。

2. 政府机制：制定促进互联网自由的技术方案和社会机制

（1）在国家安全委员会或其他协调机构中建立中心化的政府机制，以跟踪和响应中国在海外的数字发展项目。评估每一项新发起的与中国有关的交易，以确定其是否对外国政府的国家安全构成威胁，并与受影响的外国政府分享这些情报。指派USAID或DFC等相关机构对每个威胁提出定制化的响应。

（2）通过国务院文化和教育事务局或全球参与中心深化美国和外国主要新闻媒体之间的合作伙伴关系，发布一系列关于全球数字外交挑战的深度观察文章。该系列文章将突出某个国家建设开放、自由的数字生态系统的多样性和异质性的本质。

（3）成立一个独立的数字权力基金以支持民间社会团体发挥监督作用。在美国政府帮助其他国家培育其数字生态时提供项目审计。

（4）通过投资美国开放技术基金（U.S. Open Technology Fund）模式的计划来塑造具有非自由数字监管系统的国家的数字发展路径。

3. 国际领导力：加强新兴数字生态系统的技术规范和标准的国际领导地位和多边参与

（1）强调采用开放规范的经济效益。扩展亚洲加速器等项目让中小企业了解到数据本地化要求对其业务造成的危害，并培训它们支持创新生态系统的政策，如亚太经济合作组织跨境隐私规则。

（2）与盟国共同发起为使用尖端技术制定安全规范的倡议。这些规范可以支持未来国际标准机构的提案。通过国际信息计划局支持政府和民间社会团体之间就数字规范开展讨论和交流。建立美国和外国智库之间的合作关系，以确保美国在数字领域提出的规范能够得到其他国家的支持。组织由欧美外国行业团体牵头的人工智能伦理和云计算互操作性标准的对话。

4. 人才培养：通过工商管理、工程及其他技术和职业技能培训进行人才培养

（1）利用《亚洲安全倡议法案》等可能的资金支持和鼓励美国大学与东南亚当地大学合作进行课程交流和职业培训，尤其是工商管理、计

算机科学、工程和其他技术课程。比如，越南的富布赖特大学就与美国大学及一家美国非营利组织之间开展了合作，并得到了国会的支持。

（2）通过美国“数字代表团”（Digital Delegation）等方式提升美国形象。

5. 数字战略：招聘顶尖人才，推进和实施美国数字发展战略

在国务院或美国国际开发署内成立研究员职位，通过人才招聘解决当局数字发展战略中能力不足的问题。

2.1.2.3 关键领域投入

1. 人工智能、5G、量子计算等领域

近期，美国采取多项措施投资和发展人工智能、5G、量子信息科学和其他可能影响未来国家安全和经济增长的关键新兴技术，希望能够确保美国在新一代信息技术引发的科技和产业变革中发挥领导作用。

2. 5年，10亿，12个研究中心

2020年8月26日，美国白宫、国家科学基金会（NSF）和能源部（DOE）共同宣布，将在5年内投资超过10亿美元在全国范围内设立12个新的人工智能和量子信息科学研究中心。其中包括7个AI研究中心和5个量子信息科学研究中心。

AI研究中心将建在大学，重点关注AI的各种应用，每个中心将在5年内获得2000万美元的投资。

量子信息科学研究中心将由能源部下属的国家实验室建设，主要研究为新兴的量子计算机开发测试平台，研发理论上“不可破解”的量子互联网相关技术，以及应用于众多领域的量子传感器等。

国家科学基金会的人工智能研究所和能源部的量子信息科学研究中心将作为未来这些关键行业的国家研发中心，推动技术创新和支持区域经济发展，并为关键领域提供人才支持。

3. 1600万，2个AI项目

2020年9月9日，美国能源部再次宣布为机器学习和人工智能研究提供1600万美元的资助，用于科学调查和复杂系统的管理。这笔资金将资助2个项目，分别是“建模与模拟的科学机器学习”项目和“人工智能和复杂系统的决策支持”。

第一个项目侧重于开发用于预测建模和模拟的机器学习和人工智能方法，可用于整个物理科学的研究。

第二个项目侧重于基本的机器学习和人工智能方法研究，以用于复杂过程管理和提供决策支持，比如机器学习和人工智能方法可以为类似自动驾驶汽车中的复杂过程提供实时决策或帮助做出决策。

2.1.2.4 美国数字工程情况

1.数字工程基本情况

2018年6月，美国国防部发布《数字工程战略》，其目的是推进数字工程在装备全寿命周期管理的应用，实现美国国防部的数字转型，促进数字工程在武器装备全寿命周期管理中的运用。《数字工程战略》中列出了国防部数字工程倡议的五大战略目标，分别是：①建立开发、集成和使用模型的正式流程，为决策提供信息输入；②提供一个持久、权威的事实来源；③注入能够提升工程实践能力的技术创新；④建立一个保障基础设施的环境，能使不同部门开展活动、协作和沟通；⑤改造文化和人员，以适应和支持全寿命周期的数字工程。

美国国防部认为，数字工程是一种基于模型系统工程（MBSE）方式，利用数字环境、数字处理、数字方法、数字工具和数字工件，实现对计划、需求、设计、分析、核实、验证、运行和维持等装备系统全寿命周期活动的支持。

美国国防部的数字工程战略旨在推进数字工程转型，将国防部从线性、以文档为中心的采办流程转变为动态、以数字模型为中心的数字工程生态系统，完成以模型和数据为核心的转移。

2.数字工程相关技术

在推进数字工程的过程中，美军将之前启动并仍在实施的一些计划纳入数字工程战略的整体工作中，包括几大前沿技术计划以及建立支撑的基础设施和环境的计划，如数字系统模型计划、工程弹性系统计划、数字线索计划、飞行器机体数字孪生计划、自适应运载器制造计划、数字制造与设计创新机构的数字制造社区计划等。其中，最典型的是数字线索/飞行器机体数字孪生计划、工程弹性系统计划。

1）数字系统模型／数字线索／数字孪生

数字系统模型、数字线索和数字孪生是纵向贯穿数字工程生态系统的纽带，提供了端到端集成、权威性、系统全寿命周期的数字表示。

（1）数字系统模型由所有的利益相关者共同提供，集成了权威的技术数据和相关的工件，定义了系统寿命周期中各个方面的具体活动。

（2）数字线索是一种可扩展、可配置和组件化的企业级分析框架，无缝地加速了企业数据信息知识系统中的权威技术数据、软件、信息和知识的受控相互作用。在整个系统寿命周期中，数字线索基于数字系统模型的模板，向决策者提供访问、集成数据，并将分散数据转换为可操作信息的能力。

（3）数字孪生是在数字线索支撑下，对实际制造系统进行多机理、多尺度概率模拟的集成，使用最佳的可用模型、传感器信息和输入数据，镜像和预测其物理孪生品系统全寿命周期中的行动与性能。

2）工程弹性系统计划

工程弹性系统（engineered resilient system, ERS）是美国国防部为应对越来越不确定的任务和环境而提出的未来国防系统发展战略。2011年，美国国防部以武器装备采办和装备体系建设为背景，立项工程弹性系统项目作为科技优先发展项目并制定了长期发展路线图，其目标是设计、制造、改进和部署有效且适应性强的工程弹性系统。ERS的概念框架如图2-6所示。

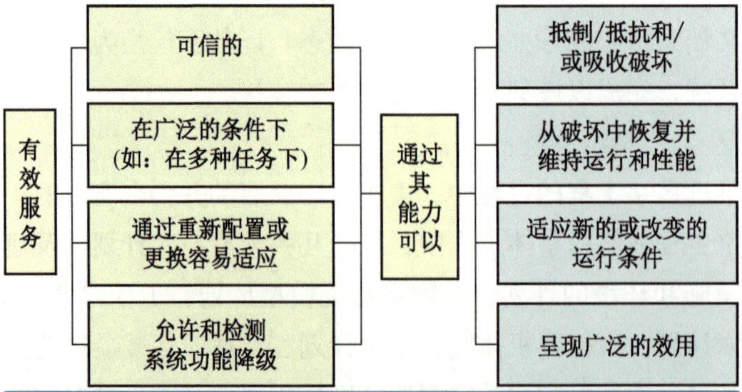

图2-6 ERS的概念框架

工程弹性系统计划当前阶段主要的工作都集中在开发决策支持方法

和权衡空间工具集的框架，其中包括备选方案分析、相关方法的研究与开发，以便从不同维度去评估国防系统的弹性。

围绕ERS框架5种基本属性和组件：权衡空间工具与分析、集成能力和工作流、需求生成、备选方案分析以及虚拟原型和评估，美国国防部提出了一个可以促进政府、工业企业、学术团体之间协同交互的ERS系统功能框架。

它是一个开放的、不断发展的框架，是支持采办所有阶段的一个通用环境，具备共享和协作能力。通过ERS框架标准同军方现有的工具、信息与设施进行集成，获取军方对国防系统的使命任务的定义和系统需求，根据预算、使命任务与需求对备选装备方案在里程碑A之前进行评估并进行决策，然后通过框架接口与国防采办程序连接，让采办团队可以在整个系统的生命周期中利用ERS框架来实施弹性工程。

3）计算研究和工程采办工具与环境项目（CREATE）

计算研究和工程采办工具与环境项目（CREATE）是美军高性能计算现代化计划（HPCMP）中的一个子项目。CREATE项目为武器装备系统研制期望显著提高工程设计和分析环节服务，主要是针对概念设计和工程开发。CREATE项目的目的是支持快速设计开发的软件工具集和平台，由五大类课题组成。

（1）飞行器方面（AV）：Genesis，用于支持快速概念设计的工具；Kestrel，提供具有高用户友好性的面向固定翼飞机整体的多物理场分析的工具；Helios，提供具有高用户友好性的面向旋转翼飞机整体的多物理场分析的工具；Firebolt，集成到Kestrel和Helios中的推进模块，用于面向固定翼和旋转翼飞行器推进系统多物理场分析的工具。

（2）舰船方面（Ships）：RSDE，具有快速设计和集成能力的软件；NESM，支持舰船碰撞和损坏预测分析的软件；NAVYFOAM，支持舰船水动力性能预测分析的软件；IHDE，用于舰船设计工具集成的协同平台。

（3）射频天线方面（RF）：SENTRI，形成支持电磁耦合天线的集成设计平台。

（4）地面车辆（CREATE-GV）：MERCURY，车辆系统和组件高逼真度、多物理仿真工具；MAT，评估地面车辆性能指标的分析工具。

（5）网格处理（MG）：Capstone，支持多物理场分析的快速网格及几何处理。

4）林肯号航母数字孪生模型

美国海军信息战系统司令部（NAVWAR）于2019年10月完成了其首个数字孪生模型的搭建，于2020年底安装在林肯号航母（CVN72）以提高航母的信息战能力。

该数字孪生模型采用基于模型的系统工程（MBSE）技术开发，使用相关的集成数据字典、架构、需求框架为林肯号上的5个互联系统开发端到端数字模型。其中，集成数据字典可以为工程师开发数字模型提供所需部件清单，架构提供部件安装说明，需求框架则用于跟踪部件的连接方式和原因。

数字林肯是黑箱模型，可以从输入和输出的角度查看林肯号上以下5个互联系统的数字表示形式。

（1）分布式通用地面系统-海军（DCGS-N）：该程序可提供海军的主要情报、监视、侦察和目标支持能力。无论是在海上还是在岸上，DCGS-N工具对于行动指挥官的战斗空间感知和以网络为中心的作战都是至关重要的。

（2）下一代海军综合战术环境系统（NITES-Next）：该系统利用气象和海洋学数据帮助作战人员在任务计划、任务执行、关键决策和态势感知等方面提供帮助。

（3）海上战术指挥与控制（MTC2）：海军指挥与控制（C2）程序，提供作战管理辅助工具以动态调整计划，实现海上作战行动的动态筹划、指挥、监控和评估。

（4）海上全球指挥与控制系统（GCCS-M）：GCCS-M系统可融合、关联、过滤、维护并显示友、敌、中立国陆、海、空军部队的位置和属性信息。

（5）敏捷核心服务（ACS）：整合海上网络和企业服务（CANES）的一个元素，是CANES的基础设施，支持应用程序迁移。

为与国防部《数字化转型战略》保持一致，美国海军信息战系统司令部从原有的“设计–构建–测试”法改为“建模–分析–构建”法，从而在交付前通过虚拟环境测试和评估解决方案。这一转变将提高系统的可靠性和赛博安全性，同时降低作战人员的风险。除了开发这些系统的数字孪生模型，数字林肯还提供了用于开发未来数字模型的标准化格式以及未来的安装基线。

5）新一代作战业务后勤系统（NOBLE）

NOBLE系列程序是美国海军推进数字化转型的又一举措。NOBLE系列程序包括海军作战供应系统（NOSS）、海军航空维修系统（NAMS）和海军海上作战环境（NOME）。这些系统一起使用开放的架构框架提供所需的功能，该框架结合了业务流程再造，可以整合超过23个独立的应用程序系统。这些功能包括增强态势感知，对超过15万用户群的维护和供应物流以及业务功能进行规划、执行和管理。NOBLE系列程序将满足当前和新兴的网络，财务改善和审计准备，海军物流和海上维护需求任务要求。

6）组合体级数字工程平台

2020年7月，美国空军全球打击司令部（AFGSC）的“组合体级数字工程平台”（Portfolio-level Digital Engineering Platform，PDEP）已开始下一阶段发展工作。该平台是AFGSC基于数据驱动的分析处理机。该平台将支持司令部评估和决定采用何种行动路线，然后基于数据对决策效果进行评估。例如，通过使用“组合体级数字工程平台”，司令部可以解决飞机的可用度问题，可以根据使用数据来评估行动是否按照预期结果进行，并根据需要进行调整。

根据计划，该平台将在AFGSC的多个基地中投入运行。这将增强AFGSC使用在整个司令部收集数据的能力，并通过组合信息和向领导层呈现数据驱动的决策机会为司令部构建高效的流程，这将支持当前和未来的部队能力、人力和预算编制工作。

因为数字工程能够使用系统的权威模型源和数据源，以在生命周期内可跨学科、跨领域连续传递的模型和数据，支撑系统从概念开发到报废处置的所有活动，进而大幅度提高效率，所以美国国防部非常重视数字工程的推进工作。数字工程结合美军联合全域作战、网络中心站等作战概念，将进一步提高美国的军事实力。

2.2 美国的数字经济及数据建设

2.2.1 美国的全球数字经济大战略

2021年1月19日，美国科技创新智库“信息技术和创新基金会”（ITIF）发布题为《美国全球数字经济大战略》的报告。报告指出，为确保美国继续保持在信息技术领域的全球领导者地位，美国政府必须制定以“数字现实政治”为基础的大战略，传播美国数字创新政策体系，约束数字经济领域竞争对手（尤其是中国），以及在可能的情况下与盟国合作，并在必要时施加压力等方式，全面保障美国利益。

2.2.1.1 代表性国家数字经济发展现状

报告阐述了信息技术和数字技术的重要性，分析了美国、中国、欧盟及日本等代表性经济体的数字技术发展程度、成功经验和世界地位。报告认为，美国是全球数字技术创新的主要推动者；中国已成为美国在信息技术和数字经济领域最主要的竞争对手；欧洲和日本等国已失去数字经济时代的竞争主动权。

1. 美国是全球数字技术创新的主要推动者

自20世纪30年代计算机技术发展以来，美国在IT领域一直处于世界领先地位，其成功的关键性因素主要有竞争性、规模性、人才资源和政策保障。在竞争性方面，美国IT领域不断有新的公司涌现取代其他公司成为领头羊，充分发挥了优胜劣汰、适者生存的企业竞争优势，从而促进了行业的蓬勃发展。在规模性方面，美国同时拥有全球最大的技术创新力量和应用市场，能够最大程度降低各项成本、投资新技术研发、建立企业核心优势，而中国目前正在形成这样的规模性优势。从人才角度看，早期的领先优势使美国成为全球市场上最具竞争力的国家，继而吸引人才建立了巨大的人才优势。从政策角度看，美国政府打造了卓有成效的创新体系，促进了信息技术和经济社会的发展，直接驱动了国家实力和竞争力的提升。

进入21世纪以来，随着信息技术的阶段性发展，美国虽然在信息技术的许多领域仍处于领先地位，但其领先地位正在缩小——某些情况下，例如在中国的电信设备领域，这种领先地位已经丧失。如果仍缺乏关键的政策变化，美国很可能在未来十年会持续地相对衰落，随之而来的是对其他国家的信息技术和数字产品的依赖，包括来自非盟国的产品。

目前，作为全球信息技术和数字技术的主要倡导者和推动者，美国仍然可以依靠其全球"技术总部"优势，寻求一个建立在数据和互联网开放基础上的更深层次的全球化市场。近年来，美国政府在此方面已有所行动——美国试图领导一个全球联盟，反击中国在电信设备和人工智能领域正在形成的主导势力。这些行动的动机可以概括为：对中国影响网络信息安全的焦虑，对中国互联网价值观传播的焦虑，以及对中国进一步影响美国全球竞争力的焦虑。

2. 中国已成为美国全球数字技术竞争的主要对手

20世纪80年代初期，中国在信息技术领域的发展水平明显落后于欧洲和日韩等国。但经过几十年的发展进步，通过广泛吸引外资、不断学习技术、持续增强实力、坚持自主创新，中国已逐渐成为美国在该领域最大的竞争对手。尤其在电信设备方面，已经对美国形成了巨大挑战。

如今看来，美国评论家曾做出"中国永远不可能在技术上赶超美国的论断"，是严重错误且非常危险的。正如新美国安全中心专家判断：在美国政策不发生重大转变的情况下，中国在人工智能技术及其军事应用方面的主导地位不仅是可信的，而且非常有可能；中国不仅可以创新，而且已经开始挑战美国在信息技术和数字技术的领先地位。

随着数字技术在贸易全球化进程中发挥着越来越大的作用，以及中国自立自强打造关键核心技术及产业新发展格局的形成，数字技术正成为中国施展全球影响力的关键工具。除此之外，中国还通过推动“数字丝绸之路”，加入重要国际机构（如国际电联），提升相关领域国际影响力等，不断提升全球数字技术和经济领域话语权。

3.欧洲和日本等国已失去数字经济时代的竞争主动权

自20世纪60年代以来，欧洲一直对美国在信息技术领域的领导地位持警惕态度。经过半个多世纪的发展，欧洲不仅没能培育出全球领先的信息技术和数字经济企业，事实上也已失去了全球市场，彻底输给了中国。究其原因，欧洲在这些领域的反垄断态度、零碎化规模、过多的政策失误甚至根深蒂固的民主社会思想，都是严重阻碍技术创新进程的绊脚石。许多欧洲官员仍认为，来自美国的数字技术威胁比来自中国的威胁更大，美欧合作的基础是美国接受欧盟的数字监管体系。

日韩等国经历过经济高速增长期，通过不断吸引外国技术投资、促进进口技术扩散、进行技术消化吸收和自主创新，在某一技术领域曾经主导过全球技术创新。但就目前情况看，这些国家正在错过数字经济时代的发展红利。

2.2.1.2 美国信息技术和数字经济未来可能面临的场景和方向

报告分析指出，从全球视野来看，当前信息技术和数字经济的发展可能出现以下7种场景：①欧盟“监管帝国主义”成功，美国被孤立；②反科技势力将美国变成欧盟，中国获胜；③欧盟拒绝让步，美欧难以合作；④各国打造“数字世贸组织”；⑤中国赢得联合国贸易发展会议成员国的支持；⑥全球呈现碎片化发展；⑦美国将大部分政治资本用于促进全球互联网开放。

报告强调，以上几种情况的发生无益于美国核心利益发展。因此应当制定和实施全球信息技术和数字经济大战略，制定科学的数字政策并吸引各个国家广泛的合作，避免被众多技术竞争对手包围的风险，从而维护美国的国家利益。因此，美国政府应该在短期和中期内努力实现以下四种情况：①美国、欧盟和不结盟国家联合孤立、惩罚和防范“违规者”；②美国牵头形成英美（及同盟国）联盟；③欧盟、美国和不结盟国家合作应对中国；④在发展中国家推广美国模式。

2.2.1.3 美国在信息技术和数字经济领域发展的指导性原则

报告认为，包括欧盟在内的世界大部分地区都可能与美国的信息技术和数字经济领域出现利益背道而驰的情况，导致形成“多对一”的不利局面。美国必须以各种方式争取志趣相投的国家来支持美国的利益，而且不应该表现出为鼓励这些国家加入而施压的姿态。美国的战略总体目标应该是限制中国在信息技术和数字经济领域的全球主导地位和对市场的控制力。为此，报告提出了指导美国信息技术和数字经济发展的11条关键原则：①不遗余力地支持信息技术和数字经济创新，拒绝技术冲击事件和政策；②拥抱信息技术和数字经济的“国家发展主义”，并使更多国家加入这一轨道；③努力限制中国的信息技术和数字经济的发展，尤其是在基于创新商业主义的情况下；④积极应对外国信息技术和数字经济保护主义；⑤推进信息技术和数字经济领域自由贸易，尤其是在志趣相投的国家；⑥抵制威权主义在信息技术和数字经济领域的影响力，始终专注于美国的关键利益；⑦捍卫私营部门在信息技术和数字经济治理中的核心作用；⑧坚持“大不坏”原则，保护大型科技企业；⑨捍卫创新导向的监管原则；⑩坚持互联网开放原则；⑪支持更加强有力的信息技术和数字经济政策，确保美国在全球范围内的领导地位。

2.2.2 美国国防部正在构建统一的数据环境

据federalnewsnetwork网站2021年1月10日刊文，数据越来越成为决策的中坚力量，为确保战斗人员与领导层之间畅通无阻地沟通和作战数据安全，美国国防部通过了诸如“联合全域指挥与控制”（JADC2）的计划，并投入了大量精力。但是将整个国防部机构置于一个统一的数据环境下是一项艰巨的任务。那么，国防部如何建立其未来的数据环境？

1. 面临的挑战

一方面，国防部将不得不弄清楚如何在边缘环境中保护易受攻击的数据。对手已经部署了越来越复杂的战术，他们试图获取信息，无论是静止的信息、传输中的信息，还是军事设备上的信息。另一个挑战则是数据是“烟囱”式的。美国国防部已投资了多个不同的数据平台，同一网络中存在不同数据架构和不同密级的数据，这些数据无法通过分析工具搜索和发现。然后是巨大的数据量。每天产生的数据量继续呈指数增长，收集数据的传感器数量也呈指数增长。这导致某些数据系统被完全淹没，无法识别和分析有用的数据。

2. 互操作性

博思艾伦公司副总裁兼国防数字业务下一代数据解决方案团队负责人Kate Mercer说，制定总体数据策略很重要，但国防部也应该关注其数据架构，应当以开放系统架构为指导，以促进各种数据平台之间的互操作性。拥有这种开放系统架构方法将整合整个数据平台上拥有的所有现有系统，从而促进整个国防部的数据共享。

3. 数据保护

数据节点越多，网络风险就越大。特别是在国防部独特的情况下，节点可能最终落到对手手中。因此，国防部拥有多级访问控制很重要。零信任模型可实现国防部验证边缘的所有设备，边缘数据存储将增加边缘节点，而多个边缘节点分布式网络会降低抵御网络攻击的能力。

Mercer认为，“如果我们加入最新的、最先进的物联网设备和平台，那么数据加密已成为当务之急。在边缘环境下，作战数据是否真实才是最大的问题。数据篡改是可能的，需要实现高度的加密以及采取零信任策略”。

4. 使用数据

当数据可安全访问时，就可以开始使用数据了。然而，此时的庞大数据量需要人工智能和机器学习功能来解析。良好的基于数据的决策需要筛选出可信赖的数据。

实际上，多样化的数据源是启用AI和机器学习的关键问题：来自传感器平台的流数据、研发的复杂数据、国防业务系统的高度事务性数据都可以组合在一起，使指挥官能够指定其优先级，即使这些优先级在作战过程中发生了变化。

2.3 美军IT建设的转型与“数字现代化战略”项目

2021年1月15日，美国国防部作战试验和评估办公室（DOT&E）发布2020年度报告，对美国国防部当前若干重大IT计划/项目的进展情况进行了阐述。在2020年度报告中，连续7年纳入测试和评估监督框架的联合信息环境（JIE）被数字现代化战略（DMS）项目所取代，其工作内容及重点基本上都在DMS计划中得到了延伸和拓展。

2019年，美军发布《国防部数字现代化战略》，将DMS视为战略思想；2020年，国防部决定将DMS视为具体计划执行，以取代JIE继续引领美军IT建设。因此，最新DOT&E文件将JIE计划更名为“DMS相关企业IT倡议”，JIE概念或许将被逐步淡化。

在统一架构下，美军正逐步规划从JIE转向DMS，该计划将引领美国防部IT建设的下一个转型。

2.3.1 主要内容

2.3.1.1 定义能力目标

2020年7月国防部首席信息官（CIO）批准了数字现代化基础设施执行委员会（DMI EXCOM）章程，对能力目标进行调整后，规定了DMS战略要素的治理、角色和责任。根据章程，DMS能力目标包括国防信息系统网络（DISN）传输基础设施现代化、国防部网络与服务组件现代化及优化、作战人员C4基础设施和系统现代化等15项内容，多数能力目标都映射至DMS要素（表2-1）。从能力目标上看，DMS与国防部CIO目标、《总统管理议程》及国防部IT改革计划都具有一致性，是国防部IT改革的全面升级。

表2-1　DMS与JIE能力目标映射表

JIE能力目标	DMS能力目标
网络基础设施现代化	国防信息系统网络（DISN）传输基础设施现代化
	国防部网络与服务组件现代化及优化
	作战人员 C^4 基础设施和系统现代化
实现企业网络运行	从以部门为中心转向国防部范围作战和防御模型
	国防部网络与服务组件现代化及优化
确保区域安全（JRSS）	国防信息系统网络（DISN）传输基础设施现代化
提供任务伙伴环境（MPE）	加强合作、国际伙伴关系和联合互操作性
优化数据中心基础设施	优化国防部数据中心
实施持续的网络安全防护	转变国防部网络安全架构以提高敏捷和增强弹性
	部署端到端ICAM基础设施
	提供国防部企业云环境以利用商业创新
增强企业移动性	改善移动用户的信息共享
规范IT共同管理标准化	改进IT类别管理
	转变国防部网络安全架构以提高敏捷和增强弹性
为终端用户提供企业服务	优化国防部办公生产力和协作能力（ECAPS功能集1）
	优化国防部语音和视频能力（ECAPS功能集2和3）
提供混合云计算环境	优化国防部办公生产力和协作能力（ECAPS功能集1）
	优化国防部语音和视频能力（ECAPS功能集2和3）
	提供国防部企业云环境以利用商业创新
	确保网络安全风险在整个采购生命周期内得到规划和管理
	扩展成熟的软件保障方法的使用

DMS在继承JIE能力目标的基础上，增加“确保网络安全风险在整个采购生命周期内得到规划和管理”与“扩展成熟的软硬件保障方法使用”。前者根据2020年国防部新版采办文件，特别强调将网络安全管理

放在软件采办的重要位置；后者强调解决软件并行开发过程中的效率低下问题。

2.3.1.2 审查推进项目，实时优化建设

1. 关闭、暂缓联合区域安全堆栈（JRSS）的实施

2013年以来，国防部一直积极部署JRSS，将其网络防御系统整合到全球相对少数的地区作战中心。然而，受物联网、人工智能等因素影响，JRSS已经无法满足指数级别增长的数据处理需求。

DOT&E年度报告显示，涉密网、非密网JRSS的网络评估效果不佳，并决定关闭、暂缓该项目的实施。2020年2月，DOT&E对四个涉密网JRSS进行网络安全评估，结果显示该堆栈的网络安全效果很差，因而项目管理办公室决定关闭现有的涉密网JRSS，DMS项目委员会推迟JRSS部署并寄希望于零信任架构；1月，项目管理办公室对非密网JRSS选定加密流量进行中断和检查（B&I）能力检查，评估显示该堆栈网络防御效果不佳，无法有效保护国防部门网络免受网络攻击，项目因此被暂缓实施，直到该堆栈的网络能力及使用方式的有效性得到进一步验证。

2. 重启、调整企业协作和生产力服务（ECAPS）部署

ECAPS是推动国防部以外购企业云服务的方式获得优化能力的管理架构。作为ECAPS能力集，国防企业办公解决方案（DEOS）既是DMS的关键要素之一，还是DISA技术路线图2.0的三大战略领域之一。在经历了5年的合同过程及多次延迟后，DEOS合同于2020年10月被授予通用动力信息技术公司，为整个国防部提供企业云范围的可见性和协作能力。

由于新冠疫情，国防部首席信息官（CIO）将商业虚拟远程（CVR）环境作为DEOS的临时解决方案实施，以支持从2020年4月到12月扩展的国防部远程工作。

目前，国防部和各军种正在建立Microsoft（MS）365环境，以替代CVR、DISA，为第四产业和部分作战司令部建立国防部365环境；DOT&E正在协调对四个军种主导的零信任Office 365试点工作进行网络安全风险评估，以帮助为国防部联合Office 365工作提供零信任技术选项。

3. 加速身份和访问管理服务（ICAM）落地

ICAM是美国国防部的信任基础设施，是实现JIE“三个任意”愿景的根基。国防部ICAM方案将可最大程度实现对IT系统日常访问控制的自动化，将使系统访问更具动态性，实现活动监控与追溯。

2020年3月，国防部首席信息官（CIO）批准了国防部ICAM战略，旨在为个人实体和非人实体安全访问IT资源创建可信环境。同时，国防部设立联合计划整合办公室，协调整个国防部及各军种、机构的ICAM工作。

4. 规划任务伙伴环境（MPE）执行

MPE能力框架是一种规划执行的指挥控制（C2）环境。该框架旨在整合和重组国防部的28个物理组合企业区域信息交换系统，提供虚拟化持久式和间歇式MPE服务，以满足与任务伙伴共享从战略到战术层面的信息。

2.3.1.3 规定主管部门，统筹监管发展

在主管部门及其职责上，DMS与JIE也具有延续性、一致性。DMS主管部门及其职责如下。

（1）国防部首席信息官（CIO）：负责开发、集成、同步DMS的管理和监督，是DMS的总负责人。

（2）执行委员会（EXCOM）：由国防部首席信息官（CIO）、网络司令部、联合参谋部共同组成，为DMS的开发、执行和利用提供指引、指导和监督。

（3）DISA：DMS能力、使能计划和测试的主要集成商。

（4）DOT&E：关注DMS计划的网络生存能力，较少关注其作战效能和适用性。

2.3.1.4 提出针对建议，保障安全能力

2020年DOT&E报告基于往年JIE的发展建议，对全球新冠疫情蔓延背景下的DMS发展策略及国防办公安全提出针对性建议。建议要点包括：

一是给联合互操作性测试司令部（JITC）拨款，基于网络安全测试指南和政策对DMS企业的商业云能力进行威胁代表性测试，进而为数

字现代化基础设施执行委员会的决策提供依据。

二是着力发展企业协作和生产力服务（ECAPS），根据非保密互联网协议路由网络（NIPRNET）、保密互联网通信协议路由网络（SIPRNET）情况，实时更新国防企业办公解决方案（DEOS）的测试和评估计划。

二是面于新冠疫情背景下，研究和发展数字连接和远程能力。

2.3.2 主要特点

1. 能力发展上，强调改进网络安全

美国国防部将IT环境视为一个整体，提出“每个网络、系统、应用程序和企业服务都必须通过设计实现安全，在整个获取生命周期内对网络安全进行管理”的要求。DMS要素中，意图通过以下方面改进网络安全：利用商业创新提供国防部企业云环境；转变国防部网络安全架构以提高敏捷和增强弹性；部署端到端的身份、凭证与访问管理（ICAM）基础设施。

为此，美军继续大力推行云计算并缩减数据中心的数量，进一步加强端到端的基于密码学的访问控制管理，重点改进军工业的安全防护系统，并且通过广泛使用云计算、软件定义网络技术使IT系统变得更加敏捷、弹性。

2. 技术使用上，推广企业云环境

商业云功能的出现正在改变国防部开发、交付、部署并最终应用程序、系统和服务的方式。云是国防部构建和扩展更有效的网络安全和高级分析能力的技术基础，它使国防部能组织大量数据，支持快速信息获取，改进决策，从而保持和扩大军事优势。云计算将成为美军信息化建设的重要支柱。

在企业云环境建设上，美国国防部启动了三个云支柱项目——军事云2.0、国防企业办公解决方案（DEOS）、联合企业防御基础设施（JEDI）。根据《国防部云战略》，联合企业防御基础设施（JEDI）云架构是为国防部提供通用企业云的基本方法，而军事云2.0提供了一套基于云的基础设施服务集成套件，国防企业办公解决方案（DEOS）将通过美国的非机密网站和机密网站提供服务。

3.安全架构上，探索零信任方法

美国国防部《5G生态系统：对美国国防部的风险与机遇》《国防部数字现代化战略》《DISA战略计划2019—2022》《零信任架构（ZTA）建议》等报告中都明确提及了国防部网络模式要向零信任架构演进。以ICAM、持续多因素认证、移动持续多因素认证为代表的零信任架构，是美国防部安全建设的重中之重。未来网络防御的战略重点将围绕零信任网络安全架构展开。

目前，DISA正在与美国国家安全局、网络司令部和国防部首席信息官（CIO）合作开发一种零信任实验室环境，将用于协调零信任所需的核心能力；NIST推动网络安全与风险管理框架（FISMA）、联邦身份凭证和访问管理框架（FICAM）、持续针对和缓解（CDM）、智能云和数据中心优化计划更新等研究。2019年起草的用于联合企业防御基础设施（JEDI）项目的云端部署指南，即默认安装零信任架构设计和推进。

4.消费模式上，转向IT即服务

美国国防部IT现代化思路表明，它希望从IT运维业务中摆脱出来，将IT作为一种服务从云服务提供商处进行消费。然而，国防部IT基础设施的许多底层设计都植根于十多年前开发的基础架构，花费了多年时间才投入生产，导致国防部各个机构只能继续运维大量的IT基础设施，无法立即转向IT即服务的方式。

通过IT即服务模型，防御机构将能够轻松扩展规模，减少对持续更新和管理硬件的需求，降低管理成本，并在与对手的竞争中获得更大的优势。美国国防部正在探索并实施企业提供商的“企业IT即服务”解决方案。国防部ECAPS就是转向IT即服务的示例，国防企业电子邮件（DEE）使国防部从分布式电子邮件解决方案迁移到集中式企业服务，并为转变到即服务方式提供的云办公解决方案铺平了道路；2019年美国陆军发布信息征询书，寻求企业网络以及核心IT服务（EITaaS）模式，该模式将协调企业最佳做法与能力，提供标准、创新、敏捷的IT服务，为美国陆军提升性能、安全并改善用户体验。

2.3.3 数据战略体系架构

21世纪以来，大数据技术蓬勃发展、军事应用潜力凸显，已逐步成为智能化装备的重要技术基础，并成为打赢未来智能化战争和提升国防管理决策质量效率的重要引擎。美军紧盯大数据发展战略机遇，出台了《国防部数据战略》等一系列军事数据战略文件加速军事数据建设，进而谋求以数据为中心的全方位军事优势。

美军在推进信息化建设过程中，非常重视数据的建设、管理与应用。他们认为，数据是信息的物理表现形式，是作战指挥和行动的依据，快速、高效地采集并利用数据，是缩短决策周期、形成信息优势、增强联合作战能力的关键。

2020年10月美国国防部发布《国防部数据战略》，明确将数据定位为战略资产，提出“使国防部成为以数据为中心的机构，通过快速规模化使用数据来获取作战优势和提高效率”的发展愿景，并提出了推进数据发展的七大目标、八大指导原则、四个基本能力和三个重点应用领域，如图2-7所示。

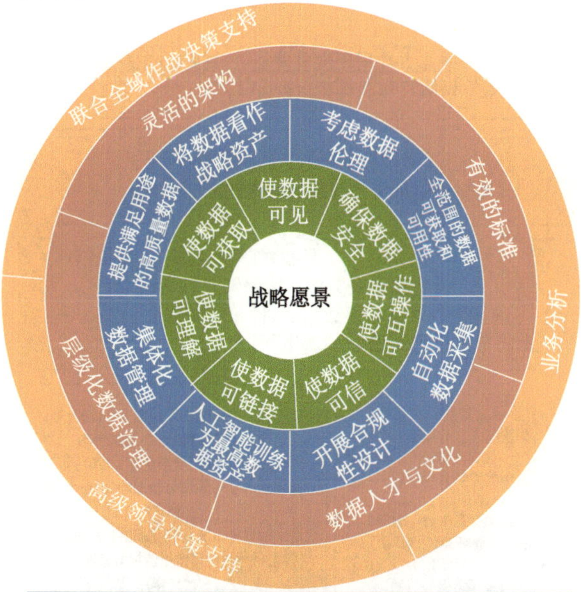

图2-7 美国《国防部数据战略》主要内容

大数据在军事领域的深度应用，必将推动未来装备建设、作战形态、国防管理发生重大变革。因此，美军牢牢抓住大数据发展的战略机遇期，大力出台军事数据战略规划、推进军事数据建设，旨在谋求数据发展领先优势，进而谋求以数据为中心的全方位军事优势。

2.3.3.1 以战略为牵引，体系化规划军事数据建设

1. 建立自上而下的数据战略体系

数据战略是指导数据建设、管理与应用的指导性、政策性文件。自20世纪60年代开始，美国国防部和各军种就发布了一系列数据战略，由于较早意识到大数据对经济、军事乃至社会结构的巨大影响，先后于2012年和2016年推出《大数据研究与发展倡议》《联邦大数据研究与发展战略规划》，使美国成为最早从国家层面布局大数据的国家之一。

美国国防部聚焦军队建设转型和国防现代化管理，积极响应联邦大数据战略，并与各军种密切沟通，陆续出台了《国防部数字现代化战略》《国防部数据战略》等10余项军事数据战略，从战略主体、战略内容、战略作用上形成了“两维三层”的数据战略体系结构。两维指战略制定主体国防部和各军种，三层指顶层指导战略、共性支撑战略和领域推进战略，如图2-8所示。

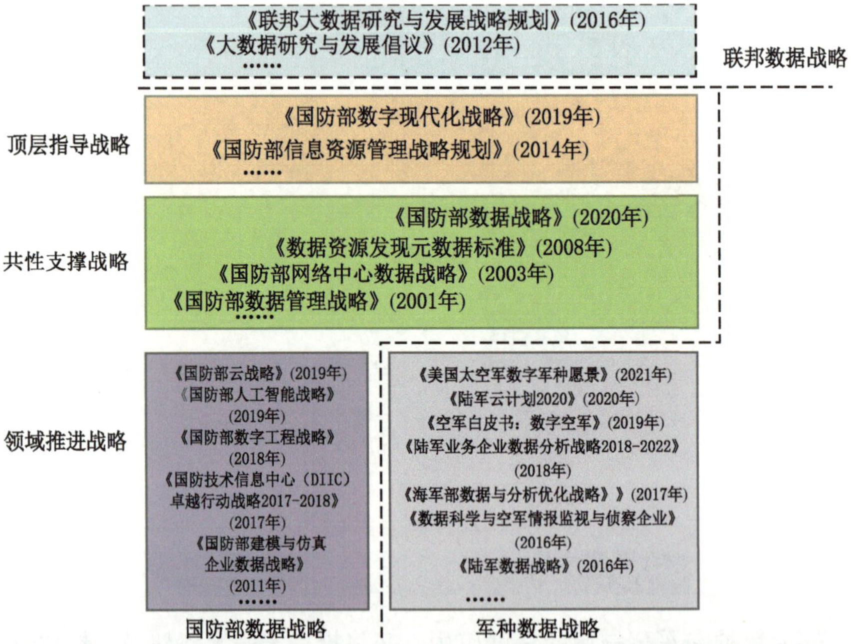

图2-8 美军数据战略体系

（1）顶层指导战略，主要是着眼国防和军队发展全局，从最高管理层面对数据建设与利用提供方向性、纲领性、原则性指导，是国防部所属机

构及各军种开展数据驱动业务的根本依据，具有最高的战略引领作用。

(2) 共性支撑战略，主要是专门针对国防管理和军事行动中的数据建设与应用问题，提供推进实施的策略、标准或程序，既是对顶层指导战略的具体细化，也是国防部所属机构及各军种开展数据工作的通用指南，具有承上启下的作用。

(3) 领域推进战略，主要是国防部所属机构及各军种为推进本部门、本系统数据工作制定的领域实施指导文件，具有较强的指导性、实践性和可操作性，是各领域开展数据工作的方法论或路线图。

2. 注重数据战略的上下互动与促进

美军出台的不同层次、不同领域的数据战略，是其数据建设与管理实践经验的总结。在实践过程中，美国国防部的高层战略与各部门、各军种的领域战略相互呼应、协调促进，形成了实践催生战略、战略引领实践、上下良性互动的数据发展态势。在及时总结关键任务领域推进举措和经验教训的基础上，2020年10月美国国防部又发布了新版《国防部数据战略》。由于数据战略缺乏对数据安全的指导，将发布新的数据战略。不同层次数据战略的互动模式如图2-9所示。

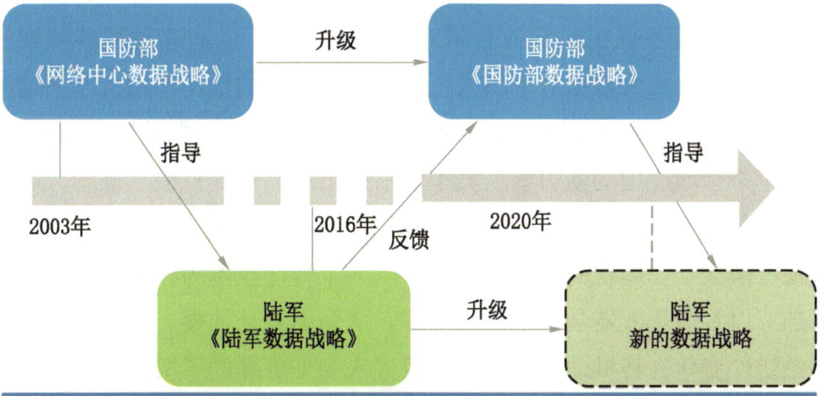

图2-9 美军不同层次数据战略的互动模式

2.3.3.2 以问题为导向，破解军队数据建设难题

1. 针对建用脱节问题，加强应用导向的数据建设

数据产生于武器平台、传感器、训练设施、试验场和业务系统等国防和军队各个方面，并最终用于作战、管理决策和业务分析等，因此以

应用为牵引成为美军数据建设的重要导向。

美军的数据建设非常注重从数据生产、管理、治理和使用的用户反馈中获取信息，并特别强调管理业务和作战人员的需求。美军认为数据是任务本身不可或缺的组成部分，是一种高附加值资产，其价值在于以能产生当前和持久军事优势的方式加以利用。

新版《国防部数据战略》明确提出了联合全域作战、业务分析和高级领导决策支持等三个重点数据应用领域，要求数据治理部门必须与联合全域指挥控制跨职能团队、联合人工智能中心和负责指挥控制与通信的副首席信息官密切合作，确保国防部能够在高度竞争的环境中实现信息与战术优势；数据部门需要提供支持决策的数据以及分析和可视化工具平台；必须支持对包括预算、采购、库存、后勤和人事等广泛的业务数据的采集、分析和显示。此外，美国国防部持续推进业务信息系统的升级换代，每年投入经费高达30亿美元，重点推动业务信息系统从传统的以办公信息化为主，向以数据分析与应用为核心的“数据”系统迭代发展。

2. 针对人工智能与数据建设结合问题，加强人工智能与数据融合发展

人工智能不仅给经济社会带来了巨大影响，也加速了军事领域的深刻变革。未来大数据对军事人工智能应用发展的推动作用将越来越明显，用数据赋能人工智能、用人工智能唤醒“沉睡的数据”，已然成为未来军事领域应用的新引擎。美军最新提出的“马赛克战”概念，通过将人工智能引入C4KISR（指挥、控制、通信、计算机、杀伤、情报、监视、侦察）一体化的杀伤链流程，以人工智能技术为核心、以数据为基础、以智能化武器装备平台为支撑，从而引发从侦察、决策再到交战的系统性变化，将推动美军未来作战进入一个更高的层次。

美国《2021财年国防授权法》提高了联合人工智能中心主任的权限，提出要确保联合人工智能中心主任有能力发现、获取、共享和再利用国防部其他机构及军种的有关数据和模型，从而为国防部建立和维持人工智能能力。同时要求，国防部部长应通过首席数据官、军种部首席管理官等官员，开展不少于5项现有人工智能系统应用示范，支持国防部采办、人事、审计、财务等方面管理职能的改进。在新版《国防部数

据战略》中，美国国防部将用于人工智能的训练数据称作“国防部最有价值的数据资产”，并作为该战略的主要指导原则，充分体现了国防部运用人工智能带动数据应用的战略意图。

3. 针对信息孤岛问题，加强数据融合共享

数据孤岛是困扰数据建设发展的关键掣肘，为破解国防部数据私有化和共享难题，美军通过树立“共享为常态、不共享为例外”文化氛围、确定权威数据源、制定数据接口规范、基于决策需求获取数据、推广数据共享集成软件工具等方法，全面提高国防数据共享效率，最大化数据可用性。此外，注重国防数据与普通商业数据的异同，强调提出对于敏感数据、个人数据、专有数据等国防保密性高的数据，应通过建立受控分析环境、灵活设置人员权限、开发可控“黑箱”系统保护原始数据等方式控制知悉范围，确保数据共享安全可控。

2.3.3.3 以创新为动力，加速军队数据建设发展

1. 构建先进技术架构

为适应大数据时代数据获取更快、数据使用更频繁、数据应用需求更旺盛等特点，构建开放式的信息体系架构，确保用户在任何时间和地点，都能够按照权限安全地访问所需的数据和应用服务，提升数据应用的有效性、安全性和高效性。

为获取军事战略优势，提出构建快于对手数据应用的敏捷信息体系架构，一方面有利于快速部署轻量级应用系统，以便用户根据需求快速、持续获取和使用数据，提高数据可访问性；另一方面该架构易于根据用户需求和数据应用需求快速平稳地迭代发展。

2. 加强云平台建设

随着云计算技术的快速发展以及云平台在社会经济等领域的广泛应用，云平台已经显示出其巨大的军事应用潜力。因此，不遗余力地通过“通用云”“专用云”“多云并存”等方式，整合各部门、各类型、各层次的软件应用系统和数据资源，将现有软件应用系统模块化、体系化迁移到云环境，作为加快提升信息化和数字化建设水平的主要途径。

2019年美国国防部提出，未来10年将利用100亿美元实施国防部联合信息基础设施建设项目，加强国防部云平台建设，重点建设基础设

施层和平台服务层，用于存储和管理公开和敏感数据。云环境是美军实现目标的关键，云平台可为战术边缘缓解基础设施支撑不足的问题，能够实时分析传感器所得的数据，为作战人员辅助决策提供支撑。同时，在战场环境中使用云平台还能减少系统之间通信的安全漏洞。通过整合各部门的云平台和软件开发工具，有效解决人工智能应用存在的算力不足或算力冗余等问题。

2020年美国陆军在首届“数据与云讨论会”上表示，2020财年将是陆军的云之年，陆军将继续加速推进其云实施计划，重点推进“企业即服务”试点云项目、“联合企业国防设施”云项目等。将整合多种商业云和战术云，并通过混合云环境重构任务指挥应用系统，以便提供战场情报和数据融合服务。

3. 大力引入商业先进技术产品

美国的数据建设非常注重把握前沿技术发展机遇，通过及时将信息网络、云计算、大数据、人工智能等先进技术融入数据采集、传输、共享与利用过程，不断取得创新突破，成为其数据建设与发展的重要引擎。

早期《国防部网络中心数据战略》，创新引入了面向服务的数据服务框架结构，设计了基于元数据的数据共享模型，有效推动了数据共享模式从“点到点”向“多到多”的转化。此外，美国国防部与麻省理工学院合作，试图建立面向国防采办业务的语义数据湖平台，在清洗处理海量碎片化业务文本数据基础上，通过对比分析、关联检索和综合研判，建立国防采办知识体系，自动发现和挖掘国防采办与作战能力需求之间的相互依赖关系，快速查找能力缺陷，优化国防采办投资项目，为国防采办管理与决策提供参考借鉴。

2.3.3.4 以配套保障为基础，支撑军队数据建设发展

1. 建立数据管理规章制度

数据分析与应用不仅仅是简单的技术应用问题，更是管理问题，通过制定政策制度、标准规范及加强治理等手段，全方位推进国防部数据分析与应用工作。

在政策制度方面，提出建立数据全寿命周期的问责制，细化数据管

理员、数据保管员和数据使用人员的权限，确保数据可控可管理。

在标准规范方面，提出构建数据安全利用和交换的标准，确保数据共享的标准化运行。

在数据治理方面，提出建立自上而下的数据治理体系，全流程记录数据使用过程，加强多层次的数据管理监督，便于国防部正确开展数据管理工作。

2. 重视数据安全建设

大数据在军事领域应用就像“双刃剑”，一方面加速了国防和军队现代化进程，另一方面也增大了军队建设发展数据泄露的风险。

数据的集中和数据量的激增，使得海量数据的安全防护更加困难。针对网络安全攻击形势日益严峻，美军通过制定政策、创新技术、加强防护、强化管理等物防、人防、技防等组合拳，加强国防部数据应用全要素和全领域的安全防护工作。

提出通过采取建立精细化数据管理权限策略、部署端到端身份认证设备、定期评估数据安全、核准数据使用记录、数据意外发布与披露防控技术、授权管控、数据应用全面审计等系列措施，在最大限度利用数据的基础上，提升数据安全防护的规范性、可操作性和有效性。

3. 加强数据人才培养

人才是军事数据分析与应用的第一资源，打造一支既精通数据分析知识，又熟悉国防业务的复合型人才队伍，是数据分析与利用的关键。

人才与文化是实现数据目标的基本能力之一，强调要实现向以数据为中心的机构转型，必须推动以人员为核心的文化转型，并通过悉心培养数据人才，创造和保持人员处理数据、分析数据、做出决策的能力。提出建立数据工程卓越中心，为工作人员提供数据处理与应用的专业技能培训，并建立数据专家与业务专家的高效互动生态。

为了加强人才竞争优势，采取引进民用人才、培养现有人员、加强资格认证等方式，重点培养数据处理、分析与应用，以及数据安全等方面的人才队伍。

此外，通过与斯坦福大学、约翰霍普金斯大学、谷歌、IBM等民用领域大数据技术研究优势院校和研究机构合作，培养高级数据分析、统计编程、机器学习、文本挖掘等“数业俱精”数据人才，提升数据分析与利用能力水平。

美军在信息化发展过程中，长期致力于军事数据的建设和应用，其数据建设与发展水平处于世界领先地位。数据战略是美军数据建设实践的根本指导，蕴含着军事数据建设的核心理念和主要做法。

2.3.4 对中国的启示

基于美军数据战略，系统总结其军事数据发展实践的经验做法，对我军推进新时代数据建设工作具有一定的参考价值。

当前，我军正处于由机械化向信息化、智能化迈进的关键阶段，为适应大数据时代国防和军队现代化建设新需求、新形势，应结合国情军情实际，积极树立以数据为中心的理念、制定军事数据战略规划、加快军事数据基础设施建设、加速推进军事数据共享共用、引入先进成熟的商业数据分析与利用技术、推动形成数据驱动的作战指挥与管理决策范式、加强军事数据人才培养，不断提升作战行动和管理决策的数据化、精准化、科学化、高效化水平。

1. 重视顶层设计，整体谋划架构

美国国防部IT架构，是网络、业务、安全的综合体，是自上而下体系化设计的代表。JIE安全防护的最大特色是其安全架构——单一安全架构（SSA）。

正是由于单一安全架构（SSA）奠定的基本安全设计，才会采取JRSS的标准化解决中间点安全的问题；采取安全云计算架构（SCCA）的标准化要求，解决云安全问题；采用零信任架构（ZTA），解决身份与访问安全问题。

安全要从顶层进行体系化设计，要从安全规划和安全架构做起。我军应充分吸收和借鉴美军IT建设经验教训，在发展网络信息体系时，加强顶层设计，做好战略规划，设计适合自身特色的安全架构，实现自身安全的持续演进。

2. 紧跟前沿技术，扩大数据使用

数字化转型背景下，会产生海量、异构的数据，但在云计算、人工智能、大数据分析等新兴技术的推动下，美国国防部可以从数据中快速获取有用信息，用于改善决策、保持及扩大军事优势，实现数据驱动系

统发展。

基于前沿技术的发展，信息系统的处理、服务提供、管理环节将日益自动化、智能化。对此，我军应充分认识到数据的重要性和应用价值，借鉴美军数据战略的经验，明确数据使用的目标、能力、原则，紧跟前沿技术发展，建立配套系统，加速数据应用。

3. 利用商用创新，构建信息服务能力

美军对信息环境的理解已从脆弱的以网络为中心的环境，发展为一种灵活的以数据为中心的环境。通过利用商用信息技术的强大力量和通用性改造现有的网络信息环境，将改变美军未来作战中信息的传输和共享方式，更好地提高军队任务完成的效率和安全性。

我军应借鉴并发展服务体系架构（SOA），借助商业能力，尤其是云计算提供的虚拟化能力、基础设施即服务、软件即服务、平台即服务等服务能力，构建信息系统，提供企业服务与终端用户服务，实现信息主导权从生产者向用户转移。

2.4
欧盟数字十年战略

2021年3月，欧盟委员会发布《2030数字罗盘：欧盟数字十年战略》报告，为欧盟数字化发展提供战略建议。报告指出，欧盟的数字化发展落后于美国和中国，欧盟应该通过加强人员的数字化技能培训、加强数字化基础设施投资、鼓励企业进行数字化转型、实现公共服务的数字化等方法实现数字化转型。

2.4.1 欧盟的数字化转型

新冠疫情大流行已从根本上改变了数字化在社会和经济中的作用，并加快了数字化步伐。数字技术现在对于工作、学习、娱乐、社交、购物以及获取从医疗服务到文化等来说都是必不可少的，这也表明了颠覆性创新可以发挥决定性作用。新冠疫情大流行还暴露了数字空间的脆弱性、对非欧盟技术的依赖以及虚假信息对社会的影响。

欧盟必须在自身优势的基础上继续发展——开放和竞争的单一市场、将欧盟价值观嵌入牢固的规则、在公平和基于规则的国际贸易中成为坚定的参与者、坚实的工业基础、高技能的公民和强大的公民社会。与此同时，欧盟需要仔细评估和解决任何战略弱点、脆弱性和高风险的依赖关系。

2020年9月，冯·德莱恩宣布，欧盟应在明确目标和原则的基础上，在2030年实现欧盟的共同愿景，确保数字主权。她特别强调欧盟云计算、人工智能要通过安全的数字身份，以及大幅改善的数据、超级计算机和连接的基础设施在道德领域获得领先地位。为此，欧盟理事会邀请欧盟委员会在2021年3月之前提交了一份全面的数字指南针，制定2030年的数字目标，建立监测系统，并概述实现这些目标的路径和手段。

这些目标的实现要求欧盟加速过去十年开始的数字化转型工作——以全面运作的单一数字市场为基础，并为战略中定义的塑造欧盟数字化未来加强行动。该战略提出了政策改革方案《数据治理法案》《数字服务法案》《数字市场法案》和《网络安全战略》。欧盟预算工具将支持数字转型所需的投资，包括凝聚力方案、技术支持工具和数字欧盟方案。欧盟的协议是，至少20%的救助恢复资金应支持数字化转型，建设欧盟的数字时代。

2.4.2 2030年愿景：赋予公民和企业权力

欧盟走向数字化经济和社会需要团结、繁荣和可持续性，立足于赋予公民和企业权力，确保其数字生态系统和供应链的安全和弹性。

新冠疫情大流行带来的一个重要经验是，数字化可以将人们聚集在一起，而不受所在地理位置的影响。数字基础设施和快速互联互通给人们带来了新的机遇。数字化可以成为权利和自由的决定性推动者，允许人们超越特定领域、社会地位或社区团体，并为学习、娱乐、工作、探索和实现抱负提供新的可能性。这解决了地理距离带来的问题，人们可以在不同地点工作、学习、与公共管理部门互动、管理他们的财产、使用卫生保健系统等。

然而，疾病大流行也暴露了数字空间的弱点，比如对重要的非欧盟技术的依赖（尤其是对几个大公司的依赖）、大量假冒产品的涌入和网络攻击放大了假情报在社会的影响。新的数字鸿沟也出现了，不仅存在于连接良好的城市地区和农村或偏远地区之间，在那些已经能够充分利用数字环境潜力的企业和那些尚未完全数字化的企业之间，也出现了类似的鸿沟。从这个意义上说，新冠疫情大流行暴露了一种新的“数字贫困”，因此必须确保欧盟所有公民和企业都能利用数字转型，过上更美好、更富裕的生活。欧盟2030年的愿景是建设一个没有人掉队的数字社会。

数字化为人们提供了新的实现繁荣的方法，在越来越多的欧盟人感到经济安全或环境受到威胁之际，应当在欧盟和全球范围内开放市场和投资，允许企业家在他们居住的任何地方进行创新、建立和发展业务，并创造新的就业机会。

数字技术可以为实现欧盟绿色目标做出重大贡献。数字解决方案的采纳和数据的使用将有助于向良好的气候循环和更有弹性的经济进行转型。商务旅行被视频会议替换而减少排放，同时数字技术使得农业、能源、建筑、工业或城市规划和服务领域逐渐推进绿色进程，从而推动2030年前温室气体排放至少降低55%，以更好地保护我们的环境。数字基础设施和技术本身必须变得更具有可持续性，能源和资源效率更高。拥有创新和生态标准的企业在数字化转型中能够采取更低的环境消耗路径、更高能源和材料效率的数字技术。

基础设施和技术对于确保欧盟规则和价值观得到尊重是不可或缺的。强大的单一市场、公平竞争和基于规则的正常贸易运作，是欧盟经济成功和适应能力的关键保障。与此同时，数字技术大多在欧盟以外的开发地，而且各成员国在数字化方面的趋同程度仍然有限，阻碍了规模经济。由于加强了内部力量，欧盟将成为一个更强大的国际伙伴。大规模扩大投资是必要的，通过所有相关的欧盟基金和国家支出，包括利用大量私人投资，欧盟能够发展关键技术，以促进生产力增长和经济发展，使其社会价值和目标得以实现。

2.4.3 欧盟2030年目标指南

1. 治理

在操作上，欧盟委员会打算以数字政策计划的形式提出一个数字罗盘，将由欧盟议会和理事会共同决定通过，将重点放在实现共同数字目标的交付和持续承诺上。该方案将包括下列4个方面：①为提议的4个基本要点中的每一点制订一套具体目标；②能够根据相关目标和原则测量欧盟的数字化进展；③每年发布数字进展的报告，提高公众在相关领域的认知；④促使委员会和会员国进行合作分析，以确定解决弱点的办法，并为有效补救采取有针对性的行动。

2. 多国项目

为了实现欧盟数字十年的愿景，数字罗盘的4个领域均需要数字能力，这只有在成员国和欧盟的共同努力下才能实现。对于欧盟数字化转型所必需的大型技术项目，欧盟的数字化能力建设方法是必不可少的。先进的欧盟需要大量的资金和所有行动者的配合。

欧盟理事会呼吁在这些关键技术项目方面进一步加强欧盟和各国基金之间的协同作用。《恢复和复原基金条例》认为，应该将几个国家恢复计划的投资结合起来，以提供发展多国项目的机会。此外，应该为更长期的行动做好准备，确保获得投资。

在“连接、扩大、现代化、技能和升级”的背景下，作为国家恢复计划准备工作的一部分，多国项目的可能方向已经与成员国进行了讨论。欧盟委员会提供业务支持，并鼓励会员国利用其国家恢复计划提供的资金，联合起来支持这种多国项目。

2.4.4 绘制欧盟发展轨迹的四个基本要点

欧盟委员会提议建立一个数字罗盘，将欧盟提出的2030年数字目标转化为具体目标，并确保这些目标能够实现。罗盘将基于一个增强的监测系统，以确保在数字转型的步伐、欧盟数字战略能力的差距以及数字原则的实施方面符合欧盟的要求。监测系统将包括实现愿景的方法，并沿着四个基本要点设定关键里程碑。前两个基本要点侧重于基础设施和教育及技能的数字化能力，后两个基本要点侧重于商业和公共服务的数字化转型。

2.4.4.1 数字技术熟练人口和高技能数字专业人

在未来世界里，如果我们想成为自己命运的主宰，对自己的方法、价值和选择充满信心，就必须依赖于被数字化赋能的公民，拥有数字化技能的劳动力，以及比今天更多的数字化专家。这应该通过高性能数字教育生态系统的发展，以及有效的政策来促进与全球各地人才的联系并提升欧盟的吸引力。

数字技能对于增强社会的集体适应力至关重要。正如《欧盟技能议程》所解释的那样，所有公民都必须具备基本的数字技能，劳动者有机会获得新的专业数字技能，这是积极参与数字十年的先决条件。

《欧盟社会权利支柱行动计划》预计，到2030年，拥有基本数字技能的成年人将达到80%。为了让所有欧盟公民充分受益于包容性数字社会带来的福利，需要让所有欧盟公民能够获得基本数字技能教育，并应该让终身学习成为现实。

广泛的数字技能还应该建立一个可以信任数字产品和在线服务、识别虚假信息和欺诈企图、免受网络攻击和欺诈的数字社会。在这个数字社会中，孩子们学习如何理解和驾驭他们在网上接触到的无数信息。

高级数字技能要求的不仅仅是精通编程或有计算机科学的基础。数字培训和教育应该支持劳动力获得专业的数字技能，以获得高质量的工作和有回报的职业。截至2019年，欧盟共有780万名信息通信技术专家，年增长率为4.2%。如果这一趋势持续下去，欧盟在网络安全或数据分析等关键领域的专家需求将远远低于预计的2000万。超过70%的企业报告称，缺乏具备足够数字技能的员工是投资的障碍。性别比例也严重失衡，只有六分之一的信息通信技术专家和三分之一的STEM毕业生是女性。人工智能、量子和网络安全等领域的专业教育和培训项目的缺乏，以及其他学科中数字学科和教育多媒体工具的低整合程度，均加剧了这一问题。

到2030年，全球对人才的竞争将十分激烈，专业知识仍将稀缺，这些都将是各国创新、生产力增长和繁荣的关键因素。因此，培养欧盟的吸引力，以及支持数字人才计划，对欧盟的数字转型至关重要。

2.4.4.2 安全、高性能且可持续的数字基础设施

欧盟只有具备互联互通、微电子和海量数据处理能力等可持续的数字基础设施后，才能建立起数字化领先地位，因为它们是其他技术发展的推动者，能够支持行业的竞争优势。欧盟需要在所有这些需要协调以达到未来目标的领域进行重大投资。

为欧盟的每个人和每个地方提供卓越和安全的连接，是每个企业和公民都能充分参与数字社会的先决条件，到2030年实现千兆连接是关键。尽管任何技术组合都能实现这一雄心，但重点应放在更可持续的下一代固定、移动和卫星连接上。在快速有效分配频谱和尊重5G网络安全工具箱的基础上，推出包括5G在内的高容量网络。另外，在未来的几年里，6G将不断发展。

随着未来十年的发展，家庭将增加对这些网络技术的使用，这反映了他们日益增长的对室内高容量连接的需求。到这个十年结束时，新的数字通信特性和能力，如高精度、全息媒体和网络上的数字感官，预计将为数字社会提供一个全新的视角，支撑千兆连接的需求。在这个十年结束之前，企业将需要专用的千兆连接和数据基础设施来进行云计算和数据处理，就像学校和医院需要教育和健康一样，高性能计算将需要大比特连接，以允许实时数据处理。

欧盟的数字领先地位和全球竞争力取决于强大的内部和外部连接性，也应反映国际参与，特别是欧盟周边地区。考虑到欧盟周边数据网关的出现，欧盟需要一个全面的参与计划，包括与西巴尔干和东部伙伴关系国的宽带部署。欧盟将通过陆地和海底电缆以及一组安全的卫星与其邻国和非洲的合作伙伴建立联系。此外，欧盟将通过与印度和东盟建立新的互联互通伙伴关系，加快实施欧亚互联互通战略。与拉丁美洲和加勒比的伙伴建立数字关系将成为与拉丁美洲和加勒比数字联盟连接性建设的组成部分。

如果说互联是数字化转型的先决条件，那么微处理器则是大部分关键战略价值链的起点，如联网汽车、手机、物联网、高性能计算机、边缘计算和人工智能。虽然欧盟设计和制造高端芯片，但在最先进的制造技术和芯片设计方面存在重大差距，这使欧盟暴露在许多漏洞之下。

为市民、中小企业、公共部门和大公司提供服务的数字基础设施需要具备高性能计算能力和综合的数据基础设施。今天，欧盟产生的数据通常在欧盟以外的地方存储和处理，其价值也在欧盟以外提取。虽然生成和利用数据的企业应保留在这方面的自由选择，但这可能带来网络安全、供应漏洞、转换可能性以及第三国非法访问数据等方面的风险。由于欧盟的云提供商在云市场的份额很小，这使得欧盟面临着风险，并限制了欧盟数字产业在数据处理市场的投资潜力。此外，考虑到数据中心和云基础设施对能源消耗的影响，欧盟应该在2030年前率先使这些基础设施实现碳中和与节能，同时利用它们多余的能源帮助家庭、企业和公共空间供暖。作为增强数字经济和社会指数的一部分，欧盟委员会将建立机制来衡量欧盟公司使用数据中心和电子通信网络的能源效率。

然而，除非伴随着最先进的计算能力，否则云和边缘计算生态系统不会给欧盟的企业和公共管理带来全部的好处。在这方面，通过对高性能计算的联合投资，欧盟各成员国会加速合作部署世界领先的、联合的超级计算和量子计算数据基础设施。

与此同时，欧盟必须投资于新的量子技术。欧盟应该参与先进量子计算机的研发，这种量子计算机能在欧盟的任何地方使用，且具备较高的能源效率，能够在数小时内解决目前需要数百天甚至数年才能解决的问题。

2.4.4.3 业务数字化转型

数字技术对许多企业来说至关重要。到2030年，5G、物联网、边缘计算、人工智能、机器人和增强现实等数字技术将成为基于数字共享经济的新产品、新制造流程和新商业模式的核心。

在此背景下，欧盟委员会对数字单一市场和数字战略规划的快速采纳和实施将促进企业数字化转型，确保公平竞争的数字经济。当然，实现这些目标还需要与国外的公平竞争环境相匹配。

企业的转型取决于它们能否迅速、全面地采用新的数字技术，包括在落后的工业和服务生态系统中。欧盟的支持，特别是通过单一市场、数字欧盟和凝聚计划，将有助于促进数字能力的部署和使用，包括工业数据空间、计算能力、开放标准、测试和实验设施。

企业应该被鼓励采用数字技术和低环境消耗、较高的能源和材料效率的产品。欧盟必须迅速部署数字技术，以实现更密集和更有效的资源利用，这样提高欧盟的物质生产率既可以降低制造业投入成本，也可以降低在供应冲击下的脆弱性。

欧盟特别注重前沿和颠覆性创新。尽管创建的初创企业数量已经与美国一样多，但欧盟需要创造更有利的条件，以及一个真正发挥作用的单一市场，以便实现快速增长和规模扩张。然而，与美国甚至与中国相比，为初创企业的成长提供融资的投资资金缺口较大。欧盟已经产生了许多独角兽企业，但仍有改进空间。

中小企业在这一转型中发挥着核心作用，不仅因为它们代表了大部分欧盟企业，还因为它们是创新的关键来源。在超过200个数字创新中心和产业集群的支持下，到2030年，中小企业将有机会在适当监管的保障下，轻松、公平地获取数字技术或数据，并从充分的数字化支持中受益。在这方面，超过200个欧盟数字创新中心和产业集群应支持创新型和非数字化中小企业的数字化转型，并将数字供应商与当地生态系统连接起来。目标是实现高水平的数字化强度，不让任何一个人掉队。

2.4.4.4 公共服务数字化

到2030年，欧盟的目标是确保生活和网上公共服务对包括残疾人在内的所有人都完全开放，并从一流的数字环境中受益。该环境提供易于使用、高效和个性化的服务和工具，具有高安全性和隐私标准。安全的电子投票将鼓励更多的公众参与。方便用户的服务将使各年龄层的公民和各种规模的企业能够更有效地影响政府活动的方向和结果，并改善公共服务。政府作为一个平台，作为构建数字公共服务的新方式，在数据处理、人工智能和虚拟现实等先进能力无缝对接的情况下，将提供全面、便捷的公共服务。这也将有助于刺激欧盟企业的生产力增长，并树立企业（尤其是中小企业）进一步数字化的榜样。

现实是距离这一愿景仍有很大差距。尽管越来越多的人使用网上公共服务，但数字提供的服务往往只是基本的，例如填写表格。欧盟必须利用数字化推动公民、公共行政和机构互动方式的范式变革，确保各级政府和公共服务的互可操作性。

欧盟也在开发智能数据平台，整合不同部门和城市的数据，提高公民的日常生活质量。目前这些平台提供的大多数数字服务仅限于基本服务，如智能停车、智能照明或公共交通远程信息处理。

数字化在“智能村庄”的发展中也发挥着关键作用，即在农村根据他们各自的优势，使用创新解决方案提高他们的应变能力。农村和城市社区的平台将以数字技术为动力，提供多模式智能交通系统、事故快速应急援助、更有针对性的废物管理解决方案、交通管理、城市规划、智能能源和照明解决方案、资源优化等服务。采用环保公共采购准则能促进绿色数字的转型。

数字化转型还应该赋能现代高效的司法系统，促进消费者权利的执行和公共行动有效性的提高，包括执法和调查能力。线下非法行为在网上也是非法的，执法部门必须配备最好的装备，以应对越来越复杂的数字犯罪。

部署数字基础设施、技能和能力，将企业和公共服务数字化，这并不足以完整定义欧盟走向数字未来的方式，需要让所有欧盟公民充分利用数字机遇和技术。在数字领域，需要确保线下适用的权利同样能够在线上得到充分行使。

为了实现充分授权，应该首先获得负担得起的、安全的、高质量的连接，并学习基本的数字技能，同时采用其他手段让他们充分参与经济和社会活动。他们还需要在普遍的数字身份基础上方便地获得数字公共服务，以及获得数字保健服务。人们应该受益于对在线服务的非歧视访问，以及安全可信的数字空间、远程工作环境中的工作与生活平衡、对未成年人的保护以及道德算法决策。

人们使用的数字技术和服务必须符合适用的法律框架，尊重“欧盟方式”固有的权利和价值。此外，以人为本、安全开放的数字环境应符合法律，但也应进一步使人们行使他们的权利，如隐私权和数据保护的权利，以及言论自由、儿童权利和消费者权利。

2.4.5 欧盟前进的道路

数字罗盘为欧盟在数字十年中获得成功指明了一条清晰的道路。

公众和所有利益相关方的参与和承诺对成功实现数字化转型至关重要。在此背景下，欧盟委员会将在本次交流后不久就数字原则展开广泛磋商。委员会在2021年与成员国、欧盟议会、区域和经济社会伙伴、企业和公民就沟通的具体要素进行接触，包括具有特定目标和治理的罗盘框架。委员会将设立一个利益相关者论坛，该论坛与“数字指南针2030”工作的某些方面相关。

欧盟委员会在这些协调步骤的基础上，在2021年第三季度之前向立法者提出数字政策计划，并在2021年底之前与其他机构就《数字原则声明》取得决定性进展。

2.5 中国数字化转型战略

当前，国家间地缘经济竞争模式随着生产方式的变革而发生变化。数据、硬件与算法已成为数字时代最核心的生产资料，构成了国家的数字资源。数字资源包括对用户数据的获取能力、智能算法的编写能力与核心硬件的研发能力。数字资源带来了生产方式的变革，开始冲击并革新过去的结构性权力。

随着中美力量接近，中美在各个领域的数字权力竞争都有所加剧，其中以数字跨国企业和产业链领域的竞争最为激烈，其次是在网络安全和数字主权货币方面的竞争，尽管数字技术革命在短期内加剧了中美科技竞争，而在数字媒体领域爆发冲突的风险相对较低。

但在长期上仍会强化中美之间的相互依赖。因此，中国一方面需要推动国际政治经济结构向基于规则的国际体系和“人类数字命运共同体”方向发展，另一方面当前数字资源的分布决定了中国要坚持数字地缘战略，积极推进自身各个领域的数字化转型建设。

2.5.1 中国企业数字转型

5.5.1.1 企业数字化转型

数字化转型是近年来主流制造企业所关注的话题，最先想到的是与数字化技术相关的设备、信息化看板或大量的数据。但数字化并非设备、系统和方法的简单堆砌和叠加，企业的数字化转型如果只是跟风式的技术导入和推广，必然会收效甚微。数字化转型的成功要注重实施目标以及三大领域六大因素和九个环节。

数字化转型要求企业发动全员在各个层级、各个价值链上采用日益商业化的数字突破性技术（如物联网、高级分析、人工智能、自动化和流程数字化），由此改变运营方式，实现深刻而显著的现有和新兴业务价值，以满足客户日益增长的需求。实施数字化转型可以为企业带来巨大的价值，包括降本增效、提高生产效率、减少人力成本、加速产品迭代、提升制造的自动化程度等。

但是，转型的愿景虽然美好，现实却难如人意。麦肯锡在全球范围调研了800多家传统企业，结果显示，尽管已有70%的企业启动了数字化，但是其中的71%仍然停留在试点阶段，85%的企业停留时间超过一年，迟迟不能实现规模化推广。这种“试点困境”，主要是由于企业的业务、技术以及组织转型中存在种种陷阱和障碍。

成功的数字化转型需要进行合理的顶层设计，明确企业数字化愿景，关注业务、技术和组织三大领域，紧紧围绕赋能要素，贯穿整个价值链环节。

可将此策略概括为数字化转型的1-3-6-9：一个目标，明确数字化转型的目标；三大领域，了解数字化转型的内容；六个核心要素，如何布局数字化转型；九大价值链环节，数字化转型围绕的关键环节。

1. 一个目标：提升价值、收获增长

数字化转型的长期目标是收获增长，提升价值，所有数字化技术的应用和落实也应围绕这个目标展开。

一方面，数字化转型是为了改善运营效率。在传统精益改善和管理优化的基础上，业务和流程的数字化变革能够为企业进一步创造降本增效的潜力：通过全价值链的数字化转型，包括采购和销售数字化、办公流程自动化、生产和供应链互联透明等举措，大幅提高人员和资产效率，在激烈的行业竞争中保持领先。据麦肯锡全球研究院预测，到2025年，数字化突破性技术的应用每年将带来高达1.2万亿~3.7万亿美元的经济影响价值。**另一方面，数字化转型有助于提升企业的收入和盈利能力，带来显著的财务价值。**数字化麦肯锡的Analytics Quotient数商数据库在调研了全球多家企业后发现，数字化水平成熟度越高的企业，其业务增长动力也越强。数字化综合能力强的企业，其收入增长率和利润增长率均为其余样本平均值的2.4倍。数字化转型可以为企业带来真

金白银的价值并提供持续发展动力。

2. 三大领域：业务转型、技术转型和组织转型

现在，数字化转型已成为业界人人必谈的热门话题，有人说数字化转型是智能制造，也有人说数字化转型是智能化技术，还有人说数字化转型是敏捷组织。大多数制造人对它的认识都是片面而局部的。在麦肯锡看来，数字化转型是一项需要组织全面动员的系统工程，是业务、组织和技术三大领域齐头并进驱动的转型之旅。

业务转型是指企业通过全价值链的数字化变革实现运营指标的提升，包括在销售和研发环节利用数字化手段增加收入，在采购、制造和支持部门利用数字化技术降低成本，在供应链、资本管理环节利用数字化方式优化现金流。成功的业务转型需要认清方向，明确愿景，制定分阶段的清晰转型路线图；同时关注全价值链环节，以“净利润价值”为驱动，而不是简单地从技术应用顺推转型。

技术转型是指搭建企业数字化转型所需的工业物联网架构和技术生态系统。工业物联网架构是支撑数字化业务用例试点和推广的“骨骼”，数据架构是确保“数据-信息-洞见-行动”能够付诸实现的“血液”，而整体架构的构建需要始终以数字化转型的终极目标为导向。技术生态系统是一个包含外部丰富数字化智慧和能力的朋友圈，部署数字化用例、数字化技术的迭代创新以及新技术的引进，都需要技术生态系统其他合作伙伴的支持。成功的技术转型需要健全物联网架构，创造并引领主题明确的技术合作伙伴生态圈，促进企业借力合作，取长补短，共同发展。

组织转型是指在组织架构、运行机制、人才培养和组织文化上的深刻变革。成功的组织转型是一场自上而下推动的变革，需要企业高层明确目标，构建绩效基础架构，成为指导转型行动方向的“大脑”；形成转型举措和财务指标的映射，成为反映转型业务影响的“眼睛”；树立全组织一致的变革管理理念和行为，成为引领组织上下变革的“心脏”。此外，企业需要关注团队构建，弥补员工的能力差距，建设数字化知识学习的文化并使之可持续发展；还需要推进数字化能力和人才梯队建设，组成推动转型大规模推广的“肌肉”；构建敏捷型组织和团队，为又快又好实施和优化转型举措提供“瑜伽士”。

3.数字化转型的六大核心因素

企业在启动数字化转型后，通常会在不同的应用场景进行试点，但却常常面临无法实现规模化推广的困境。为解决这一问题，我们认为有六大核心因素值得关注。

（1）敏捷工作方式。敏捷工作方式是指企业基于敏捷原则，进行快速迭代更新并持续交付。具体来说就是将大目标细化为可直接交付的小任务，从项目启动开始就以循序渐进的方式交付结果，而不是最终一次性交付所有结果。这样的工作方式，可以将长达数年的传统项目工作制度转变为每2~4周持续迭代的小规模更新，将数字化技术不断测试并应用到生产过程中，从而实现快速规模化推进。

（2）敏捷数字工作室。敏捷的工作方式不仅改变了产品开发的思路，也改变着传统的工作方式。传统的开发团队容易陷入缺乏沟通、闭门造车的困境，很难应对快速的市场变化，也势必会阻碍数字化转型工作的推进。敏捷数字工作室应运而生，它是指在传统的组织部门外创建的一个基于敏捷工作方式的跨职能部门的专有空间。在敏捷数字工作室中，开发团队可以与不同部门的员工高效沟通，实现跨部门的管理和运营。这样的协作氛围可以广纳员工参与，并为企业内部所有层级的创新提供支持。

（3）工业互联网基础架构。对传统制造业来说，现有的IT设施并不能满足数字化用例对延迟性、数据流和安全能力的要求。因此，企业应在数字化转型之前或早期阶段部署可扩展的工业互联网和数据基础架构。工业互联网的核心原理是基于数据驱动的物理系统与数字空间的全面互联与深度协同，它可以打通各部门间的子系统，使整个组织紧密连接并融合，实现指数级扩展。

（4）技术生态系统。技术生态系统是指企业在数字化转型实施过程中构建的生态系统，通过和不同领域的合作伙伴展开数据和资源交换，既避免了与外界隔绝的单打独斗，也可以达成开放式协作并保持最佳可用技术的领先。

（5）工业互联网学院。企业在数字化转型过程中常常面临人才困境，主要表现为内部缺乏合适的数字化人才，主要依靠外部引进，这样不仅耗时耗力，有时也难以满足持续发展的需要。通过建立工业互联网学院，企业可以培养自己所需的数字化人才。工业互联网学院以内部再造技能为主，为转型团队提供再培训和学习资源，帮助员工获取指导、提升所需技能，以适应不断变化的工作内容的需求，并打造一个符合企业自身转型需求的可持续数字化人才梯队。

（6）转型办公室。转型办公室是企业数字化转型的“指挥部”。通过建立转型办公室，企业可以明确数字化转型的治理结构，采用计分制和问责制来增加数字化转型在企业内部的透明度和影响力，并与各级人员进行公开互动和沟通以推动企业的大规模数字转型。原有的自上而下“推动”项目的机制，由此转变为价值导向、全员动员的“拉动”组织机制。

4. 数字化转型的9个价值链环节

（1）数字化业绩增长。数字化时代为企业的营销模式带来了变革，传统方式已无法支持快速的营销创新，需要新的技术和方法来推动业绩的不断增长。

（2）数字化产品设计。随着客户对产品种类多样化、推新频率和降低价格方面的要求日益提升，企业需要不断缩短研发周期，提高产品定制化程度，同时控制研发成本，这无疑为产品的研发设计带来了挑战。结合数字化仿真和分析手段，产品的高效研发迭代已成为可能。

（3）数字化采购。企业内部往往存在支出数据分散且口径不一、订单量巨大、产品开发与供应链缺乏协同等采购难题，使得采购经理在关键决策上茫然无措。数字化采购可以利用智能化的数据整合和品类成本分析工具，自动计算关键杠杆和业绩指标，从而提高采购环节的透明度。

智能化的支出分析通过数据自动提取、品类分类、智能分析及效益跟踪，应用高阶分析对数据进行自动化整合及聚类分析，并以可视化报表呈现可辅助采购决策的数据分析结果，从而有效提升数据的透明度，帮助企业采购人员识别效益潜力；还可以形成可执行可追踪的优化举措，解决支出分析的痛点。另外，基于大数据平台对采购信息进行整合和管理，可以实现对不同供应商的材料质量可追溯，并形成数字化档案，为之后的采购工作提供指导。

（4）数字化供应链。在数字化时代，制造业供应链的复杂度与日俱增，运行速度也越来越快，高需求产品缺货、低利润产品积压是各大制造业供应商面临的常见问题。通过数字化供应链的大数据分析，企业可以对采集的数以百万计的在线用户和数以千计的直接用户数据进行分析，通过人工智能引擎从庞大的数据集中提取并形成核心决策，从而做出准确的需求预测。

通过搭建端到端的实时供应链可视平台，企业可以实现供应链中的采购商及其供应商、物流商的多用户协同，可以在资源规划、采购决策、订单管理、库存查询、物流跟踪、统计分析等关键环节的业务协同上提供应用支撑。在保证物流、资金流、信息流畅通的前提下提高采购效率，降低采购成本，从而优化供应链资源配置、提高供应链效率。再比如，企业通过高级分析优化生产和物流计划，实现机器和物料的高度协同。通过高级分析，机台可以对物料需求做出预测，如预测发生缺料，则可以实现自动叫料配料。产品也可以自动入库，实现生产和物流全流程的自动化协同。

（5）数字化生产制造。当下的客户需要小批量、多样化的产品，因此企业必须以高度敏捷的方式部署人力和生产设备等资源。在传统的资源配置方式下，由于人力冗余、设备资产利用率不高以及质量低成本高等原因，导致制造成本不断上升。现在利用先进的数字化技术，可以实现对生产制造过程的改善。

（6）前中后台流程自动化。企业运营的前台（营销、销售、客户服务）、中台（审计、风险、采购、项目管理、供应链）和后台（财务、人力资源、法务、IT、税务）往往存在许多无附加价值的工作。实现这些流程的自动化，可以将工作流程简化并标准化，有效释放额外生产效率，将人才部署到附加值更高的工作中去，由此不断改善总体运营服务水平。

以订单录入流程自动化为例，企业通过机器人流程自动化（RPA）实现订单自动上传、订单确认及价格确认功能，然后采用高级分析法，端到端处理绝大多数订单而无须人工介入。这一改变大大缩短了订单录入时间，减少了人力，降本增效的同时还可以带来一项额外效应，即帮助企业加强合规。

（7）工业互联网架构。工业物联网架构是企业数字化的核心支撑，使企业能够全面捕捉运营数据，连接资产和数据，促进数据流动，让数据及时到达具有对应决策权限的人员手中，同时助力数据模型，产生价值洞见，指导业务运筹帷幄。

工业互联网架构包括多个层次。制造过程中所需要的所有数据，首先通过外缘层接入企业的数据平台，通过数据转换预处理产生决策所需的数据，将其送入平台层；平台层通过大数据处理和工业数据分析，构建可扩展的开放式云操作系统；应用层可以实现满足不同场景的工业App，形成工业互联网平台的最终价值。架构的核心是数据的采集传输和分析，有了数字化支撑，工业物联网架构能够完美支持项目的敏捷交付，同时依托可扩展的底层架构设计，分阶段逐步交付相关用例，直至实现最终的转型目标。

（8）跨职能部门协作。数字化转型不是一个部门的单打独斗，跨职能部门的高效协作至关重要。中央转型办公室协调各方资源，将不同部门组织起来统一管理，明确转型目标和绩效评价。通过综合评估组织内部所有潜在的数字化改进机遇，梳理出几十个甚至几百个潜在的数字化用例，然后根据实施难度和经济回报，将用例分为短、中、长期机遇，明确各个阶段具体的经济价值，推动全面转型。

（9）工业互联网学院。专业知识和人才是企业实现大规模数字化转型的重要构成元素。建立工业互联网学院，企业可以利用内外部专业知识，为转型团队提供再培训和指导，帮助员工提升能力、获取资源及相关技能以适应不断变化的工作需求，并打造一个符合企业自身转型需求的可持续的数字化人才梯队。

2.5.1.2 中国企业数字转型的发展

1. 破局之道：数字化水平持续提升

加快数字化转型，实现高质量可持续发展，正成为从国家到各地各部门，再到各行业企业的共识。数字化转型和绿色转型上升为国家战略，有效激发了企业转型升级、推动业务可持续增长的需求和内生动力。**数字化转型正成为中国经济高质量、可持续发展的重要驱动力。**

从行业细分看，传统零售、物流和电子零件与材料三大行业数字化转型更快。作为距离最终市场和消费者更近的几大行业，过往传统模式受到巨大挑战，提高数字化能力、提供差异化精准服务成为破局之道。

从企业细分看，转型领军企业由于数字化基础较好，在疫情冲击下显示出强大的韧性，不仅占比大幅上升至16%，对其他企业的数字化优势也持续扩大达到35分之多。领军企业更成功将数字化优势转化为财务优势，与其他企业的营收增速差距从疫情前的1.4倍扩大至3.7倍，中国企业数字转型正进入强弱分化的分水岭。

2.转型之困：数字化战略仍存在认识偏差

与领军企业的优异表现相比，非领军企业对数字化的满意程度大幅下降。落差既有领军企业示范效应带来的紧迫感，更与自身转型困难密不可分。为协助中国企业在数字化转型中找到痛点、迎难而上，埃森哲于2021年3月至7月间，与30多家企业的高管深度访谈，总结出企业数字化转型过程中面临的三大挑战。

最大的挑战在于战略缺位和理解偏差。部分企业将数字化转型理解成优化IT基础而非打造数字底座，对数字化转型方向不清晰。还有部分企业未能充分认识到数字化转型的核心是业务转型，数字化战略与业务发展是“两条线，两层皮”，企业发展战略对数字化部署方向缺乏指导性。

一旦战略和认识上出现偏差，很多企业的数字化转型，第一是“零敲碎打”，相互没有协同，造成资源浪费；第二是转型对业务的价值输出不明显，难以发挥对业务的赋能作用。

数字化能力建设的难度同样制约了一部分转型底座不牢的企业，在原有系统基础上修补往往会出现兼容问题，推倒重建又容易对经营造成伤筋动骨的损失，陷入两难。此外，数字化转型的系统性，使得数字化投资见效慢、周期长，这使得坚持长期主义、保持数字化的可持续性非常重要。然而部分企业又往往急于见到成效，对转型价值的衡量也让一部分企业难以持续投入，最终影响转型成果。

3.跨越之策：数字化转型七大建议

中国企业数字化稳步推进，然而与此同时企业间数字化差距逐步拉大，雪球效应显现，如图2-10所示。面对机遇与挑战并存的后疫情时代，非领军企业亟待借鉴领军者经验，明确数字化转型方向，加速数字化转型进程，勇敢跨越转型分水岭，培育可持续发展能力，实现转型价值的最大化。

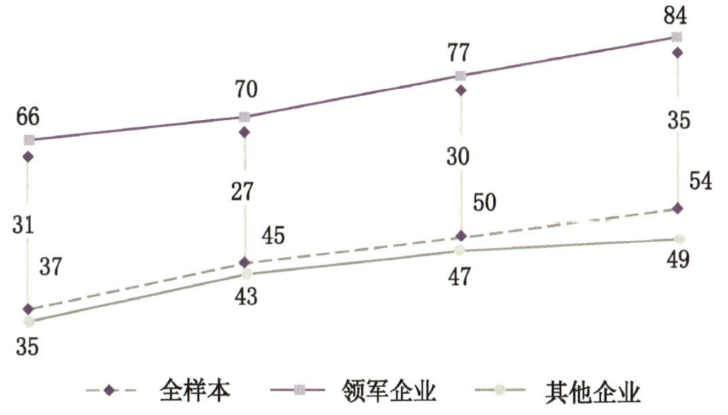

图2-10　转型领军企业的数字化优势持续扩大（2018—2021年）

有鉴于此，给出持续推进数字化转型的七大行动建议。

（1）战略为先，紧握业务：以企业定位与业务发展战略为先导构想、设计转型愿景和顶层战略，并在企业全局实现从战略、管理、执行、操作到评估的端到端落地。

（2）云筑底座，加速创新：只有上云才能打通数字化转型，企业借助多种云服务提升敏捷性与韧性，积极尝试与其他新兴技术融合，促进更广范围内的创新落地。

（3）数据重构，洞见赋能：通过梳理企业数据资产，建立强有力的数据战略和行之有效的数据治理机制，将该关键生产要素转变为前瞻性洞见和差异化资产。

（4）体验至上，全链驱动：利用新兴的数字技术，通过互联平台整合产业链资源，推动跨企业、跨部门、跨职能的灵活协作和高效反应，升级客户体验，支持业务模式转型。

（5）智能运营，规模发展：提升企业运营的自动化和智能化水平，有效利用数据支持并优化决策，加强人机协作，快速实现高质量增长。

（6）生态共进，突破“不可能”：企业通过打造数字合作平台与各方探索数字商业模式，建立价值网络协同平台，实现研发、制造、营销领域的共享生态。

（7）多重价值，多维发展：企业将社会各方的福祉纳入价值评估标准，从数据治理责任、社会群体权益、应对气候变化等多重愿景出发，全面塑造可持续发展优势。

展望中国企业数字化转型未来趋势，分水岭是否会导致领军企业与非领军企业的分化加剧，一方面领军企业得益于多年夯实的数字基础，已经进入协同效应的腾飞期，未来差距还会继续扩大，另一方面领军企业具有能力外溢的效果，能够帮助转型压力较大、采取跟随模式的非领军企业一起进化，比如通过让上下游供应链接入自身数字化系统，带动共同实现智能升级。

与此同时，中国企业不仅在发展战略、组织架构、管理方式、运营效率等方面积极打造可持续增长的优势，更开始思考企业对外部环境、气候变化以及社会的影响，建立可持续性意识，以共同价值眼光审视企业发展，更好地践行可持续的社会责任。

在当下这个多变的时代，**中国企业有两个更为重要的使命：数字化转型和可持续发展。**数字化转型并非一场技术升级的竞赛，关键在于战略重构以及转型进程的变革管理。而可持续发展将成为新的“数字化”，每家企业都必须致力于塑造全面可持续发展的优势，方能在未来具备竞争力和生存力。

2.5.2 建设海洋强国是实现中国梦的必经之路

党的十八大以来，以习近平同志为核心的党中央从实现中华民族伟大复兴的高度出发，着力推进海洋强国建设，提出一系列新理念新思想新战略，出台一系列重大方针政策，推出一系列重大举措，推进一系列重大工作，推动我国海洋事业发展取得了举世瞩目的成就。

目前，我国海洋强国建设正处于历史机遇期。加快建设海洋强国，行动有指南、国家有基础、人民有需求、环境有保障。

2.5.2.1 海洋强国建设迎来历史机遇期

我国经过改革开放多年来的建设，越来越认识到建设海洋强国的重要性，特别是党的十八大以来，党中央明确了建设海洋强国的战略目标，坚持陆海统筹，加快建设海洋强国。

建设海洋强国，符合我国发展规律、世界发展潮流，是实现中华民族伟大复兴中国梦的必然选择。在中国特色社会主义新时代，坚持陆海统筹、加快建设海洋强国，要把发展海洋事业融入决胜全面建成小康社会、全面建成社会主义现代化强国，开启海洋强国建设新征程。

1. 理论指导日臻完善

习近平同志关于建设海洋强国的重要论述，是习近平新时代中国特色社会主义思想的重要组成部分。习近平同志强调，海洋在国家经济发展格局和对外开放中的作用更加重要，在维护国家主权、安全、发展利益中的地位更加突出，在国家生态文明建设中的角色更加显著，在国际政治、经济、军事、科技竞争中的战略地位也明显上升。习近平新时代中国特色社会主义思想中蕴含的陆海统筹观念，主权、安全、发展利益相统一的海洋利益观，和平合作的海洋发展观，共建共享共赢的海洋安全观，坚持走依海富国、以海强国、人海和谐、合作共赢的发展道路等，为加快建设海洋强国提供了科学理论指导和行动指南。

2. 综合国力大幅提升

我国经济已由高速增长阶段转向高质量发展阶段，经济总量突破80万亿元，国内生产总值稳居世界第二，人民生活水平明显改善，对世界经济增长的贡献率超过30%。中国特色社会主义制度更加完善，国家治理体系和治理能力现代化水平不断提高。随着我国日益走近世界舞台中央，我国的国际影响力、感召力和话语权得到了显著提升。强大的综合国力、管用的制度机制、坚定的发展信心，为加快建设海洋强国提供了强有力的物质基础、制度保障和精神动力。

3. 内在需求日趋强烈

进入新时代，我国社会主要矛盾已经转化为人民日益增长的美好生活需要和不平衡不充分的发展之间的矛盾。建设海洋强国，必须主动适应和把握社会主要矛盾的转化，推动海洋事业全面协调可持续发展。

当前，我国海洋事业已进入发展加速期。在我国现代化建设进入新阶段、跃上新水平的大背景下，海洋事业发展不能满足于既有的成就、速度和水平，而应对接国家目标，努力把我国建设成为海洋经济发达、海洋科技先进、海洋生态健康、海洋安全稳定、海洋管控有力的新型现代化海洋强国，让海洋成为满足人民美好生活需要的重要保障。

4. 国际环境总体向好

当今世界正处于大发展大变革大调整时期，和平与发展仍然是时代主题。可以说，我国建设海洋强国机遇与挑战并存、机遇大于挑战。

当前，我国与主要海洋大国、周边国家及海上丝绸之路建设参与国家打造命运共同体成效初显。我国同周边重要邻国的交往与合作不断加强。展望未来，我国与世界各国的海洋合作前景广阔，为加快建设海洋强国提供了有利的国际环境。

2.5.2.2 走好新时代海洋强国建设新征程

要深刻认识海洋强国建设对于全面建设社会主义现代化强国、实现中华民族伟大复兴中国梦的重大意义，全方位、有侧重地狠抓落实，走好新时代海洋强国建设新征程。

1. 立足我国基本国情

进入新时代，中国社会主义仍然处于并将长期处于社会主义初级阶段的基本国情没有变，我国是世界最大发展中国家的国际地位没有变。加快建设海洋强国，不能脱离这个基本国情和最大实际。我国海洋强国建设要通过和平利用海洋，努力构建公平公正合理的国际海洋新秩序。积极承担与自身国际地位相匹配的责任，推动共建人类命运共同体。

以21世纪海上丝绸之路为纽带，以构建蓝色伙伴关系为平台，努力协调海洋发达国家与海洋发展中国家、海洋地理有利国家与海洋地理不利国家、沿海国家与内陆国家之间的海洋利益分配，促进共享海洋发展机遇，推动海洋经济增长惠及所有国家。

2. 深入贯彻新发展理念

这是破解海洋发展难题、提升海洋强国建设动力、打造海洋发展优势的根本途径。应深入贯彻创新发展理念，打造海洋经济发展新动力，提高海洋经济发展质量和效益。深入实施海洋科技创新驱动发展战略，力争在安全、绿色、深水等海洋高技术重点领域取得突破，着力解决我国海洋事业发展快而不优的问题。深入贯彻协调发展理念，促进海洋事业全面协调可持续发展。

整体谋划全国海洋发展空间布局，正确处理国际与国内、海洋与陆地、港口与腹地、海洋利用与保护的关系，着力解决我国海洋事业发展粗放和不平衡问题。深入贯彻绿色发展理念，加强海洋生态文明建设。探索低碳循环的海洋经济发展模式和政策制度，推进以生态系统为基础的海洋综合管理，不断满足人民群众对美丽海洋、洁净沙滩、蓝色海岸的需求。深入贯彻开放发展理念，促进内外联动。构建两个市场、两种资源、两头在海的开放型经济格局，深化拓展双边海洋合作，积极引导多边区域合作。深入贯彻共享发展理念，造福民生。突出民生优先，在防灾减灾、预测预报、监测评估等领域提供更多海洋公共产品和服务，推动海洋工作向满足国计民生需要转变。全面推进依法治海，加强海洋宣传教育，提高全民海洋意识。

3. 大力实施陆海统筹规划部署

加快建设海洋强国，要在实施区域协调发展战略基础上，全面把握陆域和海域空间治理的整体性和独特性，重视以海定陆，匹配陆海功能定位、空间格局划定、开发强度管控、发展方向和管制原则设计、政策制定和制度安排，加强陆海开发和保护的统一规划、协调，既大力发展海洋经济又保护好海洋生态，不断提高海洋科技水平。在海洋经济调控与指导方面，高度重视市场配置资源的决定性作用，把海洋经济管理重点放到为国家宏观决策服务、引导社会和市场预期上。

在加强海洋领域军民融合发展方面，充分发挥海洋对经济社会发展和国防建设的双向支撑作用，统筹蓝色经济发展和海洋国防建设需求，把军民融合发展作为建设海洋强国的长远战略抓手。在构建人类命运共同体方面，深度参与全球海洋治理，积极承担大国责任，为国际海洋秩序向公平公正合理方向发展贡献中国智慧、中国方案。

2.5.3 构建基于新基建的海洋新经济

20世纪八九十年代开始我国以大搞基础建设，创造投资环境，吸引外资，带动我国经济建设出现了大好局面，并延续了二三十年。

结合当前与今后的国内外新形势及其出现的新环境，党中央适时提出了以新基建带动我国经济走上快速发展道路的方针。但是这次新基建不是简单的以投资拉动传统基础建设，而是在新的环境下以新技术创新驱动发展。

因此，海洋产业发展新战略，必须要有新的思路，具有新的内涵，要遵循国家新基建战略，在新基建带动下激起的新动能来推动海洋产业发展，形成海洋经济发展的新产业。

海洋产业发展的新路线是：以固有的、强有力的、新基建的核心技术为基础，推动建设海洋经济的新基建，激发海洋经济新产业，形成海洋经济新增长点，从而使我国的海洋产业实施持续创新发展战略。其主要的建设内容有下述几个方面。

2.5.3.1 海洋科技新基础建设

2018年底召开的中央经济工作会议上就已经明确了5G、人工智能、工业互联网、物联网、云计算、大数据等“新型基础设施建设”，我国在这类技术方面，在世界上并不处于绝对落后地位，在某些方面还具有得天独厚的优势，尤其是5G、北斗、互联网等技术存在许多优势，只是在以往我国的海洋产业没有在新基建技术的基础上进行技术与装备研究，还是处在传统技术的发展上。所以我们必须集中力量，创新发展新海洋科学技术，基于新基建技术，结合海洋高端产业、创新发展。

在物联网、云计算、大数据等基础上，要建设船联网、海洋云、海联网、多维度海洋观测网、海洋资源大数据等，结合5G、北斗等系统技术，打造我国独特的海洋新基建。

2.5.3.2 以新基建为基础的海洋装备制造业

中国是一个制造大国，经过30年经济高速发展，中国的制造业规模已经居世界前列。有100多种产品的产量稳居世界第一，但面临产能过剩、水平不高和缺少自主知识产权的挑战，经济规模大而不强，主要依靠资源等要素投入推动经济增长和规模扩张的粗放型发展方式不可持续。

未来20年要改变这个状况必须从创新上来改变，通过创新改变制造业，要以科技创新为动力，用新一代信息科技来蜕变传统业态，下一代要把海洋新基建进入海洋产业，加速海洋装备生产端与市场需求端紧密连接，并催生出一套新的商业模式、新一代的装备产品及新的生产制造系统，具备高度数字化、柔性化、个性化及快速响应市场等特性。直接体现我国国家生产力水平与能力，使我国海洋装备制造业在世界发达国家的国民经济中占重要份额，使我国的国民经济产生一个质的提升，向质量效益转化，真正成为一个创新型海洋装备制造强国。

1. 数字化是海洋装备制造业发展的第一步

随着人工智能、大数据、5G等技术的飞速发展，世界已经进入智能化时代。智能化技术本身也已成为企业竞争力的助推器，在更多领域得以深入发展和运用。一是透明海洋，孙子曰："知己知彼百战不殆。"这一基本规律贯穿于海洋经济发展的始终并发挥着重要作用。当今世界海洋技术方兴未艾，在新技术手段条件下，对拥有数据优势及新技术的一方来说，意味着海洋环境趋于透明，信息情报获取更加全面，在这些优势的支撑下，在各个方面都将拥有更多主动权。二是构筑优势，创造条件。数据优势还体现在利用算法优势构筑时空优势，在开展数据战上掌控先机。三是强化整体，剔除短板。未来市场竞争必将是体系与体系间的对抗，任何一个短板弱项都有可能成为对手突破的缺口，进而呈现"决堤"效应。信息层面的交锋更是如此，我们不仅要大力发展多种样式的信息手段，更要注重自身信息化建设，强化整体竞争效能，实现体系对抗整体决胜。

正因为有了这样的发展空间，在有挑战的地方就存在机会。高额固定资产投入带来的快钱不好赚了，中国制造业到了苦练内功的时候，尤其装备制造业是其中最大的门类，也是中国制造2025最重要的门类，所以海洋装备制造业的问题可以上升为整个制造业的问题。

未来的海洋装备制造企业的数字化工厂要包含三部分：一是智能化的生产过程，这里面将来会把云的触角伸展到上面；二是智能化的仓储物流，其实现在制约发展最大的瓶颈是信息不对称，因为在装备制造业，大量的数据采集与传递还是通过简易的Excel表形式，这些数据真正传递到有效部门有大量的延迟，这样会引发出大量的质量问题、产量问题，甚至影响客户满意度；三是智能加工中心的生产线。

以上三个部分，数据采集和分析都是关键因素。因此物联网技术的应用，可能是除了云端环境外，数字化工厂最离不开的一个手段。而且物联网技术不仅要求有硬件植入，也需要软件配合。以艾普工华的Mestar平台为例，它采取的架构就是以J2EE为基础，全新的设备管理软件，帮助设备进行信号传递、故障诊断和分析数据等。

具体建设过程，需要分阶段、分步骤逐步实施。**第一步要先船后岸。**这是因为现在国家高端船舶、一些高端系统更多自国外采购，很多船都是国外的船东，在接受信息化方面相对更快一些，而且现在有些系统在国外的船东上有了广泛应用。第二是先智能系统后智能船舶。在民用船舶高度自动化的今天，并不需要大拆大建，只要充分利用现有信息条件与增加少量相应硬件，建立具备船舶感知、分析、评估、预测、决策、控制、管理、远程支持等能力的人工智能体系，完成智能系统的应用，进而在船舶智能系统的应用与完善中逐步整合，最终形成能够集自感知、自评估、自预测、自组织、自重构于一体的智能船舶。第三是以智能服务中心建设带动全产业链智能体系建设。这涉及到船舶的设计、生产、制造、使用、维护、售后、物流各个环节，目前已经开始启动这项工作。在船舶航海保障服务中心建设上，依托中船航海公司，计划在航海领域建立一个运营平台。主机保障方面，希望将海外的服务网络和中国船舶工业系统工程研究院的信息服务网络建成一个整体，实现主机保障数据中心的建设。此外还有总装建造信息服务中心、船东运营信息服务中心建设等。

信息化、数字化时代是令强者兴奋、令弱者恐惧的时代，滚滚洪流东去，谁主沉浮。

2. 流量变现与数据为王

网络的变化是世界上的一件大事，最早是桌面的互联网，就是计算机的互联网，后来是移动的互联网，用Wi-Fi，下一代互联网是泛在网，最后是达到宽带、移动、安全、可信、自治、泛在。

海洋工程装备制造业也需要走不同于传统制造业的创新之路，牢牢把握：流量变现、数据为王、无缝对接与精确传送这些关键字，其核心是围绕“数据”，这是任何项目、企业、行业发展的顶层设计所离不开的。

2.5.3.3 无缝对接与精确传送

人工智能是一种研究、开发用于模拟、延伸和扩展人的智能的理论、方法、技术及应用系统。它企图了解智能的实质，并生产出一种新的能与人类智能相似的方式做出反应的智能机器，该领域的研究包括机器人、语言识别、图像识别、自然语言处理和专家系统等。

云计算（Cloud Computing，CC）是一种按使用量付费的模式，这种模式提供可用的、便捷的、按需的网络访问，进入可配置的计算资源共享池（资源包括网络、服务器、存储、应用软件、服务），这些资源能够被快速提供，只需投入很少的管理工作，或与服务供应商进行很少的交互。

工业大数据（Industrial Big Data，IBD）是将大数据理念应用于工业领域，为使得设备数据、活动数据、环境数据、服务数据、经营数据、市场数据和上下游产业链数据等原本孤立、海量、多样性的数据相互连接，实现人与人、物与物、人与物之间的连接，尤其是实现终端用户与制造、服务过程的连接，通过新的处理模式，根据业务场景对实时性的要求，实现数据、信息与知识的相互转换，使其具有更强的决策力、洞察发现力和流程优化能力。

相比其他领域的大数据，工业大数据具有更强的专业性、关联性、流程性、时序性和解析性等特点。

3 数字、数据及城市数字化

3.1
数字与数据

当今时代是信息化时代，而信息的数字化也越来越为研究人员所重视。数据是信息的载体，数字化是将许多复杂多变的信息转变为可以度量的数字、数据，数据又包含着数字以及某些特定的符号，再以这些数字、数据建立适当的数字化模型，把它们转变为一系列二进制代码，引入计算机内部再进行统一处理，所以说，具有“数据的标签”其本质就是数字化，可以做到“用数据说话”。

而数字化转型（Digital Transformation，DT）是建立在数字化转换、数字化升级基础上，开发数字化技术及支持能力以构建一个富有活力的数字化模式。数字化转型表明，只有部门对其业务进行系统性、彻底的（或重大和完全的）重新定义，对组织活动、流程、业务模式和员工能力的方方面面进行重新定义，才能得以实现真正的数字化转型。

数据资产的积累是数字化转型的重要前提，如何持续获取数据，并将分布在不同系统、组织内的数据打通融合是数字化转型的首要命题。

3.1.1 构建统一的数据环境

数据越来越成为决策的中坚力量，为确保作业人员与领导层之间畅通无阻沟通和数据安全，美国国防部通过了诸如“联合全域指挥与控制”（JADC2）的计划，并投入了大量精力。但是将整个国防部政府行政机构置于一个统一的数据环境下是一项艰巨的任务。那么，如何来建立其未来的数据环境呢？

1. 面临的挑战

一方面将不得不弄清楚如何在边缘环境中保护易受攻击的数据。对手已经部署了越来越复杂的战术，他们试图获取信息，无论是静止的信息、传输中的信息，还是军事与民用设备上的信息。另一方面则是数据是“烟囱”式的。美国已投资了多个不同的数据平台，同一网络中存在不同数据架构和不同密级数据，这些数据无法通过分析工具搜索和发现。然后是巨大的数据量。每天产生的数据量继续呈指数增长，收集所述数据的传感器数量也呈指数增长。这导致某些数据系统被完全淹没，无法识别和分析有用数据。

2. 互操作性

制定总体数据策略很重要，但也应该关注其数据架构，应当以开放系统架构为指导，以促进各种数据平台之间的互操作性。拥有这种开放系统架构方法将整合整个数据平台上拥有的所有现有系统，从而促进整个系统之间的数据共享。

3. 数据保护

数据节点越多，网络风险就越大。特别是在国防部门独特的情况下，节点可能最终落到对手手中。因此，国防部门拥有多级访问控制很重要。零信任模型可实现国防部门验证边缘的所有设备，边缘数据存储将增加边缘节点，而多个边缘节点分布式网络会降低抵御网络攻击的能力。

如果要加入最新的、最先进的物联网设备和平台，那么数据加密就成为当务之急。在边缘环境下，数据是否真实才是最大的问题。数据篡改是可能的，需要实现高度的加密以及采取零信任策略。

4. 使用数据

当数据可安全访问时，就可以开始使用数据了。但是，此时的庞大数据量需要人工智能和机器学习功能才能解析。良好的基于数据的决策需要筛选出可信赖的数据。

实际上，多样化的数据源是最大化启用AI和机器学习的关键问题：来自传感器平台的流数据，来自研发的复杂数据，来自业务系统的高度事务性数据都可以组合在一起，使专业人员能够指定其优先级，即使这些优先级在运用过程中发生了变化。

3.1.2 数据驱动创新

技术对于企业而言固然重要，然而某些时候还有比技术更重要的东西，如战略与模式，因为其影响可能是更长远、更全局的。

3.1.2.1 数据驱动企业战略

1. 数据驱动战略发展

战略涉及企业发展方向。当然存在不同层面的战略，如企业宏观战略、部门战略、生态战略、市场战略、产品战略等。

企业应该注意收集宏观层面的很多信息，以利于企业的战略决策。如伊利集团设立了技术查新机构，及时获知行业前沿数据。集团建立了国际、国家、地方科技部门的信息、情报数据收集中心，能够灵敏地获取行业动态信息。数据中心的建立，使数据收集更为迅速、准确，内部信息共享更为及时，极大地服务了集团新产品的开发决策。在技术研发过程，研发部与国家食品安全风险评估中心、北京市营养源研究所、江南大学、内蒙古农业大学等高校及科研院所开展项目合作，并与康美、利乐、帝斯曼（DSM）、丹尼斯克、奇华顿、敏特（Mintel）等国际知名原料、设备供应商合作，引进、开发、消化、吸收国际先进技术。

2. 让数据驱动成为企业战略

对于企业而言，数据已成为企业解决问题的有力工具。为了让管理层和员工做出更明智的决策，要为他们提供关于预订和公司即营销的详细信息。公司的系统需整合来源各异的数以万计的数据点，呈现在易于使用的状态界面上。

在定价分析工具界面，能够根据实时供需信息为产品的价格变动提出建议。在状态界面，能够根据细分市场和渠道，显示每个分公司的营收、平均价格和资源占用率等关键指标。如此一来，管理人员可以尽早发现问题，并及时采取措施。

现在，开放相关运营数据，可以提高决策能力，为流程创新带来灵感。成功将数据分析融入企业的日常运转中，使企业具备了许多数字初创企业的核心能力：利用数据完善现有价值主张，或提出新的价值主张。对所有行业而言，**无论新老企业，这种数据驱动方法已不仅仅是一种追求，而是正在迅速发展为一项战略要务，关乎企业客户留存、增加收入和保持竞争优势的能力。**

无论新老企业，这种数据驱动方法已不仅仅是一种追求，而是正在迅速发展为一项战略要务，关乎企业客户留存、增加收入和保持竞争优势的能力。

普华永道最新全球CEO调研结果也印证了“数据驱动”的重要性：77%的CEO计划在2019年提高运营效率以增加企业收入。有规则、有规划、全面而深入地使用数据，对于实现这一目标至关重要。

让数据驱动成为企业战略，即是说要成为数据驱动型企业。如何成为数据驱动型企业？想要完成数据转型，企业需自上而下明确数据对业务的决定性作用。在此基础上，正确的洞察应随时可供访问、解释和操作——这是技术支持之下才能达到的境界，也是一种“让数据易于访问”的企业文化。

数字优先的企业明白数据驱动的必然性，并将其作为一切企业行为的组织原则。更成熟的企业，通过将数据与业务议程相关联、营造数据驱动的企业文化、将数据洞察灵活运用并建立必要的基础技术设施，也可以达成数据驱动。

1）将数据与业务议程相关联

数据的力量取决于使用方式。企业须明确定义数据的用例，将其运用于更广泛的议程中。成功的企业通常会确保其业务战略和创新计划是建立在数据驱动决策之上的。前提之一是将数据视为一种资产，能够直接影响公司的业绩。建立一种数据驱动运营模式（data-driven operating model，DDOM），用于运营数字业务。数据驱动运营模式（DDOM）状态界面能够显示企业的整体经营状况，并记录客户发现、试用、购买和续约产品的全过程，如同一个数据驱动的涡轮增压CRM系统。通过数据驱动运营模式（DDOM），在建立详细客户模型的过程中，不仅可以基于交易记录，还可以基于行为习惯、经验洞察和数字触点。因此，企业可以更准确地预测客户会在什么情况下考虑更换供应商，或者考察某客户是否适用公司的其他产品，因而让公司采取正确的行动，如在正确的时机进行交叉销售或向上销售等。

2）培养数字文化

能否成为一个数据驱动的企业，取决于所有企业员工的支持，让每个人都根据数据调整自己的思维方式和工作方式。在更大的组织范围内维持员工的热情可能会很困难，过程中往往需要说服那些不同意该模式的领导。将员工做决策时的思维模式从“基于直觉”转变为“基于证据”，绝非只是改变一下管理名词或者简单培训即可实现的。这种转型，需要从根本上改变员工平日里的思考方式和工作方式。这包括培养数据文化，加深员工对数据所有权的认知，使用数据来指导工作流程或改进质量等。

3）在实际工作中运用数据洞察

数据访问不应仅限于管理人员，目标应该是把有效的数据输送到需要的地方和一线工作人员手中。为了真正将数据分析和应用嵌入主流思想和行为中，企业需要研究如何将数据洞察预先注入现有的业务流程中。每个决策都是基于数据的。公司监控生产状态和性能、产品的安全状态、账单结算（哪些客户尚未付款）等。一旦从这些数据中提取出有效信息和见解，它们就会被反馈到随处可见的公司大屏幕上，向需要的团队提供实时报告。更方便的是，团队可以在状态界面上进行查询和运行数据，这样就可以立刻获得他们所需要的信息和见解。若某个新的客户行为提示企业存在比表面看起来更严重的问题，那么其团队可以快速采取措施并解决问题，因为企业状态界面同时显示“树林和树木”——概述和细节。例如，某月，实时客户支持指标显示某地突然出现异常。没过多久，客户支持团队就意识到供应商的SIM卡在当地的高温下弯曲变形，主要原因是使用了错误的材料。就立即向制造商反馈了这个问题，使其快速得到了解决，恢复了高品质的客户服务。

4）构建必要的技术支持和基础设施

选择合适的技术将对企业的数据运用能力产生重大影响，特别是在提取有针对性的数据和运行方面——使它们能够打破“数据孤岛”，抓取底层数据，并将其与其他数据来源进行整合，以发现对企业有帮助和有意义的数据信息。另一个纳入考虑的因素则是使数据处理过程简易化的技术，如人工智能、机器学习和增强现实（AR）。

在生成更细致入微的数据洞察和使用创新技术运行数据方面，这些工具发挥着关键作用。例如，人工智能和机器学习可与物联网相结合，以监控新增的大批量数据反馈，或者与社交媒体聆听工具相结合，旨在衡量不断变化的市场趋势和客户偏好。公司需要非常了解有效利用数据帮助企业实现更高效决策的重要性，公司要围绕一个平台重新构建自己的信息战略。只需点击一下，公司的任何一名员工即可访问所有数据。开发一个一键式数据平台，旨在不仅使数据访问大众化，同时也使通过数据分析带来的知识和见解更大众化，让用户能快速访问不同种类的数据以及让数据更易于分析，即避免烦琐的搜索过程并帮助提高决策效率。在这些平台的开发过程中，遗留工具和新技术共存，增大了企业的转型空间，从而减少了低效的业务流程。

3. 发现具有战略意义的项目

对于一个企业而言，其业务可能成千上万，要善于发现具有战略意义的项目。某一看似常规的项目在特别时期可能具有不寻常的示范作用，或者在特别时期要善于发现具有潜在战略意义的项目。要做到这一点，就需要对数据敏感。美国公司的工业互联网发展始于2013年的商业收购。被收购的平台是经过实际验证、可加快工业创新的出色平台。2020年新冠疫情期间，公司对疫情信息的关注使他们发现能够利用他们的技术为抗疫贡献力量，一方面是社会责任的驱使，另一方面他们能意识到特别时期的特别贡献所具有的战略意义。

2020年3月初，罗氏诊断公司宣布，获得美国食品药品监督管理局（FDA）为新的COVID-19测试颁发的紧急使用授权，罗氏诊断公司的新测试方法将会在仅三个半小时内为患者提供报告，比现有的测试方法快大约10倍。自3月起，罗氏诊断公司开始运送用于COVID-19的cobas®SARS-CoV-2检测仪，每周向全美各地运送40万份检测盒，并计划在全球范围内每月提供数百万份检测盒。

罗氏诊断公司是重要物联网用户，使用工业互联网平台服务已有10多年。在获得美国食品药品监督管理局（FDA）批准的消息后，罗氏诊断公司希望其应用的平台能够具有可扩展性，包括添加和连接大量新的诊断系统；具有保障覆盖全球的工业互联网平台服务性能，并能保障所有测试系统的正常运行时间。为此，组建了一支跨职能云服务快速响应小组，包括研发、产品管理、物联网卓越中心、软件更新管理、技术支持和客户成功管理等职能部门的7×24小时响应团队，齐心协力地帮助罗氏诊断公司进行远程设备监控、故障诊断及排除，并迅速解决可能出现的任何问题。

MasksOn是一项非营利性计划，由来自美国各地医疗保健、学术界和技术公司的志愿者组成。其工作目标是为抗击COVID-19疫情一线的临床医生提供耐用的可重复使用、可消毒的个人防护装备（PPE）。MasksOn当前首要的目标是创造出足够的面罩，在4月份为临床医生提供100万个人次/日的防护能力。在得知MasksOn的需求信息后，迅速利用工业互联网平台服务及其产品设计和制造的服务能力为MasksOn的项目实施提供了强有力的支持。借助云化的技术，简化了协同设计、评审和BOM发布的过程，加速了零部件加工和交付的速度。在MasksOn面罩交付过程中，项目每天的进度相当于传统标准流程3个月的进度。这让MasksOn团队能以每天1000个面罩的速度加紧生产。最终，该团队希望制造50000个面罩，在COVID-19危机期间为50000名临床医护人员提供防护，确保未来3~12周400万名病患（该数据按当时病情发展情况预估）将得到更好的治疗。

纯粹从技术角度而言，MasksOn的业务并无难度。但在疫情的特殊时期，此项目引人关注的程度大不一样，为此带来的声誉也不一样。从此例中所得到的启示是，要善于挖掘某些数据信息，它可能使企业发现具有战略意义的项目。

4. 商业智能助力战略决策

1996年，高德纳提出商业智能（business intelligent，BI）概念，商界掀起了一股基于数据库的革命浪潮，真正的商业智能时代到来。商业智能的特征是从数据分析入手。例如，2007年，SAP收购法国Business Objects公司，推出SAPHANA商业智能方案。该方案由数据仓库、查询报表、数据分析、数据挖掘、数据备份等组成，帮助企业提升在财务会计、资源计划、产品生产与品质，到供应链、客户关系等经营性管理上的效率。公开数据显示，《财富》世界500强中有80%以上的公司都运行在SAP管理系统上。

中国香港有一家叫Deep Knowledge Ventures（DKV）的风投公司，5年前聘请了一名叫作“瓦投”（VITAL）的AI董事，它是英国Aging

Analytics公司研发的AI投资系统。AI董事的专长是基于大数据机器学习，能在毫秒内分析、判断、决策那些无法被人类分析师观察到的趋势。

公司高级合伙人德米特里·卡明斯基指出，瓦投把投资决策中复杂的尽职调查自动化了。也就是说，瓦投做了人们“直觉”做不了的“针对海量信息的逻辑分析”。这相当于靠强大的计算机直觉，确保投资决策“做正确事”。

除了投资决策，AI董事还颠覆了传统投资管理流程。比如，对相关项目融资、临床试验、知识产权以及前几轮融资等各种信息，AI董事负责分析、判断；之后，基于AI董事的数据分析，董事会全体成员（包括AI董事）投票；再就是，一旦涉及AI董事的专属领域——老年医疗，没有它发话，其他人类董事不做决策，这时的AI董事更像一个董事会主席。至今，在AI董事的帮助下，DKV已经完成多个项目的投资，包括Insilico Medicine、Pathway Pharmaceutical、Vision Genomics等初创公司。

需要指出的是，AI董事的智能是基于各种数据的，或者说是数据驱动的。

3.1.2.2 数据驱动企业运营模式改变

商业运营模式这一概念所包含的范围也很广，大至企业运营的基本理念，如定制生产；小至经营中某一环节的具体模式，如租车服务中的接单模式。此处要讨论的是，不管是已有的运营模式还是新的运营模式，都离不开数据驱动。

1. 通过对数据的投入驱动运营模式改善

早期企业很重视争抢用户市场而忽略了数据应用，当他们意识到数据的重要性，很快便形成一个专门的团队主要负责大数据体系、商业体系、基础架构与新业务等方向。这个团队在最初的几个月进行了数据导入、清洗、存储、结构化等一系列最基础的处理，最终建成了大数据体系。经过进一步扩建，团队的核心力量在进行大数据2.0系统的研发。

这套内部代号为“地平线系统”的大数据架构，克服了1.0系统中突出的数据数量与处理速度之间的矛盾，实现了数据纯度、处理速度的跨越式升级。这个“超级大脑”支撑了大数据应用所需要的所有基础数据，在此之上是支持产品、商业、运营商业化的团队，每个团队配备约20个人。这样的架构实际上避免了基础数据和应用数据之间的“污染”问题，比如一个需求场景形成了A的画像集合，其中结合B行业又会出现一个AB子集，应用到特殊场景C之后又会形成一个同时满足ABC的集合。如果每次都从基础数据中抽取，就很容易影响基础数据的稳定性。

清晰的数据架构对于“每秒（毫秒）都产生海量数据”的重要性不言而喻。数百台机器支撑着的大数据系统就像是公司的“心脏”：业务规模越大，越是重要。正是在海量数据基础之上，需求被不断细分，而且是实时匹配。也就是说，运营模式在改变和完善。例如，一个乘客下单之后，需求方的用户图像和需求同时被识别，结合供方的车辆条件和位置地图进行第一轮筛选，不过这个看似“正常”的订单却不一定符合实际，因为有一些订单发出来是司机不愿意接的，比如高峰时段的拥挤路段，那么这个时候就需要进行订单评估和内部调节，结合历史数据制定一些刺激措施、叠加“乘客自行出的小费”来诱导司机，这样一个符合供需双方胃口的“合理”订单就生成了，下一步要做的就是实时调度，要考虑当时的交通情况、车的朝向、车速、附近是否有突发性事件等因素，选择最优化的方案。

当然，这种投入不是任何一个公司都能够负担的，却是每一个公司都应该及早想清楚的。过早投入，对精力和资本消耗太大；但如果前期缺乏考虑，后面就要做很多工作才能把之前错失的那些数据漏洞补回来。这一点需要企业权衡。

2. 数据融合方式驱动运营方式改变

这里以两种情况为例说明。

一是跨行业数据整合。大数据科学和新的IT标准提高了数据的集成能力，也使得数据跨行业的交互成为可能。智慧城市是进行跨行业数据整合的最佳案例。

在伦敦，电动汽车的使用给城市带来一系列新问题，大量电动车同时充电会使电网产生峰值，影响城市用电。如果把电网和交通网的数据整合到一起，就可以根据交通网的数据预测当天城市电网的情况，对电力的调配非常有帮助。反之，也能为交通管理提供信息咨询，更好地管理城市交通。另一个情况是，奥运会之后伦敦交通堵塞情况比以前提高了8%，小型车数量日益攀升。研究发现，这与伦敦网上购物人数越来越多有关。人们在网上购物后，就使用小型车来运输这些商品。伦敦目前正在将网上购物数据和交通拥堵数据进行整合，分析原因，寻找创新的解决方案。

二是数据交易。数据的交易和买卖是数据时代一个典型的业态。沃达丰（Vodafone）是世界上最大的移动通信网络公司之一，它利用其手机客户端能够准确识别谁在开车、行驶在哪里、速度怎样？汤姆汤姆（TomTom）公司是一家提供卫星导航设备和服务的企业，它从沃达丰手中买来这些蜂窝数据，实现了对交通拥堵的精确定位。实际上，蜂窝移动电话数据对很多行业都有价值，例如对客户精准地投放附近餐馆或商店的广告、车辆信息等。

3. 孪生数据驱动创新业务模式

数字孪生技术是普利司通转型之旅的核心。数年来，企业一直使用由传感器数据增强的数字孪生仿真模拟作为研发工具，以提高轮胎寿命和性能。普利司通的团队正在开发更复杂的数字孪生，以期最终在整个价值链上提供洞察，其目标是提升利润率、维持竞争优势、减少上市时间，并提供尖端的轮胎即服务产品。欧洲车队正逐渐转向按公里数计费（PPK）订购模式，以帮助车队运营商优化现金流，减少整体成本。尽管商业模式很简单，但为每公里设定合适的价格却绝非易事。轮胎的生命周期受各种因素的影响，包括负重、速度、路面情况及驾驶行为。

数字孪生可以通过模拟不同的驾驶条件，洞悉这些相互关联的条件是如何影响轮胎性能的。但是，如果没有数字孪生体的真实数据输入，想要确定一个令人满意且具有竞争力的按公里数计费（PPK）价格——并且期望这一价格能够持续为企业带来利润——即使有可能性存在，也将十分困难。普利司通进入按公里数计费（PPK）市场可谓是战略飞跃，其产品定价就是为了赢得大多数车队的业务。企业利用初始安装基础收集性能数据，再将这些数据应用于高级分析算法中。既然已经有大数据了，为什么还要数字孪生——为什么不直接进行分析呢？虽然分析很重要，但它只是增强数字孪生的能力。

数字孪生能够让人们从多个维度看到轮胎性能，同时也可以在尚无可用数据的情况下应用于产品开发。输入的传感数据被增强、净化和处理，而后应用数字仿真和分析获得洞察，从而为维护、更新等其他因素的决策提供依据，这些依据可以为普利司通及其客户带来更多价值。

为了持续发展数字孪生技术，普利司通2019年收购Web Fleet Solutions，并开发了新一代传感器，以实时了解汽车和轮胎的使用情况，帮助车队根据具体的驾驶条件选择合适的轮胎，并就如何减少轮胎磨损及避免故障提供见解。随着数字模型越来越精确，普利司通将更多关注PPK商业模式的高级应用。如今，普利司通正使用数字技术为其车队客户带来更多价值。随着时间的推移，企业计划扩大数字孪生技术的使用范围，包括从驾驶员、车队经理到零售商、分销商、制造商等的整个价值链。

企业管理者表示，鉴于未来可能使用无人驾驶汽车，可能还会涉及安全协议。他们确定已经抓住了引领走向未来的驱动因素，这便是数字孪生技术的用武之地。

4. 数据驱动制造模式

企业宏观的制造模式需要数据驱动，前面提到过服务制造过程就需要数据驱动，也就是说，服务制造模式需要数据驱动。这里仅以定制模式为例加以说明。

"红领模式"通过对业务流程、管理流程的全面改造，建立柔性和快速响应机制，实现了个性化手工制作与现代化工业生产的完美协同。红领模式的关键是数据驱动，所谓数据驱动的智能工厂，就是从前端客户需求的采集到需求的传递、需求的满足，包括跟踪，全程是数据驱动的，实现用工业化的手段和效率进行个性化产品的批量生产。从产品定制、交易、支付、设计、制作工艺、生产流程、后处理到物流配送、售后服务全过程数据化驱动跟踪和网络化运作。

这种模式的基础是企业横向、纵向和"端到端"的高度集成，实现数据驱动全流程，使客户与工厂在网络内实现零距离。通过横向集成使企业之间通过价值链以及信息网络所实现的资源整合，实现各个企业间的资源协同；通过纵向集成打通内部信息孤岛，实现企业内部所有环节管理协同；通过价值链上不同企业资源的整合，实现从产品设计、生产制造、物流配送、使用维护等产品全生命周期的价值链协同，如图3-1所示。

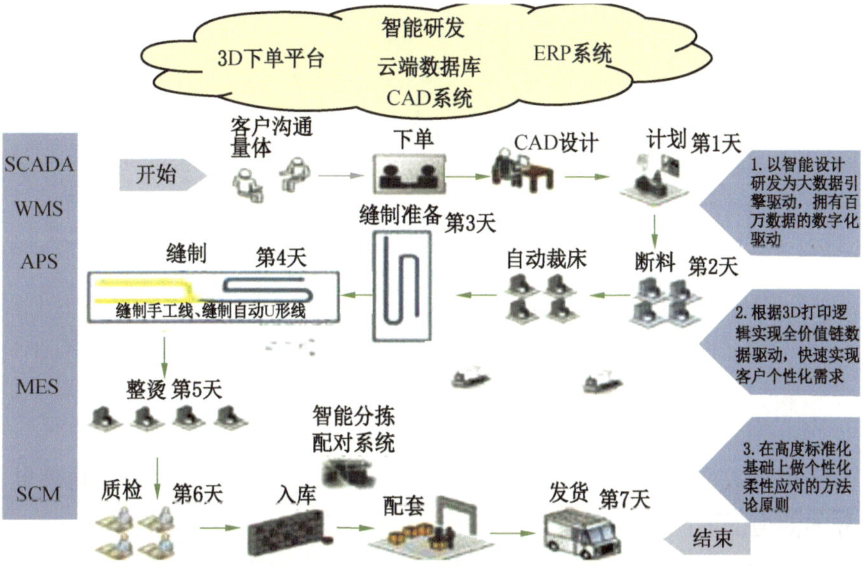

图3-1 数据驱动的智慧工厂

从图3-1中可以看出，驱动企业定制化生产的数据主要有两方面：一是直接从客户获取的需求数据；二是其数据库中包含的历史数据及其分类，如540个可定制的分类，11360个可设计的选项，19个量体部位，90个成衣部位，113个体型特征，1万多种可选择面料，等等。正是这些数据的匹配、融合驱动了定制服装的设计和生产。

3.2

全球数字监控生态系统

提高数字监控能力，取决于数据聚合和实时连接数字世界与物理世界的能力的增强。

3.2.1 充满传感器的世界

1.60亿人，300亿个设备

到2025年，预计将有60亿人能够访问互联网，将在全球范围内生成80~90 ZB的数据。传感器和数字应用程序几乎可以无意地和有意地记录着一个人日常生活的方方面面。DNA由医疗公司收集，脸部由银行收集，声音由电话收集，睡眠周期由戒指和手表收集。

随着监控基础结构的扩展，这种连通性将使隐私变得更加难以维护。此外，由人工智能（AI）和机器学习（ML）驱动的监控技术将在数字环境中发挥越来越重要的作用。从面部识别到物联网（IoT），技术将改变民族国家打仗和警察保护公民的方式，甚至改变人们的行为方式。

2.合法监控or滥用

监控的合法用途遍及全球。公共安全与卫生，反恐措施，提升生活质量，对于社会的运转至关重要。比如可以帮助无人机在灾难现场识别被困人员，或是可以识别罪犯的人脸识别等都是可以促进公共利益的监控元素。接触跟踪应用程序类的数字监控技术可以帮助人群远离新冠肺炎的高危地区。但是，这些技术也存在滥用的风险。比如不透明的算法，基于面部识别软件产生的误报等。

3.2.2 数字监控生态系统

1. 这是一个生态系统

了解全球如何使用监控技术非常重要。首先，了解全球数字监控生态系统是第一步。技术组件的改进，传感器、网络和处理能力增强，使得这一"数字监控生态系统"也在不断发展。一个重要趋势是：监控技术将变得更便宜、易实施，并且无处不在。此外要注意的是，政治制度也是该生态系统中最为重要的一环。因此，了解"数字监控生态系统"，不仅是技术，还包括决定其用途的参与者、市场和治理，对于世界建立可以自由出口的政策至关重要。

2. 组成部分

"数字监控生态系统"大致由传感器、网络和处理能力三部分组成。首先使用传感器检测、生成和收集数据，之后通过网络传输数据，最后从中获取有价值的信息。包括AI在内的相关技术可以帮助管理信息，对信息进行重组分析并得出结论。

随着技术的发展，所有这些组成部分都在发展。传感器分布更广，从而可以收集更多的数据（量），并收集不同类型的数据（品种）和提高速率（速度）。延迟少的网络可提供快速传输和更高吞吐量，以处理强大的数据流。越来越多的计算能力和计算机选项（例如云或边缘计算）可以对数据进行分类和处理。从数据中提取价值的机器学习和复杂分析的发展也呈指数增长。这些改进以相互促进的方式结合在一起。

3. 新冠之后的新发展

在COVID-19大流行之后，出现了新的监控渠道。如Facebook赞助的疾病迁移图，到病床可用性应用程序，再到用作健康状况指标的QR码，开发人员（通常是其政府赞助商）正在通过更广泛的数据收集来应对病毒的扩散。

MIT Technology Review的COVID-19追踪器记录了2020年5月上旬25项全球自动接触追踪工作。

伊朗声称通过其首个由国家资助的接触追踪应用程序，收集了400万名公民的位置数据。

韩国放宽了《传染病法》，以促进自动化并允许政府官员访问患者信息。

3.2.3 中国数字监控的现状与发展

中国数字监控的特征可以概括为“标准化”“综合”与“信息收集”，试图将数字世界与物理世界联系起来。同时，中国对监控技术的海外投资及其规范，价值和治理实践的出口，包括相关的技术标准并提供立法模型等，也推动制定全球数字监控技术的发展。

1. 中国数字监控发展处于世界领先地位

中国处于数据聚合的“前沿”。2021年前约有2亿台摄像机可以监控整个中国。到2021年底，预计中国将拥有全球10亿台监控摄像机的一半以上。到2022年，中国大陆每2人将拥有一台公共摄像机。这些都为“金盾工程”、城市“天网”等大规模监控网络奠定了基础。

在监控技术上的投资不断增加。在过去的五年中，中国政府和私营公司在国内外扩大了对监控技术的投资。

据中国安全防护行业协会预测，到2020年，监控和安全产品的销售额将增至8000亿元（1148亿美元），而监控和安全产品的销售额为4900亿元（700亿美元）。

根据国际数据公司2018年的一份报告估计，到2023年，中国在智慧城市计划方面的投资将超过380亿美元。在2019年，华为将智慧城市技术的覆盖率从40个国家增加到90个国家，相比2017年翻了一倍以上。

2. 中国模式的推广

中国的推广，正在缩小拥有高科技监控能力的国家与没有高科技监控能力的国家之间的数字鸿沟。

卡内基国际和平基金会的一份报告显示，中国总共已向60多个国家（包括36个“一带一路”倡议国家）出口了AI监控技术。据《纽约时报》报道，包括德国在内的18个国家正在使用中国制造的“智能监控系统”。进口中国监控技术的国家也包括美国在内。2020年4月，亚马逊从中国订购了1500台热像仪，并计划在美国使用至少500台热像仪。除了制定影响全球技术发展的标准外，中国还在投资相关的专利。2017年，中国发布了530项与视频监控相关的专利，而当年美国只有96项。

3.2.4 美国及西方国家数字监控能力

美国的数字监控能力几乎与中国相当，平均每4.6人就有一个摄像头，而中国平均每4.1人对应一个摄像头。目前，美国的人脸识别技术主要用于边境（全球入境），运输安全管理局检查站（CLEAR）和20多个运动场的入境。成功的案例包括：

（1）十多年来，联邦调查局一直使用驾照和签证照片寻找罪犯。许多大型监控项目正在进行中，如麻省理工学院的“摄像头群集技术”可提供360° 视野。

（2）2019年，巴尔的摩市宣布部署广域动态影像试点计划，三架飞机同时飞行，覆盖全市90%的覆盖率。巴尔的摩警察局长迈克尔·哈里森称巴尔的摩将是“美国第一个使用该技术来解决和制止暴力犯罪的城市”。其他城市也纷纷效仿。

（3）2020年，圣地亚哥计划在全市的测试飞行中飞行通用原子MQ-9BSkyGuardian，这是美国军方使用的无人驾驶飞机的一种版本。据巴德学院的无人机研究中心估计，截至2020年3月，美国有1500多个公共安全机构采购了某种形式的无人机。

（4）其他西方国家也正在扩大对监控技术的使用，以期利用最新的技术发展。如2020年1月，英国大都会警察局宣布将使用实时面部识别技术来实时实地识别潜在犯罪嫌疑人。该技术将用于“情报表明（他们）最有可能找到严重犯罪者的领域”。世界各地的其他大都市都使用无人机、监控公众情绪的社交媒体聚合器，并以公共安全的名义连接到智能手机。

在美国等西方国家，监控做法存在争议。2019年和2020年，基层掀起了一波禁止政府使用面部识别的禁令。

（1）截至2020年1月，已有10个州的立法机关出台了限制、研究提高面部识别使用透明度的法案。

（2）在英国，公众强烈反对在伦敦的交通系统中使用面部识别，这迫使该计划终止。

（3）美国科技公司IBM于2020年5月宣布终止其“通用”面部识

别程序。

除隐私问题外，面部识别系统的不平等现象对社会的影响不容忽视，包括对少数民族的错误识别，较高的假阳性率以及算法偏见的可能性，这将带来额外的法律挑战。

3.2.5 数字监控的未来趋势

1. 扩大监控权力并使之强制化和永久化

俄罗斯正在利用这次危机扩大其监控能力，并使这些更广泛的措施永久化，除了由通信部设计的强制性计划来跟踪COVID-19患者（并访问设备数据，例如位置和存储信息）之外，俄罗斯政府还于2020年4月推出了基于QR码的强制性许可证，这种数字跟踪方法需要输入旅行路线并上传身份证明文件、税收信息和车牌等详细信息。

伊朗3月初发布了AC-19应用程序。该程序起着监控工具的作用，其新版本Mask.ir还可以收集位置信息。

2. “摇摆国家”，倾向接受已有技术与规范

“摇摆国家”如印度、巴西、土耳其、菲律宾和印度尼西亚等，如何选择使用监控技术，将成为在全球范围内采用监控技术的关键。

土耳其卫生部长强制65岁以上感染者下载“适合家庭生活”的应用程序，可以实时跟踪用户的活动，并在用户违反隔离规定时向他们发送短信。如果忽略这些信息，则将报告给执法部门，并面临入狱或其他制裁。

印度尼西亚政府的联系追踪应用程序PeduliLindungi由国有电信公司开发，并不是强制性的。但是，如果安装了该软件，它可以监控最近旅行返回的外国国民和公民，直接反映给卫生部。

印度尽管宣布其COVID-19检测应用程序是自愿的，但仍要求政府工作人员下载。据内政部称，如果不使用该应用程序，将可能被罚款甚至入狱。2020年5月下旬，印度电子和信息技术部宣布将发布该应用程序的源代码。

3. 西方国家反应的多样化

尽管新冠病毒的流行加速了数字监控的趋势，但社会因素正在推动减慢监控机器的运转。这包括来自民间社会团体的抵制，呼吁独立司法

机构和新闻自由以解决隐私问题，以及在个人层面上的积极反对。

4月下旬，超过五个组织对公众对科技公司开发的联系跟踪技术的态度进行了调查，在2020年5月发布的白皮书中，告诫政府官员和私营部门领导人考虑监控设施的负面影响。

以色列最高法院于2020年4月下旬禁止其内部安全部门Shin Bet使用来自COVID-19患者的位置数据。

西方国家对危机的反应也有所不同。一些西方国家选择采取更具侵入性的以公共卫生为中心的监控措施，同时对隐私的要求微乎其微。

韩国疾病预防控制中心（KCDC）在大流行期间在韩国的智能城市增设了密集的监控网络，但由于隐私问题，最终没有使用面部识别技术。

这些新的监控技术收集和存储数据的方式也是决策者、科技公司、民间社会和其他团体之间激烈辩论的话题。苹果公司与法国政府之间的摩擦表明民主进程正在开展。

2020年5月，法国政府认为苹果公司的一项隐私保护协议阻碍了法国政府“StopCovid”应用程序的效率。据法国官员称，苹果坚持其现有的隐私标准。对此，法国数字部长塞德里克·奥（Cedric O）打算开发一种“主权欧洲卫生解决方案，与他们的卫生系统联系在一起”。

德国最初是集中式体系结构的拥护者，于2020年4月下旬决定对数字公共卫生监控采用一种保护隐私的分散式方法。

3.2.6 建议与结论

美国以四种方式应对非法使用监控技术的问题：

（1）美国积极参与其他国家，特别是“摇摆国家”，阐明并建立一套原则，以支持国家对数字监控的使用。

（2）为数字数据的使用开发安全和隐私保护的替代方案，建立“正确”的模型。

（3）绘制国外“数字监控生态系统图”，帮助美国科技公司评估在国外技术滥用的风险。

（4）提供资金发展隐私保护相关技术，并出口监控技术的模型。

3.3 城市数字化建设

3.3.1 我国智慧城市安全建设的历史与现状

2015年，我国城镇化率达56.1%，城镇常住人口达7.7亿。中央城市工作会议指出："要把安全放在第一位，把住安全关、质量关，并把安全工作落实到城市工作和城市发展各个环节各个领域。"

随着时代的发展和技术的进步，现代城市愈发高度依赖于水、电、气、交通、通信等网络的正常运转，安全隐患也随之与日俱增。安全是智慧城市建设的重要目标，而近年来兴起的大数据，既提供了新的技术手段，也是一种新的认识世界的视角和思路，在智慧城市安全建设中有着广阔的应用空间。

一是安防领域，这是引入大数据最早也相对较为成熟的方面。二是交通安全，通过对监测区域视频进行分析，有助于精准统计车流量、调节信号灯、发现隐患点，使城市交通更加安全、通畅。三是灾害预防，在相关动态数据和历史记录的基础上，大数据能够帮助有效识别潜在风险、准确预测发展态势，并辅助做出更加科学、有效、合理的决策，提高应急处理能力和安全防范能力。四是反恐防暴，通过汇聚涉商场、车站、街道、视频、指纹等海量城市安全相关数据，利用大数据技术进行监测、挖掘、分析，尽可能发掘恐怖分子的蛛丝马迹，为预警识别和案件侦破提供支持，降低恐怖事件的发生并限制其造成的破坏。

在我国，传统意义上的城市公共安全特指公安部门负责的维持治安、打击犯罪等工作。我国基于信息化的城市公共安全建设，应追溯到20世纪80年代初计算机的引入和使用。随后我国开始了信息中心和计算机网络的建设：1994年，建成了首个违法犯罪信息系统并试运行。1996年，科技强警战略正式提出。

2003年，“金盾”工程建设正式启动，在建设公安系统的计算机信息系统和通信网络方面发挥了重要作用。

大数据时代的到来，开启了我国以数字化、智能化为核心的智慧城市公共安全建设的新阶段，利用大数据、云计算等相关技术手段对海量数据进行有效的采集、分析和利用，通过数据的开放和共享，将打通城市内部的数据孤岛，为我们实时监测、科学预警、精准分析提供基础，为防控城市公共安全风险，构建及时、科学、有效智慧城市安全管理运行体系提供新途径新手段，使政府进行城市公共安全管理迈向科学化、精准化和智能化。

新基建时代城市治理的目标是建设数字孪生城市（图3-2），主要做法如下：

图3-2 数字孪生城市示意图

（1）以数字孪生为理论和技术支撑构建超大型城市群现代治理体系，构建数字孪生城市理论体系，丰富中国现代城市治理理论体系。

（2）研发城市多数字技术融合引擎（City DT Engine），并基于City DT Engine和数字孪生城市构建城市信息模型（CIM）。

（3）面向城市超大规模物联感知场景需求，提出并研究多物联点感知、多触点控制、多业务领域协作以及多城市系统协同的泛在并行协同计算理论、方法与技术。

（4）提出并研究超大规模城市数据治理方法与技术，提出分布式实时大数据智能处理新算法，从采集层到管控层构建贯穿城市群全领域的数据标准。

（5）提出并研究超大规模城市网络融合方法与技术，构建“一张网”下的高效便捷业务处理体系，制定感知层、边缘计算层等关键技术装置的先进网络通信标准。

3.3.2 中国智慧城市建设特色

1. 关注民生需求，提升公共服务水平

以人为核心，以民生需求为出发点，围绕社区服务，开展智慧社区、居家养老等领域的智慧化应用，公共服务能力得到大幅提升，在上海市浦东新区、兰州市等地取得了突出成效。

2. 打造公共平台，提高社会治理能力

将网格化城市管理和社会管理相结合，将社会管理的重心前置、下移，按照“三级平台、四级管理”的框架体系，以社区为基础进行管理网格的合理划分，管理和服务于每个网格内的人、地、物、事、组织、宗教、房屋等，有效提高社区治理和公共服务效率。

3. 加强规划建设，促进土地集约利用

结合地铁建设，对位于中心地区的地铁区域进行高强度综合开发，建立综合地下停车场、地下商场和步行街等商业服务的立体空间综合体，通过信息化手段提升建设和管理水平，实现地下空间集约利用和商业服务共赢。

4. 注重发展质量，保护生态环境

坚持低碳、生态的城市设计与建设理念，注重使用功能与景观功能相结合，构建绿色交通、低碳能源、生态与环境保护、水资源综合利用、低碳产业和城市管理六大低碳生态智慧城市建设与管理体系。

打造能综合解决能源和环境问题、可自我进化和复制的“泛能网”示范园区。泛能网以清洁的天然气为主，以风、光、地源热、水源热等可再生能源为辅，融合智能化控制和云计算技术，形成多种能源互补利用、供需互动的区域泛能网应用。现已完成能源站和配套系统建设。

5. 推进产业升级，产城融合发展

以物联网产业园区建设为重点，推动乐从实现从商贸重镇到物联新

城的升级；主动改造完善综合配套，优化产业布局，积极纳入新城，未来将与工业园实现融合发展。

梳理社会、经济、环境、资源等多方面问题，通过多规融合方法，将各类规划叠加到“一张图”上，整合城市资源，消除体制障碍，改变城市部门间信息孤岛、资源分散现状，协同有序推进区域发展。

6. 创新体制机制，优化资源配置

通过政府本地化购买服务成立民办非营利组织（NPO）——乐从智慧城镇发展中心，负责智慧城市项目的统筹规划、立项、招标、监理与验收等工作，已成功运营4个政府采购类项目，是“小政府、大社会”的积极探索。

谋划布局金融控股平台，已初现集银行、保险、证券、创业投资等于一体的平台雏形，结合城市资源及产业发展的关系，吸引大量社会资本参与投资建设，由市场主体完成，探索如何发挥市场在资源配置中的决定性作用。

3.3.3 支持智慧城市建设的前沿技术

1. 感知技术

这里的感知是更为广泛的一个概念，它是指更为广泛的感知、测量、采集和传递信息的设备或系统。通过使用这些设备，从室内温度、湿度、烟雾到路面车辆信息、城市交通状况等任何信息都可以被快速获取并进行分析，便于立即采取应对措施和进行长期规划。视频作为一种最为直观的感知方式，在城市中大量应用。在目前及未来的城市应用中，视频应用方案的发展方向是多样化、高清化的，既有针对社会面资源的模拟高清视频应用方案，又有针对公安实战业务部分的IP网络高清视频应用方案，还有针对城市重要掌控点位部署的HD-SDI无损高清视频应用方案。

2. 智能技术

“更深入的智能化”是智慧城市另外一个特征与要求，智能化是指深入分析收集到的数据，以获取更加新颖、系统且全面的洞察来解决特定问题。这要求使用先进技术来处理复杂的数据分析、汇总和计算，以便整合和分析海量的跨地域、跨行业的数据和信息。

视频智能技术发展到今天，经历了几个阶段，智能技术主要可分为视频行为分析、车牌识别、视频诊断、智能检索、人数统计、图像复原、人脸识别等几大类。视频与图像的数据量非常大，它包含大量的趋势性、经验性、模糊性信息，因此视频智能的潜力是巨大的。

3. 互联互通技术

“更全面的互联互通”是智慧城市的另一个特征与要求。这里的互联互通是指将遍布整个城市的各类“感知”设备收集和储存的分散的信息及数据连接起来，进行交互和多方共享，从而更好地对环境和业务状况进行实时监控，从全局角度分析形势并实时解决问题，使得工作和任务可以通过多方协作来得以远程完成，从而彻底改变整个世界的运作方式。

要实现“更全面的互联互通”，意味着大量的运算资源将以一种小型化、分布式的方式嵌入各类设备中去，从而形成各类具备采集、运算、传输等能力的移动、互联终端设备，这些设备再通过传输网络，把现场采集到的数据传输到后端。

在这个过程中，我们发现运用嵌入式技术开发的嵌入式设备，能够很好地满足设备的小型化、多功能化、低功耗等技术要求。采用嵌入式NVR、DVR和车载DVR、PVR等设备作为整个系统的底层接入网关，完成对现场模拟高清视频、网络高清视频、SDI高清视频等各类视频信号和温度数据、烟雾、报警等各类传感器采集信息的汇聚、分析、上传，以此实现“智慧城市”感知层数据的互联互通。

3.3.4 大数据应用于智慧城市安全的问题与挑战

1. 技术层面

首先，数据存储与处理面临严峻挑战；其次，数据分析能力有待进一步提升；再次，标准缺位仍是制约因素之一。

2. 整体层面

首先，信息孤岛严重，共享程度不足；其次，缺乏统筹协调，建设和利用效率不足；再次，与大数据相伴的公共安全风险未得到足够重视；最后，数据隐私缺乏法律制度保护。

3.3.5 城市数字化转型参考架构

近年来，国家关注着大城市的现代化管理，特别是疫情暴发以后，更是提出了着力完善城市治理体系，树立全周期管理意识，努力探索超大城市现代化治理新路子。

全周期管理是问题导向，不是等待问题上门；不是环境恶化了，才去治理；不是火灾发生、山体滑坡、房屋倒塌了，才去治理环境进行救援；不是群众上访了，才去解决有关问题。这些跟着问题屁股后面跑的思维方式和工作模式，只会增加社会治理成本，显然不符合现代化城市管理的要求，而应做到事前防范、风险预警；事中控制决策处理；事后反思闭环完善。

因此，要开展城市数字信息的新基建，在城市基础设施智能化改造与城市治理体制机制改革驱动下，进行网络化精细管理模式建设并向数字化、智能化的自治模式演进。

城市治理的数字化转型是要建立符合超大型城市现代化治理的模式方法，要从其建设方案的立项、规划、设计、施工、调试到运行、维护等环节的管理过程，关系到政府、市民、城市设计者、供应商、城市维护人员等利益相关方，每一步都要求做到坚持系统思维，将管理维度与各种要素有机结合，建立起科学化、程序化、制度化的全周期的现代治理体制机制。数字化转型的总体架构、主要视角及发展阶段如图3-3和图3-4所示。

智慧城市建设方式既可以基于统一平台，也可以架构在分立的平台上，还可以采用混合的架构模式。为了更加高效的数据交换和共享，智慧城市统一平台的架构是趋势所在。

3.3.5.1 智慧城市平台架构

基于对新型智慧城市的理解，以及对新型智慧城市发展趋势的把握，设计了新城新型智慧城市建设的蓝图规划。整体架构需要具备四个层次要素和三个支撑体系，横向层次要素的上层对其下层具有依赖关系；纵向支撑体系对于四个横向层次要素具有约束关系，如图3-5所示。

四个层次要素分别为现场设备层、网络通信层、平台层和智慧应

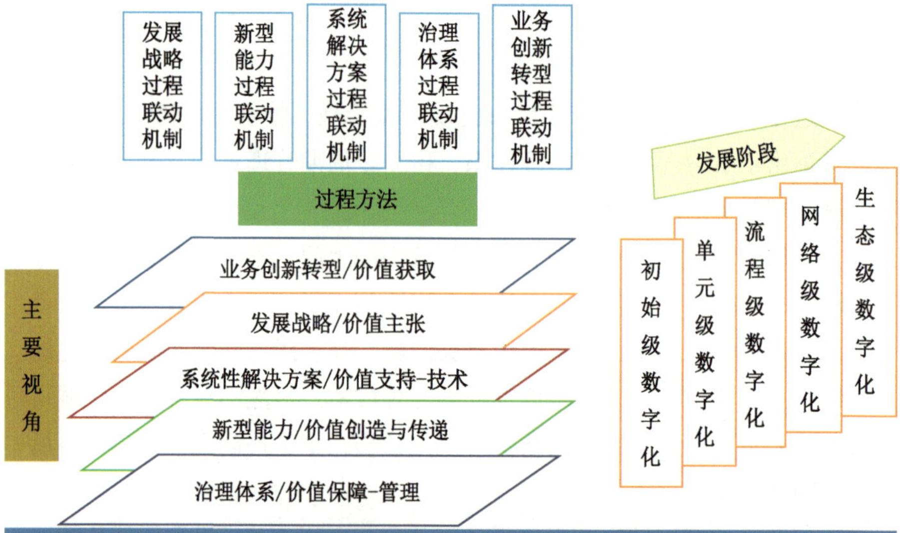

图3-3　数字化转型总体架构

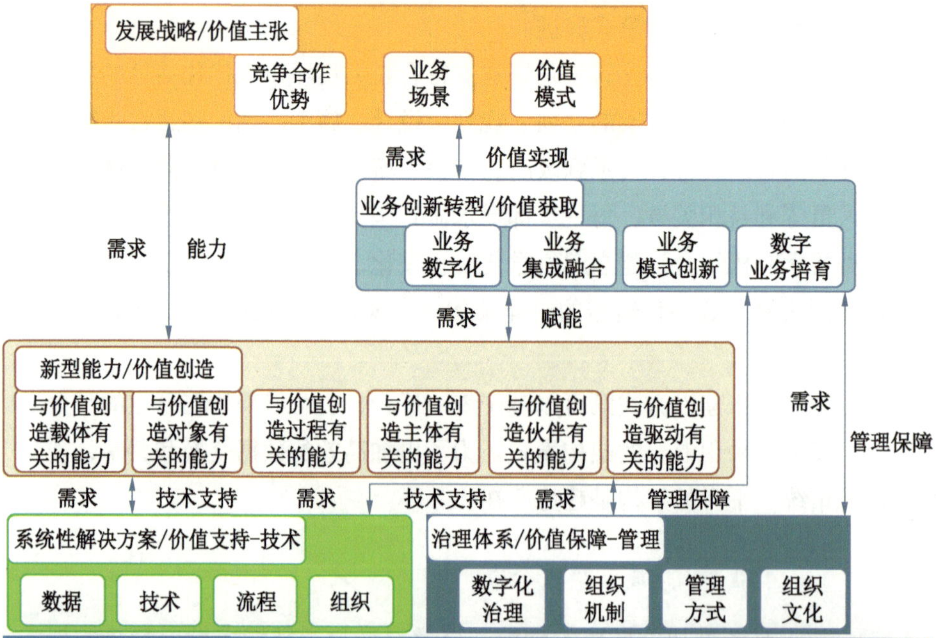

图3-4　数字化转型主要视角

用层。

（1）**现场设备层**：即传感速知层，提供对环境的智能感知能力，通过感知设备及传感器网络实现对城市范围内基础设施、环境、建筑、安

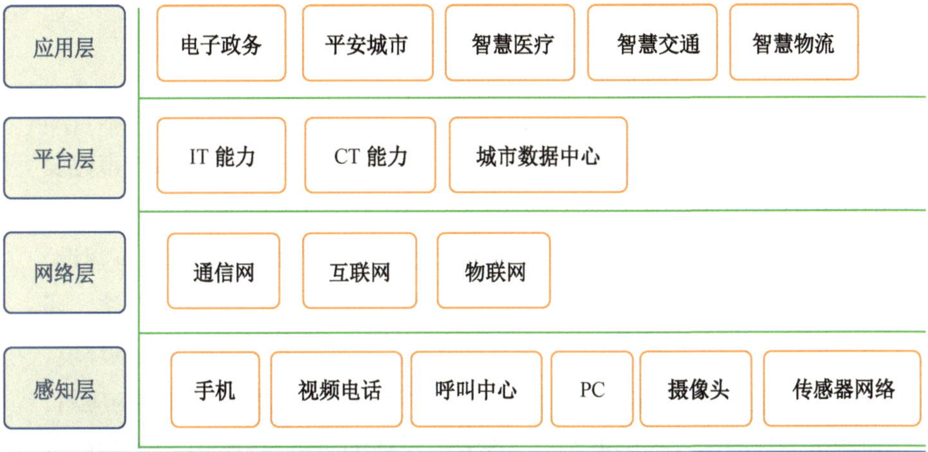

图3-5　智慧城市整体框架

全等方面的识别、信息采集、监测和控制。

（2）网络通信层：包括互联网、电信网、广播电视网以及三网之间融合的公共网络（如通信网、互联网），以及一些专用网络（如物联网），为智慧城市提供大容量、高带宽、高可靠的光网络和全城覆盖的无线宽带网络所组成的网络通信基础设施。

（3）平台层：对连接进行管理，对数据进行存储、计算和处理，包括三个子层：①设备的连接管理层：感知层接入网络层的设备接入和管理。②计算与存储层：包括软件资源、计算资源和存储资源，为智慧城市提供数据存储和计算以及相关软件环境的资源，保障上层对数据的相关需求。③数据及服务融合层：通过数据和服务的融合，承载智慧应用层中的相关应用，提供应用所需的各种服务，为构建上层各类智慧应用提供支撑。

（4）智慧应用层：总体参考模型的中上层，具有重要的承上启下的作用。在物联感知层、网络通信层、计算与存储层、数据及服务支撑层的基础之上建立的各种基于行业或领域的智慧应用及应用整合，如智慧政务、智慧交通、智慧公共服务、智慧医疗、智慧园区、智慧社区、智慧旅游等，为社会公众、企业用户、城市管理决策用户等提供整体的信息化应用和服务。

（1）安全保障体系：为智慧城市建设构建统一的安全平台，实现统一入口、统一认证、统一授权、日志记录，涉及各横向层次。

(2) 运维管理体系：为智慧城市建设提供整体的运维管理机制，涉及各横向层次，确保智慧城市整体的建设管理和长效运行。

(3) 建设管理体系：为智慧城市建设提供整体的建设管理要求，加强智慧城市建设管理机制，指导智慧城市相关建设，确保智慧城市建设的科学性和合理性。

信息基础设施是智慧城市发展的基础，只有夯实信息基础设施建设，实现城市信息基础设施的全面感知和数据采集，对城市地理、资源、环境、经济、社会等进行数字网络化的管理，对城市基础设施、基础环境、生产生活相关产业和设施进行多方位数字化、信息化的实时处理与应用，为城市治理与运营提供更简洁、高效、灵活的决策与行动工具，为城市公共管理与服务提供更便捷、高效、灵活的创新运营与服务模式。

3.3.5.2 智慧城市建设模式

在智慧城市建设中，各个服务部门条块分割，独立建设自己的服务系统，系统之间相互孤立，这种建设方式是分立平台架构模式。该模式下，从底层的感知平台，到上层的智慧应用，都将形成一个个自成一体的碎片化信息孤岛。一方面会重新进入当前各个城市数字化进程中所面对的传统数据孤岛问题，导致各个领域、应用间的数据无法共享；另一方面也会导致整个平台的碎片化建设和运维，加大运维难度和复杂度。这种方式建设下的智慧城市只是局部应用的局部智慧。

由于各个行业设备对数据的流量大小和安全性等要求不同，统一平台建设不能一步完成，则部分设备可以纳入统一平台，部分设备可以通过行业设备平台自行管理，需要数据共享时，可以通过服务层API进行数据协商共享。这种模式称为混合架构模式。

新形势下，智慧城市建设需要打破条块分割，统一规划，建设数据共享的统一平台，提供高效的服务，这种模式称为统一平台架构模式，基于对智慧城市的理解和对发展趋势的把握，新型智慧城市建设采用统一平台模式。

当前，在以物联网+人工智能驱动的智慧城市4.0时代，在基础平台的构建上，必须打破传统信息竖井的壁垒，构建一个横向的统一数据共享交换平台。

3.3.6 大数据助力智慧城市安全建设

(1) 完善共享机制搭建安全的数据开放共享平台。要健全法律制度保障，建设公共安全数据资源整合共享机制，明确数据整合共享的边界、责任、流程和规则，确保公共安全数据资源按需、合理、高效地进行交换与共享。要搭建开放共享平台，充分整合各类城市公共安全的数据资源，搭建纵向各级政府互通共享、横向部门全覆盖的城市公共安全综合平台，消除“数据孤岛”，最大限度地汇集数据，充分发掘数据的附加价值，全面保障城市公共安全。

(2) 引导公众参与实现城市安全“无死角”。建立以“群众为中心”的智慧城市安全理念，鼓励公众积极参与智慧城市安全建设的协同治理，实现政府、企业、科研机构的资源共享和协同发展，推动安防产业转型升级。深化大数据在城市安全领域的应用，实现公安、环保、气象、交通、食品药品等领域的全覆盖。

3.3.7 重视数据资源加强城市数据安全防控

要保护好事关个人隐私、商业秘密、国家安全等几类数据，逐步消除数据滥用的隐患。首先，明确政府相关部门保障数据安全的责任和义务。其次，建立合法合规、安全有效的数据采集和生产规则，确保数据收集过程合法、可回溯。再次，完善数据开放、共享、应用制度，充分保障公民的隐私权和企业的商业合法权益。加强监管、发挥公众和舆论的监督作用。最后，加大数据安全保护力度，确保我国核心信息基础设施运行正常，确保以大数据为技术手段的各类形式的攻击，不会对国家和社会造成严重危害。

3.3.8 鼓励技术创新确保基础设施安全可控

加强大数据和云平台核心技术的研究，推动支持数据加解密、审计、销毁、验证等数据安全技术的研发应用。建立完善大数据技术标准体系，加强人才培养，鼓励创新应用，用技术进步提高数据共享和开放的安全性，努力建成集数据搜集、存储、管理、分析、挖掘和运用于一体、具有自主知识产权的技术支撑体系，提高我国在大数据领域的国际竞争力。

3.3.9 全球各国杰出智慧城市分布情况及其特色

全球国家智慧城市建设的辐射效应和集群现象初步显露，除了美国和加拿大互相影响，智慧城市数量名列第一、第二名以外，并列第三名的英国、日本、澳大利亚也十分明显地在其所在地区引领了智慧城市建设的热潮，法国（5个智慧城市）、德国（4个智慧城市）、韩国（4个城市）紧随其后，与之初步形成了各自地区的智慧城市集群网络。

1. 韩国：泛在网络

韩国的智慧城市以网络为基础，将医疗、教育等服务系统统一部署在思科公司的数据中心，通过无处不在的网络接入，方便地实现远程医疗、远程教育等服务，并且通过标准化方式向企业开放这些IT基础设施，鼓励企业开发新型服务。

2. 美国：智能服务

美国中西部艾奥瓦州的迪比克市，用IBM的新技术将水、油、交通等都连接到一起，完全实现了数字化，将城市的所有资源都连接起来，智慧地为市民服务，满足市民需求。

3.4

城市大脑：领航智慧城市新未来

城市作为现代产业经济的核心载体，承载了人类物质文明、精神文明以及其他更多元的社会功能。与人类的进化过程类似，城市也在对周围世界的感知与探索过程中，逐渐进化出了主动思考和决策的能力。面对日益错综复杂的外部环境，一个起源于互联网的“类脑”概念正在与智慧城市建设融合，“城市大脑”“城市云脑”“城市超脑”等“泛城市大脑”概念大量涌现，城市大脑开始成为新的城市建设和前沿科技热点。2020年3月31日，习近平总书记在浙江考察时，提出“让城市更聪明一些、更智慧一些，是推动城市治理体系和治理能力现代化的必由之路”。2020年5月，在全国两会上，多位代表委员建议加速城市大脑的普及建设。可见，作为城市智慧化演进的核心驱动引擎，城市大脑将逐渐成为国内智慧城市的“标配”。

3.4.1 城市大脑的发展概况

3.4.1.1 国内城市大脑产业概况

2016年，阿里巴巴推出ET城市大脑，以交通为起点在杭州落地试点。目前，ET城市大脑已经全面升级为整个城市的人工智能中枢，实现了从单点、智能到多体智能的技术跨越。它已经覆盖了交通、城管、文旅、卫健等领域重点场景，在全球范围内30多个城市落地。此外，入选首批国家新一代人工智能开放平台，形成了一定的竞争优势。

从2018年开始，以华为、腾讯、京东、百度为代表的云巨头也相继入局城市大脑领域。华为于2017年、2018年分别提出“城市神经系统”和“城市超级大脑”概念，发布“EI城市智能体”，强调基于AI技术能力实现“万物感知—万物连接—万物智能”，并于2018年底在佛山南海落地首个城市大脑项目，中标金额超过9000万元。百度于2018年推出AI城市“ACE王牌计划”，基于深度识别、人脸识别、语音交互、多轮交互、大数据分析、三维空间重建等多项AI技术，及百度自动驾驶Apollo、智能云、百度大脑等核心产品能力，打造城市级平台生态。腾讯于2019年发布“WeCity未来城市”，覆盖数字政务、城市治理、城市决策和产业互联等应用领域，并中标长沙城市超级大脑项目，金额高达5.2亿元。京东于2019年推出“智能城市操作系统”及核心产品“城市计算平台”，为信用城市、AI+产业规划、智能停车、智能园区以及智能城市APP五大领域提供解决方案。

另外，科大讯飞、滴滴等互联网企业也积极布局城市大脑领域。科大讯飞于2018年发布“城市超脑”计划，围绕城市治理、政府管理、为民服务等领域打造各类智慧产品，已落地全国10个省近30个地市；滴滴于2018年发布智慧交通战略产品“交通大脑”，计划与交管部门携手、运用AI的决策能力解决交通工具与承载系统之间的协调问题，已在全国20多个城市部署。

3.4.1.2 国内城市大脑建设概况

IDC发布的最新报告《全球智慧城市支出指南》显示，2020年中国智慧城市市场规模将达到266亿美元，包括城市大脑、交通、教育、医疗、社区管理等智慧城市各个子领域。从2016年起，杭州、上海、北京等全国多个城市都相继开展了城市大脑建设，全国城市大脑建设的部分项目开展情况见表3-1。可以预见，2020年突发的新冠疫情将进一步加速城市大脑在全国更多城市开花结果。

表3-1 全国城市大脑建设的部分项目开展情况

城市	启动时间	建设内容
广州	2020年	建设国内首个人机协同开放平台，打造智慧城市智能运行中枢，搭载业界首创的AI工程技术，充分利用城市算力和数据资源，为广州市数字政府、城市大脑等新型基础设施建设提供支持

表3-1（续）

城市	启动时间	建设内容
郑州	2020年	由郑州市大数据局牵头组织实施，计划分三期建设。第一期，建设城市大脑数据云资源池、城市大脑数据资源平台、城市大脑数据运营服务平台，为城市大脑提供云平台及数据中台的服务支撑及安全保障；第二期，进行城市大脑统一计算资源平台扩容及升级，统一支撑服务平台建设、行业应用系统建设、城市大脑可视化（领导驾驶舱）、数据运维治理服务建设、安全保障体系建设、标准规范体系建设等；第三期，建设智慧财政，实现财经数据共享开放及财经大数据价值充分释放
张家港	2020年	统筹推进"四大任务"，依托"4115工程"分层次、分领域逐步推动规划内容落地实施，建设具有"大脑"的新一代智慧城市指挥中心，包括升级4类信息基础设施、打造1个城市数字平台、建设1个城市运行中心（城市大脑）、推进5类城市智慧应用
长沙	2019年	"城市超级大脑项目"，一期包括应用中台、数据中台、AI中台、中台云服务管理平台、中台安全管理平台、中台运维管理平台、数据治理服务体系和应用推广服务体系，以及"互联网+政务服务"一体化服务平台等部分智慧应用，并落地城市治理、医疗健康、产业发展等场景的智慧解决方案
拉萨	2019年	"数字拉萨"城市大脑一期包括数字维稳和智慧交通城市大脑智慧应用、基于网站集约化项目扩展大数据技术组件并建设政务云大数据平台，预计到2020年拉萨将被打造成为全球最高的城市大脑。该项目首批建设任务覆盖数字政务服务、交通态势感知、旅游趋势预测等领域，未来将逐步扩展到医疗、教育、城市管理、农牧产业等相关领域
黄山	2019年	对现有政务云基础设施进行升级扩容、对应用系统及其数据资源进行有效整合，在统一数字底座的基础上搭建城市大脑
佛山	2018年	打造集数据存储中心、运行管理中心及展示体验中心于一体的"城市大脑"，建设"一局两中心一公司"的"数字政府"，计划于2020年完成
海口	2018年	海口"城市大脑"分两期建设，第一期已建立全市"一朵云"、两个中台、两个入口、N个智能化应用的"1+2+2+N"的智慧城市机制，已打通国家、省、市、区4级"数据烟囱"，并在交通、政务、医疗、文旅、城市

表3-1（续）

城市	启动时间	建设内容
海口	2018年	治理等五大行业领域实现了多个智慧应用场景创新，建立了较为完善的智慧城市治理机制；第二期将更精准地为企业和更多投资者提供服务，围绕企业注册、税收缴付、信息获取、投资等提供“一条龙”服务
九江	2018年	建设地点是“九江鄱阳湖”，目标是建设一个数据中心、一个公共管理平台、一个公共服务平台。如今正在落实对现有数据和物联感知方面的设施建设，并且强化城市大脑与所办理业务相结合，同时增强应用场景

2016年，杭州市政府联合阿里云发布全国首个“城市大脑”，于2020年6月升级为城市大脑3.0，目前包括感知、认知、决策和协同4个领域的技术，覆盖范围从最初的交通领域扩展到公共交通、城市治理、卫生健康、旅游住宿等11大系统48个应用场景。预计到2020年底，将完成城管、医疗、房管、安监、市场监管等领域系统建设并投入使用；到2022年，将实现亚运、旅游、环保、消防等领域系统建成并投入使用。

2018年，上海初步建成“城市大脑”，应用于公共安全、社区治理等多个领域，在普陀区和浦东新区已初见成效。上海普陀区率先在全市建设区级“城市大脑”，并于2018年铺设完成45个应用类型、10万个点位传感器，覆盖全区10个街镇，涵盖居家养老、消防安全、电梯运行监测、垃圾处置、水质监测等应用领域。上海市浦东新区“城市大脑”经过2018年1.0版和2019年2.0版的迭代升级，于2020年7月上线3.0版本，在治理要素、平台体系、运行体系、智能应用、协同监管等五大领域实现了全面提升，实现了对数据资源、治理要素的全域管理和全景呈现。

2018年，北京开始开展“城市大脑”实践，海淀区、通州区、西城区都有落地探索，其中海淀“城市大脑”效果较为显著。2018年，北京市海淀区政府与百度签署《建设海淀区“城市大脑”合作备忘录》，计划于2019年启动“城市大脑”工程试点应用，在全区开建40个智慧社区，覆盖小区周界、消防通道、有害气体、停车场、电梯轿厢、地下管网、充电桩等18个以上智慧场景。预计到2020年底，北京市海淀区将初步建成城市治理感知网络，全面汇集城市治理相关数据资源。

3.4.2 城市大脑的定义与理解

“城市大脑”这一概念由刘锋博士于2015年在论文《基于互联网大脑模型的智慧城市建设》中首次提出，认为“城市大脑是一个聚合机器云智能与人类群体智慧的类脑智能复杂巨系统”。

结合5G、人工智能、大数据、物联网等新一代信息技术的快速发展，可以认为城市大脑是城市系统中具备类脑认知能力的超级智能中枢，将散布在城市各个角落的数据连接起来并进行分析、整合，与实体空间精准映射、智能交互、虚实融合实现数字孪生，赋能城市全域多源数据自我感知、全局最优决策自我学习、城市运行短板自我修正、城市公共资源自我优化。如图3-6所示，物联网传感设备（音频传感器、视频监控器、机器人、生产设备等）作为“神经元节点”为“城市大脑”感知外界环境信息，接入汇聚城市各角落的实时运行数据；这些数据通过城市“神经纤维”（5G、光纤、卫星等通信技术）传输到城市“神经中枢”（云计算、大数据、人工智能）进行全局最优决策，通过“反射弧”（城市大脑IOC）将分析结果反馈给“神经元节点”（物联网传感设备），实现对外部世界的认知、判断、决策、反馈。

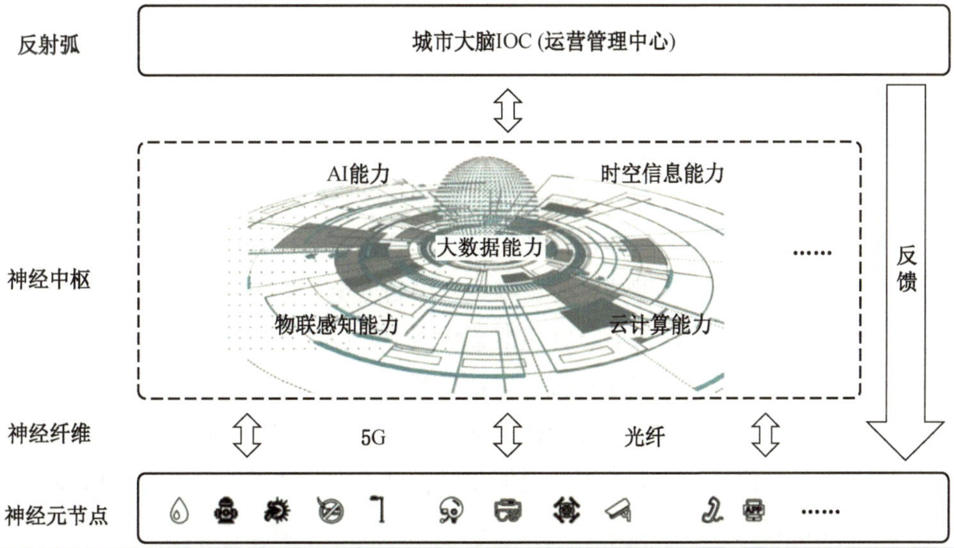

图3-6 城市大脑总体结构

3.5 城市应急管理中心数字化平台

3.5.1 城市数字化应急管理中心

数字化城市应急管理中心（指挥中心）是以创新社会管理、紧贴实际需求为导向，按照统一领导、部门协作、资源整合、需求共享、平急结合、有效应对的工作原则，将涉及常态社会管理、非常态应急处突部门、单位的有效资源，全部进行统一整合，集预测预警、信息总汇、通信指挥、应急处置四位于一体，形成平时能管理、急时能处置的多功能指挥中心。

数字化应急管理中心，在政府有关部门的业务指导下，落实数字化智慧城市管理体系目标任务，在各单位的大力支持与配合下，城市应急管理案卷受理质量不断提高，案卷派遣水平不断提升，数字化城市应急管理模式发展日趋成熟。

应急管理中心依托数字化城市管理信息平台，将应急指挥5G视频联动系统、公安技防视频监控系统、城管热线呼叫系统、多媒体显示系统、人防联动会议系统和在线视频编录系统进行统一整合，全部接入指挥中心，实现对全区网格化、精细化、多角度全方位的监控管理，形成功能完善的数字化城市应急管理信息平台（应急指挥中心）。

城市应急管理数字化平台（应急指挥中心）日常管理地方政府部门负责，实现平时为城市常态管理、视频监控、便民服务等功能，应急条件下的监测预警、救援指挥、通信保障。城市应急救援体系基本架构如图3-7所示。

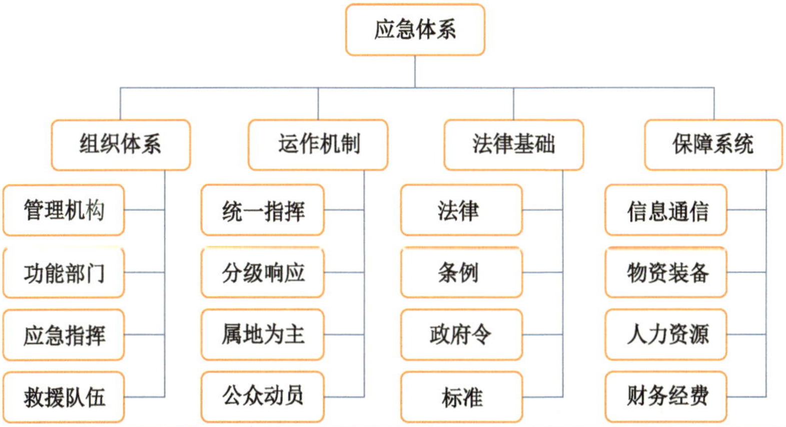

图3-7　城市应急救援体系基本架构

3.5.1.1 组织体系

组织体系是应急管理体系的基础，主要包括领导决策层、管理与直辖领导指挥系统以及应急救援队伍。

（1）管理机构：口常管理的负责部门。

（2）功能部门：与应急活动有关的各类组织机构。

（3）应急指挥：应急预案启动后，负责应急救援活动的场内外指挥系统。

（4）救援队伍：专业人员与志愿者组成。

3.5.1.2 运行机制

统一指挥是应急管理的基本原则之一，一般可分为集中指挥和现场指挥，或场内指挥和场外指挥等，无论哪种模式，都必须是统一指挥模式。无论涉及应急救援单位的级别高低还是隶属关系不同，都必须在应急指挥员的统一组织指挥下行动，统一号令、步调一致。

分级响应是指在初级响应到扩大应急的过程中实行的分级响应机制。扩大或升级应急级别的依据是事故灾难的危害程度，影响范围和控制事态能力。影响范围和控制事态能力是升级的基本条件，扩大应急救援主要是提高指挥级别与扩大应急范围。属地为主强调“第一反应”的思想和以现场应急、现场指挥为主的原则。公众动员机制是应急机制的基础，也是整个应急体系的基础。城市应急救援组织架构如图3-8所示。

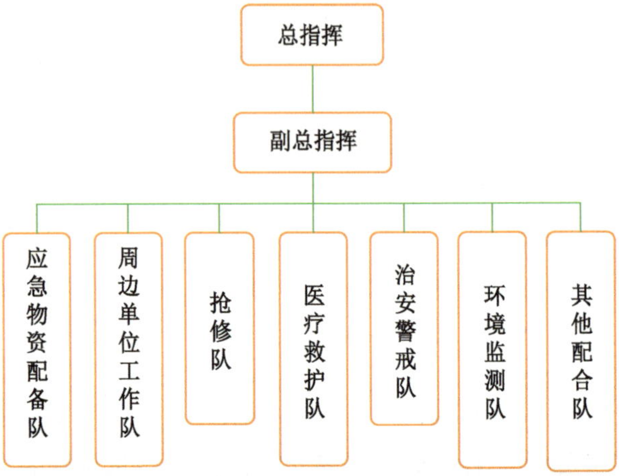

图3-8　城市应急救援组织架构

1. 法律法规体系

法律法规体系是应急体系的法制基础和保障，也是开展各项应急救援活动的依据。与应急有关的法律法规主要包括：由立法机关通过的法律，政府和有关部门颁布的规章、规定以及与应急救援活动直接有关的标准或管理办法。

2. 支持保障系统

构筑集中管理的信息通信平台是应急体系建设的重要基础。

应急信息通信系统必须保证所有预警、报警、报告、指挥等活动的信息交流快速、及时供应到位；人力资源保障包括专业队伍的加强，志愿人员以及其他有关人员的培训教育；物资与装备不但要保证有足够的资源，而且还要实现快速、及时地供应到位；应急财务保障应建立专项应急科目，如应急基金等，以保障应急管理运行和应急反应中各项活动的开支。同时应急管理体系还包括与其建设相关的资金、政策支持等，以保障应急管理体系正常运行。

3.5.2 智慧城市应急管理数据平台建设

1. 应急管理数据中心应用架构

应急管理数据架构如图3-9所示。

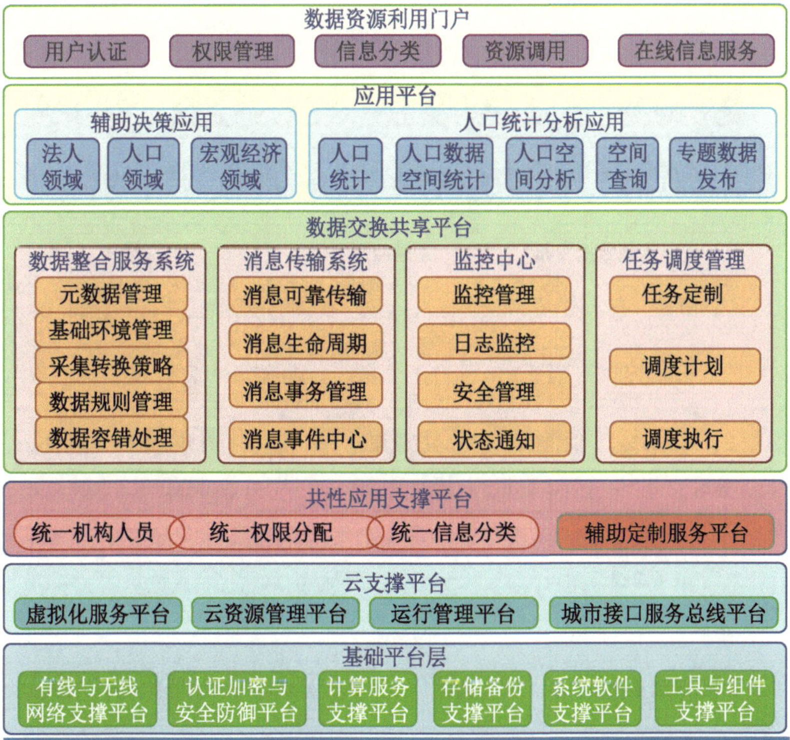

图3-9 应急管理数据架构示意图

2. 智慧城市数据中心架构

智慧城市数据中心架构如图3-10所示。

3. 应急管理业务应用体系

（1）一个数据应用平台。通过机器学习、神经网络、知识图谱、深度学习等算法为各类应用提供模块化、组件化、智能化服务。

（2）五大业务应用域。监督管理、监测预警、指挥救援、决策支持和政务管理。

（3）N个门户。指挥信息网门户、电子政务外网门户、电子政务内网门户、应急信息网门户、互联网政府门户共五类集成访问入口。

（4）一个应用生态。面向各级政府和应急管理部门、社会公众等用户，打造专业性和综合性应用超市，形成应急管理众创众智的应用新生态。

4. 建设思路

打造基于大数据的应急管理平台，全面提升应急管理的管理能力与

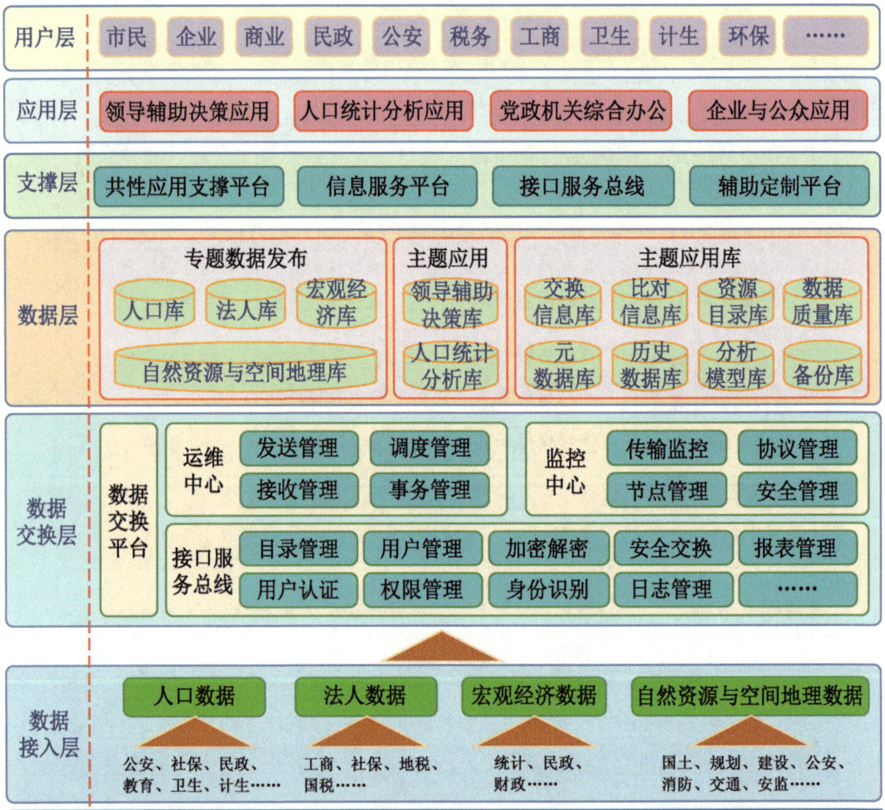

图3-10　智慧城市数据中心架构示意图

指挥能力，最大化地减灾止损。大数据应急管理如图3-11所示。

5. 设计思想

应急管理平台设计如图3-12所示。

6. 数据融合

将已有的应急指挥和安全管理系统的数据进行融合打通，新增补充数据源，确保系统基础数据能力，包括日常运营数据、业务数据、感知数据等，形成统一标准数据接口，为上下级应急管理部门的管理提供有力的保障和支持，如图3-13所示。

7. 数据应用

应急管理数据应用如图3-14所示。

图 3-11　大数据应急管理

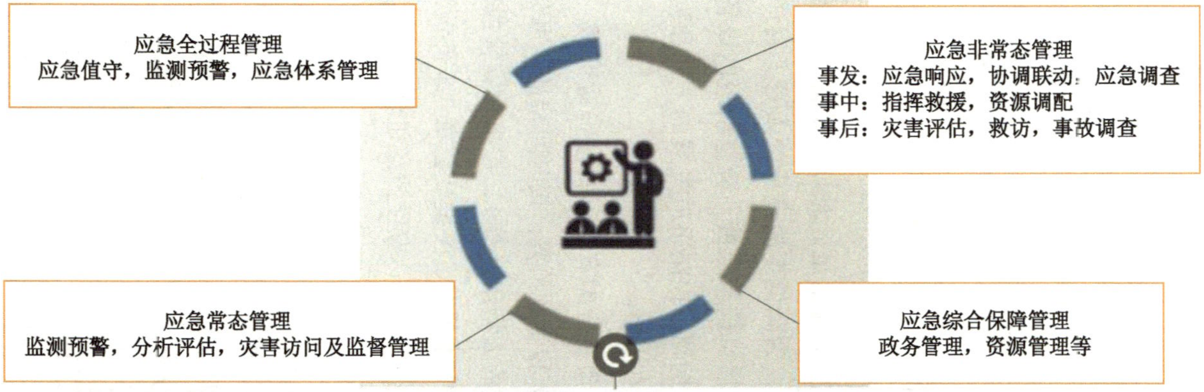

图 3-12　应急管理平台设计示意图

图3-13　应急管理平台数据融合示意图

8. 预案的数字化管理

1）应急预案的概念与分类

应急预案是针对具体设备、设施、场所和环境，在安全评估的基础上，为降低事故造成的人身、财产与环境损失，就事故发生后的应急救援机构与人员，应急救援的设备、设施、条件和环境，行动的步骤和纲领，控制事故发展的方向和程序等，预先做出的科学而有效的计划和安排。

预案分类有多种，按行政区域，可分为国家级、省级、市级、区（县）和企业预案；按时间特征，可分为常备预案和临时预案（如偶尔组织的大型集会等）；按事故灾害或紧急情况，可分为自然灾害预案、事故灾难预案、突发社会安全事件预案等；按预案的适用对象范围，可分为综合预案、专项预案和现场预案。

2）数字化预案

（1）文本预案进行结构化分解。将组织机构与职责、应急响应、危险性分析、应急资源等要素，开发成既相对独立又相互关联的程序块。综合应急预案、专项预案和现场处置预案有不同的管理要素，以要素字典的方式对预案进行结构化处理。

（2）分析应急预案流程图。根据突发事件的演化过程分析，将文本预案进行流程化分解，分析每个关键节点，根据职责分配表关联具体的应急行动等，从而得到详细的预案流程图。

（3）各种信息和资源与预案流程图相关联。包括各预案结构要素模块，突发事件演化分析信息，现场设备与环境信息，现场视频监控数

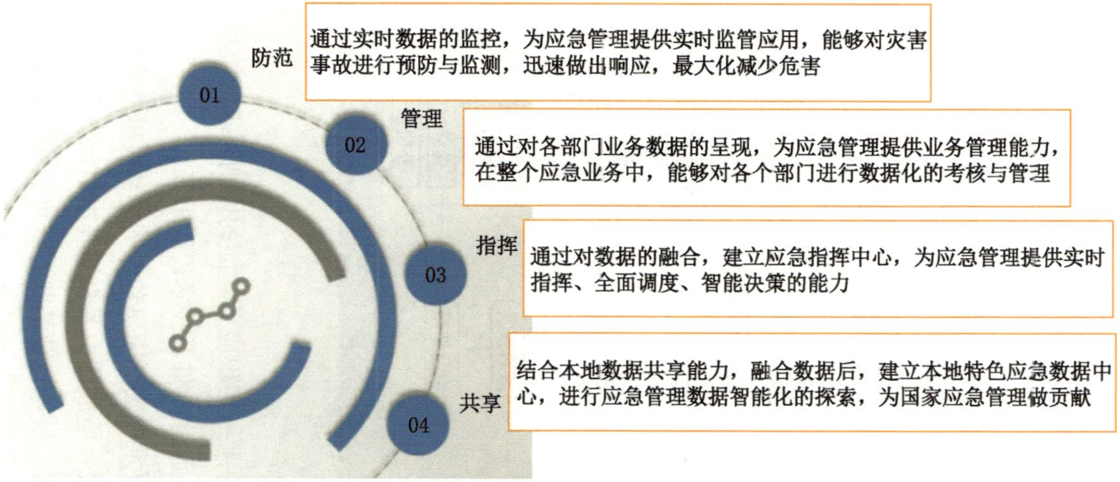

图 3-14　应急管理数据应用

据，应急资源信息等。

（4）案例库。收集突发事件的应急知识和同类事件的典型案例，开发应急知识库与案例库。制定应急策略和处置方案的推理规则，实现应急响应过程中关键节点应急处置方案的智能化分析与评估。

3）数字化预案－事件响应流程

应急管理事件响应流程如图3-15所示。

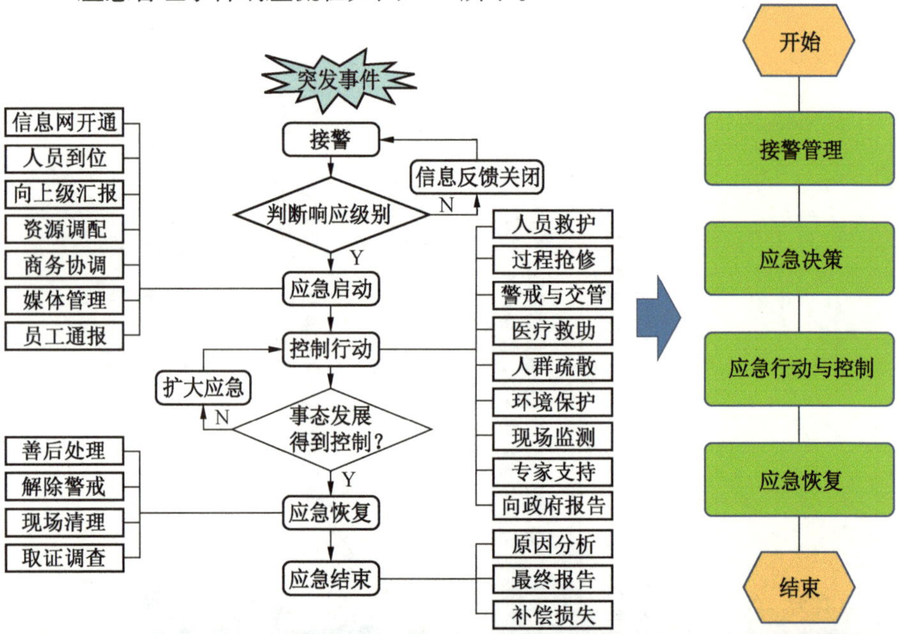

图3-15　应急管理事件响应流程示意图

4）预案构成要素

（1）结构要素：实现应急功能的原则要求的统称，如组织及职责、预案响应对象、预案附件及技术说明书等。

（2）控制要素：实现应急功能的活动要求的统称。

（3）结构段：组成结构要素的基本单元。

（4）事件段：被控对象的状态或可能的变化过程。

（5）控制段：改变被控对象的状态或可能的变化过程的活动要求。

通常，结构要素是不可程序化的，控制要素是可程序化的。

5）程序化的主要步骤

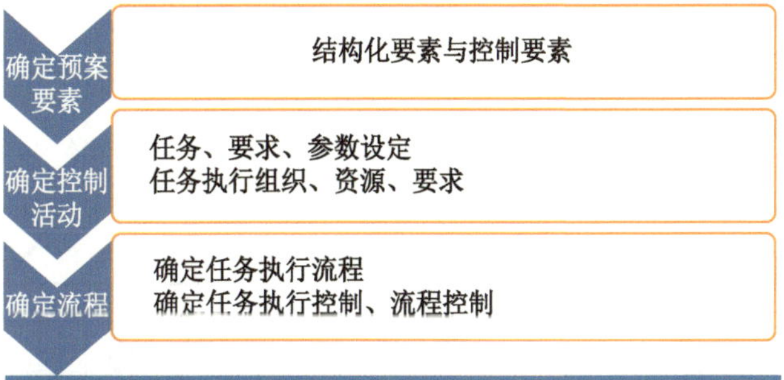

图3-16　程序化步骤

程序化步骤如图3-16所示。

6）预案生成流程

预案生成流程如图3-17所示。

7）预案管理与应急指挥

预案管理与应急指挥如图3-18所示。

9. 决策支持与指挥调度

1）决策支持

（1）决策支持将建立健全决策支持库和应急预案库，为辅助决策提供数据支撑。

（2）通过大数据分析实现辅助决策、灾情趋势分析和推演，并触发监测预警流程。

2）指挥调度

（1）指挥调度建立应急资源管理库，并建立应急指挥体系。

（2）以指挥调度与指挥演练为研发重点，实现紧急事态下的人员、物资调度，为紧急事态提供物资保障。

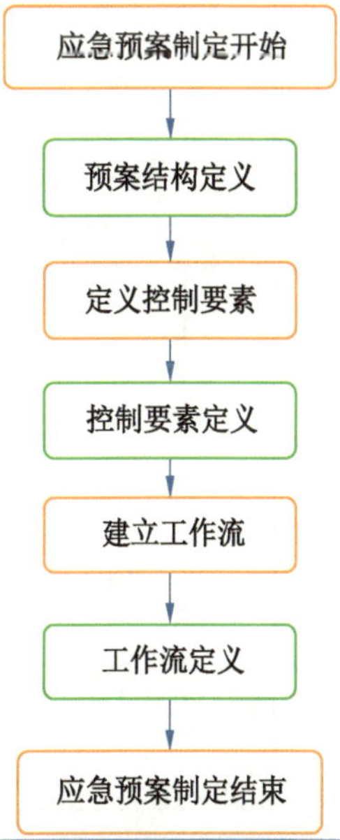

图3-17　预案生成流程

在数字化和共享时代，各组织和行业都在聚焦云计算、物联网和大数据，全面向数字化转型，必须对人、事、物等行为的数字化进行重新建模和架构，从关注功能到聚焦人、事、物等行为，应急管理中心也要在数字化的技术发展中，进行进一步的深化平台建设及应用，为城市安全做出更好的保障。

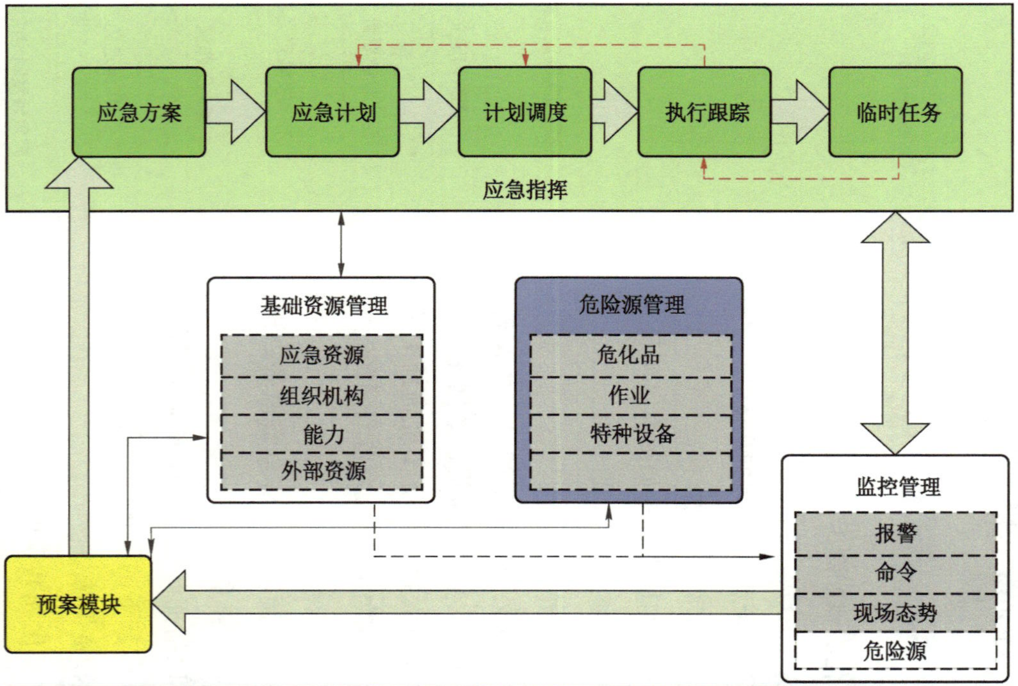

图 3-18　预案管理与应急指挥

3.6
数字化安全技术

3.6.1 数据安全技术

1. 数据安全层次

数据安全存在多个层次，如制度安全、技术安全、运算安全、存储安全、传输安全、产品和服务安全等。对于计算机数据安全来说，制度安全治标，技术安全治本，其他安全也是必不可少的环节。数据安全是计算机及网络等学科的重要研究课题之一。它不仅关系到个人隐私、企业商业隐私，而且数据安全技术直接影响国家安全。

美国棱镜门事件即是数据安全威胁很好的例子，至于国家安全，目前网络信息安全已经是一个国家国防的重要研究项目之一。从这个角度上来说，不加密的数据是不安全的，容易造成泄密事件，所以像UniBDP此类数据防泄露系统的普及，就不言而喻。这就涉及计算机网络通信的保密、安全及软件保护等问题。

2. 面临威胁

对数据安全的威胁可能会直接威胁到数据库。例如，获得对数据库未授权访问的那些人接下来可能会浏览、改变甚至偷窃它们。

对已获得访问权的数据，单独关注数据库安全并不能确保安全的数据库。系统的所有部分都必须是安全的，包括数据库、网络、操作系统、物理存放数据库的建筑物以及有机会访问系统的人员。

意外损失，包括人为错误、软件和硬件引起的破坏：建立操作过程（如用户授权）、统一软件安装过程、硬件维护计划表都是对意外损失产生的威胁可以采取的行动。与人所参与的任何工作一样，发生一些损失是在所难免的，但是考虑周全的策略和过程应该会减少损失的数量和严重程度。更严重的后果可能是非意外的威胁。

偷窃和欺诈：这些活动常常是通过电子手段的人为犯罪，可能改变数据。例如，必须建立物理安全，以便未经授权的人不能进入放置计算机、服务器、远程通信设施或计算机文件的房间。防止未授权用户通过外部通信链路对数据库不合适部分的未授权访问，是阻止有偷窃和欺诈意图的人实施其行动的又一种安全过程范例。

私密性和机密性受损：私密性受损通常意味着对个人数据的保护遭遇失败，而机密性受损通常意味着对关键的组织数据的保护受到损失，这些数据对组织机构可能具有战略价值。信息私密性控制失败可能会导致敲诈勒索、行贿受贿、民事纠纷或用户密码失窃。机密性控制的失败可能会导致失去竞争优势。

现存的一些美国联邦政府法律和州立法律要求一些类型的组织机构制订并传达其策略，以确保顾客和客户数据的私密性。必须有安全机制来实施这些策略，不这么做就可能意味着财政和声誉的巨大损失。

数据完整性受损：当数据完整性受到损害时，数据会无效或被破坏。除非通过建立备份和恢复过程可以恢复数据完整性，否则组织机构可能遭受严重损失，或基于无效数据而制定出不正确的和代价昂贵的决策。

可用性受损：硬件、网络或应用程序遭到破坏可能导致用户无法获得数据，这可能再次导致严重的操作困难。这种类型的威胁包括引入有意要破坏数据或软件或致使系统不可用的病毒。始终安装最新的抗病毒软件，以及使雇员了解病毒来源，这些是对抗这种威胁的重要措施。

3. 各行业需要加密保护的数据

（1）制造业设计图纸、价格体系、商业计划、客户资料、财务预算、市场宣传计划、采购成本、合同订单、物流信息、管理制度等。

（2）政府和军队公文，统计数据，机要文件，会议机要，军事情报、军事地图、作战方案等。

（3）金融、电信机构交易数据、账目信息、融资投资信息、董事会决议、大客户信息、上市公司中报/年报等。

（4）咨询型企业调查报告、咨询报告、招投标文件、专利、客户资料、价格等。

（5）设计类机构设计图、设计方案、策划文案、客户信息、软件程序等。

4. 基本特点

（1）保密性（secrecy）。又称机密性，是指个人或团体的信息不为其他不应获得者获得。在电脑中，许多软件包括邮件软件、网络浏览器等，都有保密性相关设定，用以维护用户资讯的保密性，另外间谍档案或黑客有可能会造成保密性的问题。

（2）完整性（Integrity）。数据完整性是信息安全的三个基本要点之一，指在传输、存储信息或数据的过程中，确保信息或数据不被未授权的人篡改或在篡改后能够被迅速发现。在信息安全领域使用过程中，常常和保密性边界相混淆。以普通RSA对数值信息加密为例，黑客或恶意用户在没有获得密钥破解密文的情况下，可以通过对密文进行线性运算，相应改变数值信息的值。例如交易金额为X元，通过对密文乘2，可以使交易金额成为2X。为解决以上问题，通常使用数字签名或散列函数对密文进行保护。

（3）可用性（Availability）。数据可用性是一种以使用者为中心的设计概念，易用性设计的重点在于让产品设计能够符合使用者的习惯与需求。以互联网网站的设计为例，希望让使用者在浏览过程中不会产生压力或感到挫折，并能让使用者在使用网站功能时，能用最少的努力发挥最大的效能。

基于这个原因，任何有违信息的“可用性”都算是违反信息安全的规定。因此，世界上不少国家，不论是美国还是中国都有要求保持信息可以不受规限地流通的运动举行。

对信息安全的认识经历了的数据安全阶段（强调保密通信）、网络信息安全时代（强调网络环境）和信息保障时代（强调不能被动地保护）。

5. 制度安全

制度安全指计算机拥有单位，为了保证其计算机以及计算机内存储的数据安全而制定的一套约束各工作人员和非工作人员的规章制度。

计算机制度安全条例示例如下：

（1）认真贯彻执行《中华人民共和国保守国家秘密法》和《中华人民共和国保守国家秘密法实施办法》。

（2）工作人员要熟悉国家相关部门规定的计算机安全保密制度并认真贯彻实施。

（3）不得随意复制保密数据和扩大涉密范围，如有确需复制的数据、文件、材料，应征得部门领导同意后方可复制。

（4）不准在私人交往和通讯中泄露本单位秘密，不准在公共场所谈论本单位秘密，不准通过其他方式传递本单位秘密。

（5）坚持涉密计算机及系统不得入网，和外网进行物理隔断。不得插用非本办公室的U盘、移动硬盘、光盘、软盘。

（6）凡入网的计算机不得涉密，即不得存储、处理、传递国家机密和工作机密。

（7）笔记本电脑因工作原因经常带出，不得存储保密数据及信息。如确需存储保密信息，需经部门领导同意并记录。

（8）涉密机器要配备必要的保密措施，尽量采用成熟的、经有关部门认可的综合技术防范手段。

（9）在国际互联网上发布信息需经领导同意并记录。

（10）树立保密意识，定期检查各项安全保密措施，发现隐患及时报告、及时采取措施。

6. 网络安全措施

1）防火墙技术

防火墙技术是建立在现代通信网络技术和信息安全技术基础上的应用性安全技术，已越来越多地应用于专用网络与公用网络的互联环境之中，尤其以接入Internet网络为甚。防火墙是指设置在不同网络（如可信任的企业内部网和不可信任的公共网）或网络安全域之间的一系列部件的组合。它是不同网络或网络安全域之间信息的唯一出入口，能根据企业的安全政策控制（允许、拒绝、监测）出入网络的信息流，且本身具有较强的抗攻击能力。它是提供信息安全服务，实现网络和信息安全的基础设施。在逻辑上，防火墙是一个分离器，一个限制器，也是一个分析器，有效监控了内部网和Internet之间的任何活动，保证了内部网络安全。

（1）防火墙是网络安全的屏障：一个防火墙（作为阻塞点、控制点）能极大地提高一个内部网络的安全性，并通过过滤不安全的服务而降低风险。由于只有经过精心选择的应用协议才能通过防火墙，所以网络环境变得更安全。

（2）防火墙可以强化网络安全策略：通过以防火墙为中心的安全方案配置，能将所有安全软件（如口令、加密、身份认证、审计等）配置在防火墙上。

（3）对网络存取和访问进行监控审计：如果所有的访问都经过防火墙，那么，防火墙就能记录下这些访问并做出日志记录，同时也能提供网络使用情况的统计数据。

（4）防止内部信息外泄：通过利用防火墙对内部网络的划分，可实现内部网重点网段的隔离，从而限制局部重点或敏感网络安全问题对全局网络造成的影响。

除了安全作用，有的防火墙还支持具有Internet服务特性的企业内部网络技术体系VPN。通过VPN，将企事业单位在地域上分布在全世界各地的LAN或专用子网有机地联成一个整体，不仅省去了专用通信线路，而且为信息共享提供了技术保障。

2）入侵检测技术

IETF将一个入侵检测系统分为四个组件：事件产生器、事件分析器、响应单元和事件数据库。事件产生器的目的是从整个计算环境中获得事件，并向系统的其他部分提供此事件。事件分析器分析得到的数据，并产生分析结果。响应单元则是对分析结果做出反应的功能单元，它可以做出切断连接、改变文件属性等强烈反应，也可以只是简单的报警。事件数据库是存放各种中间和最终数据的地方的统称，它可以是复杂的数据库，也可以是简单的文本文件。

根据检测对象不同，入侵检测系统可分为主机型和网络型。主机型入侵检测系统是以系统日志、应用程序日志等作为数据源，当然也可以通过其他手段（如监督系统调用）从所在的主机收集信息进行分析。主机型入侵检测系统保护的一般是所在的系统。这种系统通常运行在被监测的系统之上，用于监测系统上正在运行的进程是否合法。

对各种事件进行分析，从中发现违反安全策略的行为是入侵检测系统的核心功能。从技术上，入侵检测分为两类：一类基于标志，另一类基于异常情况。

3）服务器端安全措施

只有正确安装和设置操作系统，才能使其在安全方面发挥应有的作用。下面以WIN2000SERVER为例进行介绍。

（1）正确地分区和分配逻辑盘。微软的IIS经常有泄漏源码/溢出的漏洞，如果把系统和IIS放在同一个驱动器会导致系统文件的泄漏甚至入侵者远程获取ADMIN。

系统的配置是建立三个逻辑驱动器，C盘（20G）用来装系统和重要的日志文件，D盘（20G）放IIS，E盘（20G）放FTP，这样无论IIS或FTP出了安全漏洞都不会直接影响到系统目录和系统文件。因为，IIS和FTP是对外服务的，比较容易出问题。而把IIS和FTP分开主要是为了防止入侵者上传程序并从IIS中运行。

（2）正确选择安装顺序。一般的人可能对安装顺序不太重视，认为只要安装好了，怎么装都可以。很多时候正是因为管理员思想上的松懈才给不法分子以可乘之机。Win2000在安装中有几个顺序是一定要注意的：

首先，何时接入网络：Win2000在安装时有一个漏洞，在使用者输入Administrator密码后，系统就建立了ADMIN$的共享，但是并没有用使用者刚刚输入的密码来保护它，这种情况会一直持续到使用者再次启动后，在此期间，任何人都可以通过ADMIN$进入使用者的机器；同时，只要安装完成，各种服务就会自动运行，而这时的服务器是满身漏洞，非常容易进入。因此，在完全安装并配置好Win2000SERVER之前，一定不要把主机接入网络。

其次，补丁的安装：补丁的安装应该在所有应用程序安装完之后，因为补丁程序往往要替换/修改某些系统文件，如果先安装补丁再安装应用程序有可能导致补丁不能起到应有的效果，例如，IIS的HotFix就要求每次更改IIS的配置都需要安装，尽管很麻烦，却很有必要。

4）安全配置

（1）端口：端口是计算机和外部网络相连的逻辑接口，从安全角度来看，仅打开你需要使用的端口会比较安全，配置的方法是在网卡属性—TCP/IP—高级—选项—TCP/IP筛选中启用TCP/IP筛选。不过对于Win2000的端口过滤来说，有一个不好的特性：只能规定开哪些端口，不能规定关闭哪些端口，这样对于需要开大量端口的用户就比较麻烦。

（2）IIS：IIS是微软组件中漏洞最多的一个，平均两三个月就要出一个漏洞，而微软的IIS默认安装又实在不敢恭维，所以IIS的配置是重点，所以在本系统的WWW服务器采取下面的设置：首先，把操作系统在C盘默认安装的Inetpub目录彻底删除，在D盘建一个Inetpub，在IIS管理器中将主目录指向D：\Inetpub；其次，在IIS安装时默认的scripts等虚拟目录一概删除，这些都容易成为攻击目标。

虽然我们已经把Inetpub从系统盘中移除了，但这样做也是完全有必要的。如果需要什么权限的目录可以在需要的时候再建，需要什么权限开什么。特别注意写权限和执行程序的权限，没有绝对的必要千万不要给。

（3）应用程序配置：在IIS管理器中删除之外的任何无用映射，必须指出的是ASP，ASP和其他确实需要用到的文件类型。我们不需要IIS提供的应用程序的映射，删除所有的映射，具体操作：在IIS管理器中右击主机—属性—WWW服务编辑—主目录配置—应用程序映射，然后就一个一个删除这些映射。点击“确定”退出时要让虚拟站点继承刚才所设定的属性。

7. 传输安全

IP宽带网中传输安全保障技术包括：用户认证及访问控制技术、VLAN技术、MPLS技术、VPN及加密与密钥交换技术、设备厂商提供的增强技术。

1）用户认证及访问控制技术

访问控制可以分为三种，第一种是对网络设备的访问，采用基于用户名/口令的认证技术，然后根据该用户名的权限进行相关的访问控制。主要实施在运营商和用户的网络设备上。

第二种是采用运营商分配的IP地址作为用户的认证信息，通过基于IP地址以及端口号的访问控制策略实现访问控制。此类访问控制策略主要实施在不同的用户之间，网络本身仅仅为不同用户提供了一种完全连接的手段，而并非所有的用户都需要让其他用户访问到自身机器的全部信息。运营商可以通过分配给用户的IP地址作为认证信息来实施访问控制策略。

第三种是采用增强的认证手段（口令、密钥等）进行用户认证，然后根据用户身份进行相应的访问控制。第三种访问控制技术提供了进一步增强的验证，防止了通过伪造源IP地址和源路由等技术跨越原有的基于IP地址和端口号的访问控制的可能，同时通过密钥等几乎不可破解的强密钥认证技术，保证了VPN等应用的高安全性。

2）VLAN技术

VLAN技术在处于第二层的交换设备上实现了不同端口之间的逻辑隔离，在划分了VLAN的交换机上，处于不同VLAN的端口间无法直接通过二层交换设备进行通信。

从安全性角度讲，VLAN首先分割了广播域，不同的用户从逻辑上看连接在不互相连接的不同二层交换设备上，VLAN间的通信只能通过三层路由设备进行：实施VLAN技术，可以实现不同用户之间在二层交换设备上的隔离。

外部攻击者无法通过类似上述介绍的在同一广播域内才可能实施的攻击方式对其他用户进行攻击。从灵活性角度讲，在典型的IP宽带网中，在相对不安全的分布接入层，首先采用VLAN技术实现用户间的隔离，然后数据进入由MPLS技术提供了较高安全性的主干网进行传输，在数据通过主干网后再采用VLAN技术接入到对端用户。采用用户—VLAN—MPLS—VLAN—用户的连接模式保障网络传输的安全。同时VLAN限制在本地而不是穿越本地主干网，避免了在大量用户接入后VLAN的设定受到VLAN最大数目的限制。

3）MPLS技术

MPLS（多协议标志交换）交换与传统的基于下一跳的IP路由协议不同，它是基于一种显式的路由交换，采用源地址路由方式，通过网络拓扑来实现MPLS的路由控制管理。

在标志交换的环境中，MPLS为第3层路由表中的路由前缀分配一个特定含义的标签，MPLS标记技术隐藏了真实的IP地址以及信息包流的其他内容，至少提供了相当于窄带的帧中继技术的第二层数据安全保护。类似地，我们也可以将基于MPLS技术的数据隔离看作是等同于VLAN技术的广域网。

4）VPN及加密与密钥交换技术

VLAN技术和MPLS技术的综合应用保障了第二层的网络安全，充分防止了外部攻击者利用IP宽带网的第二层安全缺陷进行攻击。

网络提供商提供的主要是下二层和部分第四层的服务（Qos等服务，几乎无须考虑安全性），所以仅仅做到第二层的安全性是远远不够的，在第三层上，我们主要通过基于IPSec的VPN技术来实现相关的安全性。

（1）IKE技术。IKE（Internet密钥交换协议）用于在VPN通道建立前对双方的身份进行验证，然后协商加密算法并生成共享密钥。为了防止密钥泄漏，IKE并不在不安全的网络上传输密钥，而是通过一系列强安全性的非对称算法通过交换非密钥数据，实现双方的密钥交换。按照当前的解密技术和计算机应用的发展水平，该算法可以被看作是不可破解的。

（2）IPSec技术。IPSec技术是一组协议的总称，在通常的IPSec应用中，同时使用了用于保障完整性和真实性的AH协议，进行数据加密用于保障数据的私有性的ESP协议，来保证传输过程中的数据安全。

（3）VPN的应用。VPN在两台支持VPN的设备间建立了对等关系并协商建立一条安全传输信道，有两种典型的连接方式，一种是各个部门之间通过专用的VPN通道通过公用网络进行连接。另一种是远程授权用户通过拨号（拨号方式采用的是专用链路连接，不存在二层安全性问题）等方式进入Internet并和内部网络采用VPN技术建立传输通道，进而访问公司内部网络。

5）设备厂商提供的增强技术

各大网络设备厂商在其网络设备上都添加了部分增强网络安全性的功能，例如接入层的MAC地址绑定及端口安全保护，静态ARP表等网络安全性增强技术，IP宽带网运营商可以在充分了解网络设备的安全性增强功能后为客户提供更加细致的安全服务。

3.6.2 数据安全架构

数字化安全首先需要关注核心数据的安全，同时关注由数字化催生的众多网络、云计算、物联、通信等安全风险，传统防护手段难以抵御，数据与其关联的云计算、大数据、物联网技术的应用使网络边界日趋模糊，大数据技术的发展，使数据储量和流量成倍上涨，网络安全攻击带来的损失和伤害也随之成倍增加。物联网打通了线上线下界限，利用设备漏洞控制物联网甚至可对物理世界造成伤害；云计算模糊了传统的安全边界，安全建设前移将成为趋势，安全攻防的复杂程度也大大增加。

传统“头痛医头、脚痛医脚”的网安产品布局方式逐渐无法满足用户需求，政企对于数字化网络安全建设需求提升，平台型、系统性、体系化的网络安全建设成为其关注重点。

1. 数据安全防护：覆盖数据全生命周期，搭建安全体系

在数字化时代，网络安全不再是传统IT基础设施的安全，还包括整个数字化生态中全部有形与无形的资产，尤其是数据资产。对数据的保护需要覆盖数据的全生命周期，引用《信息安全技术　数据安全能力成熟度模型》（GB/T 37988—2019）DSMM架构图中的数据生存周期安全步骤，从数据采集、数据存储、数据传输、数据处理、数据交换、数据销毁六个阶段搭建安全体系，如图3-19所示。数字化网络安全技术框架如图3-20所示。

2. 网络安全技术框架——云安全技术框架

由于云服务的特殊性，云安全需要云厂商和用户共同协助保障。云厂商主要负责云平台系统自身的安全，云用户主要负责云主机安全、云应用安全、云产品安全和云上数据安全。

另外，云安全管理涵盖对整个平台体系的集中管控，是云安全建设的根本；云原生安全是云架构下一步发展方向提出的新的安全需求。云安全技术框架如图3-21所示。

3. 网络安全技术框架——物联网安全技术框架

物联网安全的技术层次可以分为三个层面，感知层、网络层、平台和应用层，如图3-22所示。感知层安全主要包括设备安全、数据安全和网关接入安全；网络层安全主要指物联网终端从网关到物联网后台处理平台之间的安全；平台和应用层安全主要指物联网后台数据处理平台和前台展示呈现的应用安全。以层次化进行物联网安全分析和防护是物联网安全体系的重要思路。

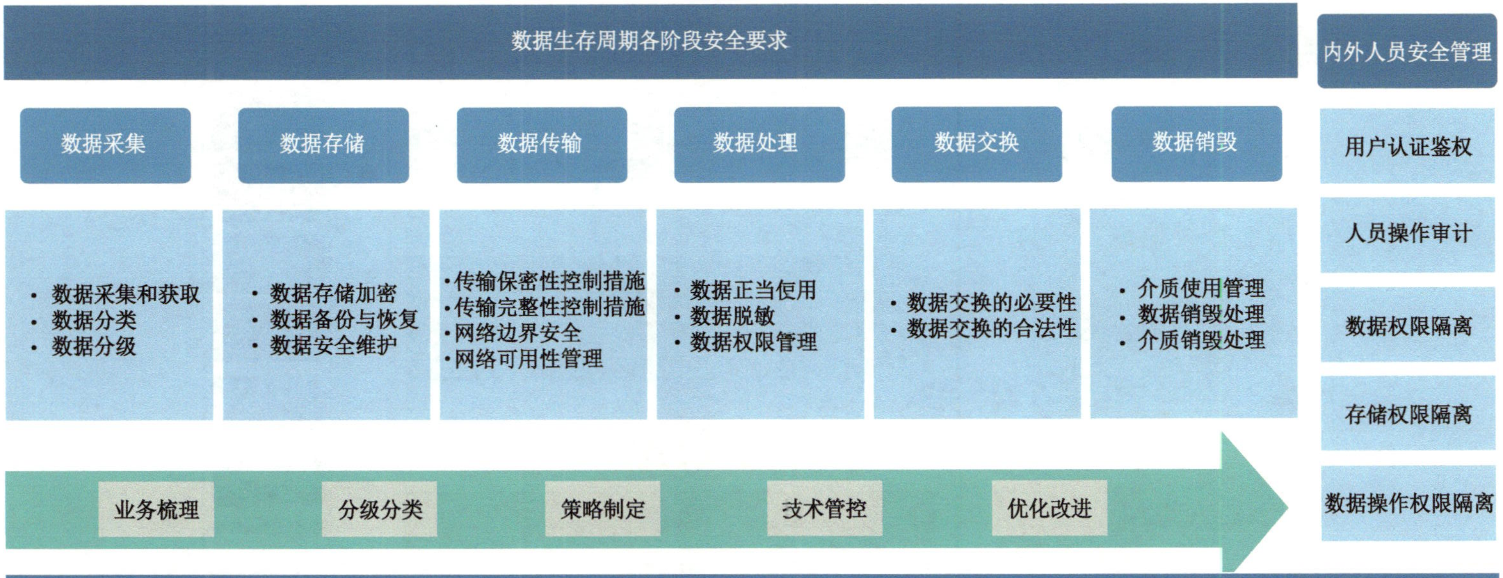

图 3-19 网络安全防护体系

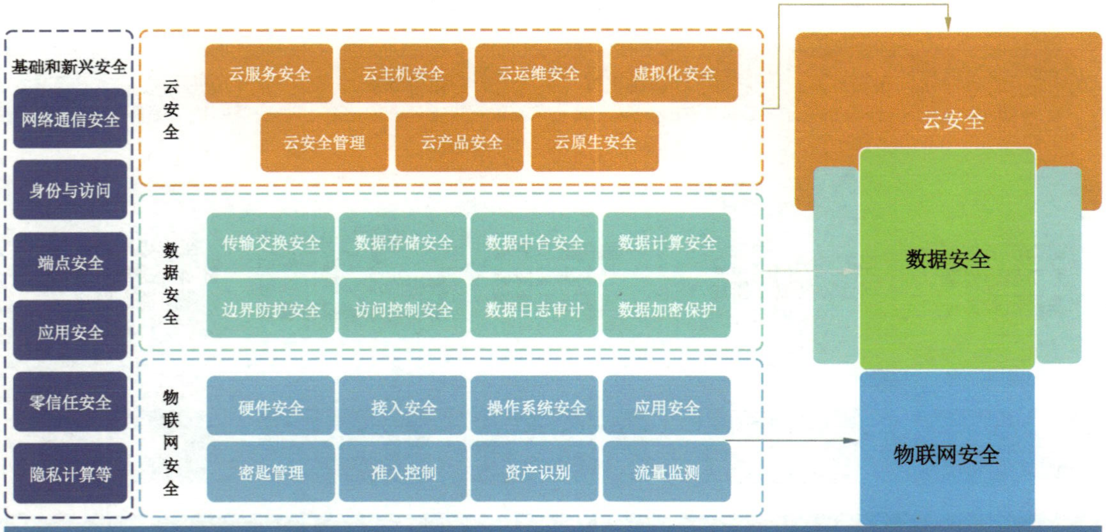

图 3-20　数字化网络安全技术框架

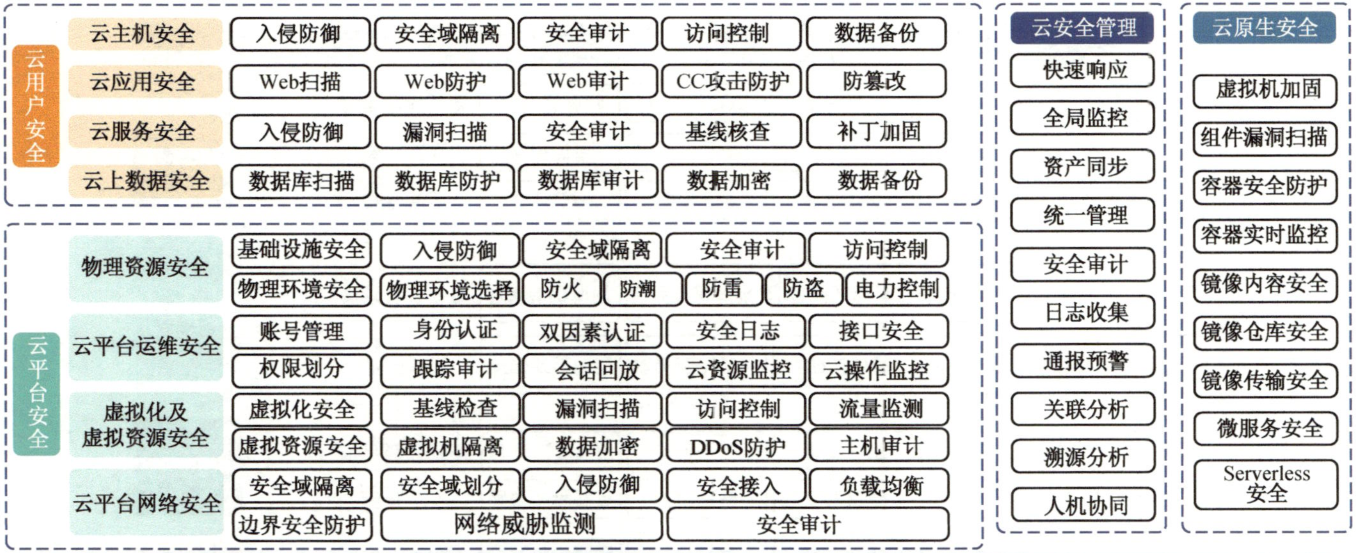

图3-21 云安全技术框架

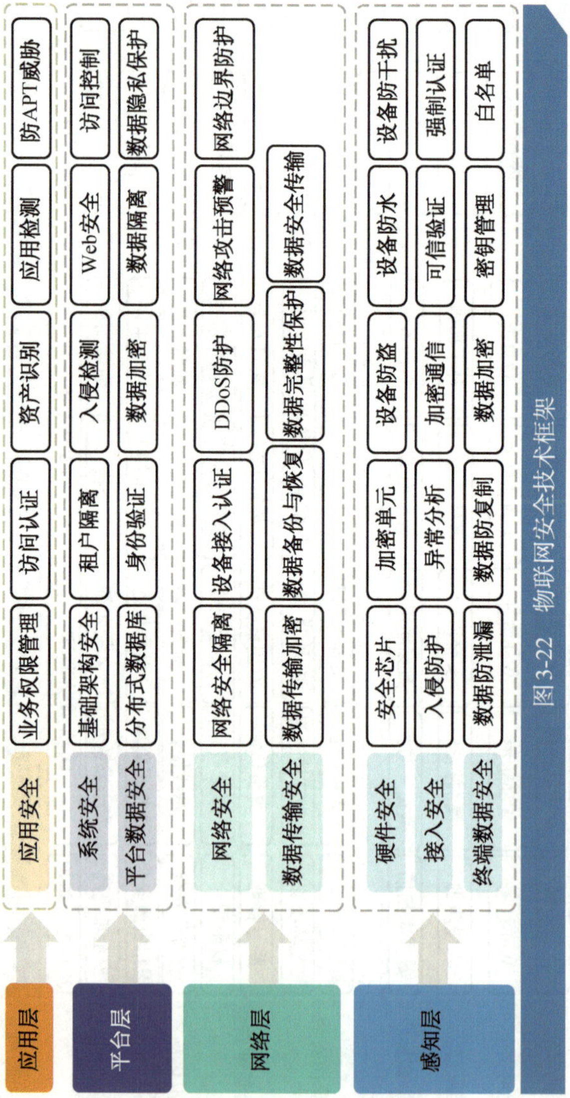

图 3-22 物联网安全技术框架

4. 网络安全技术框架——数据安全技术框架

按照数据生命周期，遵循“事前客观、事中可控、事后可追溯”的原则，可以将数据安全框架分为数据采集安全、数据传输安全、数据存储安全、数据处理安全和数据销毁安全六大步骤，以及风险与需求识别、风险防护、追溯恢复三大模块，如图3-23所示。

3.6.3 数字化转型安全

3.6.3.1 数字化转型，安全先行的四项关键挑战

改善网络安全状况正成为启动数字化转型项目的驱动因素。然而，实施过程中存在的错误往往会酿成惨痛的后果，需要为之付出沉重的代价。

数字化转型对于许多企业的长期发展目标而言至关重要，因为它可以帮助他们抵御如春笋般不断涌现的初创公司，更好地满足客户的需求，寻找新的发展机会，以及帮助企业降低成本等。

此外，也是尤为重要的一点是，它还可以帮助提高企业的安全性。根据451 Research公司的一项调查显示，49%的IT专业人员和业务线经理表示，保护客户数据是他们的主要转型目标之一。

2018年夏天，研究公司Lucid也对IT领导者进行了一项调查，结果显示49%的IT领导者认为，更好的网络安全保护是他们公司关注数字化转型的原因之一。40%的受访者表示，网络安全是他们公司投入最多的数字化转型领域。

实际上，我们正在目睹越来越多的IT领导者采取数字化转型项目来支持他们的网络安全战略。这些项目涉猎面极广——小到员工入职和离职期间获取更好的访问权限，大到一些大型项目，如跟踪GDPR敏感数据的位置和其他合规性要求等，无一不包含在内。

除此之外，迁移至现代基础架构（包括Office 365等基于云的解决方案）也可以单独提高安全性。

RiskLens公司近日针对准备向云供应商迁移的大型企业进行了风险分析研究，结果指出，由于我们的电子邮件环境不再是本地部署，我们将更加担心网络中断和数据保护问题。但是研究人员也发现，微软对Office 365的管理往往远远领先于组织自身所实现的管理，因此就整体

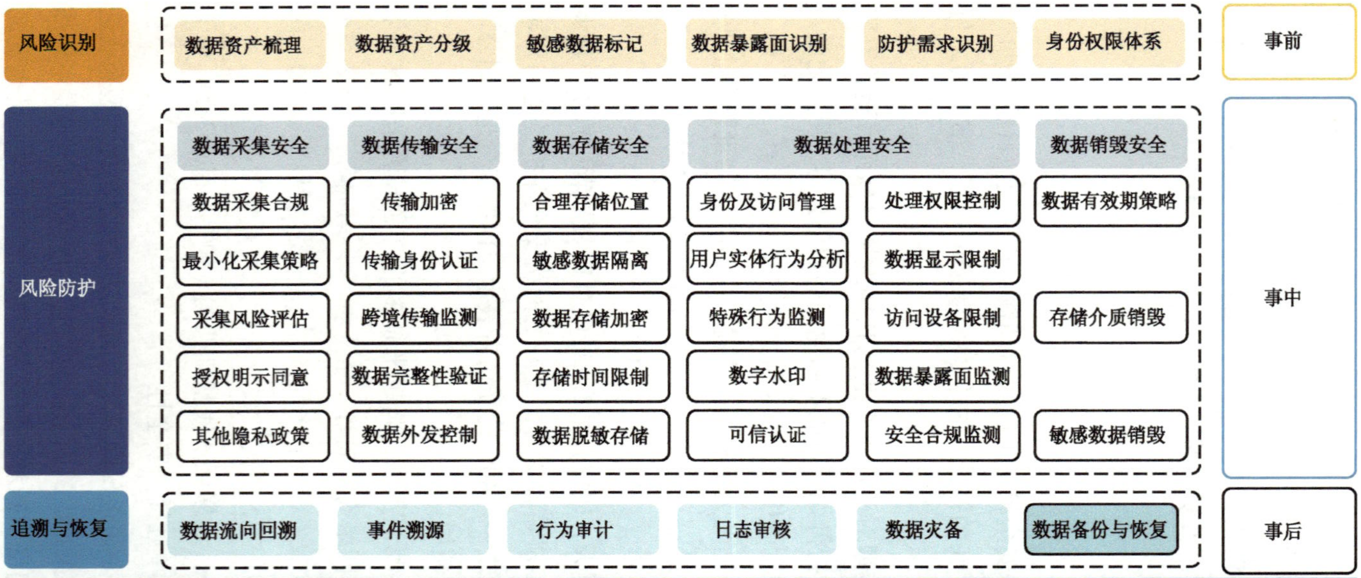

图3-23　数据安全技术框架

而言，实际风险在迁移到云时会减少，而不是增加。

专家表示，数字化转型项目还可能导致企业环境的可见性降低，人力检查点减少，以及面临新的安全威胁。事实上，根据Fortinet最近进行的一项调查显示，安全性是迄今为止数字化转型工作面临的最大挑战，85%的首席安全官（CSO）和首席信息安全官（CISO）表示，安全性对于数字化转型工作而言是一个巨大的难题。

普华永道在最新发布的一份报告中表示，很少有公司正在将网络和隐私风险管理正确地纳入其数字化转型中。未来的赢家将属于那些自设计阶段开始就在构建风险管理的企业所有。能否在数字化转型过程中正确建立网络和隐私风险管理，将成为企业确立品牌形象的关键一战。

3.6.3.2 数字化转型过程中将面临的四大主要挑战

1. 对数据和流程的可视性降低

据RiskLens公司所言，当基础设施由第三方托管时，企业对于能够收集的数据的控制权就会降低。试想一下，如果你的基础设施是在本地部署的，你就能够获取更好的可视性，可以在任何时候操控任何你想要控制的数据。当然，第三方服务供应商也会为你提供一些控制和报告，但是这与公司控制自己的基础架构的程度明显不同。

如果说公司未能提前制定好计划来管理新基础架构的话，那么即便是在本地安装新系统，可视性也可能会成为问题。一旦你无法确定相关资产的状态，或者将新软件部署到该资产时，你就会面临安全风险，无疑，你的攻击面也将进一步扩大。

以容器为例，它可以在本地、混合或云环境中运行。多年来，未能妥善保管容器一直是个问题。一个问题是，安全性无法产生收益。大多数企业都没能从安全性中获利，因此，从历史上看，大多数企业的主要关注点都未放在安全性上，尽管多年来它已有所改善。如此一来，从安全角度来看，基础设施的构建、增长甚至成熟速度在很多情况下都要远远超过企业所能应对的程度。

而当业务部门在未经IT部门的批准下购买新技术时（即所谓的“影子IT”），问题就会变得更为严重。特别是云服务可以在无须大量技术支持的情况下，即可快速轻松地实现部署和设置。如今，企业系统中存在越来越多的“影子IT”，业务部门已经打破旧的原则，在未经IT部门许可的情况下构建属于自己的基础设施，这无疑加重了安全问题。因为公司IT管理人员甚至不知道有这些系统的存在，谈何具备对这些系统的可视性。

2. 人力检查点减少

人类雇员需要对企业中存在的许多甚至大多数安全问题负责：他们会在输入交易时发生拼写错误；他们会忘记启用安全控制；他们会打开网络钓鱼邮件并点击恶意链接；他们会陷入网络骗局；他们会坚持在不同的平台上使用相同的弱口令。

通常情况下，我们的网络解决方案要比我们更强大，因为我们作为人类，具备情感，所以更容易被恶意行为者利用和操纵。但是值得注意的是，人类也提供了一种叫作“常识”的关键剂量，不过随着流程逐渐实现完全自动化，人类所独具的这种技能也在随之消失。

例如，有些事情就像SQL注入一样简单。人类可以通过代码立即获取想要获取的数据，而无须人力识别和过滤。这显然是自动化所带来的便捷之处，但是要知道，计算机只有在经过编程之后才能执行相应的任务。作为人类，我们能够通过直觉或常识来判断一些东西可能存在问题，但是计算机并不具备这种能力。它们只能依赖特定的编程来执行任务，因此可能会存在遗漏、错失的情况。

如今，越来越多的企业正在不断增加其自动化建设，在这种高效、低成本的环境中，企业习惯将人类从控制台中剔除，这种行为可能导致的问题值得企业深思。

3. 未知的“未知数”

数字化转型有时可能会带来新的、无法预料的攻击向量。例如，Amazon S3存储桶的使用，其价格便宜、使用便捷、易于设置，同时也易于遭受攻击。

在过去一年中，包括埃森哲、道琼斯、Verizon以及军事情报机构INSCOM在内的多家技术精湛的公司，都将敏感数据暴露在了亚马逊上。无独有偶，Kenna Security公司研究人员最近也发现，9600家分析机构中有31%因为Google网上论坛和G Suite配置出错而泄露敏感电子邮件信息。受影响的实体包括财富500强公司、医院、大学和学院、报纸和电视台，甚至美国政府机构。

Kenna Security研究人员指出，使用G Suite的组织在创建邮件列表时可能会配置Google Groups 界面。由于术语和组织范围与Groups特定权限的复杂性，列表管理员可能无意中泄露电子邮件列表的内容。据悉，造成此次事故的谷歌G Suite，正是许多正在转型中的企业所使用的转型产品。事实上，由于缺乏持续的警惕性而导致的错误配置问题，已经使全球不同行业的众多组织遭遇了数据泄露事件。

4. 你需要一个网络安全计划

首席安全官（CSO）在确保企业的数字化转型战略（包括网络安全计划）方面发挥着重要作用。他们发挥作用的关键就是要能关注那些对企业而言最重要的问题。

安全人员有时候习惯打哑谜，听得人云里雾里，公司自然也就不了解安全的重要性以及如何落实安全性了。事实上，安全人员需要提供一些清晰且实实在在的案例，这些例子不仅仅是技术性的，还需要能够清楚地说明哪些因素可能会对公司的品牌产生什么影响。

例如，数据泄露行为就会对公司的市值产生影响。你可以为企业绘制一个简单的图表，说明Equifax数据泄露事件为其带来的成本和市值损失；Target数据泄露造成的成本损失，以及Facebook泄露客户隐私所造成的市场成本和名誉损失。更重要的是，这种损失成本还一直在大规模增加。

首席安全官也必须把握好言语尺度，以能够说服企业高管支持网络安全举措为宜，切勿营造一种危言耸听的形象。例如，太多的安全专业人员只关注于将数据和流程迁移至云端的额外风险，而忽略了其优势。这种行为并非实际的分析工作，而是在传播一种恐惧、不确定和怀疑的氛围，甚至可能导致首席安全官失去信誉。

之后，企业可能仍然会继续进行该项目，因为他们看到了该项目的价值、机会或成本优势，首席安全官也会由此受到限制，损耗企业对其的信任。

如果首席安全官能够客观地谈论业务方面的风险和安全性，那么他们将更有可能在数字化转型项目中发挥作用，树立威信。安全专家建议称，安全专业人员可以关注风险评估方面的一些国际标准，例如FAIR风险评估框架等。这些标准并不是传递FUD（恐惧、不确定和怀疑），或云是危险的等观点，而是旨在帮助企业安全人员做出更为明智的决策。

4

装备制造业数字化转型

4.1 现代工业的基本特征

1. 安全稳定是底线

企业为什么不采用某些先进技术、效果更好的算法、更高的自动化程度？一个重要的原因，就是“安全稳定是底线”。

在实时控制软件中，用于防止错误所写的代码，可能是“用于完成功能”代码的若干倍。

2. 经济性是目标

企业是经济实体，**采用新技术时一定要考虑经济性。** 在一个企业里，单纯地提高产量、质量、自动化水平、控制精度、响应速度等，都不一定能够提高经济性。比如：提高非瓶颈环节的产量，只会增加库存而不会增加全厂的产量；性能指标超出需求时，质量更高并不会为企业和用户带来更多价值；劳动力成本低的时候，**过高的自动化水平会降低企业的盈利并导致职工失业。**

缺乏“系统性考虑问题”的习惯时，往往就是因为缺乏工业常识。 对于多数企业来说，经济性往往比技术性能更重要。

3. 分工、标准化、持续改进是手段

人们在推进智能化时，总是强调系统优化、模型化。 但当我们到一家现代化企业落实时，系统优化往往是建立在特定分工的基础上开展的。虽然数字化可以优化分工，却不是想怎么优化就怎么优化，而是要服从现代企业制度。模型化往往也是基于分工和标准化体系的，模型的自动功能不能无限扩大，往往需要有人在旁边监督。原因很简单：自动化功能的扩大可能会冲击安全、稳定的底线。当我强调智能化往往是

“用人明白的道理，让计算机去做”，包含一个潜台词：“人明白的道理”往往就是可以标准化的知识。

强调持续改进的前提，是接受不完美的结果，而不是强调理论计算出来的最优解。现实中，理论计算出来的“最优”结果，可能会引发一些意想不到的问题，甚至冲击安全、稳定的底线。所谓持续改进，往往是在安全稳定的前提下，找到一个比较好的。如果要改进的话，也一点点地去改，从而化解风险。

4.2

解决数字化转型难题

1. 未来企业：数字化企业

无论是身处传统企业，还是互联网公司，都会不可避免地被卷入数字化浪潮中。如果是传统企业，毋庸置疑，学习数字化是必经之路，如若不然就很容易被边缘化甚至被淘汰。未来10年间，掌握数字化能力已不再是竞争优势，而是成为赢在起跑线的关键，是企业转型的制胜权杖。

2. 数字化转型必须业技融合

数字化尽管是大势所趋，但作为一个新的时期，想要真正参透数字化转型却并不容易。目前，也只有走在转型路上的企业，而没有可以算是真正转型成功的企业。很多时候大家争论的转型路径、方式、手段等，恰恰是数字化转型的不同视角。

向数字化新时代迈进，在生态思维指引的前提下，业技融合是关键。

施耐德电气有着184年的历史，起初就是一个非常传统的制造业企业，最早巴黎埃菲尔铁塔上的每一块钢都是施耐德制造的。而在当时工业革命最为辉煌的时候，施耐德开始转型，逐步渗透到电力行业。随后在20世纪70年代，他们确立了能源管理和自动化两个大方向。直到现今所谓的第三次工业革命数字化转型，才将能源领域和自动化结合以提升效率，从而产生了更多发展潜力。目前，施耐德已经在全球范围内布局了工业智能化领域，拥有200家工厂和98个物流中心。

能看出传统制造业、电力、能源等进行数字化转型探索时，自动化和高效能是终极目标。虽然各行各业数字化转型的需求不同，但“如何提升效率”是大家都在寻找的答案。施耐德的转型探索是通过历史思维指引，外加生态思维赋能，并开放业务边界与数字化技术进行了异域重构和跨界整合。所以，业技融合是数字化转型的核心战略。

3.0代码的开放平台ThingJS-X是转型核武器

大部分企业其实已经开始走向数字化转型探索之旅了，但还是没解决业务和技术之间“分家”的问题，只有努力达成业务和技术之间的深度融合，才能快速抓住数字化风口。

那么，业务侧和技术侧之间的壁垒到底怎么打破？数字化是企业从战略布局、管理统筹、业务动向、技术发展、实施交付等全流程、全链路的整体转型，涉及的工种繁多，怎样才能“一箩筐”解决问题？此时，0代码工具平台ThingJS-X（图4-1）的出现让人人都能搭上数字化转型列车。

图4-1　ThingJS-X前端界面

0代码平台，标志着降低了数字化转型的门槛。即使很多企业的员工不会编程、不会做3D设计，也能通过ThingJS-X简单的培训，短时间内独立完成数字孪生可视化应用。

此外，某些有过大数据、物联网等云端技术经验的企业有现成的数字化管理团队，但是缺乏3D建模或具体实施人才，成本高昂无法在数字化转型中实现具体操作。而当3D可视化需求涌现，组建团队的人才和技术门槛又极高，项目实施难度大，企业自身是无能力承接的。

此时0代码平台ThingJS-X能让本身的实施交付人员多线处理任务，

多终端快速访问，轻量化实施，打开网页随时随地都能实现配置和交付，比传统模式降低了95%的学习和交付成本，企业切实实现了降本增效。

通常，越有价值的东西往往实现起来越难，但如果知难而退，轻言放弃，那之前所有的付出就都白费了。数字化转型不是一蹴而就的事情，只有真正把握住时代机遇的人才有可能成为领先者！

4.2.1 数字化转型的核心是业务转型

数字化转型能否成功是传统企业生存发展的关键。数字化技术正驱动装备产业发生巨大变革，深刻影响着各类装备研发、制造、营销、服务等全价值链的各个环节。

装备研发从信息化到数字化、再到智能化的发展与演进趋势，要打造出明星装备产品，**传统的研发、制造、营销、服务的方式必须全面数字化，业务手段和模式要实现数字化转型。**

为此，从管理者、业务人员到IT团队人员，首先要突破传统信息化建设思维，充分理解和认识数字化与信息化的根本区别，不能将信息技术仅仅作为提升业务工作效率的工具，而是要应用信息技术使业务实现向数字化模式的转型。**业务转型，才是数字化转型的核心！**

数字化赋能业务，装备企业价值链中研发、制造、营销等各环节的附加价值都将得到提升。**在研发端的附加值将大大提升，而另一端则从营销向后延伸到服务端。**

1. 深刻认识数字化的价值

过去十余年，国内大型企业都已构建了以研发为中心，聚合全球优势供应商和研发机构资源的全球研发网。建造国际先进的研发设施，包括焊接、涂装、总装、机加工的试制与专用试验机构。国内企业通过构建涵盖新能源/智能网联验证能力的、全面的试验验证体系，智能网联验证能力达到了先进水平。

装备研发业务包括产品设计、验证、工艺以及项目管理等业务。要有效推行业务的数字化转型，就必须深刻认识和理解信息化、数字化、数字化转型的实质以及它们之间的区别。**信息化是业务在物理世界开展，建立信息系统和技术支撑业务开展，基本上企业有什么样的业务，**

就可以建设什么样的系统。数字化包括基于三维数模的数字化（例如三维设计、三维仿真等）和基于数据的数字化（例如数字化验证、用户画像等）。数字化转型是把业务从物理世界转型升级到数字空间开展，物理世界响应数字空间的指令，物理世界和数字空间一体化完成业务的开展，是业务的转型。

信息化和数字化是非常容易混淆的概念，但对企业的发展有着不一样的意义。企业的信息化主要用来提升业务的工作效率，而数字化则为业务赋能，改变甚至颠覆传统的工作方式。

业务的数字化转型是一种自我改进、自我颠覆，是企业工作方式通过数字化不断进化的过程。企业推进数字化转型，就是要使企业在未来的激烈竞争中立于不败之地。

2. 业务拥抱转型、信息技术与业务紧密融合是数字化转型成功的必要条件

麦肯锡报告显示，企业数字化转型失败率高达80%。企业如何保障数字化转型项目的成功实施呢？

数字化转型的本质是信息技术与产品、业务不断深化融合的过程。业务拥抱转型、信息技术与业务紧密融合，是数字化转型成功的必要条件。

在推进试制工程等领域数字化过程中，IT人员深入业务领域成为业务专家，业务人员加速了解数字化技术，IT人员与业务人员紧密协同推进业务数字化转型。

在数字化转型工作推进早期，各业务领域对数字化的认识参差不齐。为激发各业务领域推进数字化转型的兴趣，企业应将涉及从传统领域的仿真到智能网联新能源等新业务领域的数字化创新应用，并将获得的数字化成果进行分享，以及时提高数字化效果。

3. 试制工程数字化转型案例在行业广受认可

样车试制不同于量产的流水线生产方式，基本上是单工位生产。试制的样车都是个性化生产，且处于研发过程中的样车零部件状态是不成熟的，因此计划变更频繁，现场经常缺料、设备利用率低。广汽研究院试制数字化的核心是通过构建数字空间，把在物理世界里开展业务的行为迁移到数字空间里开展，利用数据驱动生产计划、生产准备、生产执

行、质量检测等业务的开展。试制生产实现了数字化生产新模式，突破了个性化产能瓶颈，产能提升高达30%。

国家希望国企在数字化转型中发挥带头作用，企业应抱着积极开放、合作共赢的心态，积极推动数字化建设。

4. 从信息化到数字化，最终走向智能化

明确从“信息化”到“数字化”再到“智慧化”的数字化发展路径。

信息化是以信息化建设为重点，建设“全球研发办公一张桌”；数字化则以“信息化、数字化、互联化、在线化、智能化”为基础，以“万物互联、虚实融合、数字洞察、智慧决策”的数字化研发为目标；

智慧化将实现“软件定义、平台运营、业务在线、数据智能”的智慧化研发。

国内不少企业数字化目前处于“数字化阶段”阶段，正在推进试制工程设计制造数字化、质量管控数字化、项目管理数字化等多种数字化项目，在“十四五”期间将取得数字化建设更大的成果。

5. 数字化能力是企业核心竞争力

在装备制造的发展历程中，经历了从机械产品到机电产品再到智能网联产品的演进升级。随着产品智能化的推进，软件在智能网联中逐渐占据支配地位（软件定义装备）。软件的赢者通吃、复制零成本特点，使得研发端在装备产品的价值得到了很大提升。

数字化转型能否成功成为传统企业生存发展的关键，而业务转型的关键举措是打造数字化能力，建立数字化架构。

传统企业需要建设基于数字化架构的数字化平台以服务于业务的数字化运营；建设数据平台、云计算及服务平台等先进的基础设施；打造以软件、平台、数据为核心的产品开发和业务运营的核心数字化能力，以应对数字化时代的挑战，进而拥抱时代机遇中赋予的更大的发展空间。对于中小企业，他们的财力并不强，要独立建设一个完整的数字化平台来支撑业务，显得捉襟见肘、难以实现，这就需要政府支持建立一个公共服务共享平台，或第三方投资建设一个公共服务平台。

4.2.2 工业软件是制造业数字化转型主战场

数字工程代表的数字化时代战略转型，基于模型是制造业数字化转型的基本方法，数字主线是制造业数字化转型的基本脉络。

从宏观角度来看，软件构筑起“数据+模型”流动传递的规则体系。从微观角度观察，软件通过定义全寿命周期业务数字化，在制造业设计、研发、制造、服务全生命周期的数字化过程中发挥了重要作用。工业软件定义了制造业数字化全过程，是工业之魂。

工业软件在制造资源数字化、制造系统平台化、制造应用智能化方面，正逐渐成为驱动制造业数字化转型的主要力量。

在软件形态方面，工业软件正朝着平台化发展；在软件使用方面，工业软件正朝着云化发展；在软件开发方面，工业软件将采用基于模型的理论、方法和工具。不同工业软件之间需要建立统一的数据标准、模型格式、框架或接口，使得数字化模型能够一致传递运行。

目前遗憾的是，我国的大型企业使用的软件大都是从国外引进的，这一情况将会大大削弱我国的数字化转型发展，一旦被国外“卡脖子”，其后果极为严重，我国应该大力发展自主知识产权软件，以保障数字化转型成果。

4.3 新型能力体系建设总体框架

数字化转型新型能力体系建设总体框架主要包括新型能力的识别、新型能力的分解与组合、能力单元的建设、新型能力的分级建设等内容。

新型能力的识别部分给出与价值创造的载体、过程、对象、合作伙伴、主体、驱动要素等有关的新型能力的主要视角，明确新型能力建设的参考分类及关键着力点，支持识别拟打造的新型能力。

新型能力的分解与组合部分主要给出基于新型能力建设需求分解明确能力单元建设需求，以及基于能力单元组合实现能力协同和能力进化的参考模型。依据发展战略中确定的可持续竞争合作优势、业务场景和价值模式，明确价值体系优化、创新和重构的总体需求，从组织主体、价值活动客体和信息物理空间3个视角出发，对新型能力建设的总体需求进行系统分析和逐级分解，提出能力单元的建设要求。基于所构建的能力单元，按照特定价值效益需求，以价值流为纽带建设完善相关能力单元组合，支持推动新型能力的协同运用和发展进化。以此类推，围绕组织战略全局层面的价值体系优化、创新和重构需求，基于价值流建设覆盖全组织的能力单元组合的集合，构建形成新型能力体系。

能力单元的建设部分从过程维、要素维、管理维三方面给出能力单元建设、运行和优化的方法。过程维主要包括策划，支持、实施与运行，评测和改进，明确能力建设、运行和优化的过程管控机制。要素维主要包括数据、技术、流程、组织等四要素，明确能力建设、运行和优化的系统性解决方案。管理维主要包括数字化治理、组织机制、管理方式和组织文化，明确能力建设、运行和优化的治理目标。

新型能力的分级建设部分主要对照数字化转型的5个发展阶段，分别提出初始级、单元级、流程级、网络级、生态级能力的建设重点。

4.4 建设海洋装备智能数字工程平台

4.4.1 目的与意义

1. 目的

数字工程并不是虚拟仿真项目，而是以数字和试验（含数字试验和数字模型的物理试验）形式实现特定、真实环境与条件下完整的工程项目。数字工程设计与传统工程设计类同，分为基本设计数字工程、详细设计数字工程、生产设计数字工程与数字制造工程。展现出的是数字化的整体产品模型、局部产品模型、过程产品模型及其研制过程的无纸文件、说明书与报告。

为造就数字工程所需而建立的必要环境条件，也即是我们所需研究建设的智能数字工程的平台。

2. 意义

（1）信息数字化是工业革命的核心技术，是制造业实现智能化的时代，是关系企业未来成败的关键，当前开发已经具备基础条件。

（2）服务于行业的数字信息化建设与企业集团的信息化，要努力成为装备制造业信息化的示范工程，就必须建设智能化的数字工程平台。

（3）数字工程产品是未来有效的营销产品，这是现代企业发展的趋势。

3. 技术基础

基于新一代信息技术：云计算、物联网、5G、工程数据库、并行工程、虚拟技术、北斗通信。

4. 研究内容

前期：营销的快速响应与智能决策分析；专家系统与资源库。

中期：现代智能化设计与制造模式：工程数据库；专家系统与数值仿真；全过程设计的信息一体化、并行工程与无纸化；成组技术与模块化技术；产品数据管理系统。

后期：建立客户管理系统，装备的生命力管理系统，人员的安全与环境和谐；运营的信息化管理（设备管理与维护系统）；运行过程的自动化与智能化；信息传输与通信技术（诊断与远程服务）；岸基决策支持中心。

4.4.2 数字装备营销与虚拟设计

长期以来，我国的船舶设计基本上都属于合同设计法（Contract Design Method，CDM）的模式。CDM的特点是先有船东（军方）的合同，然后按合同需求进行设计，边设计边建造。CDM带来的问题是：设计修改多，设计和建造周期长；设计方案的性价比不是最优；设计经济性不高，成本高。

现代船舶设计应该从CDM向营销设计（Business Design Method，BDM）发展。BDM是一种比CDM更高层次的设计模式。这一设计模式是以市场需求为导向，以价值最优为理念，以价值工程理念和虚拟仿真的数字船舶为营销产品。

BDM是先有较为完美的数字船舶设计方案，然后向船东（军方）推销。SDM比CDM设计方案性价比优、成本低、造船周期短，特别是直观、可视，在未建造之前就能使船东（军方）看到他们所需要的是怎样的舰船。它的风险是市场和用户不确定，在这方面需要注意。

目前，BDM已经在制造业中被广泛采用，韩国和日本设计造船模式的典型特征是采用BDM，并由此在造船界形成了众多优势。

我国现行设计的营销策略也应转变，提倡BDM设计模式、遵循价值工程设计理念、应用虚拟仿真设计方法，这对缩短造船周期、提高产品质量和效率是非常有益的。

4.4.2.1 现代海洋装备的数字模型营销

传统的船舶设计理念追求的是功能齐全、百年大计，即设计必须是保障船舶功能及其用途的充分体现，其次才是船舶的审美感觉、船员的舒适、总成本。从某种意义上来讲有点类似20世纪初西方的“功能主义”设计理念。

价值工程理论告诉我们，一艘船舶的好坏，不仅仅是功能和质量问题，也不仅仅是成本问题，而是以满足用户要求为前提，提高功能和成本之间的比值，只有辩证地处理好二者的关系，才能实现以最低的寿命周期成本，为用户提供所必需的、具有足够功能的船舶。据此，研制单位的经济效益和社会效益才会因此提高，竞争力才能增强。

基于价值工程的船舶现代设计技术的目标就是把船舶设计成为一艘以最低的全寿命周期成本，实现用户所必需的、必要的功能和质量的新型船舶。

现代船舶的营销不是先有设计合同，然后开展设计工作。它是先有产品，推销的是价值工程的理念和船舶数字样船模型。

因此，必须开展市场预测和树立价值工程理念，强调推进与营销相关联的新研制过程，如图4-2所示。

图4-2中虚线框内的市场需求调查、综合经济分析、目标船方案设计主要根据市场和价值工程的理念确定目标船方案。并行协同设计与风险评估、虚拟仿真设计是并行开展的研发设计工作，其最终成果是建立数字样船及其设计二维、三维的模型，并在船东面前仿真演示。

我们向船东推销的数字样船及其设计二维、三维的模型，还可以根据船东和制造厂的个性化需求进行适当修改，最终交给船厂的是生产设计二维、三维的模型，使船厂可以直接进行生产制造。交给船东的是数字样船及虚拟仿真系统，使船东在船厂进行生产制造前就可以看到自己所要的是一艘什么样的船。

4.4.2.2 数字化并行协同设计与风险评估

并行协同设计是现代装备制造的主要设计模式，现在装备制造的各行各业都在建立并行协同设计平台，开展并行协同设计。但是，在军

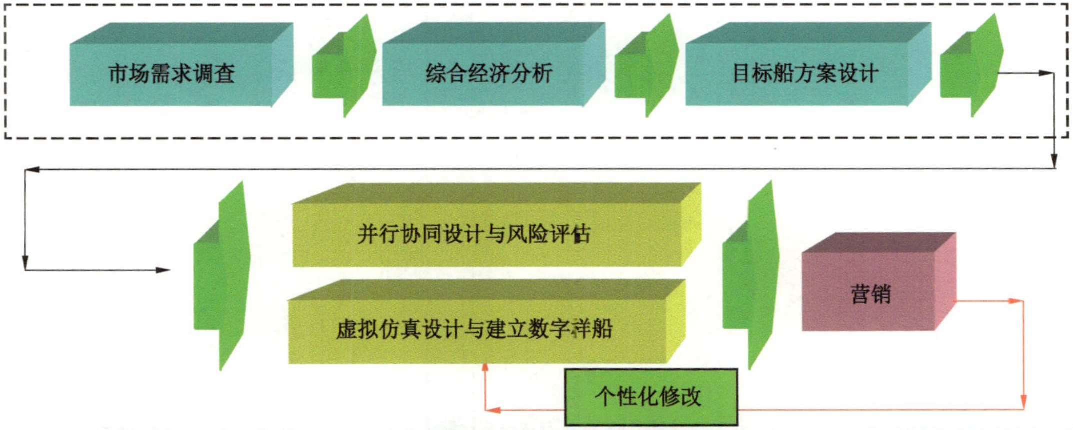

图 4-2　基于价值工程的设计与营销示意图

工制造业，特别是在造船行业，由于知识产权、平台环境条件、保密等问题，开展并行协同设计并非易事。并行协同设计的管理将涉及三个层面，即外部机构的协同管理、各设计阶段的协同管理和内部各专业间的协同管理。

图4-3中，由红虚线划分出两个部分：①设计院的数字营销设计；②造船厂、船东/军方，在各部门并行工程小组内部，还有各专业并行工程小组。这两个层面的协同在CDM中由于各方的知识产权和保密等问题，其关键是要制订严格的并行协同管理规则，否则较难。

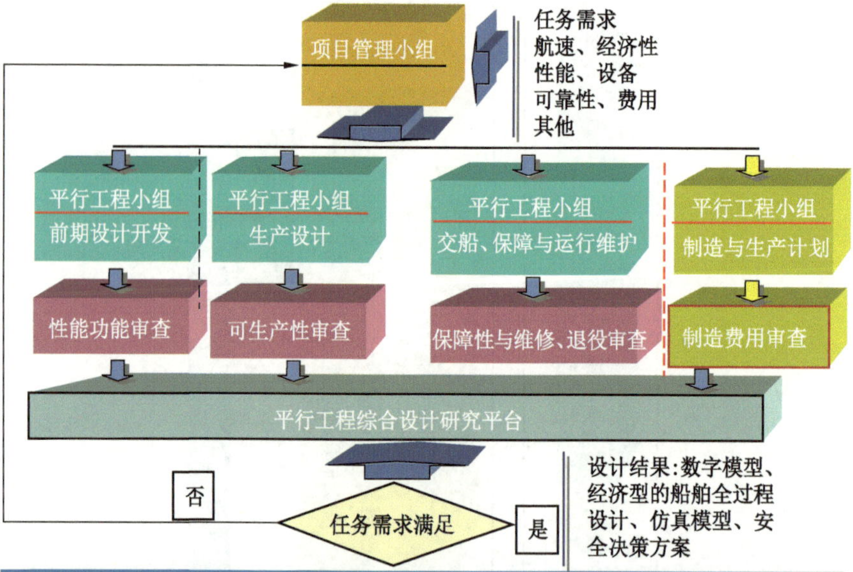

图4-3　平行协同设计平台示意图

然而，这在营销设计BDM中是可以实现的。因为，BDM的设计过程是在设计院内完成的，原来的知识产权和保密等已不成为问题。在自有的平台环境条件下，可以完成自初步设计到生产设计的并行协同全过程。

风险评估随着海洋装备运行中的事故案件频频发生，造成了经济和人员生命重大损失，为了防止事故案件的发生、提高运行安全性，而成为各国海事工业部门都在加强研究的重要课题。

在优秀的营销设计BDM中需要解决工程设计中的风险管理和评估决策技术方案；解决船用主要装备的安全保障及风险管理技术。船舶综合安全评估（FSA）的概念是在1993年由英国最先通过国际海事组织（IMO）引入船舶海事领域的。当时，英国建议国际海事组织（IMO）应该把综合安全评估（FSA）技术在安全规则的制订、船舶设计及营运管理中逐步推广应用。

当前，各国的船级社都充分认识到了海洋装备的综合安全风险评估技术的重要性，都把其作为重点研究的对象。美国ABS、英国LR及挪威DNV等也开发了相应的评估软件。

海洋装备的智能化管理与全生命周期的安全保障系统技术也已成为当今研制的重点，在数字化的营销模型中将包含物理装备交付后的智能化数字运营管理系统与生命健康管理系统，以保障数字模型交付转化为物理装备后至退役期间的可视、可控、可靠的安全与先进的海洋装备。

因此，在较短时间内努力研发具有当前国际先进水平的综合安全保障系统技术并应用于我国的海洋装备工业是非常必要和紧迫的。

4.4.2.3 虚拟仿真设计

虚拟仿真设计是现代装备制造业的重要数字化设计阶段，可以实现大大减少开发时间和费用的目的。虚拟仿真设计本身不产生费用和时间节省效应。但是，虚拟仿真设计的仿真和虚拟环境要素为在同时具有各种技术背景和有限的计算机技能的个人之间，方便和直观地沟通复杂的设计、分析结果的操作提供了手段。它可以促成、提高和扩大肩负设计和制造船舶产品任务的各个小组在平行工程环境中的工作效率，从而使这些潜在的节省目标得以实现。

1. 虚拟设计系统的体系

虚拟设计是指设计者在虚拟环境中进行数字化设计，设计者可以在虚拟环境中用交互手段对在计算机内建立的数字模型进行修改。虚拟设计系统具备三个功能：3D用户界面；选择参数；数据表达与双向数据传输。

虚拟设计对“设计”而言，所有的工作都是围绕虚拟原型而开展，只要虚拟原型达到设计要求，则实际产品必定能达到设计要求；而传统设计的所有工作是针对物理原型（或概念模型）展开的。

虚拟设计对“虚拟”而言，随时交互、实时、可视化地对原型在沉浸或非沉浸环境中进行反复改进，并能马上看到修改结果；传统设计时，设计者是面向图纸的，是在图纸上用线条、线框描述设计概念。

2. 虚拟设计系统结构

理想的虚拟设计系统结构如图4-4所示，其包含CAD、CAE、DFX、PDM、数字设计系统和舰船设计规范系统等成熟商品化软件；虚拟环境由数据源、数据接口、虚拟现实应用、C/S或B/S等组成，通过网络开展协同工作。

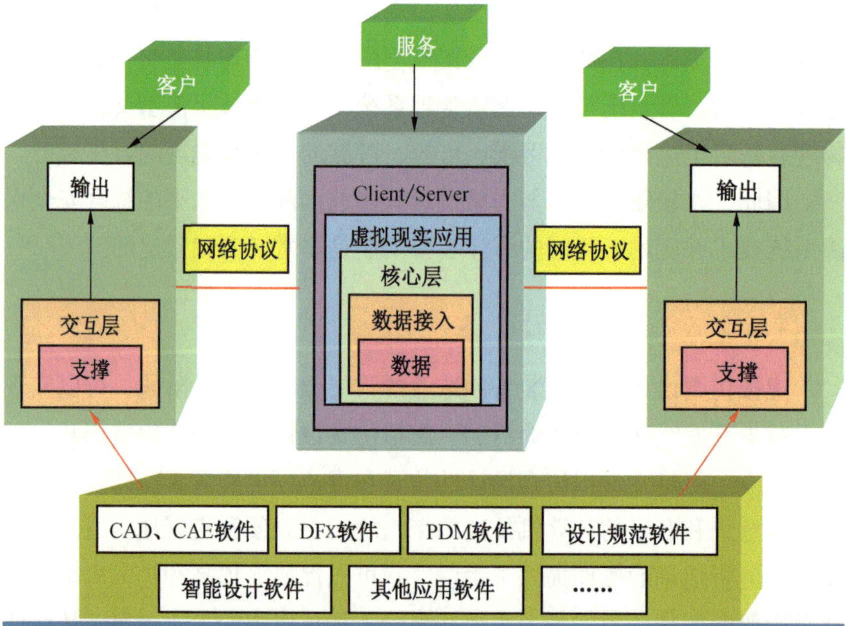

图4-4　虚拟设计系统架构示意图

3. 虚拟设计过程

虚拟仿真设计概念是建立在对实际设计和建造正式承诺之前，运用虚拟仿真技术对舰船产品设计建造过程进行虚拟仿真模拟的过程，是在计算机和虚拟环境中对舰船进行设计、建造、试验和维修的过程。这一前提要求建立和产生一个可建造、可保障的舰船。

虚拟仿真设计系统能够具有可视化、沉浸化和真实感三大特点。

虚拟仿真设计系统是一整套计算机硬件、软件和显控设备，海洋装备设计开发过程中，用来对某一拟建船和成套船系统较详细地进行方案分析和设计。该系统的基础是从设计、制造和全寿命周期观点对各种激励因素的响应进行数字化仿真的能力。

虚拟系统能够使设计者在一种虚拟环境中，同所设计对象或模型进行交互联系。必须能够进入该环境中，并将拟人（人类）模型置于该环境中，以产品模型的交互作用和可操作性，使设计对象在这一环境中真实化。这些对象还必须包含同其真实世界模拟有关的几何和物理行为属性，以便能够对它们进行分析和生成，可以对装备的性能、功能、可生产性、费用、可保障性和人机工程学进行分析，并对设计进行迭代和优化。该系统必须能够直观地显示出设计特点或分析结果的复杂技术特性以及对仿真属性和行为属性进行管理和维护的能力。

海洋装备数字化虚拟仿真设计的过程是可以高度平行的，在探索这种设计过程中，可视化是包括产品用户在内的小组成员对先进的设计和建造概念进行直观地解释和探索的有效联络机制。

对一个海洋工程产品进行虚拟仿真设计，包括建立模型、数值仿真分析和虚拟设计制造三个主要步骤。

1）建立船舶工程产品模型

虚拟仿真设计是一种基于工程产品模型原型的活动，是用仿真模型来代替真实系统进行实验和研究。因此首先就要对工程产品模型问题进行描述。

原型模型是对真实工程产品的仿真，是一个不断完善的过程。数字模型的建立有各种不同的方法，在舰船虚拟设计中，往往采用演绎法建模，是利用先验的技术信息建模，即利用CAD模型建模。其过程是：以建立的CAD模型为前提、原理和规则出发，通过数据转换来建立产品模型原型。因此，这是一个从粗到细、不断深化的过程，直到建立确定型模型。

这一模型是具有时变性的动态模型。根据模型参数是否在空间连续变化，可分为分布参数模型和集中参数模型。根据模型参数是否随时间连续变化，可分为连续系统模型和离散系统模型。建立系统数学模型的几个共性问题是：

（1）建模过程是一个信息处理过程，换而言之，信息是构造模型的“原材料”，根据建模所用的不同类型，关键在于对真实系统的了解程度。

（2）模型的可信度。既然模型是对真实系统的模仿，那么就有一个模仿得像不像的问题，这就是模型的相似度、精度的可信度问题。

为此，在模型建好以后，对模型进行可信度检验是不可缺少的重要步骤。检验模型可信度的方法是：首先由熟悉被仿真系统的专家对模型作分析评估，其次对建模所用数据进行统计分析，最后对模型进行试运行，将初步仿真结果与估计结果相比较。

2）数值仿真分析

数值仿真分析是对所建立的数字仿真模型进行数值实验和求解的过程，不同的海洋装备有不同的要求，通常要符合船级社规范的规定，有的要进行直接计算。以往的解析方法已难以满足要求，所以总是采用数值仿真分析方法，如有限元方法等，目前常用的都是国际上著名的商用分析软件。

对海洋装备的数值仿真分析是随装备的种类、吨位、航线等不同要求进行的，各设计小组对应力、声响应、冲击响应、可维修性/可靠性以及重量和费用控制进行分析。利用建立分析模型的工具从逻辑数据库中检索出数据，数据库将持续更新，确保随着设计工作的展开提高船舶特性值的可靠性，并由一个专家系统通过分析程序选择和设计数据检索向工程师提供指导。灵敏度分析需要持续进行以确保设计特性得到优化。对备选方案利用电子可视技术进行审查，并根据性能和费用分析选择最优设计。分析结果存储在数据库中，同合适的部件连接，且可供可视设备显示用。

对于离散事件系统，通常采用概率模型，其仿真过程实际上是一个数值实验的过程，而这些参数又必须符合一定的概率分布规律。对于不同类型的离散事件系统有不同的仿真方法。随着被仿真对象复杂程度的提高和对仿真实时性的迫切要求，研究新的仿真算法是一项重要任务，特别是研究各种并行的仿真算法。

3）虚拟仿真模型的分析

要想通过虚拟仿真设计得出正确、有效的结论，必须对虚拟仿真设计的结果进行科学的虚拟仿真设计模型的分析。现代虚拟仿真软件广泛采用可视化技术，通过图形、图表甚至动画生动逼真地显示出被仿真对象的各种状态，使虚拟仿真的输出信息更加丰富、更加详尽、更加有利于对设计结果的科学分析。

虚拟仿真设计模型的建立方法有：早期都是以大量设计模型和数值分析模型数据输出形式的结果，因此，有必要对结果数据进行整理，然后再建立虚拟仿真模型，以得到直观的、可视的、沉浸的科学结论。

由于设计是从方案设计直到生产设计的漫长过程，其模型也是不断深化的，其数据信息是可以不断复用，需要克服设计中的信息孤岛现象，实现各种模型的无缝转换，是虚拟仿真设计的重要技术。而建立虚拟仿真设计信息链，是克服信息孤岛现象，实现信息一体化的有效途径。

4.4.2.4 虚拟仿真设计数字化设计信息链

虚拟仿真数字化设计信息链主要是以三维综合智能数据库为基础，与产品数字模型、数值分析工程数据库和虚拟仿真功能数据库集成的软件系统，其框架结构如图4-5所示。

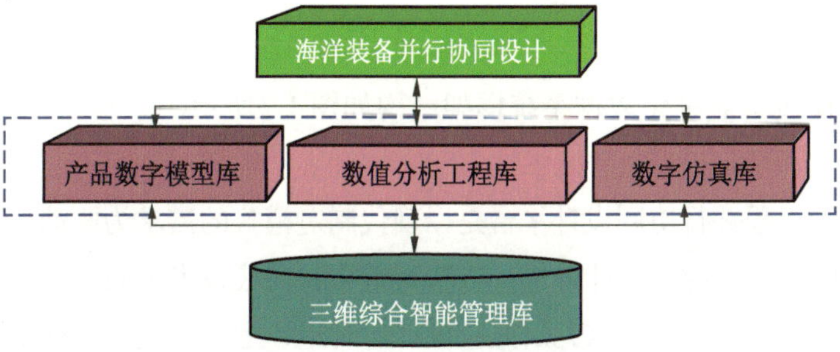

图4-5　数据库集成系统

从上述支撑技术框架结构可见：支撑并行协同设计要有四大功能模块，目前它们的信息还是孤岛。但它们之间，应该是由信息链将它们无缝连接为一体化的数字信息，数字化信息链的技术结构如图4-6所示。

要实现上述技术结构，关键是信息链的连接技术。

随着国内外市场竞争日趋激烈，企业必然面临产品研发周期短、研发成本低和产品质量优的要求。通过开展虚拟仿真设计协同和管理，实现VR技术真正渗透到产品设计开发的各个阶段，从而实现研发过程的正规化、流程化和信息一体化。这将极大地提高研发效率，降低研发成本，确保产品质量，并发挥更大的作用，推动企业发展进步，使企业保持强大的核心竞争力。

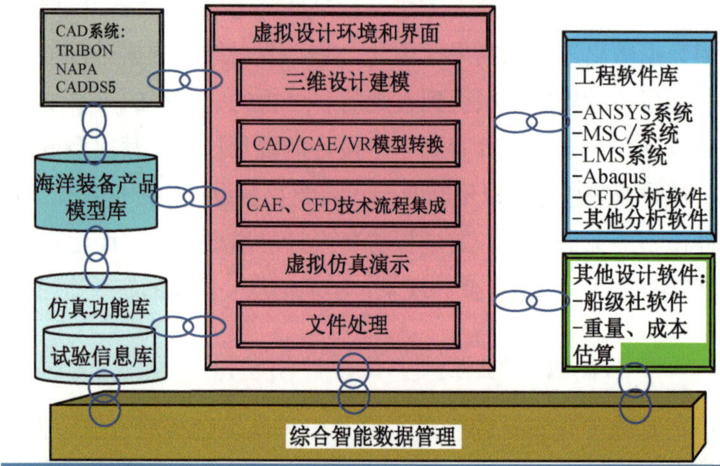

图4-6　数字化信息链技术结构示意图

4.4.3 数字化设计与管理技术平台

海洋装备数字化数据系统框架结构如图4-7所示。

1. 基于新一代信息技术的制造模式

海洋工程并行协同设计平台是以现代制造模式的需求为驱动，以知识获取为中心，以现代设计思想、方法为指导和现代技术手段为工具，考虑装备工程产品从提出需求到研究、设计、制造、运行、退役的整个生命周期和人、机、环境相容性因素的设计、制造协同平台，如图4-8所示。

这一平台是以新一代物联网网络及安全系统和知识库、资源库为基础，以装备工程产品全生命周期管理系统、CAD/CAE技术中心、虚拟仿真技术中心（VR）和各类软件组合为技术支撑，可供海洋工程设计、制造各专业、各个设计阶段、各个相关部门单位开展并行工程的、和谐相容的科学体系构成的集成技术平台。

为了适应海洋工程装备的现代制造模式，需要对研究、设计、制造、管理上的主要信息和工作流程进行重新设计，如图4-9和图4-10所示。

2. 云技术与物联网

加速我国装备制造业从现代制造模式进入敏捷制造模式智能化阶段，就要解决物联网与“海洋装备的智能化制造模式”结合问题，解决与装备制造业相关的物资（零件、部件、设备、中间产品等）的流动与

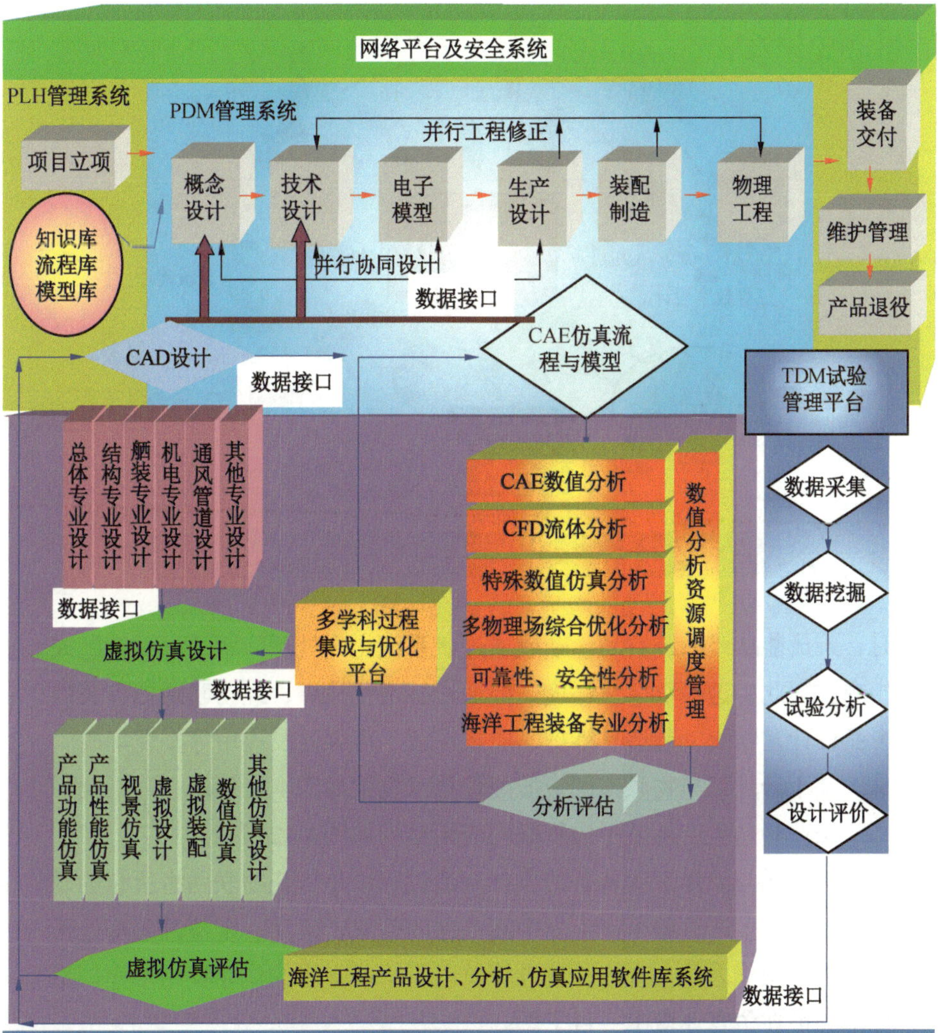

图4-7 海洋装备数字化数据系统框架结构

控制；实现海洋工程装备全生命周期的有效控管和维护，从而才能科学评估工程装备在生命周期的风险性、经济性及其安全性。

这需要建立一个环境，由云技术存储所有装备及其所含的所有物件的各类信息（包括设计起源要素、流动情况、制造情况、使用状态、维护记录等），预先设计的各种解决问题的专家方案及智能化决策的技术条件，使人员（设计制造人员、使用维护人员等）能随时了解对象物件的各类信息，及时发现问题并解决问题。在遇到特殊问题或紧急情况

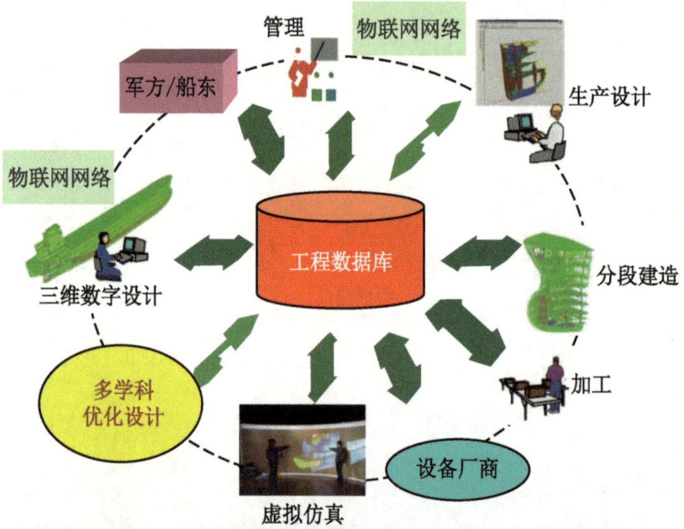

图4-8　数字化并行协同设计技术平台主体结构

时，人员能从该系统自动诊断或通过该系统得到处理问题的应对措施或指令。因此，这一数字化环境需要通过标准化接口，经物联网把有关的产品设计、物流、制造、维护、质量保证、可靠性及应用等实现集成。

基于云计算与物联网的智能处理技术构架如图4-11所示。

企业制造生产环节中的物联网应用结构如图4-12所示。

在船舶与海洋工程装备的设计制造过程中是依托物联网将所有的设备、材料及生产过程中产生的中间产品的生成、流动、定位过程都处于控制中，操作人员在现场，按计算机电子手册指示的作业程序工作，指挥中心可在仿真环境中一目了然。

船舶与海洋工程装备上的集成管控系统构架如图4-13所示。

船东应成立岸基决策指挥中心，可管理公司下属的所有船舶与海洋工程装备。岸基系统如图4-14所示。

4.4.4 智能制造系统

4.4.4.1 车间制造现场的指导与信息获取

1. 制造车间运行数据获取面临的问题

（1）制造信息不及时、不准确、不一致、不完整。

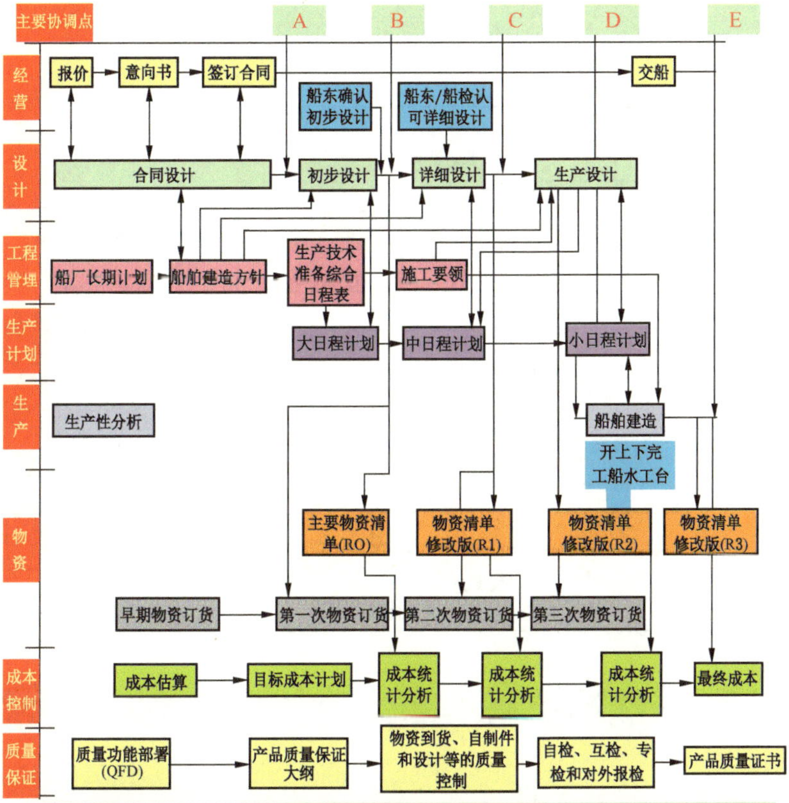

图中，A是合同交底会议；B是初步设计向详细设计交底的技术会议；C是详细设计向生产设计交底的技术会议；D是生产设计向建造开工的技术交底会议；E是船舶建成后的总结会议。

图 4-9　一体化设计建造生产管理模式的主要管理流程图

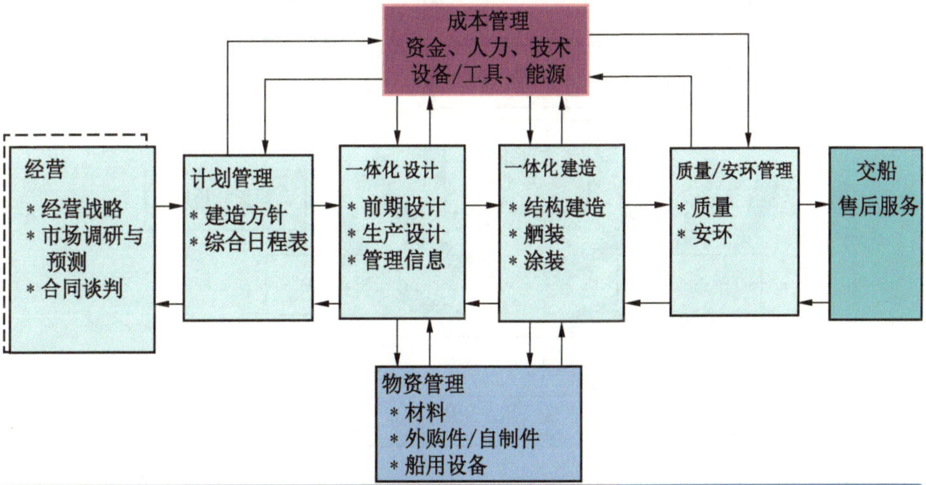

图 4-10　一体化研制、管理模式

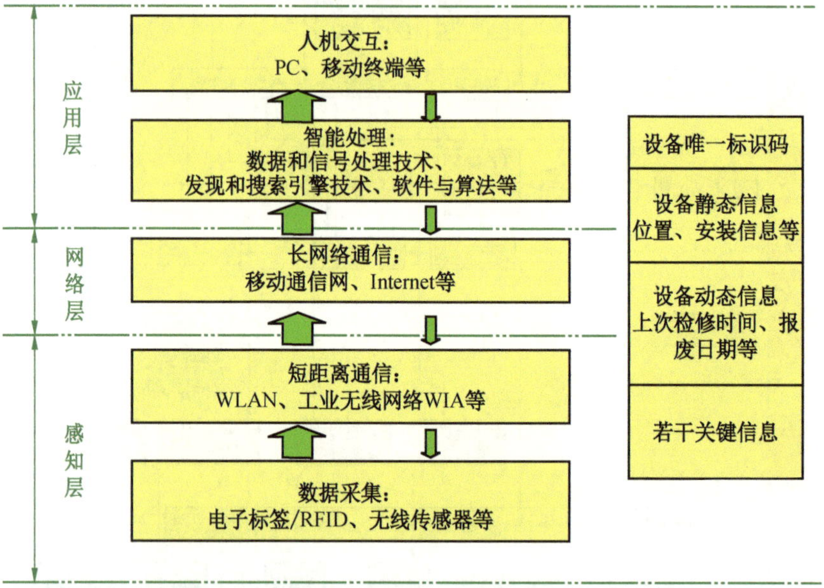

图4-11　物联网技术构架图

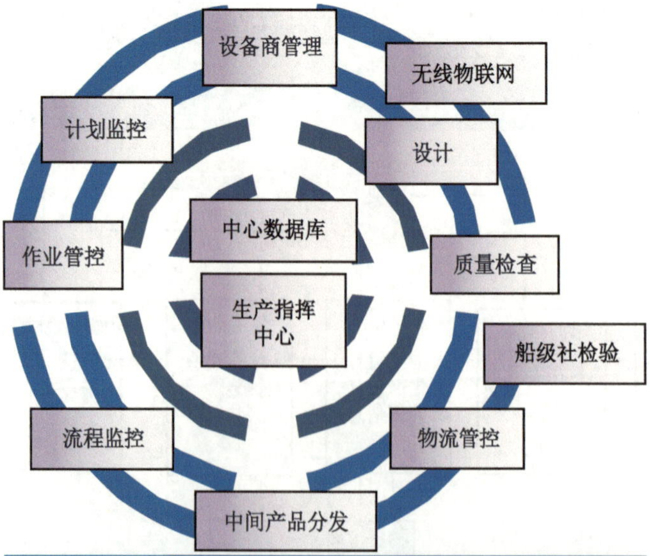

图4-12　船舶与海洋工程制造智能物联网

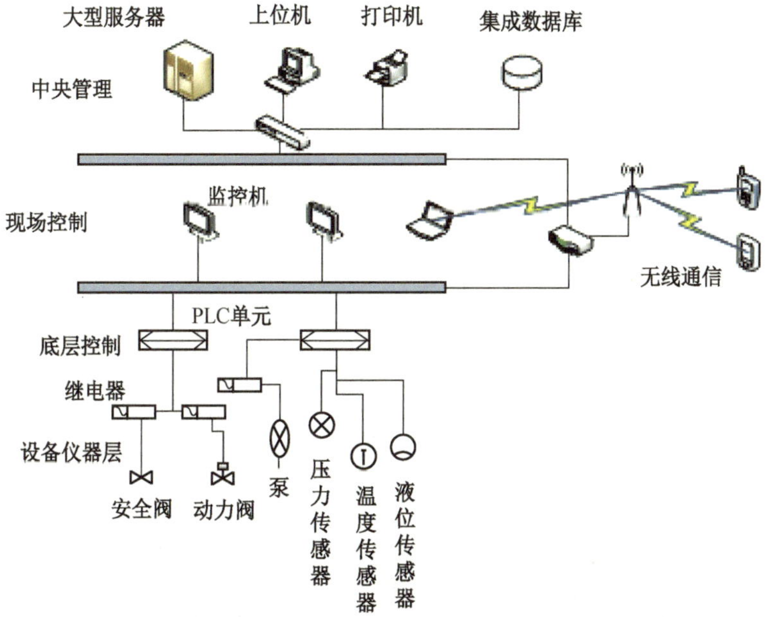

图4-13 装备上的综合集成管控系统架构图

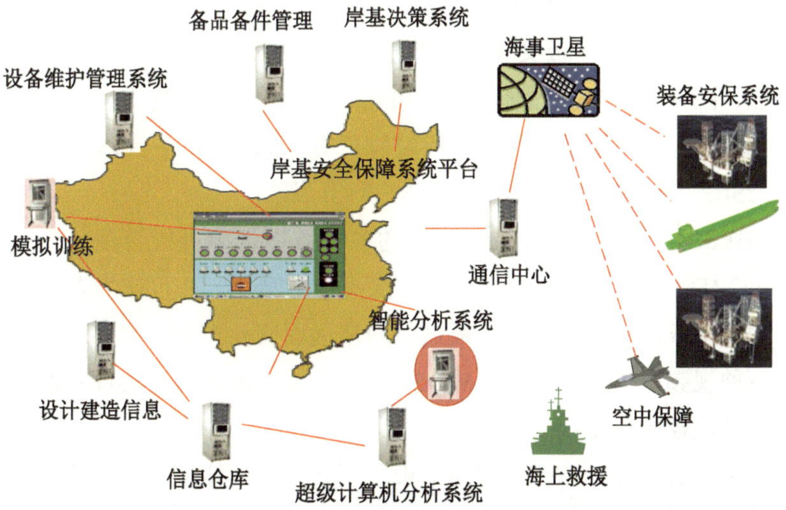

图4-14 岸基系统示意图

（2）手工记录经常受损、丢失、误报。

（3）数据采集费时而不增值、容易出错。

2. 车间实时制造信息管理平台

建造海洋工程最基本的工作元素是现场的下料和装配，传统方法是工人按图作业。车间与现场管理如图4-15所示。

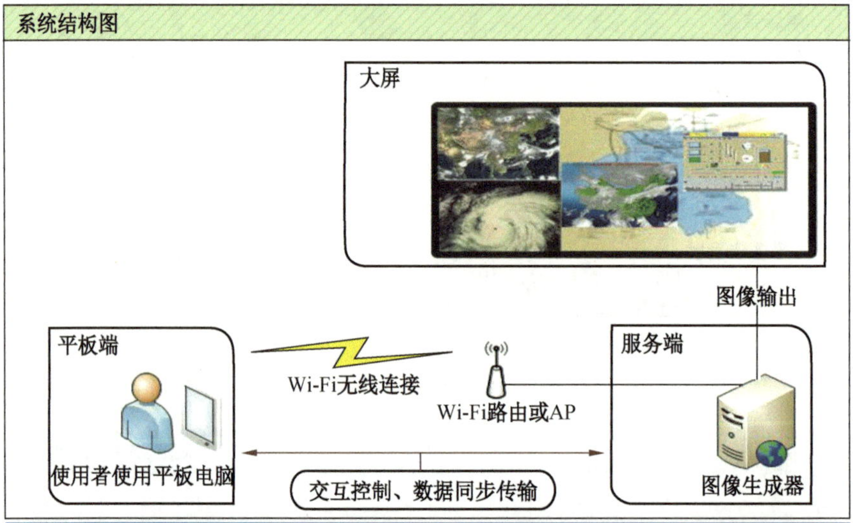

图4-15　车间与现场管理示意图

新一代CHESS平板交互系统集成了电脑、智能平板，提供数据资源管理、图像生成与远程交互控制功能。系统采用C/S模式，TCP/IP协议与5G进行网络通信，智能平板端软件基于Android平台，电脑服务端为J2SE平台，使用java语言JDK6进行开发。

CHESS平板交互系统将电脑上的各种数据资源进行管理，如音视频、WORD、PPT、PDF、CAD图等格式资源管理，并可作为多通道大屏的图像生成器，通过智能平板进行网络远程交互控制，在多通道全屏播放各种视频、图片、音频、WORD、PPT或PDF文件，实现多通道大屏的定制化控制功能。

通过集成当前最流行的智能平板，因其轻便的体积与超长的电池使用时间实现对常用笔记本电脑的替换，并通过人性化的触摸操作界面提供更加便利的操作，同时可作为整合其他软件的基础平台，如与CAD系统、实时仿真系统无缝集成，或与成熟商业三维立体软件进行集成并提供交互控制。

通过智能平板的VNC功能，把电脑完整地带到平板交互上，查看电脑、使用带Flash功能的常用网络浏览器和所有书签、观看工作任务和工艺流程、有条件地访问电脑上任何应用程序或文件。

4.4.4.2 系统特点

（1）无线网络远程控制。多点触摸提供图像的放大、缩小、旋转，手势控制翻页前进后退，多格式内容支持：①视频：AVI、MPEG、MOV、MKV…；②音乐：MP3、MP4…；③图片：JPG、GIF、PNG、CAD、BMP…；④其他：PPT、PDF、EXCEL、WORD…。

（2）基于文件的管理方式。

（3）支持断点续传文件上传下载。

（4）平板超长待机时间。

（5）自定义定制，提供二次开发接口。

（6）VNC远程内容管理工具。①查看并控制您的电脑，仿佛您就坐在它面前；②访问您所有的电脑文件和应用程序；③内容管理（名称、添加、删除、修改）。

这一新技术的应用为现场作业提供了更为先进的工具，来获取信息与指导，可有效改善沟通环境、提升群体沟通效率，从而提升现场作业效率与质量。

4.4.4.3 制造信息一体化与监察系统

（1）制造信息化流程。

（2）制造工艺流程。

（3）制定制造计划。

（4）物流配送计划。

（5）监察与干涉系统。

（6）现场信息获取与执行。

（7）根据生产小组的IP获取。

（8）托盘表、材料、装配工艺、计划、场地、吊装工具。

（9）高强度大厚度板焊接工艺。

（10）厚板与高强度钢焊接工艺，提高焊接效率的技术措施。

4.4.4.4 结构生产设计

生产设计过程是对设计所建立的三维设计模型进行详细拆分，从三维整体到分段直到每一个零件。同时，增加工艺信息，如材料表、加工信息、胎架数据、数控套料、绘制工作图并标明装配流程。结构生产设计如图4-16所示。

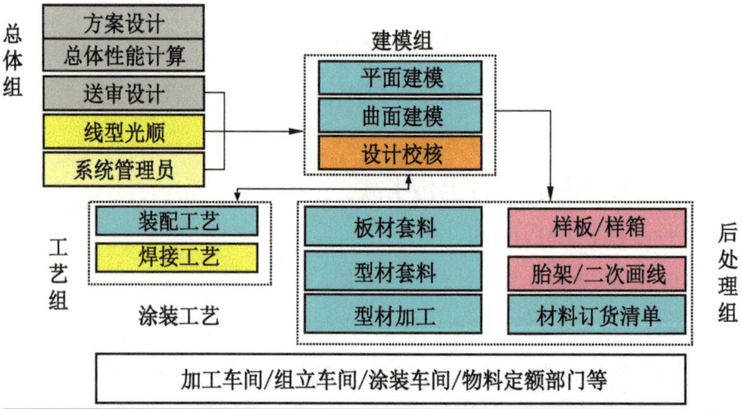

图4-16　结构生产设计

船体结构信息流程如图4-17所示，曲面构件、套料及后处理流程如图4-18所示。

平面分段拆分过程如图4-19所示。

产生的托盘信息即被称为托盘表的各种物料表单（BOM）。托盘表管理是企业需要解决的主要问题：零部件编码的规范化和零件编码唯一性控制；如何防止零部件数量无序增长；产品系列化开发带来的托盘表管理困难；手工编制托盘表引起的工作烦琐和易出错问题。

其中的关键是零部件编码。零件号是实际零件对象的标识，其编码必须得到严格控制。

托盘表管理是一种动态、全描述性的产品结构，用于表示所有可能的配置。系统与模块信息托盘化如图4-20所示。

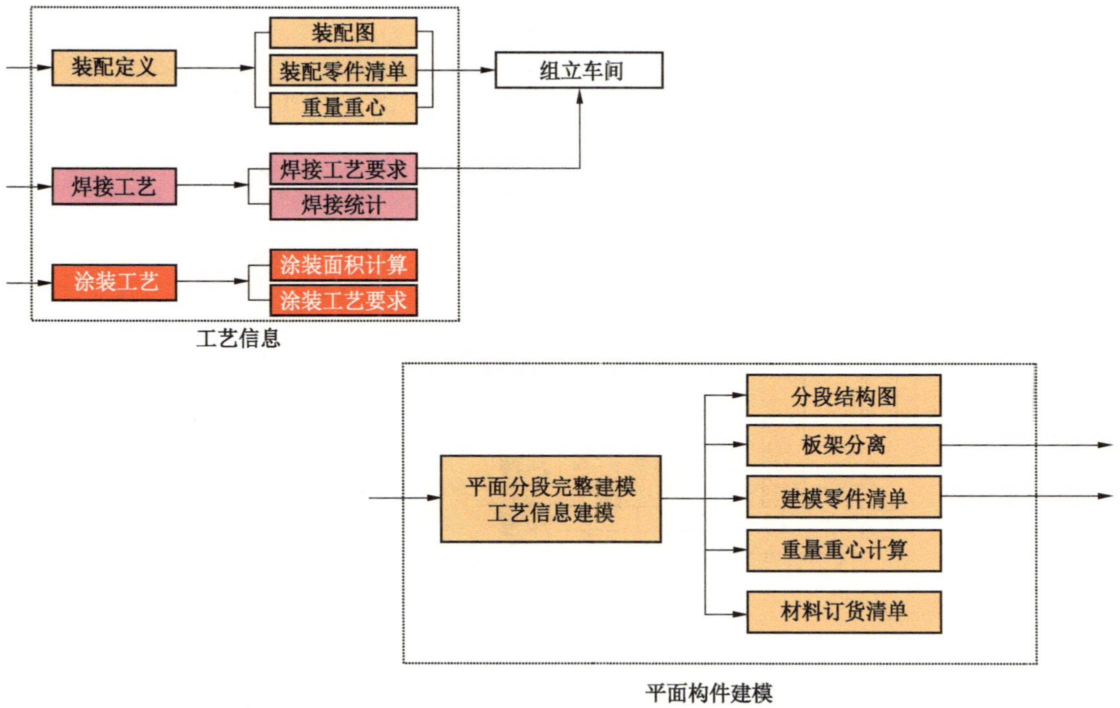

图 4-17　船体结构信息流程

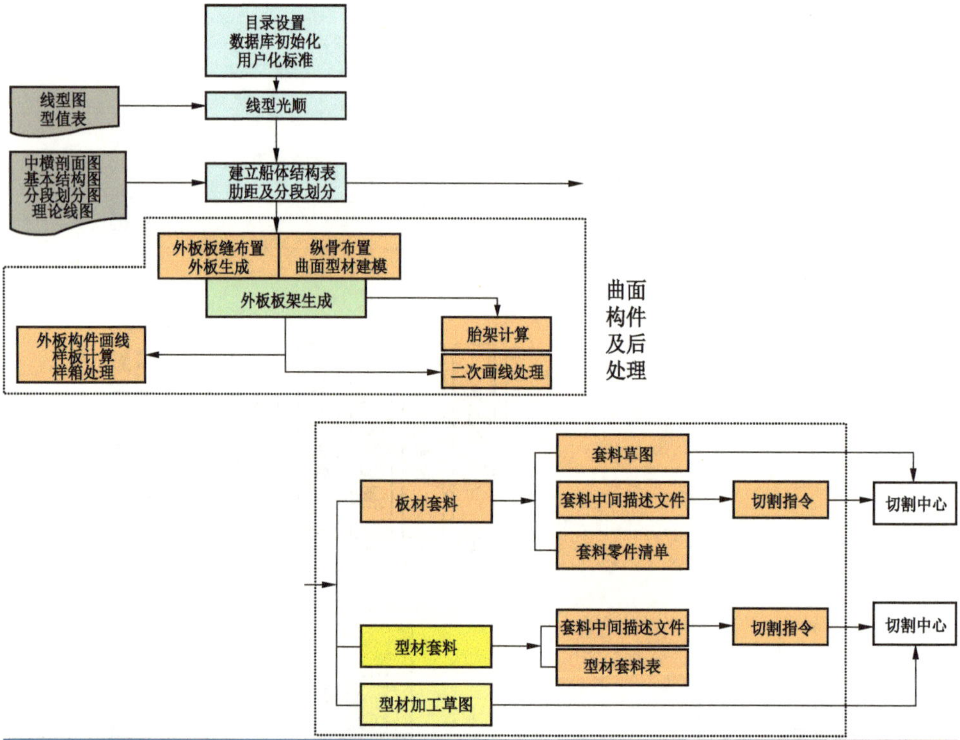

图4-18　曲面构件、套料及后处理流程

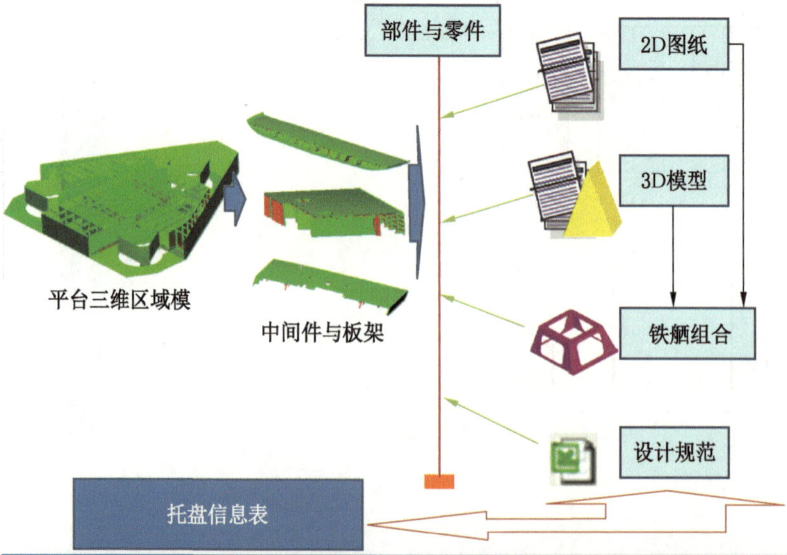

图4-19　平面分段拆分过程示意图

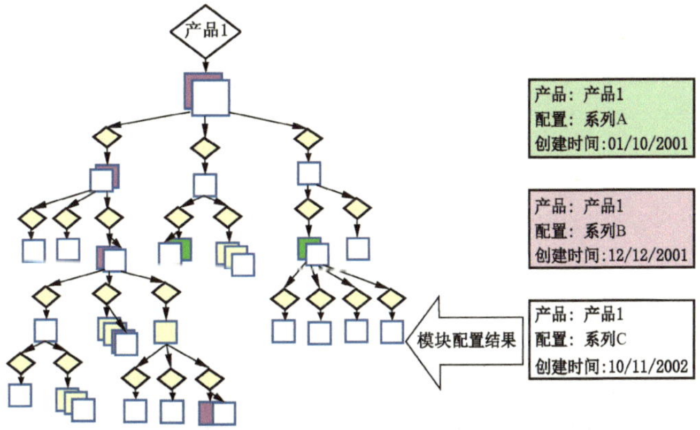

图4-20 系统与模块信息托盘化

4.4.4.5 舾装生产设计

（1）管系设计流程如图4-21所示。

（2）舾装生产设计处理流程如图4-22所示。

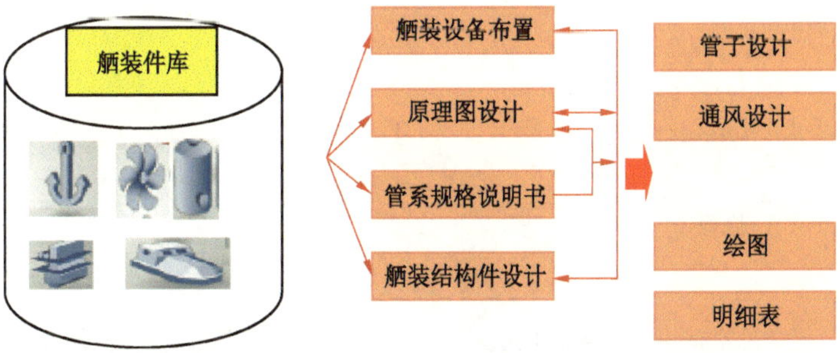

图4-21 管系设计流程

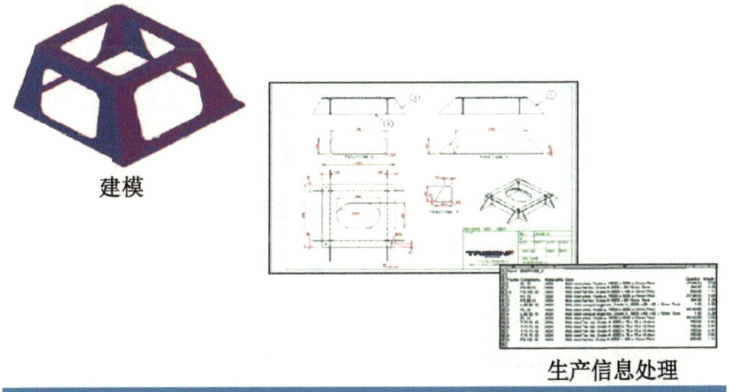

图4-22 舾装生产设计处理流程

（3）管系生产设计处理流程如图4-23所示。

（4）电缆生产设计处理流程如图4-24所示。

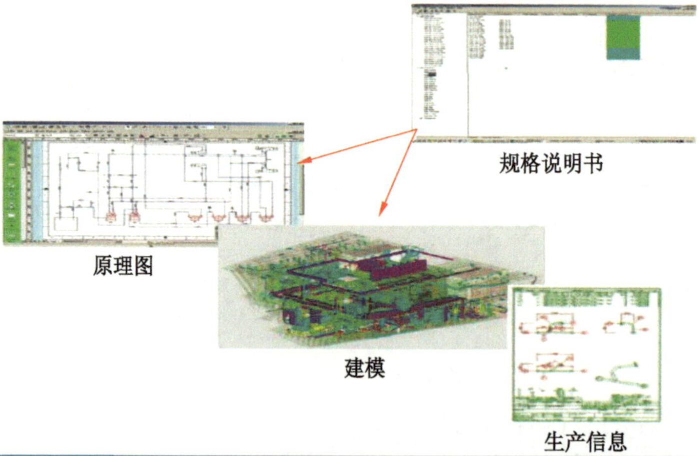

图4-23　管系生产设计处理流程

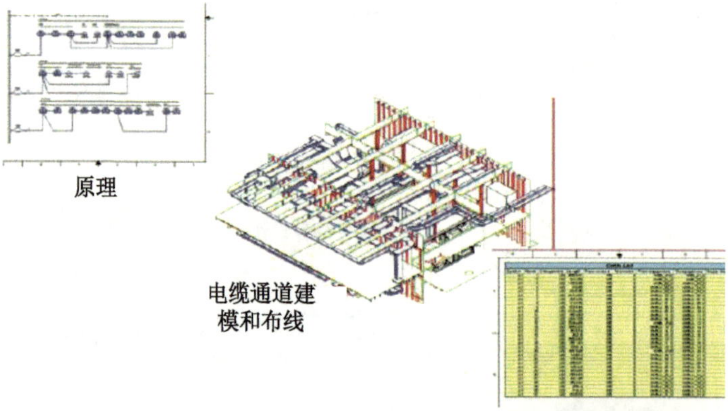

图4-24　电缆生产设计处理流程

4.4.4.6 绿色与环保

设计与生产要符合国际与国内环保要求。

1. 防止海洋污染有关的国际公约

（1）防止船舶造成污染公约（MARPOL）。

（2）压载水公约（BWM）。

（3）有害防污底公约（AFS）。

（4）散货船和油轮共同规范（CSR）。

（5）涂层新标准（PSPC）。

（6）船舶燃油舱保护规则以及船舶气体排放标准。

2. 国际组织的规定

国际海事组织海洋环境保护委员会在2021年6月10日至17日举行的在线会议上通过了《国际防止船舶造成污染公约》附则六的修正案，该修正案要求船舶减少温室气体排放。修正案结合了技术和操作方法来提高船舶的能源效率，也为未来的温室气体减排措施提供了重要基础。

新措施将要求所有船舶按照提高能效的技术手段计算现有船舶能效指数，并设立年度运营碳强度指标和评级制度。碳强度将温室气体排放量与远距离运输的货物量联系起来。

船舶将获得能源效率评级。新措施鼓励主管部门、港口当局和其他利益相关者酌情为评级为A或B的船舶提供奖励，这也向市场和金融部门发出了强烈信号。连续三年评级为D或E的船舶需要提交纠正措施计划，以表明如何达到要求的指数（C或以上）。

短期碳强度措施符合国际海事组织减少温室气体初始战略的目标，即到2030年将国际航运的碳强度比2008年降低40%。初始战略制定了中短期措施。此次通过的措施属于短期措施。

脱碳之路很长，但也是一条共同的道路，新措施将引导航运走上正确的脱碳之路。《国际防止船舶造成污染公约》附则六的修正案预计将于2022年11月1日生效，船舶能效指数和碳强度指标认证要求将于2023年1月1日生效。这意味着第一次年度报告将于2023年完成，2024年首次进行评级。

《国际防止船舶造成污染公约》附则六有100个缔约国，它们按照吨位计算占世界商船的96.65%。

在发达国家，到2020年1 t二氧化碳排放额度的价格需要达到50美元，到2030年将需要达到110美元。在发展中国家，到2020年每吨的价格需要达到30美元，到2030年需要达到50美元。

碳排放额度在欧盟目前的交易价格为每吨21美元。美国的碳交易机制仍在协商之中，它已经将2020年前碳排放价格的上限设定在了48

美元；到2030年，这一上限会升至约90美元。

美国环境保护署决定从2012年8月1日开始对航行在北美地区的船舶进行硫排放量管制，降低到0.1%以下水平，从2015年1月1日开始，标准值降低到0.1%以下水平。

3. 碳排放的国际公约条款

1）公约简介

《联合国气候变化框架公约》被认为是冷战结束后最重要的国际公约之一。针对全球气候变暖的挑战，国际社会在1992年制定了《联合国气候变化框架公约》（以下简称《公约》），并于1997年12月在日本京都召开的《公约》第三次缔约方大会上达成了《京都议定书》（简称《议定书》）。《议定书》要求30多个附件一国家（包括发达国家和经济转型国家）在2008年至2012年间，温室气体的排放量平均比1990年削减5.2%。在得到占发达国家1990年CO_2排放总量的55%以上的缔约发达国家批准后，《议定书》于2005年2月16日正式生效。这标志着国际社会进入了一个实质性减排温室气体的阶段，人类发展史上首次具有了一个国际法律框架，用以限制人类活动对地球系统的碳循环和气候变化的干扰。减少碳排放成为缔约国家社会经济发展和生产经营活动的重要目标之一。

《议定书》设计的清洁发展机制（CDM）为温室气体减排提供了一个双赢的长期行动框架，是《议定书》设计的三个灵活机制之一，其初衷是各国可以采用最小成本且有效的方式来削减排放，各国可以运用这些机制相互协作以履行减排承诺。该机制允许发达国家在发展中国家开展减排项目来获取减排信用，并从2000年开始到第一个承诺期（2008—2012）执行。它既可以使发达国家降低减排成本，同时又使发展中国家通过项目合作，获得相应的资金和技术支持。中国可以通过积极参与项目获得巨大的经济收益，据估计中国可以提供全球CDM所需项目的一半以上。此外，碳交易市场也有望成为世界最大的市场之一。

2）执行效果

《议定书》生效是各国在政治、经济、能源、环境等方面利益相互妥协的结果。由于各国在温室气体减排方面具有共同但有区别的责任，加上资源禀赋和经济发展水平差异较大，在履行减排义务时付出的代价也不同，所以在减排的国际谈判中不得不考虑各自的国家利益，使得谈判过程成为一个各个国家或利益集团在政治、经济、资源、环境等方面博弈的复杂过程。

由于占发达国家温室气体排放约40%的美国和澳大利亚没有批准《议定书》，并且《议定书》最终文本是在谈判过程中对一些国家的减排义务作了较大让步的情况下才达成的妥协方案，所以《议定书》执行的意义和效果并不显著。

3）目标实现

即使《议定书》所规定的各项目标能够实现，但与稳定气候变化的最终目标仍相距甚远。由于温室气体减排的成本较高，对经济将产生不可忽视的重要影响。所以，实力薄弱的发展中国家无力承担如此巨大的经济负担，需要发达国家提供资金和技术援助。另外，减排效果如何还有很大的不确定性，因此国际社会实现稳定气候变化的目标仍然任重道远。

4.4.5 建立海洋装备数字资源库与快速决策响应

世界正在进入以信息产业为主导的经济发展时期，我们要把握数字化、网络化、智能化融合发展的契机，以信息化、智能化为杠杆培育新动能；要加大公共服务、应急物资保障领域投入，加快5G网络、数据中心等新型基础设施建设进度。

当前世界已经遭遇了百年一遇的重大变化，世界经济也在深刻变化之中，过去化石石油经济会从掌控世界的角度衰落，而数据的重要性却日益显现。

装备制造业需要基于物联网，建立以物件为最基本元素、四个主要数据库（工程产品库、物件管理数据库、控制数据库、决策支持数据库）为核心构成的集成资源库环境。海洋工程生命周期管理如图4-25所示。

建立数据资源库，提升核心价值是基于平台管理运行基础技术。装备设计建造过程中数据动态变化如图4-26所示。

国外正在建设数据的技术——新一代数字知识中心基本原理（图4-27）、数字知识为核心专家库作业流程（图4-28）。

智能化、数据链与资源库、新能源、新材料应用、无人系统技术必然是当前技术发展趋势，海洋养殖企业也应该基于大数据、云计算、智能网联、人工智能、5G、北斗等新一代技术，建立企业数字资源库、建设物理海洋装备智能运维与数字模型数据交互环境（图4-29）。

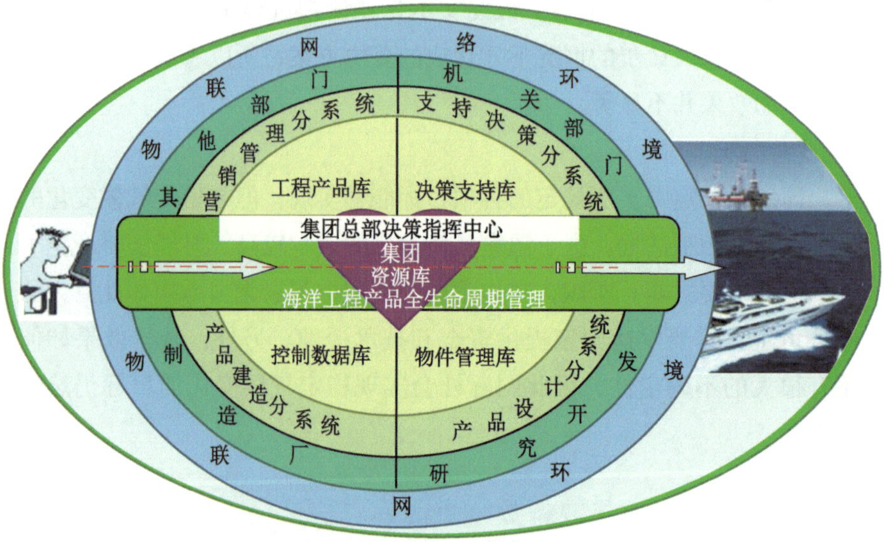

图4-25　海洋工程生命周期管理示意图

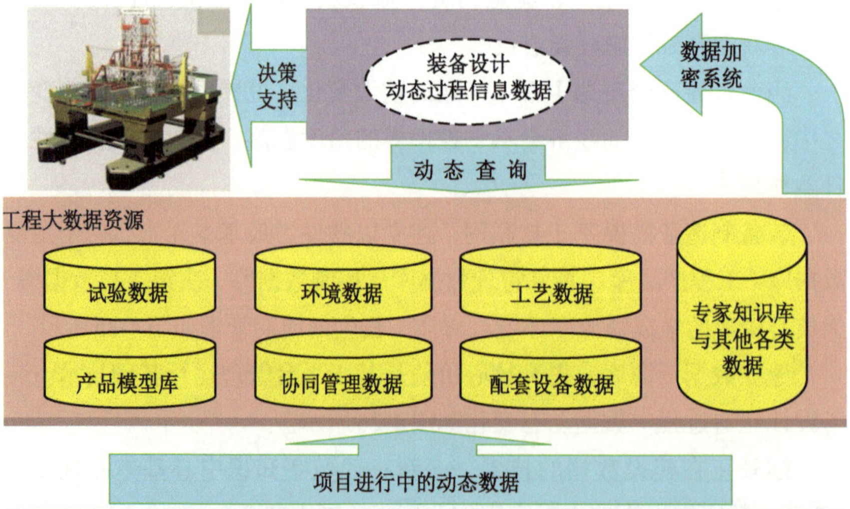

图4-26　装备设计建造过程中数据动态变化

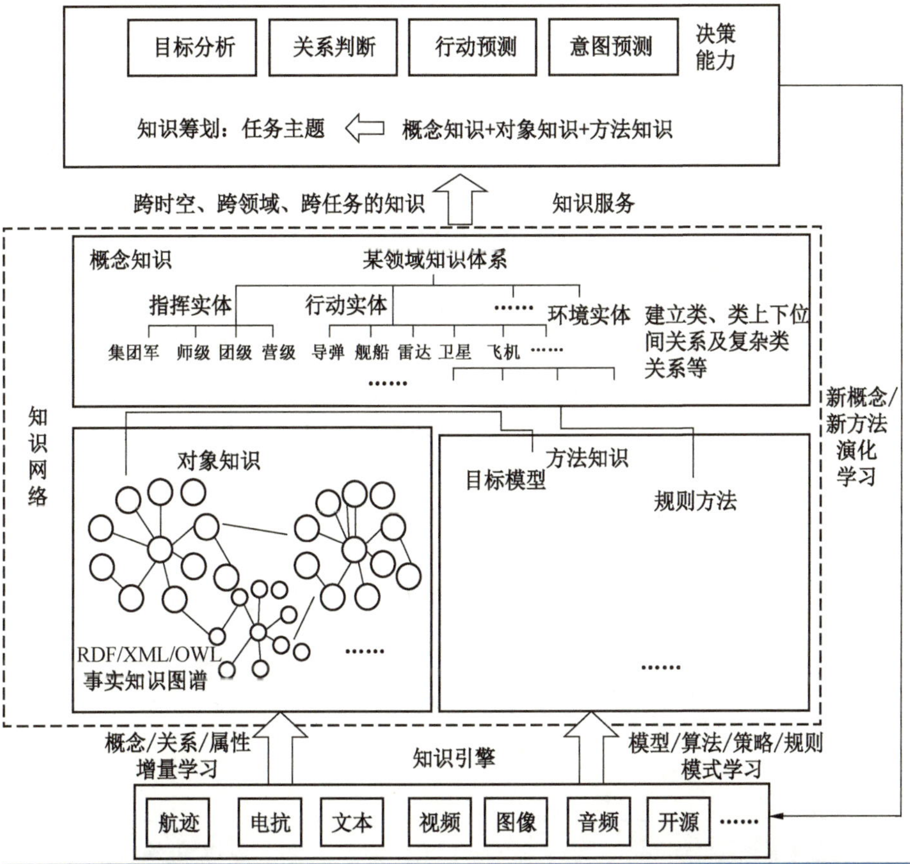

图 4-27　知识中心基本原理示意图

决策响应数据库系统以现有的成熟数据库技术和云计算技术为依托，为配合海洋工程的研制和开发，实现以数字工程为中心的海洋工程总体信息集成数据库系统。

在此数据库系统中，集成组成海洋装备所需的各类航行性能、整体结构、舾装设备、机电系统以及设备系统及其相关系统、机械系统、电子设备配置信息，形成总体信息数据库、设备库、系统库和用户信息库四个子数据库，这样可以有效地为海洋装备工程设计、配置、信息存储查询提供良好的服务。

1. 工程数据库的内容

（1）总则：包含一切与海洋工程设计产品有关的信息，但不包含企业信息。

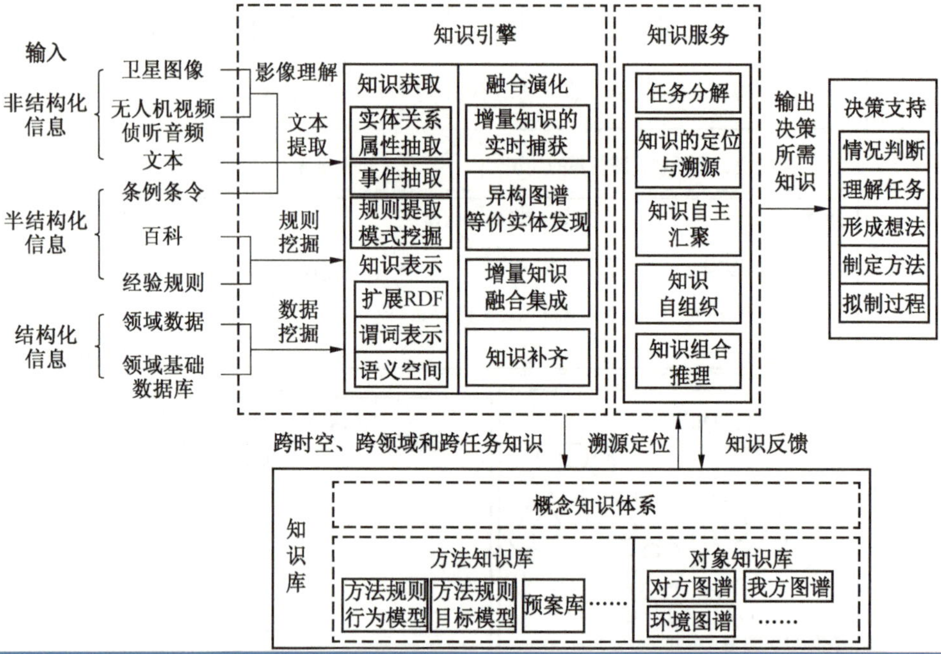

图4-28　核心专家库作业流程示意图

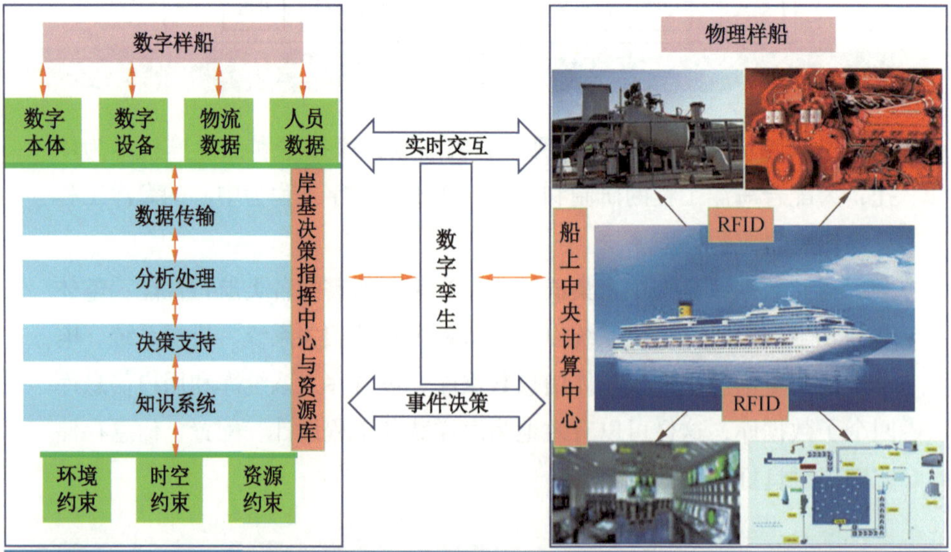

图4-29　海洋装备运维与数字模型交换示意图

（2）产品数据库：以海洋工程产品为描述对象，将设计中所有的设计信息记录下来。其中可以根据各专业进行更详细的划分，如总体信息库、结构信息库、轮机信息库等，从不同的专业进行汇总和查询。

（3）产品项目数据库：以海洋工程产品开发过程为描述对象，记录船舶产品开发过程中产生的信息，如大事记、工作节点。

（4）试验数据库：如水动力性能数据库等，通过建立船模、实船和CFD之间的关系，为设计产品提供水动力性能估算和优化的依据。

（5）设备数据库：以海洋工程设备为描述对象，独立于海洋工程产品，为设计提供设备信息，包括设备小样。

（6）数据库管理功能。

（7）与海洋工程设计的CAD/CAE/PDM软件相结合。

（8）数据搜集、分析、登录及补充计算和试验。

（9）基于WEB的网络数据查询交换机制。

（10）基于数据库和网络的应用服务咨询系统。

（11）海洋工程性能数据库建设。数据库共性技术建设主要包括数据标准化技术、数据库系统建模技术、数据库服务器系统顶层结构设计技术、数据库应用程序研发技术、数据的安全性技术和大型数据库开发及高级应用技术等。

（12）海洋环境数据库主要包括海洋环境数据。

（13）设计智能数据库：具有优化设计、船型设计的综合智能数据库。

2. 数字工程数据库具有的功能和特点

（1）支持多个工程应用程序：支持动态模式的修改和扩充，反复的修改性设计，在海洋装备数字工程数据库中嵌入语义信息，存储和管理各种设计结果版本，复杂的抽象层次表示，多CPU/分布式处理环境，建立和临时存取数据库，交互式和多用户工作以及并行设计，多种表示处理，数据库与应用程序的接口，海洋装备数字工程事务处理。

（2）数值分析库：各类数值分析的软件库（软件功能说明、使用说明、应用案例），含各类CFD、CAE等。

（3）试验分析库：各类试验分析的软件库（软件功能说明、使用说明、应用案例）、模型库、内容过程与结论说明等。

（4）虚拟仿真库：各类仿真分析的软件库（软件功能说明、使用说明、应用案例）、仿真模型库、内容过程与结论影视片等。

3.PDM管理系统

数字工程设计过程中的数据管理及过程管理。

4.技术方案与数字工程模型库

1）设计方案主文件生成器

生成各类设计方案的图纸、说明书、数字模型、设备清单，如概念设计方案报告、基本设计方案报告、详细设计技术报告、生产设计技术报告。

2）设计方案辅助文件生成器

生成各类试验报告、计算报告、技术研究报告，如试验报告、CFD分析报告、CAE分析报告、技术研究报告。

3）设计相配的商务合同生成器

生成各类设计合同、外协合同、设备订购合同，如各类设计合同、合格的合作单位与供应商协议、外协合同、大系统合同与子系统订购合同、设备订购合同。

4）数字工程设计产品的审查与出品

各类数字工程设计产品审查、合格数字工程设计产品的输出与出品规则。

海洋装备性能数据库架构如图4-30所示。

4.4.6 数字工程新方法研制新装备

数字工程是一种使用3D虚拟化表示形式以及新的高端平台和武器系统的工程模型的方法，已经在改变五角大楼的装备采购范式，并成倍地加快了新系统为战争做好准备的步伐。

中国和俄罗斯已经声称要发射由量子计算推动的高超音速武器、反卫星导弹和具有人工智能功能的系统。中国以其惊人的工业能力迅速建造新的航母、驱逐舰，从而被国际上重视。但这并不意味着我国的装备系统和平台已经超越美国，但是这可以进一步激发我国通过数字工程加速新装备开发的巨大努力，在以科学技术为重点的新装备与平台建设计划的整个领域中完善和实施数字工程方法。我们需要考虑如何更快，不能放慢脚步。

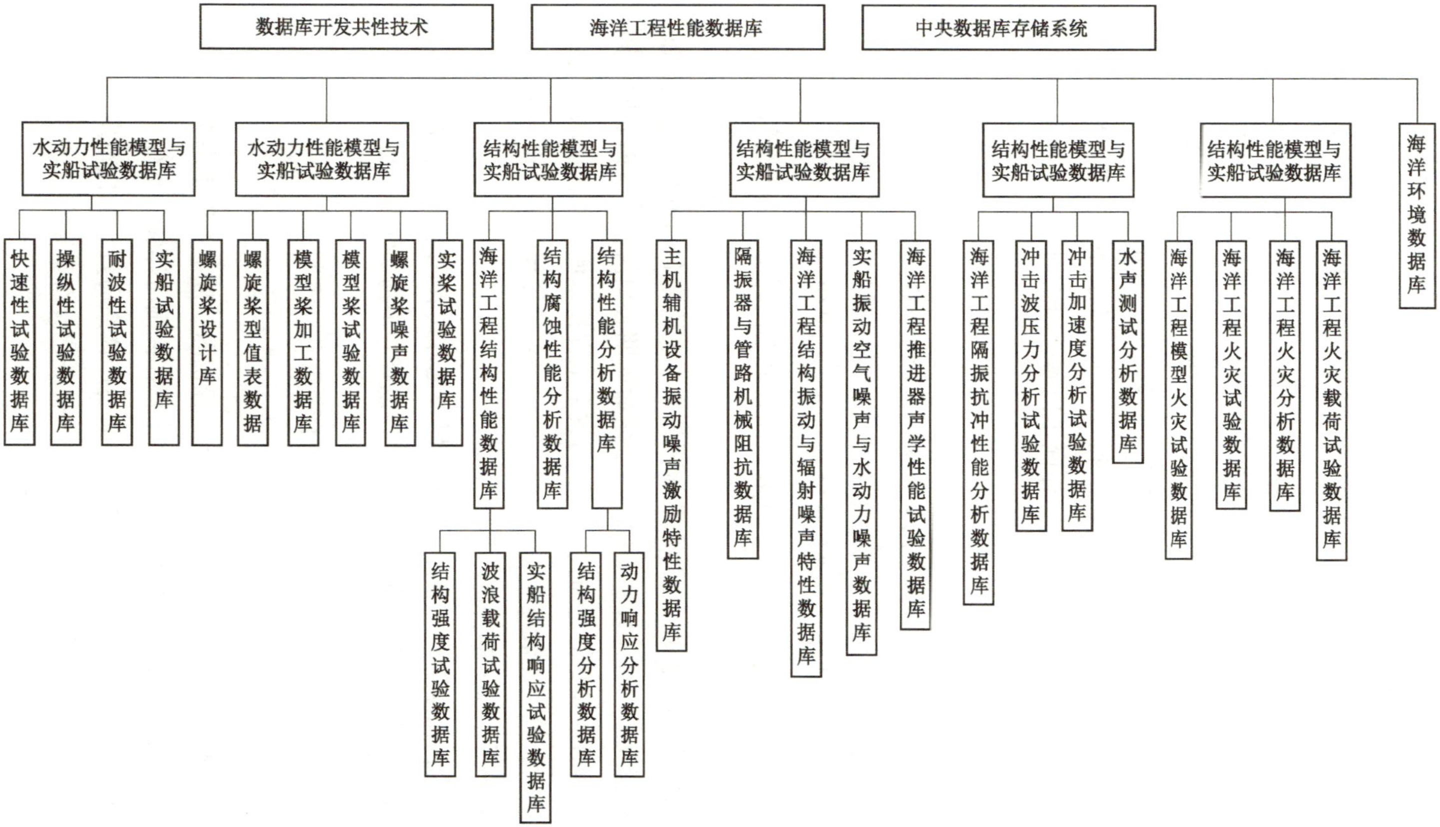

图4-30　海洋装备性能数据库架构

可以继续利用数字工程方法来为新的高分辨率低地球轨道（LEO）商业卫星构建新型系统，例如越来越多的各方正在使用的卫星系统，以提供更准确、及时的地面视图。我们的仪器收集图像并有效地生成地面全景图，收集的图像数量将是巨大的。每颗卫星每天将收集大约700000 km^2 的图像，提供的地图精度小于5 m，这意味着用户可以90%确信所识别的特征在图像所暗示位置的5 m半径内。实施数字模型，可以快速提高进行热弹性分析的速度，并了解数字信号链的端到端完整威胁。

使用数字工程技术来快速跟踪和升级具有潜在价值的商业卫星给美国军方，这与陆军正在进行的工作同步以整合网络创新。这一过程描述为**“数字三位一体”，包括软件开发、计算机建模和通用技术基础结构标准的集成。**

这种“数字三位一体”即数字工程和管理、敏捷软件和开放式体系结构是技术主导地位的下一个重大范式转变。不仅在构建更好的系统，而且还为更快的设计、无缝的组装和更轻松的升级打开了大门。这些已经被证实的创新技术可在下一代装备项目上进行测试，以建造新型的各式装备。

项目的发展速度，也为采购流程带来了前所未有的效率、速度、准确性和有效性。通过数字采集，数字生命周期必须与物理生命周期一样真实，然后最终变得更加真实。使用数字工程技术使工程师能够无须构建大量未经验证且未经审查的原型，而可以对虚拟复制品和设计模型进行必要分析，以了解特定产品的外观。

无论正在构建系统与否，都可以以视觉方式清楚地看到零件的外观，并以3D感觉将它们移动到数字屏幕上，以查看事物如何融合在一起。

4.4.7 海洋装备智能运行与生命健康管理

4.4.7.1 海洋装备智能运行与生命健康管理系统

借鉴数字工程的战略目标、数字工程视图、数字工程生态系统、数字工程路线图等做法，大力推进数字工程在我国海洋装备系统全寿命周期管理中的运用，对提高海洋装备科研生产体系质量、加快军事、经济制造业的智能化发展、加速新质生产力生成都具有重要意义。

1. 数字转型的演进历程

（1）产品数字化：交付数字化装备。

（2）过程数字化：数字工程贯穿系统全寿命周期。

（3）运维数字化：数字化运行与安全保障。

2. 主要做法

1）明确数字工程制度化的战略目标

数字工程战略目标的主要内容有5个方面：

（1）规范模型的开发、集成与使用，实现设计模型、制造模型、审核与验证模型、系统模型、生产支撑模型、特种工程模型、管理模型之间标准化数据的无缝流通，服务于企业和项目决策。

（2）持久性地提供权威事实源（即基础数据与模型），在装备方案分析、技术成熟与风险降低、工程与制造研发、生产与部署、作战与支援等装备寿命周期的不同阶段，为审计、商务、合同、工程、项目管理等各利益相关方提供权威事实源，实现“恰当的信息、恰当的人、恰当的使用、恰当的时间”。

（3）将技术创新融入工程实践的改进，可以利用大数据与分析、认知技术、先进计算技术、数字与物理融合技术以及新方法，推动端到端的数字企业转型。

（4）构建数字工程的支撑架构和环境，包括工具、流程、方法、软硬件、网络、安全等，实现各利益相关者之间的互动、协作与沟通。

（5）完成文化与团队的数字转型，面向对全寿命周期数字工程的适应与支撑，通过沟通与接触、领导、战略与实施、训练与教育和持续性改进，实现整个采办部门数字工程的制度化。

2）构建以数据流转为核心的数字工程架构

在装备采办全寿命周期的基础上，美国国防部系统工程部门建立了由模型视图、数据视图（图4-31）、文件视图、采办视图（图4-32）构成的数字工程架构。以数据视图对不同阶段标准化数据流转的规范为核心，推动传统采办模式向数字工程的迁移。

3）打造全面支撑国防采办的数字工程生态系统

数字工程生态系统主要由技术数据管理、工程知识管理和技术评估三个相互嵌套的群落构成。技术数据管理位于最底层，包括对工程标准、需求数据、设计与制造数据、测试数据、供应数据、作战数据、维

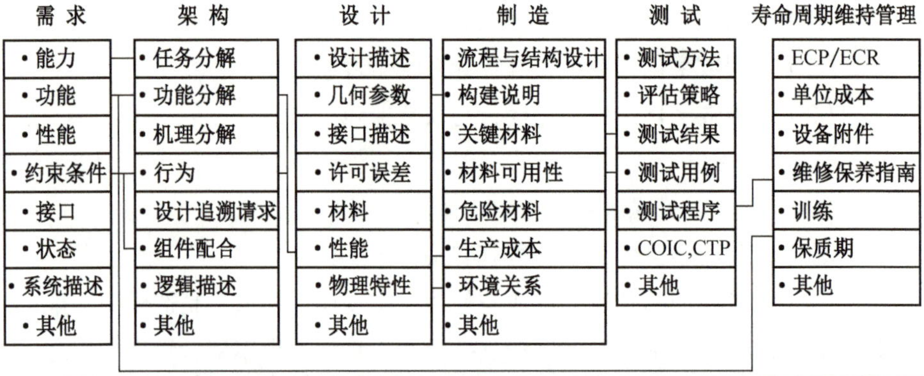

图4-31　数字工程的数据视图

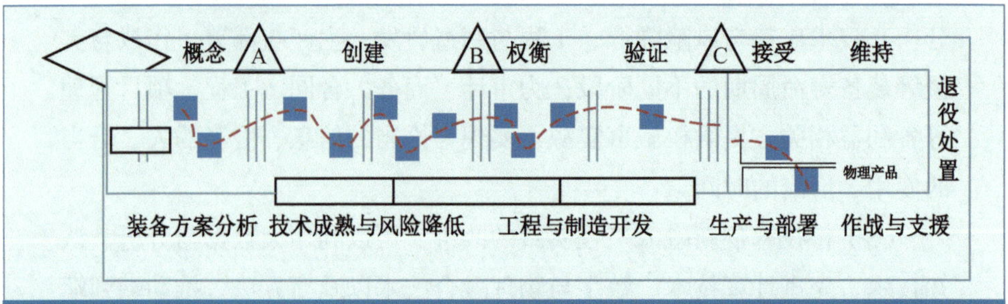

图4-32　数字工程体系架构之采办视图（AV）

护数据、工程能力数据库的管理。工程知识管理位于中间地带，包括对多域、多机理、多层级真实与虚拟组件的集成，对各种系统分析工具的集成，它们利用工程数据对系统采办与维持提供支撑，完成对利润、不确定性和风险的概率分析，以及对所有权总成本（系统全寿命周期成本）的均衡分析。系统工程技术评估位于顶部，开展成本分析、需求论证、费用进度与性能（C/S/P）的综合平衡，提供对各阶段采办里程碑的决策支持。

数字系统模型、数字线索和数字孪生是纵向贯穿数字工程生态系统的纽带，提供了端到端集成、权威性、系统全寿命周期的数字表示。数字系统模型由所有的利益相关者共同提供，集成了权威的技术数据和相关的工件，定义了系统寿命周期中各个方面的具体活动。数字线索是一种可扩展、可配置和组件化的企业级分析框架，无缝地加速了企业数据信息知识系统中的权威技术数据、软件、信息和知识的受控相互作用。

在整个系统寿命周期中，数字线索基于数字系统模型的模板，向决策者提供访问、集成数据，并将分散数据转换为可操作信息的能力。数字孪生是在数字线索支撑下，对实际制造系统多机理、多尺度概率模拟的集成，使用最佳的可用模型、传感器信息和输入数据，镜像和预测其物理孪生品系统全寿命周期中的行动与性能。

4）完成数字转型重构的路线图

数字工程路线图给出了数字工程推进的7个成熟度等级。

（1）启动阶段，成立数字工程工作组。

（2）知晓阶段，通过系统工程辅助国防部部长办公室网站、系统工程年会、基于模型企业峰会等促进各级组织对数字工程的认知。

（3）理解阶段，制定数字工程教育与培训课程，为各层级相关人员理解数字工程转型提供支持。

（4）初始使用阶段，即执行示范项目，如数字线索与飞行器机体数字孪生计划、工程弹性系统计划、计算研究与工程采办工具与环境项目。

（5）内部消化阶段，即制定指令、政策和指南以促进实例化使用，发布《数字工程战略》文件。

（6）适应阶段，即在工程和采办实践中推广已成型的主要做法，完成采办政策和指南的更新，开始在项目中对数字工程应用实施评价。

（7）制度化阶段，即保证转型的持续性，开始在采办流程中植入数字工程。

4.4.7.2 售后服务专用网站与会员制服务

船东可以通过该网站享受申请售后服务、零配件购买的服务信息系统，可以随时在线查询监控在建项目的工程进展、检验、材料设备信息，并随时更新客户需求信息。

（1）不断扩展售后服务网络，在全世界范围内为客户提供服务。

（2）建立自己的维修与物流团队，以最快捷的方式交付维修服务。

（3）当遇到问题时，客户可以通过客服找到指定的专职工程师，提供最值得信赖的解决方案（热线与远程诊断、决策支持）。

（4）建立客户服务请求与客户信息、产品信息、质保信息、服务等级信息、历史互动信息等关联，实现对质保产品的自动确定，并支持对核心设备所对应的供应商质保的追溯，以提高客服人员的响应和诊断效率。

（5）储存工程项目所有的技术资料和分析模型。

（6）提供有偿服务（收取一定比率的年费）。

4.5

未来数年数字技术如何推动企业高质量发展

今天数字化转型一个非常重要的话题是如何通过技术解构和重组推动企业高质量发展。未来的企业都应当是一个客户运营商，能够实时洞察客户需求，实时满足客户需求，只有这样才能形成一个供需精准匹配的新体系。同时，云原生，像大数据、人工智能、数据库、网络，包括今天所用的健康码、芯片等新的设备会因为云而重新去定义，重新形成新的业态和新的模式。有了云计算之后，今天的数字化转型、数字化建设有了第三条道路，这条道路是普惠的、个性化的、低成本的。

此外，在低代码时代，公司一把手亲自参与企业业务系统的开发成为现实，低代码重新定义什么叫作数字化“一把手工程”，在企业成长和发展的各个阶段，通过数字科技陪伴企业成长。一把手在很多时候需要参与业务系统的开发，尤其对于中小企业来说，这可能是一种新趋势。

2007年美国科技公司的估值仅仅相当于欧洲所有国家上市公司估值的1/4，但是疫情之后仅美国科技公司的估值就超过了欧洲所有国家上市公司的市值之和，我们看到以市值来衡量国家间距离在急剧分化。可以观察到即使在ICT产业内部，产业的发展、企业的发展也在急剧分化。如果看过去十年的IBM和微软，过去十年IBM的市值基本上在1300亿美元、1400亿美元的规模上下波动，而微软的市值几乎增长了15~20倍，这段时间超过了2.5万亿美元，也就是说即使是在ICT产业的内部企业也在剧烈分化。这是今天我们看到技术变革对于产业、国家所带来的影响。

如果去看未来数年或者更长的一段时间，看数字技术对于今天企业的高质量发展会带来什么影响呢？有三个非常重要的观察视角。一是双轮驱动，它在推动供需的精准匹配；二是软硬解耦，加速技术向云边端的迁移；三是数字原生，探索普惠低成本的数字化转型之路。

4.5.1 双轮驱动如何推动供需的精准匹配

在我国的中央经济工作会议上曾提出，要贯通生产、分配、流通、消费各环节，形成需求牵引供给，供给创造需求的更高水平的动态平衡。问题是今天如何来贯通、如何来形成？有两个重要的方向和思路。通过数字化方式来贯通生产分配流通，形成需求牵引供给，供给创造需求的更高水平的动态平衡。在改革开放四十多年来，中国和其他所有国家最大的不同在于，中国已经成为全球最大的四个大国。一是中国是全球最大的消费互联网大国，我们的移动支付网购人群规模是全球最大的；二是中国是全球最大的社会消费品零售总额，大概是40万亿元；三是在社会消费品零售总额的40万亿元的盘子中间，被数字化的这一部分的比重和绝对值是最高的；四是中国是全球最大的制造业大国，中国制造业规模相当于德国、美国、日本之和。

当四个大国的优势今天如果能够通过数字化这条主线把它穿插起来时，中国在数字化的某些领域将会在全球处于领先地位。所以从数字化视角来看，四个大国优势的叠加将会奠定中国企业数字化转型局部领先的坚实基础。

国际咨询公司BCG有一项研究。这个研究是从全球视角来看中国的数字化转型，得出的一个重要结论是行业集中度不高，同时个性化需求比较强烈的这些领域，比如像服饰、餐饮、娱乐、日化、食品、美妆等领域中国的数字化转型已经与全球其他领先国家处于同一个水平，有些可能还处于一个领先地位。这背后的原因在于今天中国四个大国的优势叠加所带来的中国在逐步领先的优势正在形成。

在供给端，过去二十年所有企业都进行了各种各样的安装、研发、设计、采购、物流，购买了各种各样的CD软件、ERP、供应链管理、制造执行系统等，这些系统在今天也要不断升级，这个升级的方向就是云化、移动化、中台化和IoT化。但更重要的是今天企业做数字化转型的机遇就在于能够基于消费者需求的洞察做出各种各样的决策，这个决策包括营销、客户运营、产品创新、智能制造、渠道管理、分销和品牌建设。

今天所谓的数字化转型对于那些消费品企业来说，对于C端能够触达消费的这些行业来说，最重要的一个方向是如何建立起一个基于消费者需求洞察的决策，这是我们看到的第一个大趋势。所以，未来的企业都应当是一个客户的运营商，能够实时洞察客户需求，实时满足客户需求，只有这样才能形成一个供需精准匹配的新的一套体系。

4.5.2 软硬解耦，加速技术向云边端的迁移

我们看到整个商业系统正变得越来越复杂，这种复杂性来自于需求的个性化、场景化、实时化、互动化，来自于供应链的全球化，来自于产品本身的智能化。总之，商业系统正变得越来越复杂，但是在过去的二十年，传统的IT架构所形成的这套体系越来越难以适应整个商业系统的复杂性，越来越显得力不从心。

今天只有构建一个基于云，基于5G，基于数据中台、业务中台以及SaaS化的新的基础设施，才能够对整个商业系统的复杂性做出一个实时响应。但是，这是一个从传统的IT架构向云、中台、SaaS化不断迁移的过程，主流的基础设施仍然是传统的，但是未来五年或者更长一段时间，才能切换过去，是一个此消彼长的过程，但这个趋势是不可逆转的。

在讲各种各样技术变革时，其中一个重要的变革叫作万物智能、万物互联，未来的产品将会有四个基本部件：动力部件、执行部件、智能部件和互联部件。当有了这四个部件之后，未来的产品无论是手机、智能汽车还是工程机械、飞机都是一样的，这些产品都可监测、可控制、可优化。

这里更想说的是，我们看到智能部件背后所隐含的所有的产品未来的控制系统将会发生革命性的变化。今天的控制系统从原有的机械控制演变成电子控制、软件控制，再到边缘优化以至于再到云端优化，我们可以在云端就可以对远程几十公里、几百公里、上千公里的某台设备、某台机器、某个生产线，不仅仅是去展示、呈现，还可以优化、控制，

这是未来发展的一个趋势。

控制技术变化的背后在于软件和硬件的解耦，软件在定义功能，它更容易实现云边端的全局优化。现在讨论工业互联网，其最重要的一个本质性的特征就是我们能够不断地从传统的IT系统的软件系统、从机器设备、从运营环境、从互联网方方面面不断采集数据，把数据输送到边缘以及输送到云端，在边缘和云端会有各种各样的算法机理和模型，输送到机理模型之后再往上会面对提供各种各样的服务，研发的协同设计、生产制造、质量管理、企业的运营还有设备的维护，用一句话来概括就是数据+模型带来的这样一个服务。

从一个场景去看，企业做数字化转型技术架构怎么去做迁移。在很多制造企业里，都有空气压缩机的设备和这样一条生产线，要不断产生各种空气。一台空气压缩机设备买的时候成本二十万元，但每年的电费在四十万元到六十万元，远远超过了设备本身的成本，那为什么每年电费这么多呢，是因为它在用冗余的思维来确保空气质量，浪费比较严重，不管那端需要多少，都以一定的稳定的供气量来保证供给，但事实上有些时候不需要那么多。

这套新的云边端的架构体系怎么去改造原有的这套解决方案呢？它基于现场的机器设备的需求，有压力、流量、温度，采集这么多的数据，把这些数据输送到一个边缘计算的盒子里面，边缘计算就有很多算法，这个算法可以对实时需求进行一个运算，实时生成一套决策指令，把这个决策指令给到现场做这样一个优化。而边缘计算的这套决策指令，这套人工智能算法来自于云端，云端可以采集海量数据对这个算法模型进行优化和训练，训练之后把数据下发到边缘，形成一个云边端的新体系。当这套体系建立起来之后，就可以精准地对用气需求量做出预测和判断，形成更加低成本高效的运行方式，这是今天工业互联网应用的非常典型的场景。

4.5.3 数字原生在探索普惠的数字化的道理

什么是云原生？

理解这个概念对很多不是IT、不是云计算的专家来说还是挺困难的，思考另外一件事情，回顾一下过去的一百年电是怎么被发明、怎么被使用的。1909年GE公司发明了可以烤面包的电烤箱。它的插座不是现在大家所使用的插座，而是能够安装在灯上的旋转式插座，为什么会有这样一个奇怪的插座呢？因为当年当人们发明电的时候，没有想到电还可以带来电冰箱、电视机、电梯等产品，当年人们发明电的时候只是为了照明。后来当电出现之后它就催生了很多各种各样新的产品。所以，我们不知道云原生是什么，但我们有一个概念是电原生，因为有电而形成的新的产品，我们可以把这些产品称之为电原生，而今天什么是云原生，就是因云而生的各种各样的新技术和产品。

把这个场景再切换到今天看到的云，云计算也在经历当年的这样一个场景，从蒸汽火车到电动汽车的电气化，它不是因为有了电才有了蒸汽火车，它是一个移民，但是对电原生来说因为有了电才有电冰箱、洗衣机、空调、电影、电梯，因为有了电梯才有了高楼，有了高楼才有了城市，这是电气化的原住民。

云计算为今天数字化转型、数字化建设带来了第三条道路，这条道路是一个普惠的、个性化的、低成本的，因为在过去的二三十年的时间，企业进行了各种各样的安装，从企业的资源管理叫作ERP制造系统，还有客户关系管理，供应链管理等，它是一个安装的时代，是一个信息记录系统安装的时代。

5

数字孪生技术与应用

5.1

数字孪生技术综述

5.1.1 数字孪生技术简述

随着新一代信息技术（如云计算、物联网、大数据等）与制造业的融合与落地应用，世界各国纷纷出台了各自的先进制造发展战略，如美国工业互联网和德国工业4.0，其目的之一是借力新一代信息技术，实现制造的物理世界和信息世界的互联互通与智能化操作，进而实现智能制造。

与此同时，在“制造强国”和“网络强国”大战略背景下，我国也先后出台了“中国制造2025”和“互联网+”等制造业国家发展实施战略。此外，党的十九大报告中也明确提出“加快建设制造强国，加快发展先进制造业，推动互联网、大数据、人工智能和实体经济深度融合”，其核心是促进新一代信息技术和人工智能技术与制造业深度融合，推动实体经济转型升级，大力发展智能制造。

因此，如何实现制造物理世界与信息世界的交互与共融，是当前国内外实践智能制造理念和目标所共同面临的核心瓶颈之一。

数字孪生是以数字化方式创建物理实体的虚拟模型，借助数据模拟物理实体在现实环境中的行为，通过虚实交互反馈、数据融合分析、决策迭代优化等手段，为物理实体增加或扩展新的能力。

作为一种充分利用模型、数据、智能并集成多学科的技术，数字孪生面向产品全生命周期过程，发挥连接物理世界与信息世界的桥梁和纽带作用，提供更加实时、高效、智能的服务。

数字孪生技术近期得到了广泛关注。全球最具权威的IT研究与顾问咨询公司Gartner连续两年（2016年和2017年）将数字孪生列为当年十大战略科技发展趋势之一。2017年12月8日，中国科协智能制造学术联合体在世界智能制造大会上将数字孪生列为世界智能制造十大科技进展之一。此外，许多国际著名企业已开始探索数字孪生技术在产品设计、制造和服务等方面的应用。

在产品设计方面，针对复杂产品创新设计，达索公司建立了基于数字孪生的3D体验平台，利用用户交互反馈的信息不断改进信息世界中的产品设计模型，并反馈到物理实体产品改进中。

在生产制造方面，西门子基于数字孪生理念构建了整合制造流程的生产系统模型，形成了基于模型的虚拟企业和基于自动化技术的企业镜像，支持企业进行涵盖其整个价值链的整合及数字化转型，并在西门子工业设备Nano box PC的生产流程中开展了应用验证。

在故障预测与健康管理方面，美国国家航空航天局（National Aeronautics and Space Administration，NASA）将物理系统与其等效的虚拟系统相结合，研究了基于数字孪生的复杂系统故障预测与消除方法，并应用在飞机、飞行器、运载火箭等飞行系统的健康管理中。美国空军研究实验室结构科学中心通过将超高保真的飞机虚拟模型与影响飞行的结构偏差和温度计算模型相结合，开展了基于数字孪生的飞机结构寿命预测。

在产品服务方面，将数字孪生作为“智能互联产品”的关键性环节，致力于在虚拟世界与现实世界间建立一个实时的连接，将智能产品的每一个动作延伸到下一个产品设计周期，并实现产品的预测性维修，为客户提供高效的产品售后服务与支持。

此外，车间是制造活动的执行基础，为践行智能制造和智能生产理念，国内学者也于2016年探索了数字车间（D igital Twin Shop-floor, DTS）的概念，设计了DTS的组成与运行机制，阐述了实现DTS的4个特点和五大类关键技术，为数字孪生在生产制造环节落地应用提供了基础理论支撑和参考。分析了数字孪生体的产生背景，阐述了产品数字孪生体的内涵，并提出产品数字孪生体的体系结构和实施途径，同时指出数字孪生技术的出现和发展不但为实现信息物理系统（Cyber physical system，CPS）提供了清晰的新思路、方法和实施途径，而且为人类利用虚拟模型探讨和预测未知世界提供了新的理念和工具。探讨了数字孪生模型在产品构型管理中的应用。提出基于数字孪生的个性化生产线快速定制设计方法，将数字化模型和物理装备虚实同步，形成整线的数字孪生系统；提出生产过程中耦合优化问题的解耦算法，作为引擎驱动数字孪生；通过订单模拟投放与运行，进行整线性能评估与调控。面向物联制造车间，立足工件、机器的主观能动性，提出主动调度模式，探讨了主动调度的交互体系、响应机制、运作模式和互调度行为。针对智能工厂制造资源自组织配置与自适应协同控制需求，提出基于CPS的底层制造资源加工服务状态实时感知和自主决策的智能化建模方法。利用数字孪生思想将物联制造下的在线控制理念进行扩展，提出多系统联动优化控制思想、机制及定量优化方法，并应用于生产过程的精准计划、实时跟踪与动态控制 3 个阶段，相应技术和系统已在嘉宝莉化工集团等行业龙头企业应用实施。

虽然已有企业初步探索了数字孪生的相关应用，但数字孪生在实际应用过程中仍存在很多问题和不足。

（1）缺乏系统的数字孪生理论 / 技术支撑和应用准则指导。目前在数字孪生模型构建、信息物理数据融合、交互与协同等方面的理论与技术比较缺乏，导致数字孪生落地应用过程中缺乏相应的理论和技术支撑。

（2）数字孪生驱动的应用产生的比较优势不明。目前数字孪生应用基本处于起步阶段，数字孪生在产品设计、制造和服务中的应用所带来的比较优势不明晰，应用过程中所需攻克的问题和技术不清楚。

（3）在产品生命周期各阶段的应用不全面。从产品的产前、产中、产后 3 个阶段分析，当前数字孪生的应用主要集中在产品的运维和健康管理等产后方面，需要加强在产前（如产品设计、再设计、优化设计等）和产中（如装配、测试 / 检测、车间调度与物流等）的应用探索。

5.1.2 数字孪生引领信息革命新浪潮

当今世界处于以信息化全面引领创新、以信息化为基础重构国家核心竞争力的新阶段，正迎来数字孪生新一轮信息革命浪潮，带来多领域技术革命性变化和商业模式突破性创新，社会生产呈现出生产方式智能化、产业形态数字化、产业组织平台化的新特征，深刻影响着经济社会的运行方式、国际竞争科技范式和世界科技格局的发展走势。

2020年4月7日，国家发展改革委和中央网信办发布《关于推进“上云用数赋智”行动培育新经济发展实施方案》，首次指出数字孪生是七大新一代数字技术之一，并启动“数字孪生创新计划”。之后，工信部、住建部等多个国家部委出台数字孪生相关政策文件，推进数字孪生技术、应用和产业的发展。近年来，物联网、大数据、云计算、人工智能等新一代信息技术的发展，使数字孪生得到了更加广泛的传播和应用。数字孪生可以有效发挥其在模型设计、数据采集、分析预测、模拟仿真等方面的作用，助力推进数字产业化、产业数字化，促进数字经济与实体经济融合发展。

1.数字孪生的内涵及特征

数字孪生是具有数据连接的特定物理实体或过程的数字化表达，该数据连接可以保证物理状态和虚拟状态之间的同速率收敛，并提供物理实体或流程过程的整个生命周期的集成视图。物理世界和与之对应的数字世界正形成两大体系平行发展、相互作用。数字世界为服务物理世界而存在，物理世界因为数字世界变得感知有序，数字孪生技术应运而生。

2002年，密歇根大学的Michael Grieves博士发表了白皮书《数字孪生：通过虚拟工厂复制实现卓越制造》，第一次书面提出了现在通行的“数字孪生”术语。2016—2019年，Gartner连续四年将“数字孪生”列为“十大战略科技发展趋势”之一。美国密西根大学Michael Grieves教授在《几乎完美：通过PLM驱动创新和精益产品》给出了数字孪生的三个组成部分：物理空间的实体产品、虚拟空间的虚拟产品、物理空间和虚拟空间之间的数据与信息交互接口。

数字孪生是以数据和模型为驱动，数字孪生体和数字线程为支撑的新型制造模式，能够通过实时连接、映射、分析、反馈物理世界的资产与行为，使工业全要素、全产业链、全价值链达到最大限度闭环优化。一方面，数字孪生体是在虚拟空间构建的表征物理实体实时运行状态的虚拟实体，具备融合几何建模、仿真模拟、数据分析的全方位功能，扮演着综合分析决策的角色。另一方面，数字孪生在集成融合工业数据的过程中依赖于数字线程。数字线程是连接物理世界和数字孪生体的通道，也是多类数字孪生体间连接的通道，具备“在正确的时间，将正确的信息，以正确的方式，推送到正确的地方”的功能，数据集成和业务集成是其两大核心功能。总之，数字孪生能够基于“单个数字孪生体”或基于“数字线程串联的多个孪生体集”，实现对“简单组件”到“复杂物理系统”的连接、映射、分析、反馈。

数字孪生是以数字化方式创建物理实体的虚拟实体，借助历史数据、实时数据及算法模型等，用于模拟、验证、预测、控制物理实体全生命周期过程的技术方法。数字孪生技术打通了物理世界与虚拟空间的通道，联结现实世界与数字世界，在虚拟空间打造“全真世界”。从根本上讲，数字孪生可以定义为有助于优化业务绩效的物理对象或过程的历史和当前行为的不断发展的数字资料。

2. 数字孪生的特点

双向：数字孪生是对真实物理产品、设备或过程的动态和持续更新。数字孪生能够理解、预测产品、设备或过程，乃至能对物理产品实施控制、改变产品的状态，让很多原来由于物理条件限制必须依赖于真实的物理实体而无法完成的操作变得触手可及，从而实现对产品、设备或过程的相关要素资源的优化，并进一步激发数字化创新。

持续：数字孪生和物理产品之间的互动是不间断的，贯穿产品的全生命周期。在一定程度上可以直接描述它对应实体对象的状态，确保对实体对象状态的可见。更重要的是帮助我们更深入地辨认发生的事件（如质量、故障），理解其原因，并对未来可能发生的事件提供预测，从而降低企业进行产品创新、模式创新中的成本、时间及风险，并持续地推动产品优化，提高客户体验，极大地驱动企业创新行为。

开放：通过数字孪生收集到的海量数据，单靠企业自身的力量来分析和挖掘其中的价值是不够的，企业需要将数据对第三方开放，借助外部合作伙伴的力量充分挖掘数字孪生的价值。

互联：数字孪生的意义还包括价值链上下游企业间的数据集成以及价值链端到端集成，本质是全价值链的协同。产品数字孪生作为全价值链的数据中心，其目标是实现全价值链的协同，因此不仅要实现上下游企业间的数据集成和数据共享，也要实现上下游企业间的产品协同开发、协同制造和协同运维等。

保真：数字孪生的保真性指描述数字虚体模型和物理实体的接近性。要求虚体和实体不仅要保持几何结构的高度仿真，在状态、相态和时态上也要仿真。值得一提的是在不同的数字孪生场景下，同一数字虚体的仿真程度可能不同。例如工况场景中可能只要求描述虚体的物理性质，并不需要关注化学结构细节。

数字孪生体不仅仅是物理世界的镜像，也要接收物理世界的实时信息，更要反过来实时驱动物理世界，而且进化为物理世界的先知、先觉甚至超体。这个演变过程被称为成熟度进化，即一个数字孪生体的生长发育将经历数化、互动、先知、先觉和共智等几个过程。

“数化”是对物理世界数字化的过程。这个过程需要将物理对象表达为计算机和网络所能识别的数字模型。

“互动”主要是指数字对象间及其与物理对象之间的实时动态互动。物联网是实现虚实之间互动的核心技术。

“先知”是指利用仿真技术对物理世界的动态预测。这需要数字对象不仅表达物理世界的几何形状，更需要在数字模型中融入物理规律和机理。

“先觉”是依据不完整的信息和不明确的机理通过工业大数据和机器学习技术来预感未来。如果要求数字孪生体越来越智能和智慧，就不应局限于人类对物理世界的确定性知识。其实人类本身就不是完全依赖确定性知识而领悟世界的。

“共智”是通过云计算技术实现不同数字孪生体之间的智慧交换和共享，其隐含的前提是单个数字孪生体内部各构件的智慧首先是共享的。

3. 数字孪生生态系统及全生命周期

数字孪生生态系统由基础支撑层、数据互动层、模型构建与仿真分析层、共性应用层和行业应用层组成。其中基础支撑层由具体的设备组成，包括工业设备、城市建筑设备、交通工具、医疗设备组成。数据互动层包括数据采集、数据传输和数据处理等内容。模型构建与仿真分析层包括数据建模、数据仿真和控制。共性应用层包括描述、诊断、预测、决策四个方面。行业应用层则包括智能制造、智慧城市等多个方面的应用。

数字孪生中虚拟实体的生命周期包括起始、设计和开发、验证与确认、部署、操作与监控、重新评估和退役，物理实体的生命周期包括验证与确认、部署、操作与监控、重新评估和回收利用。值得指出的是，一是虚拟实体在全生命周期过程中与物理实体的相互作用是持续的，在虚拟实体与物理实体共存的阶段，两者应保持相互关联并相互作用。二是虚拟实体区别于物理实体的生命周期过程中，存在迭代过程。虚拟实体在验证与确认、部署、操作与监控、重新评估等环节发生的变化，可以迭代反馈至设计和开发环节。监测设备的运行数据，且在此基础上可对设备的全生命周期进行管理，分析挖掘数据价值，辅助运营决策。

4. 数字孪生技术架构及能力模型

数字孪生以数字化方式拷贝一个物理对象，模拟对象在现实环境中的行为，对产品、制造过程乃至整个工厂进行虚拟仿真，目的是了解资产状态，响应变化，改善业务运营和增加价值。在万物互联时代，此种软件设计模式的重要性尤为突出，为了达到物理实体与数字实体之间的互动，需要经历诸多过程，也需要很多基础的支撑技术作为依托，更需要经历很多阶段的演进才能很好地实现物理实体在数字世界中的塑造。

要构建物理实体在数字世界中对应的实体模型，就需要利用知识机理、数字化等技术构建一个数字模型，而且对构建的数字模型需要结合行业特性做出评分，是否可以在商业中投入使用；有了模型还需要利用物联网技术将真实世界中的物理实体元信息采集、传输、同步、增强之后得到业务中可以使用的通用数据，通过这些数据可以仿真分析得到数字世界中的虚拟模型。

当把数字孪生视为现实世界实体或系统的数字化表现时，更要注重架构引领、模型驱动、数据驱动、虚实融合要求。为此，从过程演化角度建立数字孪生的“定义、展现、交互、服务、进化”五维度能力模型。其中，数据是整个能力模型的基础，五大能力围绕数据来发挥作用和效能。

数字孪生作为现实世界实体或系统的数字化表现，因人类社会尚有未发现的真理、未发明的技术、未掌握的知识技能，故对物理客体的认识本身始终是逐渐逼近真相的过程，因而数字孪生的构建能力是模型驱动的基础，是推动对客体认识的不断深入、不断定义的过程。

数字孪生的展现能力要求对数字空间中定义的客体的动态和静态内容进行展示。静态内容包括客体属性、方法、行为相关数据及其关联；动态内容是根据客体可视化需要动态、快速、准确展示实时或准实时的可变信息，最终实现高逼真、高精度、高动态的信息展现，为更科学地认知物理客体提供手段。

交互能力是数字孪生有别于传统信息化系统和数字应用的关键特性。数字孪生通过多种传感设备或终端实现与物理世界的动态交互，因为具有了动态交互能力才将物理世界与数字世界连接为整体，从而导致数字孪生可以实时、准确获取物理客体的信息，数字孪生依据定义模型和客体信息进行实时计算与分析，并将分析结果反馈给物理客体，为物理客体的执行提供信息参考，或为相应人员提供决策支持，从而可更准确、及时、客观把握客体状态并进一步增强与物理客体的耦合时效。

服务能力是数字孪生对物理客体赋能的体现，在传统物理客体基础上，因为具有了数字孪生的支持，可以具备传统客体不具备的新的特件和能力，导致物理客体自身伴随数字孪生发生实质性变化。数字孪生利用先进的大数据分析和人工智能等技术，获得超出现有认知的新信息，为人类认知客体提供更直观翔实的佐证和依据，为人类再设计再优化客体提供支持，推动物理实体的改进和提升。同时，物理客体通过配备内置传感、物联及控制器件，实现对数字孪生中计算、分析的结果传递和信息的接收，使客体在数字感知、反馈、分析、自主决策水平方面得以提升。

进化能力指可以随着客体的发展存亡，在广度和深度维度实现对物理客体的详尽描述和记录，广度上的进化指可全面记录客体全生命周期内的状态、行为、过程等静态或动态信息，具备无限量信息接纳能力；深度上的进化指可随时复现客体任一时刻的状态，并可根据认知机理和规则推演或仿真未来时刻的“假设”场景，并预判其状态。另外，数字孪生具备自学习、自适应能力，可以对自身的各种能力实现迭代和优化。

5. 数字孪生构建虚实交互的闭环

数字孪生技术体系涵盖感知控制、数据集成、模型构建、模型互操作、业务集成、人机交互六大核心技术。

一是感知控制技术具备数据采集和反馈控制两大功能，是连接物理世界的入口和反馈物理世界的出口。

二是数据集成实现异构设备和系统的互联互通，让物理世界和承载数字孪生的虚拟空间无缝衔接。

三是模型构建实现对物理实体形状和规律的映射。几何模型、机理模型、数据模型的构建分别实现对物理实体形状、已知（或经验）的物理规律以及未知的物理规律的模拟。

四是模型互操作承担着将几何、机理、数据三大模型融合的任务，实现从构建“静态映射的物理实体”到构建“动态协同的物理实体”的转变。

五是业务集成是数字孪生价值创新的纽带，能够打通产品全生命周期、生产全过程、商业全流程的价值链条。

六是人机交互将人的因素融入数字孪生系统，工作者可以通过友好的人机操作方式将控制指令反馈给物理世界，实现数字孪生全闭环优化。

5.1.3 数字孪生城市建设

1.“数字孪生城市”写入《纲要》

2021年3月11日，第十三届全国人民代表大会第四次会议表决通过了《关于〈国民经济和社会发展第十四个五年规划和二〇三五年远景目标纲要〉的决议》(简称《纲要》)。《纲要》单列出第五篇“加快数字化发展建设数字中国”，并提到推进城市数据大脑建设，探索建设数字孪生城市，由此可见对数字化发展和建设数字中国的重视程度。

第五篇指出：以数字化助推城乡发展和治理模式创新，全面提高城市运行效率和宜居度，分级分类推进新型智慧城市建设。将物联网感知设施、通信系统等纳入公共基础设施统一规划和建设，推进市政公用设施、建筑等物联网应用和智能化改造，完善城市信息模型平台和运行管理服务平台，构建城市数据资源体系，推进城市数据大脑建设，探索建设数字孪生城市。

2. 数字孪生城市是数字城市的最高阶段

在IBM的构想中，城市由关系到城市主要功能的不同类型的网络、基础设施和环境等核心系统组成，这些系统不是零散的，而是以一种协作的方式相互衔接。而城市本身，则是由这些系统所组成的宏观系统。如果将城市看作一个庞大的生命体，那么，越来越多的“神经元”正在触达末梢角落，保障城市安全运行。

此外，“数字孪生城市”还全面支持移动端操作，方便社工在走访时即时修改数据，与此同时将根据用户不同的岗位、级别严格划分权限，呈现个性化的界面和内容，最大限度保护居民的数据安全。下一步，还将同步拓展公共服务、商业办公等系统，打造智慧服务、智慧营商、智慧交通等平台和对应的应用场景。因此，智慧城市是数字城市发展的高级阶段。数字孪生城市作为数字城市的目标，是智慧城市的新起点，能够赋予城市智慧化重要设施和基础能力。

在信息空间上构建的城市虚拟映象叠加在城市物理空间上，将极大地改变城市面貌，重塑城市基础设施，形成虚实结合、孪生互动的城市发展新形态。在智慧城市中，数字孪生城市通过对物理世界的人、物、事件等所有要素数字化，在网络空间再造一个与之对应的“虚拟世界”，形成物理维度上的实体世界和信息维度上的数字世界同生共存、虚实交融的格局，这突出了数字孪生的实时性和保真性，将物理世界的动态通过传感器精准、实时地反馈到数字世界。

数字化、网络化实现由实入虚，网络化、智能化实现由虚入实，通过虚实互动、持续迭代实现物理世界的最佳有序运行，这突出了数字孪生的互操作性、可拓展性及闭环性。

3. 数字孪生城市规划建设管理

物理城市与数字城市孪生并存，精准映射，实现虚拟服务现实，数据驱动决策，智能定义一切，促进管理一盘棋，服务一站式，以高度智能化替代以往智慧城市的网格化管理，虚实融合，蕴含无限应用创新空间，将引发城市智能化管理和服务模式的重大颠覆性创新。

城市空间的物理属性将被无限延伸，城市成为现实空间和虚拟空间逐渐交融的混合空间，将会出现一种新的基础设施、一种新的空间形态、一种新的共享平台，由此引发的变革也许天翻地覆。当技术奇点来临之时，数字孪生城市将有可能进化成全球化的超级智能系统。人们将开展一场重塑人类感知能力的实验，勾勒出城市中无数隐匿的维度和隐藏的场景，发展出人类超越人体本身感知维度的超感知能力，催化出市民共创未来城市的无限创意，最终加速新时代城市化的新模型。

4. 数字孪生城市最核心的要素

首先就是将物理世界映射到数字世界，因此在建设初期便要将物理世界包括地面的基础设施、房屋建筑等物理实体进行智能化升级，并将物联网传感设施提前进行布局以及预留。其次在城市总体规划（以下简称“总规”）阶段，把总规用到的地上地下所有图纸全部进行数字化处理，通过三维方式在统一的数字平台上展示；在控制性详细规划（以下简称“控规”）阶段，将不同片区的控规都以三维方式在数字化平台上展示，并且用于后续的规划审批，控规本身还采用了控规和子控规的方式，也就是说控规本身也要在三维层面和二维以及总规进行比对，层层递进，分级分类推进；在控规的下面便是设计，建筑物设计、市政设计等，将每一个设计作为一个项目，并将项目本身与控规进行比对，精细化管理设计的过程。再次是施工阶段，确切地说施工阶段的核心便是建筑信息模型（BIM），在数字化平台上，把建筑信息模型（BIM）与之前的设计模型进行对比，提升精细化管理水平。最后是竣工检查，在传统的竣工检查之外，还要考虑到物联网的存在，以及今后城市运营的方式，将建筑信息模型（BIM）进行拆解，形成物理城市的真实映射，作为今后城市运营的底层。这便是将城市进行数字孪生建设的全周期平台化、数字化，将城市作为一个“有机生命体”，进行有机拆分组合，提高全流程的精细化管理与现代化治理水平。

5. 全要素数字孪生城市

数字孪生城市是信息化发展到一定程度以及智慧城市建设到现阶段的必然性结果，数字孪生不仅是解构、描述、认识物理世界的新型工具，更是支撑数字化转型的综合技术体系。在物联网、人工智能等新一代技术不断深化、发展、应用的过程中推动城市全场景、全要素的数字孪生进程。

从宏观来看，数字孪生不仅仅是集成创新的技术体系，更是数字社会人类认识和改造世界的方法论，指导提高城市建设的体系化程度，建设统筹城市规划、建设、管理三大环节以及资源共享与业务协同的机制体制，以高度的整体性、系统性、包容性、前瞻性思维统筹规划，加强顶层设计。

从中观看，数字孪生城市将成为支撑社会治理和产业数字化转型的重要抓手，数字孪生城市统筹城市规划、建设、管理的系统性思维及理念，对社会的发展乃至各个领域、各个行业的产业发展都具有借鉴意义。

从微观看，数字孪生的关键便是“数据+模型”，在此模式下，各领域、各行业都需编制各自的数字孪生模型图谱，小到每个家庭，大到整个城市的模型建设，都可以通过空间编码的方式将数据标签化、单元化，每栋建筑、每个城市都可以是一个空间单元，分级分类推进，从而推动整个城市的每个要素都实现数字孪生。

6. 数字孪生在智慧城市领域的应用

数字孪生城市则是数字孪生技术在城市层面的广泛应用，通过构建城市物理世界及网络虚拟空间一一对应、相互映射、协同交互的复杂系统，在网络空间再造一个与之匹配、对应的孪生城市，实现城市全要素数字化和虚拟化、城市状态实时化和可视化、城市管理决策协同化和智能化，形成物理维度上的实体世界和信息维度上的虚拟世界同生共存、虚实交融的城市发展新格局。数字孪生城市既可以理解为实体城市在虚拟空间的映射状态，也可以视为支撑新型智慧城市建设的复杂综合技术体系，它支撑并推进城市规划、建设、管理，确保城市安全、有序运行。数字孪生城市主要有新型基础设施、智能运行中枢、智慧应用体系三大横向的分层。

（1）基础设施层。城市新型基础设施包括全域感知设施（包括泛智能化的市政设施和城市部件）、网络连接设施和智能计算设施。与传统智慧城市不同的是，数字孪生城市的基础设施还包括激光扫描、航空摄影、移动测绘等新型测绘设施，旨在采集和更新城市地理信息和实景三维数据，确保两个世界的实时镜像和同步运行。

（2）智能运行中枢。智能运行中枢是数字孪生城市的能力中台，由五个核心平台承载。一是泛在感知与智能设施管理平台，对城市感知体系和智能化设施进行统一接入、设备管理和反向操控；二是城市大数据平台，汇聚全域全量政务和社会数据，与城市信息模型平台整合，展现城市全貌和运行状态，成为数据驱动治理模式的强大基础；三是城市信息模型平台，与城市大数据平台融合，成为城市的数字底座，是数字孪生城市精准映射虚实互动的核心；四是共性技术赋能与应用支撑平台，旨在汇聚人工智能、大数据、区块链、AR/VR 等新技术基础服务能力，以及数字孪生城市特有的场景服务、数据服务、仿真服务等能力，为上层应用提供技术赋能与统一开发服务支撑；五是泛在网络与计算资源调度平台，主要是基于未来软件定义网络（SDN）、云边协同计算等技术，满足数字孪生城市高效调度使用云网资源。

（3）应用服务层。应用服务层是面向政府、行业的业务支撑和智慧应用，基于数字孪生城市的应用服务包含城市大数据画像、人口大数据画像、城市规划仿真模拟、城市综合治理模拟仿真等智能应用，社区网格化治理、道路交通治理、生态环境治理、产业优化治理等行业专题应用。

7. 数字孪生在智慧医疗领域的应用

这是数字孪生智能化应用的重要组成部分。通过移动监测、移动诊室、无线远程会诊、智慧处方、医疗信息云存储等智能技术手段，可提升城市诊疗覆盖面与效率，促进城市医疗资源的合理化分配。

进一步利用物联网技术构建“电子医疗”服务体系，实现医疗监护设备的小型化、无线化，发展智慧家庭健康保健、智能健康监护，可大幅降低城市公众医疗负担，缓解城市医疗资源紧缺的压力。

（1）具体应用需求层面：基于患者的健康档案、就医史、用药史、智能可穿戴设备监测数据等信息可在云端为患者建立“医疗数字孪生”，并在生物芯片、增强分析、边缘计算、人工智能等技术的支撑下模拟人体运作，实现对医疗个体健康状况预测分析和精准医疗诊断。如基于医疗数字孪生应用，可以远程和实时监测心血管病人的健康状态；当智能穿戴设备传感器节点测量到任何异常信息时，救援机构可立即开展急救。同样通过医疗数字孪生还可通过在患者体内植入生物医学传感器来全天监控其血糖水平，以提供有关食物和运动的建议等。

（2）精准医疗是未来的诊疗模式：基于医疗数字孪生，医生可通过对患者健康大数据（基因、生活习惯、家族病史和病例）的搜集和分析，进而提出个性化、针对性的治疗方式和药物，实现精准诊断与治疗。这种模式不仅可用于患者的疾病治疗，更侧重于对人们疾病的预防。最大的可能是医生根据患者的基因、生活习惯等因素制定独特的药物和方案。个性化药物使医疗效率得到优化，药物副作用降低，住院率下降，最终会体现在患者整体医疗成本的下降，也缓解了医疗资源不足的问题。

(3) 健康监测与管理：在个人的健康监测与管理方面，通过数字孪生可以更清楚地了解身体的变化，对疾病做出及时预警。未来通过各种新型医疗检测和扫描仪器及可穿戴设备，我们可以完美地复制出一个数字化身体，并可以追踪这个数字化身体每一部分的运动与变化，从而更好地进行健康监测和管理。但同时，时刻监测反馈所带来的心理暗示是否会影响人类健康又会成为课题。通过5G等传输技术，远程医疗也将能够更为普及。

8. 数字孪生在智慧健康领域的应用

数字孪生应用于智慧健康是通过利用移动监测、移动诊室、无线远程会诊和医疗信息云存储等智能技术手段，以此提高诊疗效率，提升城市诊疗覆盖面与效率，促进城市医疗资源的合理化分配。将数字孪生应用在智慧健康系统中，可以基于患者的健康档案、就医史、用药史、智能可穿戴设备检测数据等信息在云端为患者建立“医疗数字孪生体”，并在生物芯片、增强分析、边缘计算、人工智能等技术的支撑下模拟人体运作，实现对医疗个体健康状况的实时监控、预测分析和精准医疗诊断。

如基于医疗数字孪生体应用，可以远程和实时地监测心血管病人的健康状态；当智能穿戴设备传感器节点测量到任何异常信息时，救援机构可立即开展急救。同样，医疗数字孪生体还可通过在患者体内植入生物医学传感器来全天监控其血糖水平，以提供有关食物和运动的建议等。

(1) 基础支撑层：基础支撑层主要是与患者相关的软硬件资源和医院信息系统。如医疗设备包括CT机、磁共振成像和理疗设备等，以及与硬件配套的专业软件（如健康信息系统）。

医疗信息包括一些可穿戴设备（血压计、心率监测仪）以及其他智能系统采集到的信息。可穿戴设备在医学领域的相关产品包括血糖监测仪、心电监测仪、胎心监护仪、心电仪、血压计等。一些电子科技巨头已生产出用于健康监测的智能可穿戴设备，如谷歌、三星、华为、小米等都已推出消费级可穿戴医疗设备，华为、索尼、LG、Garmin、Razer等厂商也已推出智能手环、智能眼镜等可穿戴产品。

(2) **数据互动层**：将医疗资源的数据进行收集、分类、整合为平台提供支持。在数据采集方面，通过RFID标签、二维码、传感器等技术识别物体及其位置。医疗资源、信息等数据通过4G/5G网络上传到云平台。采集的数据主要包括诊断数据、监测数据和历史病例数据等。

进入数据池的多源异构数据进行整合后，将数据进行虚拟化、服务化处理，从而实现数据的输入输出。

(3) **模型构建层**：基于数据互动层处理的数据，建立物理对象的虚拟模型，比如患者和医疗资源的医疗资源模型、医疗能力模型和人体健康模型。这些孪生模型和物理实体进行实时数据交互，从而实现物理设备、虚拟模型、云健康系统的全要素、全服务、全流程的数据集成和聚合。

同时，模型构建层的基础功能还包括服务管理、数据管理、知识管理和用户管理。其中，服务管理主要负责医疗资源配置、医护人员配置和在线挂号等服务；数据管理主要负责数据的存储、分析和传输；知识管理平台主要负责隐性知识的存储、表示、挖掘、搜索和分析等工作；用户管理平台提供用户基本信息管理、用户信息管理和用户遗传信息管理等。

(4) **功能层**：数字孪生智慧健康可通过手机、PC终端、医疗系统和专用设备进行应用。如微信推出"服务号"功能，患者可以通过医院的微信服务号进行诊疗卡办理、预约挂号、全流程缴费等，大大减轻了医院的接诊压力，提高了管理效率。基于微信平台，提供在线问诊功能，方便患者开药检查。医疗机构通过获取患者信息，向患者发送健康建议，并进行资源分配模拟。为患者提供实时监控、危机预警、医疗指导等服务。第三方软件可以帮助第三方医疗服务机构、政府获取计费信息，从而保证医疗服务费用支付安全、快速支付等相关功能。

(5) **安全系统与信息共享标准**：安全系统负责确保医疗数字孪生系统中所有层的安全，包括系统和平台安全、网络安全、医疗数据安全、用户个人隐私和信息安全、应用安全和安全管理。防止来自第三方的恶意攻击、信息和数据的盗窃和篡改至关重要。安全系统确保整个智能医疗系统具备灾备、应急响应、监控和管理等安全功能。

5.2 数字孪生技术发展过程

数字孪生已成为最炙手可热的概念。这一概念的最大优点是具体直观，易于理解。望文生义也好，顾名思义也罢，说者言语一出，听者便猜出大概。

但是，很多案例是把早已存在的案例穿了数字孪生马甲出来表现。即使是套用数字孪生概念的新案例，对数字孪生的理解也不完全。涉及具体技术的时候，要么比较单一，要么多而零散，缺乏严密递进的逻辑。

数字孪生体是具有社会性的生命体，其产生、进化和社会性，都符合生物进化和社会发展规律。

5.2.1 孪生溯源与体系框架

1. 孪生溯源

当前业界对数字孪生体起源的普遍认定是2003年Michael Grieves博士所提出的。笔者对此没有异议，只是我们在研究数字孪生体系时发现，构成数字孪生体的关键技术远早于2003年。将这个时点前推至20世纪60年代——CAD技术出现的时点，因为数字孪生体的第一个重要“器官”是“数字建模”，基于计算机图形学的CAD技术便是该器官的核心技术。

数字孪生体的技术起源和概念提出的时点都很早，但为什么这两年才突然兴起？笔者认为，数字孪生体的第二个器官——物联网的成熟起到了重要作用。物联网中国国家标准的提出时间是2016年，国际标准

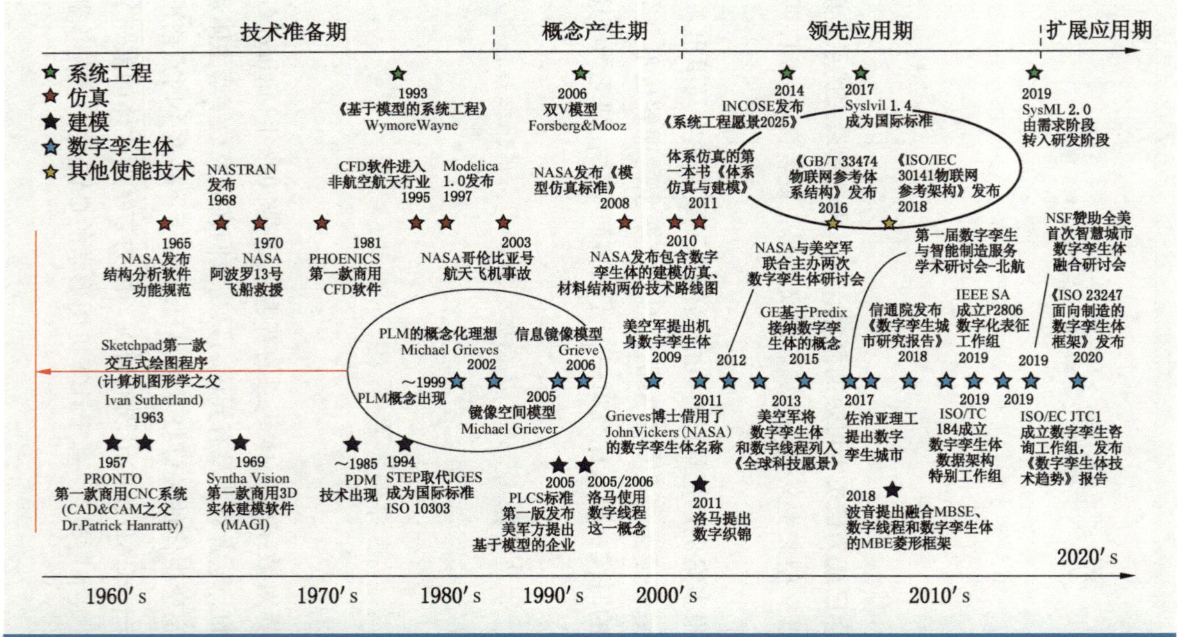

图 5-1 数字孪生技术发展过程

是2018年，这两个标准的提出意味着物联网进入了成熟和工程应用阶段。而且，即将推出的数字孪生体标准也是在物联网标准基础上演变出来的，昭示着这两个体系的紧密关联性。物联网作为数字孪生体的第二级成熟度的核心技术，是数字孪生体入门级或门槛级技术。没有物联网，数字孪生体连起步都很难，更不用说进化了。2016年是数字孪生体的提速时点，2018年正是数字孪生体的爆发时点。数字孪生技术发展过程如图5-1所示。

2. 体系框架

在《数字孪生体技术白皮书（2019）》中，给出了数字孪生体的定义：数字孪生体是现有或将有的物理实体对象的数字模型，通过实测、仿真和数据分析来实时感知、诊断、预测物理实体对象的状态，通过性能状态优化和指令发送来调控物理实体对象的行为，通过相关数字模型间的相互学习来进化自身，同时改进利益相关方在物理实体对象生命周期内的决策。该定义既承接了国际标准参考架构，也是我们设计理论架构的基础。图5-2所示的架构，可指导数字孪生体的建设与实施。

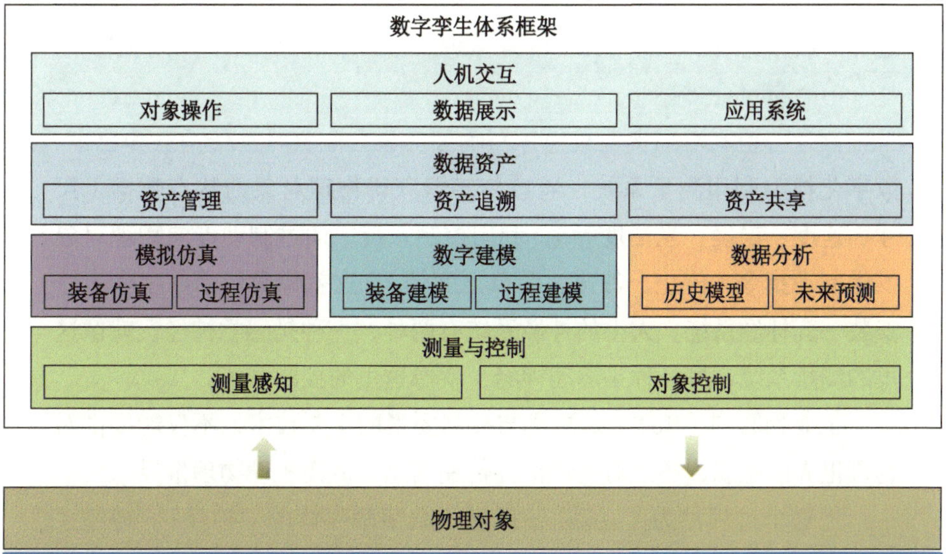

图5-2　数字孪生架构

图5-2上部是数字孪生体系框架，下部是物理对象的示意。物理对象在此图中用于表达数字孪生世界与物理世界的关系，不是数字孪生体

框架的要素。数字孪生体系架构包含以下要素：数字建模、测量与控制、模拟仿真、数据分析、数字资产和人机交互。这些要素使得数字孪生体呈现出一种生命体甚至是社会性特征。

1）数字建模

“数字建模”是物理对象的数字化表达，这个过程需要将物理对象表达为计算机所能识别的数字模型，**在软件中建立物理对象的结构元素和时空关系，不深入涉及物理机理和运行数据，**就像我们给正在雕塑的人体打造一个躯体。这也当然是数字孪生体的基本要素，毕竟既然称为“体”，那这样一个基本的、直观的躯体是必需的。

我们通常使用三维实体来建立物理对象的结构形状和位置关系，用系统（一维）建模工具来描述物理对象的行为模式。建模工具通常包括譬如CAD、3D动画、BIM（Building Information Modeling，建筑信息模型）、CIM（City Information Modeling，城市信息模型）或基于SysML（系统建模语言）的系统建模工具。建立的模型可以是设备、厂房、人群、运输系统、交通、电网、城市、军事战场、战斗群体系等。

我们把这个过程称为“数化”，提供了数字孪生体的“躯体”。不过这样的躯体是一个没有神经、没有思想、与世界隔离、无生命的躯体。

2）测量与控制

测量与控制用来实现数字体与物理对象之间实时互传信息和数据。数字化模型利用测量系统，通过传感器获得物理对象的状态数据（尺寸、速度、温度、光洁度等），利用控制系统，通过制动器向物理对象发送制动指令（停止、加速、调节角度等），这就像我们给数字孪生体安装一套神经系统。人类的神经系统有两种，一种是感觉神经，就像这里的测量系统；另一种是运动神经，就像这里的控制系统。

工业物联网（IIoT）是测量与控制要素的主要技术，不仅能提供对物理世界的感知，还能对物理世界传递信息，从而驱动物理世界。

把这个过程称为“互动”，提供了数字孪生体的“神经”。神经系统的存在，让数字孪生体具有了初步的生命特征，可以感知和驱动物理世界。但由于缺乏思考能力，目前的数字孪生体还是个“傀儡”或“僵尸”孪生体。

3）模拟仿真

模拟仿真是基于完整信息和明确机理计算未来，将“数化”过程建立的模型与物理机理相结合，包括材料性质、理论规律、工程规律等，根据完整和实时的边界条件和物理状态，来计算和预测数字模型的下一步状态。这种仿真不是对一个阶段或一种现象的仿真，应是全周期和全领域的动态仿真。

实时边界条件和物理对象状态被完整测量，可作为物理规律的完备输入条件。模拟仿真的输出结果必须具有确定化和无二义性的特征。“实时”二字依赖于“互动”过程的测量系统来保证。

此处所说的仿真是广义仿真，那些具有明确物理机理的计算过程都属于广义仿真，包括物理（如流动、力学、化学等）原理确定并被实践验证，往往被作为成熟理论来使用，包含公理、定理、公式、数值计算、工程算法、经验公式等。模拟仿真采用的工具包括算法程序、各类CAE工具，譬如物理场仿真、人群仿真、交通仿真、物流仿真、组织仿真等。

通常来说，CAE有两种类型：物理场仿真和系统仿真。物理场仿真的计算规模大、时间长，通常无法满足数字孪生体与物理对象实时交互的需要；系统仿真则具有速度快的优势，通常可以达到实时交互要求。

因此，在数字孪生实践中，往往需要把物理仿真过程进行降阶（ROM），抽取物理仿真的某些特性和参数，转换成系统仿真模型来参与计算。

我们把模拟仿真过程称为“先知”，该过程提供了数字孪生体的“左脑”。人类的左脑专事逻辑推理和理性判断，只要具有明确规律和逻辑，不管多复杂，总是可以通过推理获得明确的结论，提前知道数字孪生体和物理对象将会发生什么。此时的数字孪生体就是一个有头脑、会思考的智能孪生体，开始具有明显的生命特征，特别是人类的理性思维特征。

4）数据分析

数据分析过程是基于不完整信息和不明确机理来推测未来。在我们的世界中，大多数现象的物理规律并不明确，大多数情况无法获得完备的边界条件和物理状态，但我们仍然不得不对未来做出预测，哪怕是模糊的判断，仍然好于毫无判断。如果要求数字孪生体越来越智能和智慧，就不应局限于人类对物理世界的确定性知识。其实人类本身就不是完全依赖确定性知识而领悟世界的。

大数据和人工智能（AI）技术是数据分析的关键技术。根据通过“互动”过程收集的数据及“先知”过程输出的数据，利用相关性分析建立物理世界的近似模型，依据当前边界条件和物理状态进行下一步状态的预测，并且对近似模型逐步优化。

当前边界条件和物理对象状态是被不完整测量的，但也只能作为近似模型的不完备输入条件，输出的结果当然距离物理世界的真实情况有一定偏差。但随着机器学习的持续发展，算法和模型的逐步改善，近似模型会越来越逼近物理机理，预测结果也会逼近物理世界。也正是因为这个原因，业界有人将大数据（及AI）视为科学研究的“第四范式”，科研方法从传统的三种方法——理论、实验、计算拓展到第四种方法——大数据（及AI）。

我们把这个过程称为“先觉”，提供了数字孪生体的“右脑”。人类的右脑专事感性思维，利用直觉和第六感来获得对世界的判断和预测。当然这里指的直觉是那种优秀的直觉，而非普通人的直觉。优秀的直觉源于对丰富经历和有效经验的高度总结，还需要经常性的深度思考和远期瞭望。我们的社会中确有一类具有这种优秀和敏锐直觉的人，是他们引导着你的企业、机构甚至人类的发展方向。

5）数字资产

数字孪生体作为一种数字资产，其中的数据就像生命体的基因。它的积累、管理、追溯和共享既是其存在的基本特征，又是其进步的必要手段。数字资产通过传承、协同和进化，向历史学习，向他人学习，从而实现持续成长。人类之所以进步，是因为我们的祖先通过将他们的思想和成果用文字方式流传下来，使得我们可以传承祖先的智力资产，可以向老子问道，向孔子习理，向牛顿求知，向亚里士多德讨教。

数字线程和云计算是进行数字资产处理的关键技术。数字线程将物理对象的全生命周期的各数字孪生体之间的数据资产进行传递和追溯，从而实现优秀基因遗传。云计算可以实现不同物理对象的数字孪生体之间的共享和协同，从而实现平庸基因的进化。

我们把这个过程称为“共智”，使数字孪生体出现“社会性”特征。同一物理对象在生命周期的不同阶段有不同的数字孪生体，数字资产记录了数字孪生体整个生命周期中的全息数据，并反映这些数据在数字孪生体整个生命周期中的演变路线，但相同对象的孪生数据必须关联和传承。

物理世界的多样性决定了其对应的数字孪生体的多样性，世界的普遍联系决定了数字孪生体的普遍联系。人与人之间具有联系构成了人类社会，数字孪生体之间的联系构成了数字社会。

“共智”实现了不同数字孪生体之间的智慧交换和共享，多个数字孪生单体可以通过“共智”形成更大和更高层次的数字孪生体，这个数量和层次可以是无限的。《阿凡达》电影中的潘多拉星球是个物与物天然共智的世界，也许是人类科技所限，地球的各物件之间是否能天然共智尚不得而知，但通过数字孪生体，可以实现地球上物理世界的共智。

6）人机交互

人机交互是人类与数字模型打交道的直观可视化界面。这里可以展示数字孪生体的数据，了解数字孪生体的状态，也可以操作和干预数字孪生体，同时实现对物理对象的干预。

数据的可视化展示技术及虚拟现实技术是人机交互的两个重要技术。

数据的可视化展示技术将数据和信息输出为高清、直观、可视化的、可交互的图形图像，通过对数据的操作可以实现与数字孪生体乃至物理对象的操纵。虚拟现实（包括VR、AR和MR）提供的深度沉浸技术让人类与数字世界的交互模式可以与物理世界类似。这种特性被称为“五官”。对人类来说，五官是人们相互认识、了解和沟通的界面，通过望闻问切基本可以了解人的身体状况，通过眼神和语言的交流可以了解人的精神状况。而数字孪生体的人机交互所提供的能力则超越了人体五官所能提供的功能。

虚拟现实技术使数字化的世界在感官和操作体验上更加接近物理世界，让“孪生”一词变得更为精妙。但在数字世界中，人类又具有超人般的特异功能，可以无限驾驭数字世界，例如变换大小、穿墙而过、隔空取物、时空穿越等，将数字孪生体的应用推向极致。

在物理世界，有一种让社会系统或（和）技术系统（譬如机器、工厂、物流、城市、战场）充分发挥作用和价值的高效方式——应用系统，譬如ERP、PLM、MES、SCM、MRO等系统。这种高效方式在数字孪生体世界仍然可以采纳，但鉴于人在数字孪生体世界无所不能的自由特性，使得这个世界的类似系统可能不需要像物理世界那样割裂，也许会合并成一个系统。

电影《黑客帝国》为我们展示了一个奇特的应用系统，可以认为该系统整合了所有我国熟知的应用系统。人类与这个世界打交道的方式是：人的意识通过网络进入系统，与其中的各种数字孪生体进行交互（图5-3）。

图5-3　与各种数字孪生体交互

7）生命特征

通过以上分析，我们认为，数字孪生体是一个具有思维能力、可持续进化的生命体。

当然，物理对象也具有天然的生命特征，但这种生命具有的特点如下：本能、直觉、条件反射、既定式、预设化、确定性、机械性、个体化。

数字孪生体的生命特征（图5-4）则有更多发展空间，使其可以进化到更加接近智慧生物：灵性、精神、思考、理性、推理、创造性、变通性、不确定性、生物性、社会性。

5.2.2 数字孪生的模型问题

数字孪生作为一个新的范式或者方法体现出了巨大的潜力，但是，

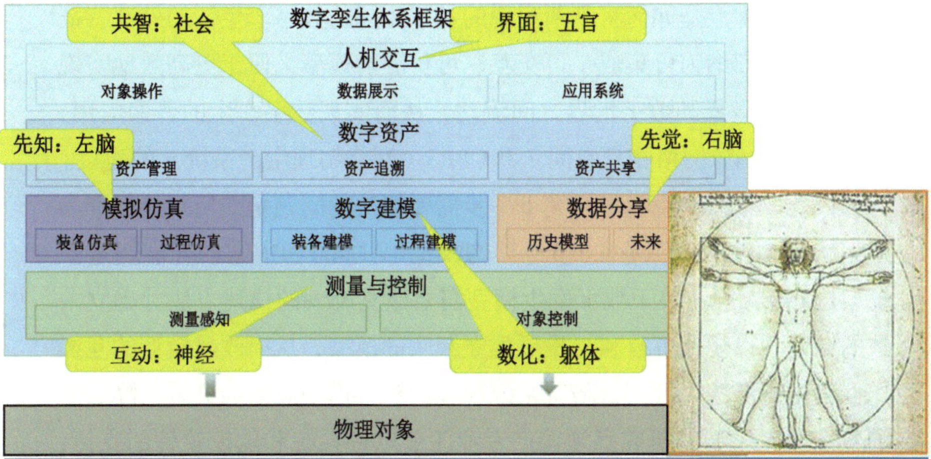

图 5-4　数字孪生体的生命特征示意图

这一概念的内涵和范围尚未确定，尤其是对数字孪生模型概念的界定。根据模式类别可以将其分为通用模型与专用模型，其中专用模型是当前研究的热点，研究内容主要体现为对具体项目使用数字孪生方法进行建模，也包括对专用模型进行开发。这些具体项目除了传统制造业所涉及的零件测量和质量控制、增材制造、设计和工作过程及系统管理外，还包括在生物医学、石油工程领域的应用。开发专用模型的工具和技术呈现多元化，有通用工业软件、专用工业软件、仿真平台和自研二次开发工具等。

数字孪生通用模型的研究对象不针对某一具体项目，而是研究如何将模型受控元素表示为一组通用的对象以及这些对象之间的关系，从而在不同的环境之间为受控元素的管理和通信提供一种一致的方法。数字孪生通用模型的研究主要分为概念研究和通用模型的实现方法，两者的研究热度相当。其中概念研究从宏观角度的产品生命周期管理，到描述系统行为，如一般系统行为和系统重新配置，再到具体工作流，如设计方法、产品的构型管理、制造系统、制造过程等，研究内容较为发散，尚未出现特别突出的热点。关于数字孪生通用模型实现方面，主要研究了建模语言的构建、模型开发方法的探索、具体工具的使用、元模型理念的植入和模型算法的探索。

数字孪生模型（表 5-1）是数字孪生技术研究的核心领域之一，其未来的研究重点是如何将不断涌现的各不相同的数字孪生体的外部特征和内在属性归纳为可集成、可交互、可扩展的模型，便于更高效地实现信息在物理世界和数字世界之间流动，从而实现数字孪生的普遍应用，继而支持CPS（网络物理空间）和CPPS（网络物理生产系统）的建设。

因此，数字孪生模型研究下一步需要解决的问题是如何对接标准参考架构，如德国的工业4.0参考架构模型RAM4.0和中国的智能制造系统架构IMSA等；关于数字孪生模型需要建立统一的描述方法并确立一致的结论，以规范各自独立发展建立起来的模型，从而改善模型的互操作性和可扩展性。否则，随着系统规模的扩大模型效能会显著下降。中国数字孪生模型的研究亟须国产专业工业软件系统和建模软件的支持，以使中国对数字孪生模型深入开展更加符合国情的进一步研究。

表5-1　数字孪生模型一览表

序号	模型名称	提出者	模式	用途	技术与开发工具
1	产品生命周期管理模型	GRIEVES	通用模型	产品生命周期管理	概念
2	有限元模型	CERRONE等	专用模型	预测裂缝引发	Sandlia fracture challenge(SFC)
3	实现模型	GRIEVES	通用模型	描述系统行为	概念
4	交换数据模型	SCHROEDER	通用模型	异构系统间交换数据	AutomationML
5	架构参考模型C2PS	ALAM等	通用模型	远程信息处理	Qfsm, bayesian network
6	动态多维信息和数据模型	BRENNER等	专用模型	基于模块化的车间管理	The ESB logistics learning factory
7	高保真模型	DEBROY等	专用模型	增材制造构件模拟	热传导建模技术（FEM，FDM等）
8	精确虚拟模型	FERGUSON等	专用模型	产品物理和性能特征精确再现的产品开发	西门子STAR CCM+

表 5-1（续）

序号	模型名称	提出者	模式	用途	技术与开发工具
9	健康监测模型	LI 等	专用模型	机翼健康监测	DBN（dynamic bayesian network
10	模型驱动开发	MAGARGLE 等	模型开发方法	刹车系统模拟	Simplorer(ANSYS)
11	全局性能模拟	RENZI 等	通用模型	资产的自动连续评估	6DOF
12	构架模型	SCHLEICH 等	通用模型	设计和制造	概念
13	多物理场模型	SESHADRI 等	专用模型	零件损伤控制	Finite ELement Model
14	MVV Model	TAVARES 等	通用模型	复杂系统仿真	Work Cell Simulator Eye Shot Ultimate 10
15	工业建模图形设计	UHLEMANN 等	通用建模	设计方法	概念
16	实例化通用数据模型	UM 等	通用模型	装配概念验证	AutomationML，元模型
17	TTHM 数字孪生模型	ZAKRAJSEK 等	专用模型	着陆模拟测试	96TG/OL-AC LGTF
18	产品构型数字孪生模型	于勇等	通用模型	基于数字孪生模型的产品构型管理	概念
19	纯数据驱动模型	GERIS 等	专用模型	生物医学工程	Insilicl models
20	结合知识资源中心的信息模型	HU 等	专用模型	远程 3D 打印	MT Connect protocol, XML., MTC Agent
21	AFMS 数字孪生模型	LIU 等	专用模型	快速个性化设计自动化流水作业制造系统	概念

表 5-1（续）

序号	模型名称	提出者	模式	用途	技术与开发工具
22	MMU MODEL	LOHTANDER 等	专用模型	描述微制造单元真实行为	Flex Sim
23	CNC DTMT Model	LUO 等	专用模型	数控机床建模	DTMT，MWorks
24	空间增强计算机辅助设计模型	MILLER 等	通用模型	增强计算机辅助设计	模型驱动开发 CAD plug-in
25	Coronary Heart Vesscls Model	NAPLEKOV 等	专用模型	心脏冠状动脉模拟	ANSYS Fluent 14.0
26	钻井平台物理模型	SAINI 等	专用模型	钻井平台输送过程模拟	概念
27	Mandeli MS	SCAGLIONI 等	专用模型	工作过程	Inverter base on Sicmens 840Di modelica language
28	Data Model	SIERLA 等	通用模型	自动执行装配规划	UML，SyaML
29	PLM 集成模型	TALKHESTANI	通用模型	制造系统快速重新配置	概念
30	DTM (PE,VE,Ss,DD,CN)	TAO 等	通用模型	通用数字孪生模型架构	概念
31	全参数虚拟建模	ZHENG 等	通用模型	产品生命周期管理	概念

1. 数字孪生模型与参考架构模型的融合

目前的各种参考架构模型普遍是宏观结构和建设愿景，为了使数字孪生模型与其匹配，还需要从两个方向进行研究，即参考架构模型可操作性详细模型的设计以及数字孪生模型的重构。

2. 构建数字孪生模型的统一描述方法

模型统一描述方法在一些领域，如计算机软件开发等已基本实现，通过使用UML.SYSML 等统一建模语言以及从实践中总结而来的面向对象开发、模型驱动开发等方法体系，可以高效地将反映现实世界具体需求的系统转化为可集成、可交互、可扩展的抽象模型系统，其效率大大超过通过简单代码的堆积而进行的具体系统的构建。数字孪生模型的进一步发展同样需要对统一建模语言、统一建模方法进行探索。

3. 建模工具软件和工业软件的开发

中国工业应用软件的整体水平相对落后，尤其涉及在工业设计、生产制造设计、关键控制系统等的软件方面。支撑数字孪生技术离不开建模工具软件，因此对相关软件的开发不仅有理论意义，而且有重大现实意义。

应用数字孪生技术不但可以利用人类已有理论和知识建立虚拟模型，而且可以利用虚拟模型的仿真技术探讨和预测未知世界，发现和寻找更好的方法与途径。作为一种新兴工具，数字孪生技术的进步依赖于学术界和工业界对数字孪生模型的进一步探索。这种探索不仅对数字孪生技术的发展有直接意义，还将有力促进CPS和CPPS的形成，最终大大提升整个人类认识和改造物理世界的能力。

5.2.3 数字孪生可视化是技术突破口

既然数字化是将物理世界迁移到虚拟世界，以提升自动化和高效能为目标，要做到业技融合，要考虑的就是要打造现实与虚拟一一映射，并且能将现实世界和虚拟空间实时互联、互通、互管的数字孪生可视化技术，如图5-5所示。

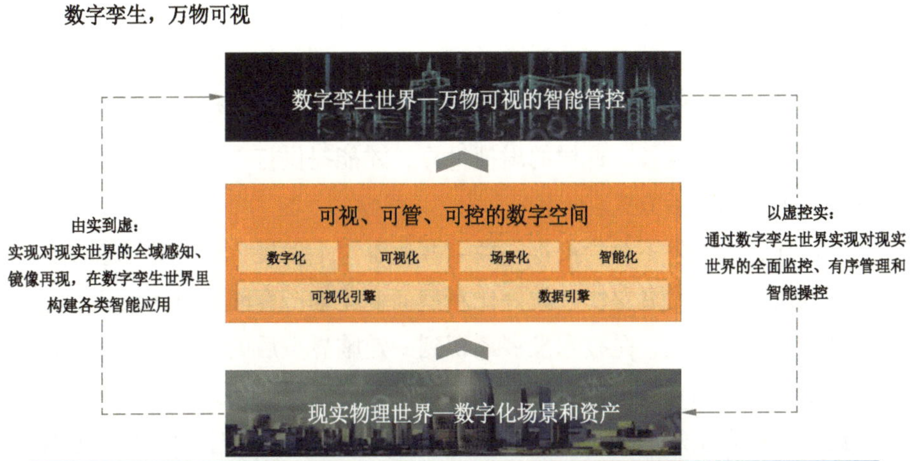

图5-5　数字孪生可视化管控架构

很多企业认为传统的3D仿真、建模就是数字孪生，这里说明3个判断数字孪生可视化的关键点。

(1) 物理世界中的实体要和虚拟空间中的孪生体一一对应。这里面必然包含3D建模、仿真模拟等可视化技术手段，但这远远不够，关键点在于一一对应，每个物理实体在虚拟空间中都要有一个与之对应的孪生体。

(2) 物理实体要与虚拟空间中的孪生体形成互通、互联。就跟双胞胎一样，除长得一模一样外，还需要有心灵感应。当物理空间中的某个实体发生变化时，虚拟空间中相对应的孪生体也要随之发生相应的变化，这就是同频、共振。

(3) 虚拟映射过程需要实时掌控物理世界和虚拟空间的双向态势。除了实现1:1还原、双向互通，最重要的是数据的实时对接，之后进行采集、分析、判断，最终进行应用和决策，这也是数字孪生可视化技术最重要的价值点之一。

虽然数字孪生技术从概念提出到现在有近20年的时间，但在之前计算机硬件计算能力和数据建模能力都非常有限，只是近10年在智能制造中有了较多应用。国际数据公司IDC统计，全世界大约40%的大型制造商都会用到数字孪生可视化系统来解决数字化问题。

数字孪生可视化在企业数字化转型浪潮中也必然会是一个突破口。它既能提升管理认知水平，解决业务和技术的融合、架构问题，同时还能实时对接数据，方便企业管理者掌握业务流程的全景态势。对于提高自动化、提升效率是有力武器，是企业数字化转型的全景视图。

数字孪生与数字化转型的直接关系是能让用户在虚拟世界中更真实地操作一些物理设备，这样的虚拟世界，才能提供打破距离限制的、更方便的生产和生活方式。

目前，国内外不少厂商都在数字孪生赛道上发展，而且数字孪生技术可能比想象的发展更快。就好比新型商业化地产商圈的迅速形成，也许是一种聚合效应，是技术发展累积到一定临界点后的爆发。此时，探索数字化转型的企业就需要更加关注数字孪生新兴应用，寻找合适的切入点，选择真正的数字孪生才能更好地帮助企业进行数字化转型，避免走弯路。

辨别判断数字孪生有3点：一是数据驱动。真正的数字孪生可视化，可以随时为物理实体对象创建虚拟孪生体，实时反映真实世界的数据和状态。二是能多层级管理。由于需要实时反映态势，覆盖各层级的可视化需求，因此必须是可解耦、可灵活组合的。三是能即改即用。现实世界每分每秒都在发生变化，因此场景管理需求会实时更新，此时所对应的虚拟空间中的孪生体也需要随时修改相应配置，因此真正的数字孪生必须是修改后立即生效，才能轻松应对业务变化。

5.2.4 数字孪生体的标准化

“无名万物之始，有名万物之母”“名不正则言不顺”“如无必要勿增实体”，这些古圣先贤的至理名言是数字孪生体标准化的指路明灯。

近年来，作为第四次工业革命的通用目的技术，数字孪生体受到学术界和工业界的极大关注。这样的关注，同样也来自标准化组织。而且，与一般的新兴技术（如大数据、云计算、5G等）不同，甚至与人工智能和物联网这另外两个第四次工业革命的通用目的技术也不同；上述这些技术在ISO、IEC或ITU都有专门的（联合）工作组负责相关技术的标准化工作，而数字孪生体却吸引了多个国际组织的多个联合技术委员会、技术委员会和分委会的关注，从各自领域、各个层面出发，成立了多个数字孪生体相关的工作组（对比德国工业4.0中的资产管理壳，在各国际标准化组织中目前只有IEC/TC 65/WG 24这一个工作组以AAS命名）。

这样的态势，在标准化领域实属罕见，从一个侧面证明了各方对数字孪生体在第四次工业革命中地位和作用的共识，同时也反映了数字孪生体标准化工作的必要性、紧迫性和复杂性。在数字孪生体实验室发布的《数字孪生体技术白皮书2019》初步总结数字孪生体标准化工作的基础上，表5-2系统梳理了近年来数字孪生体的标准化历程。

表5-2　数字孪生体标准化相关活动

时间	相关组织	工作职责或相关活动及成果
2015年9月	美国工业互联网联盟	启动由InfoSys和GE主导的工业数字线程测试项目

表 5-2（续）

时间	相关组织	工作职责或相关活动及成果
2016年10月	ISO/TC 184/SC 4	波音和STEPTools等公司展示面向数控加工的数字线程和数字孪生体案例
2017年11月	韩国电子通信研究院	提出《面向制造的数字孪生系统框架》标准立项申请
2018年1月	ISO/TC 184/SC 4	《面向制造的数字孪生系统框架》标准批复立项
2018年5月	ISO/TC 184/SC 4	《面向制造的数字孪生系统框架》获得编号ISO 23247，进入工作草案阶段
2018年	美国工业互联网联盟	成立“数字孪生体互操作性”任务组，探讨数字孪生体互操作性的需求及解决方案，重构与德国工业4.0的合作任务组，探讨数字孪生体与管理壳在技术和应用场景方面的异同，以及管理壳在支持数字孪生体的适用性和可行性
2018年11月	ISO/TC 184/SC 4	收集面向制造的数字孪生体实施案例，确定ISO 23247验证项目
2019年初	ISO/TC 184	成立数字孪生体数据架构特别工作组（AHG 2），负责定义数字孪生体术语体系和制定数字孪生体数据架构标准
2019年3月	IEEE SA	IEEE P2806《智能工厂物理实体的数字化表征系统架构》标准获批立项
2019年5月	NIST	开发基于HLA的通用CPS联邦环境和IEEE1451智能传感器数字孪生体联邦，支持从数个到数百个智能传感器的协同仿真和故障影响分析及决策
2019年5月	ISO/IEC JTC 1	发布《数字孪生体技术趋势报告》。成立数字孪生咨询组（AG11），负责梳理数字孪生的术语、定义以及标准化需求；研究数字孪生相关技术、参考模型；评估开展数字孪生领域标准化的可行性并向JTC 1提出相关建议等
2019年7月	ISO/TC 184/SC 4	ISO 23247进入委员会草案阶段

表5-2（续）

时间	相关组织	工作职责或相关活动及成果
2019年7月	ISO/IEC/JWG21	智能制造参考模型工作组第八次会议，正式通过了“智能制造统一参考模型”这一新国际标准提案名称。成立“TF8数字孪生资产管理壳”任务组，梳理数字孪生与智能制造参考模型之间的潜在关系；后续TF8可能会成为新的ISO和IEC联合工作组
2019年8月	IEEE/C/SAB/DR _WG	IEEE数字孪生标准工作组成立，IEEE P2806《智能工厂物理实体的数字化表征系统架构》标准启动会
2019年9月	ISO/TC 184/SC 4	ISO 23247进入国际标准草案阶段。ISO/TR 24464《数字孪生体的可视化组件》进入委员会草案阶段
2019年10月	IEEE/C/SAB/DR_WG	IEEE P2806《智能工厂物理实体的数字化表征系统架构》标准第二次会议
2019年3—10月	GOLEM & ASIDEES	联合国工业发展组织（UNIDO）的合作伙伴奥地利COLEM集成微电子解决方案有限公司和奥地利经济、环境与社会可持续创新发展协会（ASIDEES）为咨询顾问和审计师开发了ISO 37120（可持续城市和社区：城市服务和生活品质指标）贯标培训和认证服务解决方案，基于ISO 37120实施数字孪生城市
2019年11月	ISO/IEC JTC 1 AG 11	数字孪生咨询组第一次面对面会议，交流数字孪生关键技术、典型案例模板等，讨论数字孪生咨询组中期研究报告
2019年11月	ISO/IEC/JWG21	智能制造参考模型工作组第九次会议，讨论《智能制造统一参考模型》主要内容和工作计划
2019年11月	北航、电子四院、仪综所等国内12家单位	联合发表《数字孪生标准体系探究》，提出数字孪生标准体系框架和结构
2019年12月	ISO/TC 184/SC 4	ISO/TR 24464进入国际标准草案阶段
2019年12月	安世亚太数字孪生体实验室	发布《数字孪生体技术白皮书》，给出数字孪生体的定义，提出数字孪生体的概念模型、数字孪生系统参考架构、数字孪生体的应用框架和成熟度模型
2020年4月	ISO/IEC/JWG21	智能制造参考模型工作组第十次会议，将讨论《智能制造统一参考模型》第一稿国际标准草案

从表5-2中可以看出：

（1）韩国和美国是数字孪生体标准化工作的先行者。

（2）ISO、IEC和IEEE三大组织全部介入数字孪生体的标准化。

（3）工业数据（ISO/TC 184/SC 4和ISO/TC 184/AHG 2）和智能制造（ISO/IEC/JWG 21/TF 8）是数字孪生体标准化的两个重要的切入点：前者关注系统全生命周期的建模和仿真，后者关注IT和OT在生产制造环节的结合这个数字孪生体最重要的应用场景。

（4）测试床和概念验证项目，既反映了利益相关方的诉求，也为数字孪生体、数字线程相关标准研发制定和实施推广提供了有价值的输入。

（5）除了数字孪生体本身的标准化工作，数字孪生体开始与其他应用领域（如智慧城市）的顶层标准相结合，助力相关领域的数字化转型升级；并深入到CPS或物联网的物理层（如智能传感器），为相关设备的优化升级提供支持。这些都从标准化角度验证了数字孪生体实验室提出的“数字孪生体在第四次工业革命的工业化、城市化和全球化进程中的遍在性”的观点。

（6）从2018年IIC与德国工业4.0平台的合作开始关注数字孪生体和资产管理壳之间的关系，到2019年ISO/IEC JWG 21成立“TF8数字孪生资产管理壳”任务组，说明两者的关系越来越受到关注。

关于DT与AAS的关系，这两个术语有收敛趋同的趋势。德国有人认为，DT的定义含糊不清；“孪生”这个词的丰富语义来自DT概念的仿真模型背景，却缺少与物理实体的接口；DT概念的发展，导致DT向AAS的静态增强。所以，强烈支持AAS。AAS的研发推广应用，目前以工厂环境为主，以德国和德系企业为主导，法、意两国有参与，这与DT研发和应用的遍地开花不可同日而语。如果这两个术语最终趋同的话，那DT这一名称的生命力将远远大于AAS，因为市场已经给出了回答。

德国人对数字孪生体的误读或担心都不是问题。数字孪生体的定义模糊正是接下来标准化工作的头等大事；数字孪生系统将秉承开放架构理念，不重复发明轮子，只要能解决问题并满足需求，一切现有成熟标准和技术都可作为数字孪生体的使能技术，当然也包括AAS相关标准和实现技术。

面对复杂的使能技术体系、遍在的应用领域、众多的利益相关方，数字孪生体的标准化之路如何走？利用IDEF0功能建模方法，尝试给出数字孪生体标准化工作的顶层活动（图5-6）及其一级分解（图5-7），包括术语定义、架构开发、体系规划、基础标准制定、应用标准制定、验证项目研发等六大活动。

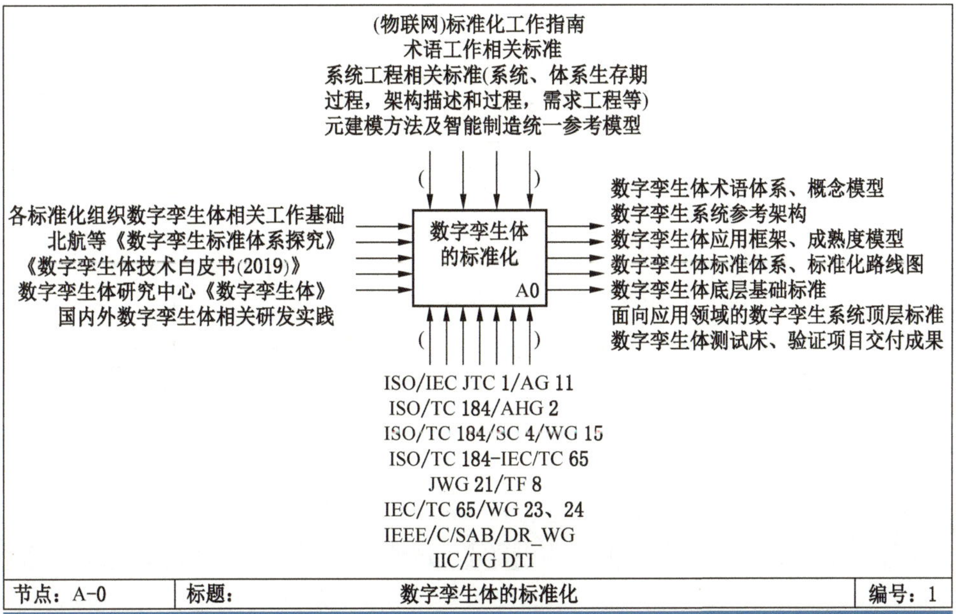

图5-6　数字孪生体标准化工作的顶层活动

实际上，无论是数字孪生体，还是资产管理壳等其他技术，都不是中国人的原创。面对大幕开启的第四次工业革命，以及这样一个支撑万物互联的综合技术体系和数字经济智能时代的信息基础设施，我们唯有走应用创新和集成创新之路，借助标准化平台，加强各工作组中国代表团之间的协同，加强国内产学研之间的协作，努力缩短与发达国家的差距。

5.2.5 成熟度与关键技术

1. 成熟度

基于数字孪生体的生命特征和进化规律，我们可以把数字孪生体的成熟度划分为数化、互动、先知、先觉和共智，如图5-8所示。

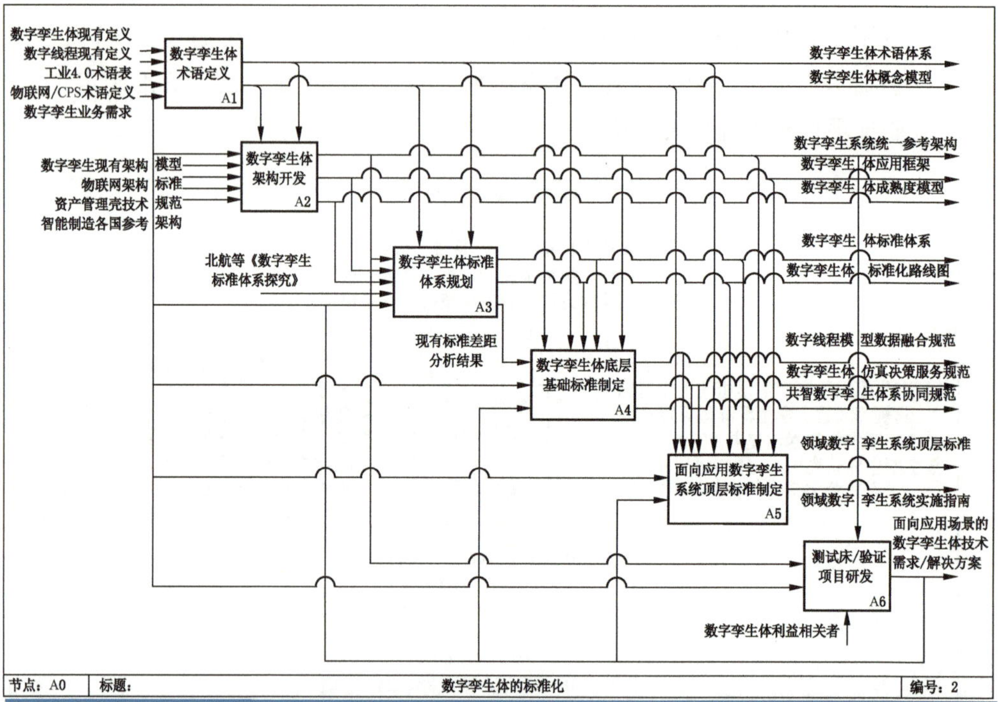

图5-7　数字孪生体标准化工作的一级分解

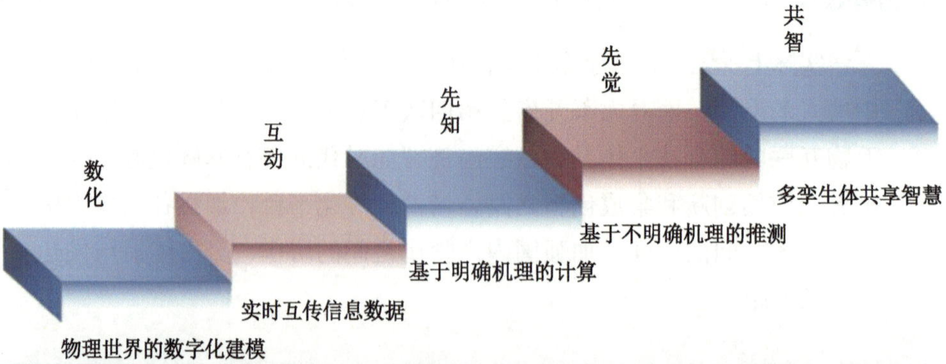

图5-8　数字孪生体发展过程

各级别的关键特征、核心技术和生命特征见表5-3。

表5-3　数字孪生技术特征

级别	名称	关键特征	核心技术	生命特征
1	数化	在软件中建立物理世界的结构元素和时空关系	建模	躯体
2	互动	数字与物理对象之间实时互传信息和数据	物联网	神经
3	先知	基于完整信息和明确机理预测未来	仿真/计算	左脑
4	先觉	基于不完整信息和不明确机理推测未来	大数据/AI	右脑
5	共智	多个数字孪生体之间共享智慧，共同进化	云/线程	社会性

总之，数字孪生体系的成熟度模型反映了生物进化、个体成长以及社会发展规律。数字孪生体不仅仅是物理世界的镜像，也要接收物理世界的实时信息，更要反过来驱动物理世界，而且进化为物理世界的先知、先觉甚至超体，最终形成可以互相共享智慧的数字孪生体社会。

2. 关键技术

根据数字孪生体的生命体系结构和成熟度模型，数字孪生体的第一层关键技术包括建模、仿真、物联网，大数据（及AI）、云计算，第二层关键技术包括数字线程、虚拟现实（VR/AR/MR）、MBSE、区块链等，如图5-9所示。数字孪生相关技术作用见表5-4。

表5-4　数字孪生相关技术作用

层级	技术	对数字孪生体的价值
首层	建模	创建数字孪生体、实现数字孪生的源头和核心技术，“数化”阶段的核心技术
	物联网	“互动”阶段的核心技术：获得来自物理世界的数据和信息，并控制物理世界
	仿真	基于确定原理和完整信息的计算，使数字孪生体拥有“先知”能力的使能技术
	大数据	基于不确定性原理和不完整信息的预测，使数字孪生体拥有“先觉”能力的使能技术
	云计算	数字孪生体之间进行智慧共享的使能技术，使得数字孪生体之间可以“共智”

表 5-4（续）

次层	数字线程	实现寿命周期中不同阶段的数字孪生体之间数据融合与协同
	虚拟现实	提供人与数字孪生体深度沉浸的交互方式
	MBSE	实现数字孪生体的系统级建模与分析，设计数字线程的顶层框架
	区块链	是数字孪生体的价值保障体系，数字资产交易和追溯的最佳媒介

除了以上基本关键技术，不同领域或场景（譬如制造、产业、城市或战场）的数字孪生体，还有不同的技术。

生命体是在“物竞天择，适者生存”法则下经过长期进化而来的系统，在完备性方面往往高于人造系统，在经济性方面优于人造系统。因此，用生命体作为一个人造系统的终极发展目标是一个合理的选择。

进化法则让所有生物都不会停留在简单体，而是会越来越复杂，也会越来越精密。在数字化时代，人们身边不停出现各种新型数字化技术，纷繁复杂，你方唱罢我登场，让人迷失在众多概念和技术中无法自拔。数字孪生体系的出现将结束这一迷乱困局。其实，从数字孪生生命体进化角度来看，这种现象很正常，也很好理解。任何新的或者旧的数字化技术都是构成数字孪生体的一个构件，且是阶段性的。

今后，不论出现何种数字化单项技术，都应该是数字孪生体这个生命体的一个器官甚至是细胞。我们需要做的事情是，将这些新出现的单项技术安放在数字孪生体生命框架的正确位置，不仅能让这些技术更好地为我们服务，也可解决我们的困惑，让我们平静地与这些技术和谐相处。

当然，任何一种单项技术都会向着自成体系的方向努力发展，所以，数字孪生体所需的通常不会是某个单项技术体系的全部，应该是其核心要素。

当前，数字孪生体作为新生事物，或者说是新近开始工程化应用的事物，对当前构成这个生命体的各个器官的整合方式肯定是设备级的集成。但随着我们对它的认识越来越深入，这些器官的融合肯定会走向原子级别，只取用这些器官中对数字孪生体有用的部分而舍弃其他部分。这些有用部分之间的结合不会像现在这样通过宏观接口来实现，而是通

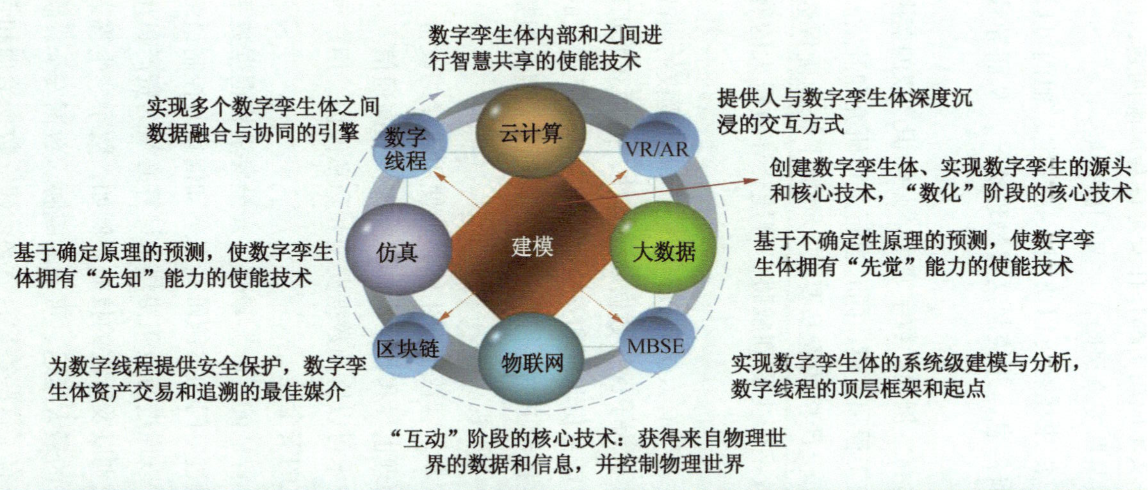

图 5-9　数字孪生相关技术

过微观茸毛来融合，使得数字孪生体的整体性和生命力都要更强！

5.2.6 数字孪生技术系统的安全性问题

任何数字技术在实施应用中都存在安全性与风险问题，同样，在数字孪生体方面也存在某些安全风险，主要问题包括：

（1）系统访问。如果黑客可以访问数字孪生，他们可以从其复制的系统或资产中获取信息，并控制这些物理资产，从而导致无法控制的行为。

（2）知识产权盗窃。例如，数字孪生体是知识产权的蓝图，黑客可以对该财产进行逆向工程和重建，同时自行进行研究和开发。

（3）不遵守情事。严格的隐私要求，增加了企业确保数据合规性的压力。如果你的数字孪生受到威胁，可能会导致重大的财务和声誉损失。

（4）信息完整性。当有人访问数据并进行未经授权的更改时，数据可能会失去其完整性。为了保护数据的完整性，必须获取正确的数据，准确地解释它，并实施身份验证和安全过程以防止未经授权的更改。

当前，数字孪生技术正被各行各业广泛研究与应用，但是其应用的安全性问题研究还不够重视。

应用数字孪生技术，其数字孪生体必然使用连接的设备、网络和支持基础设施，并在物理世界和数字世界之间提供双向通信。

有许多工具和技术可以协助数据安全和隐私保护。用户可以通过以下方式确保数字孪生的安全性。

（1）认识到风险评估的目的。最初，安全要求将根据数字孪生的需求来决定。因此，通过专门的案例研究来感知信息并控制最终用户的需求至关重要。公司可以通过与员工协作来计算必须为资产、流程或系统构建的数字孪生体级别以及所需的技能。例如，数字孪生答案对于实时双向通信、所需网络的最大延迟、可能的威胁、数据安全、隐私问题等至关重要。一旦用户有了这些答案，就必须建立数据治理和管理方法来保护数字孪生体、资产和数据。

（2）构建数据调查参数。下一步是对包含旧系统和新源（如 IoT 设备）的数据源进行分类和分析。作为数据剖析实践的一部分，公司必须确定数据集的关键参数和法律要求。这需要回答关键问题，例如：此数据集是公有的还是私有的？它属于什么许可证？数据集的哪个部分必须匿名化？如果数据不可用，如何生成数据？我们如何安全地在系统之间传输数据？

（3）适当的数据治理。作为数字孪生技术所涉及的数据，这些参数和标准将与特定于用户的数据治理策略集成，以实现最大的隐私，同时最大限度地降低风险。需要适当的数据管理战略来确保这些政策的适当执行。针对每个数据集，公司必须要求实施身份访问管理、数据反应和数据驻留限制。一些技术正在帮助实现重要的数据治理活动，例如屏蔽、编校、差分隐私、加密和生命周期管理。

（4）面向网络安全的数字孪生体。在网络安全领域，数字孪生体为整个价值链带来了新的机会。它们将可扩展性和效率扩展到从研究、开发、测试和分析到IP保护和供应商管理的所有方面。网络安全专家可以使用数字孪生体以简单的形式构建每个物理资产的在线数字副本。此数字副本旨在模拟网络攻击、利用、漏洞等，以便在原始项目受到攻击之前识别可能的风险。

（5）必要的安全测试。数字孪生体可以模拟网络攻击，并建立决策和缓解策略，以应对模拟的网络攻击。开发人员可以使用各种场景来测试和修改操作员识别系统危害和响应的方式，从而确保过程安全。虽然传统的实时攻击和具有明显症状的恶意软件（如远程访问木马、加密储物柜和拒绝服务特洛伊木马）可以在数字孪生中生成，但无法产生高度复杂的隐蔽攻击，例如Stuxnet、Mirai、Expert、crypto-jacking等。

数字孪生体可以在实时、响应迅速的环境中复制各种控制系统的特性。通过培训和测试，操作员确定如何使用诊断程序来识别危害的程度，控制安全系统的可用性和完整性，以及在控制丧失的情况下如何做出适当反应。

5.3
数字孪生的特征和价值

当前，越来越多的学者和企业关注数字孪生技术并开展研究与实践，并从不同角度出发，对数字孪生技术存在不同的理解和认识。

5.3.1 数字孪生的理想特征

1. 模型维度

一类观点认为数字孪生是三维模型，是物理实体的copy，或是虚拟样机。这些认识从模型需求与功能角度，重点关注数字孪生的模型维度。综合现有文献分析，理想的数字孪生模型涉及几何模型、物理模型、行为模型、规则模型等多维多时空多尺度模型，且期望数字孪生模型具有高保真、高可靠、高精度的特征，进而能真实刻画物理世界。此外，有别于传统模型，数字孪生模型还强调虚实之间的交互，能实时更新与动态演化，从而实现对物理世界的动态真实映射。

2. 数据维度

Grieves教授曾在美国密歇根大学产品全生命周期管理（PLM）课程中提出了与数字孪生相关的概念，因而有一种观点认为数字孪生就是PLM。与此类似，还有观点认为数字孪生是数据/大数据，是Digital Shadow或Digital Thread。这些认识侧重数字孪生在产品全生命周期数据管理、数据分析与挖掘、数据集成与融合等方面的价值。数据是数字孪生的核心驱动力，数字孪生数据不仅包括贯穿产品全生命周期的全要素/全流程/全业务的相关数据，还强调数据的融合，如信息物理虚实融合、多源异构融合等。此外，数字孪生在数据维度还应具备实时动态更新、实时交互、及时响应等特征。

3. 连接维度

一类观点认为数字孪生是物联网平台或工业互联网平台，这些观点侧重从物理世界到虚拟世界的感知接入、可靠传输、智能服务。从满足信息全面连接映射与实时交互的角度和需求出发，理想的数字孪生不仅要支持跨接口、跨协议、跨平台的互联互通，还强调数字孪生不同维度（物理实体、虚拟实体、孪生数据、服务/应用）间的双向连接、双向交互、双向驱动，且强调实时性，从而形成一个信息物理闭环系统。

4. 服务/功能维度

一类观点认为数字孪生是仿真，是虚拟验证，或是可视化，这类认识主要是从功能需求角度，对数字孪生可支持的部分功能/服务进行解读。目前，数字孪生已在不同行业不同领域得到应用，基于模型和数据双驱动，数字孪生不仅在仿真、虚拟验证和可视化等方面体现出其应用价值，还可针对不同的对象和需求，在产品设计、运行监测、能耗优化、智能管控、故障预测与诊断、设备健康管理、循环与再利用等方面提供相应的功能与服务。由此可见，数字孪生的服务/功能呈现多元化。

5. 物理维度

一类观点认为数字孪生仅是物理实体的数字化表达或虚拟实体，其概念范畴不包括物理实体。实践与应用表明，物理实体对象是数字孪生的重要组成部分，数字孪生的模型、数据、功能/服务与物理实体对象是密不可分的。数字孪生模型因物理实体对象而异、数据因物理实体特征而异、功能/服务因物理实体需求而异。此外，信息物理交互是数字孪生区别于其他概念的重要特征之一。若数字孪生概念范畴不包括物理实体，则交互缺乏对象。

综上所述，虽然对数字孪生存在多种不同认识和理解，但物理实体、虚拟模型、数据、连接、服务是数字孪生的核心要素，且数字孪生模型是与物理实体共生的。不同阶段（如产品的不同阶段）的数字孪生呈现出不同的特点，对数字孪生的认识与实践离不开具体对象、具体应用与具体需求。从应用和解决实际需求的角度出发，实际应用过程中不一定要求所建立的“数字孪生”具备所有理想特征，能满足用户的具体需要即可。数字孪生的理想特征归纳见表5-5。

表 5-5　数字孪生的理想特征

序号	部分认识	理想特征	维度
1	①数字孪生是三维模型？ ②数字孪生是物理实体的copy ③数字孪生是虚拟样机？	**多**：多维（几何、物理、行为、规则）、多时空、多尺度 **动**：动态、演化、交互 **真**：高保真、高可靠、高精度	模型
2	①数字孪生是数据/大数据？ ②数字孪生是PLM? ③数字孪生是Digital Thread? ④数字孪生是 Digitalshadow?	**全**：全要素/全业务/全流程/全生命周期 **融**：虚实融、多源融、异构融 **时**：更新实时、交互实时、响应及时	数据
3	①数字孪生是物联平台？ ②数字孪生是工业互联网平台？	**双**：双向连接、双向交互、双向驱动 **跨**：跨协议、跨接口、跨平台	连接
4	①数字孪生就是仿真？ ②数字孪生是虚拟验证？ ③数字孪生是可视化？	**双驱动**：模型驱动+数据驱动 **多功能**：仿真验证、可视化、管控、预测、优化、控制等	服务/功能
5	①数字孪生是数字化表达或虚体？ ②数字孪生与实体无关？	**异**：模型、因对象而异、数据因特征而异、功能/服务因需求而异	物理

5.3.2 数字孪生的应用价值

数字孪生以数字化的形式在虚拟空间中构建了与物理世界一致的高保真模型，通过与物理世界间不间断的闭环信息交互反馈与数据融合，能够模拟对象在物理世界中的行为，监控物理世界的变化，反映物理世界的运行状况，评估物理世界的状态，诊断发生的问题，预测未来趋势，乃至优化和改变物理世界。

数字孪生能够突破许多物理条件的限制，通过数据和模型双驱动的仿真、预测、监控、优化和控制，实现服务的持续创新、需求的即时响应和产业的升级优化。基于模型、数据和服务等各方面的优势，数字孪生正在成为提高质量、增加效率、降低成本、减少损失、保障安全、节能减排的关键技术，同时数字孪生应用场景正逐步延伸拓展到更多和更宽广的领域。数字孪生具体功能、应用场景和作用见图 5-10 和表 5-6。

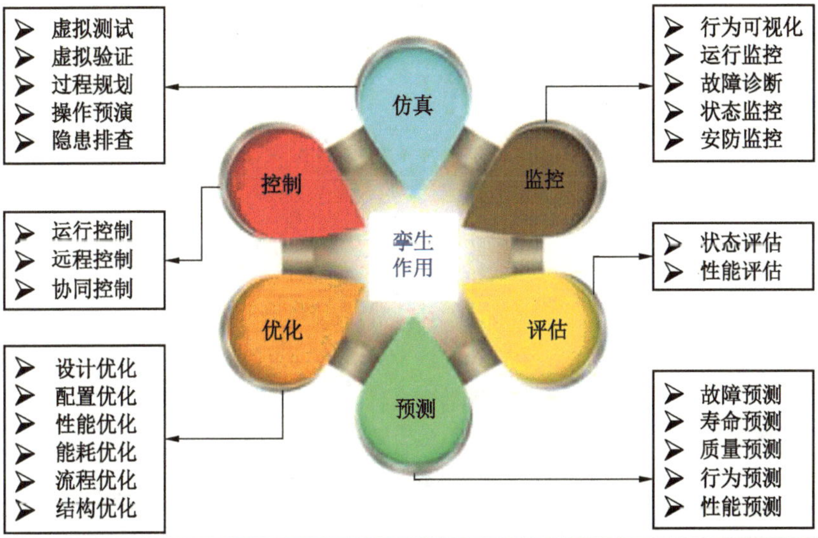

图5-10　数字孪生作用

表5-6　数字孪生功能、应用场景和作用

数字孪生功能	应用场景	作用
模拟仿真	1.虚拟测试（如风洞试验） 2.设计验证（如结构验证、可行性验证） 3.过程规划（如工艺规划） 4.操作预演（如虚拟调试、维修方案预演） 5.隐患排查（如飞机故障排查）	1.减少实物实验次数 2.缩短产品设计周期 3.提高可行性、成功率 4.降低试制与测试成本 5.减少危险和失误
监控	1.行为可视化（如虚拟现实展示） 2.运行监控（如装配监控） 3.故障诊断（如风机齿轮箱故障诊断） 4.状态监控（如空间站状态监测） 5.安防监控（如核电站监控）	1.识别缺陷 2.定位故障 3.信息可视化 4.保障生命安全
评估	1.状态评估（如汽轮机状态评估） 2.性能评估（如航空发动机性能评估）	1.提前预判 2.指导决策
预测	1.故障预测（如风机故障预测） 2.寿命预测（如航空器寿命预测） 3.质量预测（如产品质量控制） 4.行为预测（如机器人运动路径预测） 5.性能预测（如实体在不同环境下的表现）	1.减少宕机时间 2.缓解风险 3.避免灾难性破坏 4.提高产品质量 5.验证产品适应性

表5-6（续）

数字孪生功能	应用场景	作用
优化	1.设计优化（如产品再设计） 2.配置优化（如制造资源优选） 3.性能优化（如设备参数调整） 4.能耗优化（如汽车流线性提升） 5.流程优化（如生产过程优化） 6.结构优化（如城市建设规划）	1.改进产品开发 2.提高系统效率 3.节约资源 4.降低能耗 5.提升用户体验 6.降低生产成本
控制	1.运行控制（如机械臂动作控制） 2.远程控制（如火电机组远程启停） 3.协同控制（如多机协同）	1.提高操作精度 2.适应环境变化 3.提高生产灵活性 4.实时响应扰动

5.3.3 数字孪生的适用准则

企业在应用数字孪生前，面临的首要决策问题是本企业是否需要用数字孪生？是否适用数字孪生？是否值得使用数字孪生？事实上，数字孪生并非适用于所有对象和企业。

为帮助企业根据自身情况做出正确决策，笔者尝试从产品类型、复杂程度、运行环境、性能、经济与社会效益等不同维度总结数字孪生适用准则，见表5-7，以供参考。

表5-7 数字孪生适用准则

序号	适用准则	数字孪生作用	举例	维度
1	适用资产密集型/产品单价值高的行业产品	基于真实刻画物理产品的多维多时空尺度模型和生命周期全业务/全要素/全流程孪生数据，开展产品设计优化、智能生产、可靠运维等	1.高端能源装备（如风力发电机、汽轮机、核电装备） 2.高端制造装备（如高档数控机床） 3.高端医疗装备 4.运输装备（如直升机、汽车、船舶）	产品

表5-7（续）

序号	适用准则	数字孪生作用	举例	维度
2	适用复杂产品/过程/需求	支持复杂产品/过程/需求在时间与空间维度的解耦与重构，对关键节点/环节进行仿真、分析、验证、性能预测等	1.复杂过程（如离散动态制造过程、复杂制造工艺过程） 2.复杂需求（如复杂生产线快速个性化设计需求） 3.复杂系统（如生态系统、卫星通信网络） 4.复杂产品（3D打印机、航空发动机）	复杂程度
3	适用极端运行环境	支持运行环境自主感知、运行状态实时可视化、多粒度多尺度仿真以及虚实实时交互等	1.极高或极深环境（如高空飞行环境） 2.极热或极寒环境（如高温裂解炉环境） 3.极大或极小尺度（如超大型钢锭极端制造环境、微米/纳米级精密加工环境） 4.极危环境（如核辐射环境）	运行环境
4	适用高精度/高稳定性/高可靠性仪器仪表/装备/系统	为其安装、调试及运行提供实时的性能评估、故障预测、控制与优化决策等	1.高精度（如精密光学仪器、精准装配过程） 2.高稳定性（如电网系统、暖通空调系统、油气管道） 3.高可靠性（如铁路运营、工业机器人）	性能
5	适用需降低投入产出比的行业	支持行业内的信息共享与企业协同，从而实现对行业资源的优化配置与精益管理，实现提质增效	1.制造行业（如汽车制造） 2.物流运输业（如仓库储存、物流系统） 3.冶金行业（如钢铁冶炼） 4.农牧业（如农作物健康状态监测）	经济效益
6	适用社会效益大的工程/场景需求	支持工程/场景的实时可视化、多维度多粒度仿真、虚拟验证与实验及沉浸式人机交互，为保障安全提供辅助等	1.数字孪生城市（如城市规划、城市灾害模拟、智慧交通） 2.数字孪生医疗（如远程手术、患者护理、健康监测） 3.古迹文物修复（如巴黎圣母院修复） 4.数字孪生奥运会（如场景模拟）	社会效益

5.4 数字孪生的支撑技术和应用场景

5.4.1 数字孪生的相关支撑技术

数字孪生迅速成为热潮，源于数字化设计、虚拟仿真和工业互联网（工业物联网）等关键使能技术的蓬勃发展与交叉融合。数字化设计技术从早期的二维设计发展到三维建模，从三维线框造型进化到三维实体造型、特征造型，产生了诸如直接建模、同步建模、混合建模等技术，以及面向建筑与施工行业的建筑信息模型技术（BIM）。

虚拟仿真技术从早期的有限元分析发展到对流场、热场、电磁场等多个物理场的仿真，多领域物理建模，对振动、碰撞、噪声、爆炸等各种物理现象的仿真，对产品的运动仿真及材料力学、弹性力学和动力学仿真，对产品长期使用的疲劳仿真，对整个产品的系统仿真，针对注塑、铸造、焊接、折弯和冲压等各种加工工艺的仿真，装配仿真，帮助产品实现整体性能最优的多学科仿真与优化，针对数控加工和工业机器人的运动仿真（其中数控仿真又可以分为仅仿真刀具轨迹，以及仿真整个工件、刀具和数控装备的运动），还有面向工厂的设备布局、生产线、物流和人因工程仿真。如果从仿真对象来区分，虚拟仿真技术可以分为产品性能仿真、制造工艺仿真和数字化工厂仿真。

在数字化设计技术和虚拟仿真技术的发展和集成应用过程中，产生了数字原型（digital mockup，DMU）、数字样机（digital prototyping）、虚拟样机（virtual prototype）、全功能虚拟样机（functional virtual prototype）等技术，主要是用于实现复杂产品的运动仿真、装配仿真和性能仿真。通过对数字样机进行虚拟试验，可以减少物理样机和物理试验的数量，从而降低产品研发和试制成本，提高研发效率。

此外，随着传感器技术和无线通信技术的发展，21世纪以来，物联网应用越来越广。除了在消费领域应用之外，为了支持高价值工业设备的运行监控和维修维护，工业物联网（IIoT）开始受到业界广泛关注。IIoT采集的数据类型和采集频率比普通的物联网应用高得多，而应用的数学模型和分析方法也比普通的物联网应用复杂得多。

从数字孪生技术的发展背景可以看出，数字孪生模型是相对于其物理模型而言的。可以先建立数字孪生模型，应用数字孪生模型来进行虚拟试验，但最终还是要建立物理模型，通过对数字孪生的分析，来优化物理模型的运行。

除了上述技术，工业大数据、人工智能等技术也是数字孪生的关键使能技术。

5.4.2 数字孪生在制造业的典型应用场景

数字孪生技术在各行业有广泛的应用场景。陶飞教授团队在《数字孪生及其应用探索》一文中，归纳了14种应用场景，而后又介绍了数字孪生在航空航天、电力、汽车、石油天然气、健康医疗、船舶航运、城市管理、智慧农业、建筑建设、安全急救、环境保护等11个领域，45个细分类的应用。

总体而言，数字孪生在制造业的应用前景广阔。其中，产品的数字孪生应用覆盖产品的研发、工艺规划、制造、测试、运维等各个生命周期，可以帮助企业推进数字化营销和自助式服务，有助于企业提升维护服务收入，创新商业模式；工厂数字孪生在工厂设计、建造，生产线调试、安装，工厂运行监控、工业安全等方面都可以对企业带来价值；数字孪生在供应链管理领域也可以应用，例如车间物流调度、运输路径优化等。

5.4.3 数字孪生在制造业的一些典型应用

1. 产品的运行监控和智能运维

对于能够实现智能互联的复杂产品，尤其是高端智能装备，将实时采集的装备运行过程中的传感器数据传递到其数字孪生模型进行仿真分析，可以对装备的健康状态和故障征兆进行诊断，并进行故障预测。如果产品运行工况发生改变，对于拟采取的调整措施，可以先对其数字孪生模型在仿真云平台上进行虚拟验证，如果没有问题，再对实际产品的运行参数进行调整。

数字孪生在航空领域也有相应的应用，由于每台航空发动机的飞行履历不同，飞行环境不同，健康服役寿命及维护历史差别很大，因此，可以对每台航空发动机建立其对应的数字孪生模型实施监控。GE航空对于正在空中运行的航空发动机进行实时监控，一旦出现故障隐患，可以通过对数字孪生模型的分析来预测风险等级，及时进行维修维护，显著提升飞行安全。GE航空通过数字孪生模型记录了每台航空发动机每个架次的飞行路线、承载量，以及不同飞行员的驾驶习惯和对应的油耗，通过分析和优化，可以延长发动机的服役周期，并改进发动机的设计方案（图5-11）。

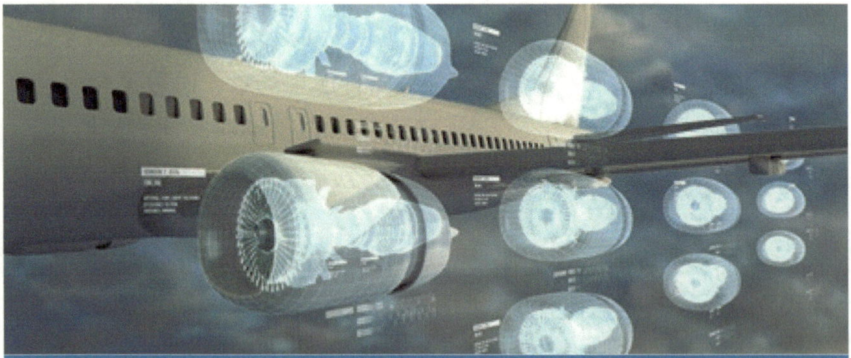

图5-11　GE航空的数字孪生应用

在数字孪生应用领域，GE与Ansys公司开展了战略合作。通过数字孪生技术的应用，实现产品的健康管理、远程诊断、智能维护和共享服务。通过结合传感器数据和仿真技术，帮助客户分析特定的工作条件并预测故障，从而节约运维成本。GE航空通过汇总设计、制造、运行、完整飞行周期的相关数据，预测航空发动机的性能表现：①将发动机传感器数据与性能模型结合，根据运行环境的变化和物理发动机性能的衰减，构建自适应模型，精准监测航空发动机的部件和整机性能；②将发动机历史维修数据中的故障模式注入三维结构模型和性能模型，构建故障模型，应用于故障诊断和预测；③将航空公司历史飞行数据与性能模型结合并融合数据驱动方法，构建性能预测模型，预测整机性能和剩余寿命；④将局部线性化模型与飞机运行状态环境模型融合并构建控制优化模型，实现发动机控制性能寻优，使发动机在飞行过程中发挥更好的性能。

西门子将来自智能传感器的温度、加速度、压力和电磁场等信号和数据，以及来自数字孪生模型中的多物理场模型和电磁场仿真与温度场仿真结果传递到Mindspere平台，通过对比和评估，来判断产品的可用性、运行绩效和是否需要更换备件。

在复杂装备的运维方面，可以通过增强现实技术，基于产品的数字孪生模型生成产品操作、装配或拆卸的三维动画。在实物环境下，通过各种穿戴设备或移动终端进行示教。

2. 工厂运行状态的实时模拟和远程监控

对于正在运行的工厂，通过其数字孪生模型可以实现工厂运行的可视化。包括生产设备实时状态、在制订单信息、设备和生产线的OEE、产量、质量与能耗等，还可以定位每一台物流装备的位置和状态。对于出现故障的设备，可以显示出具体的故障类型。华龙讯达应用数字孪生技术，在烟草行业进行了工厂运行状态的实时模拟和远程监控实践，中烟集团在北京的机构就可以对分布在各地的工厂实施远程监控。海尔、美的在工厂的数字孪生应用方面也开展了卓有成效的实践。

3. 生产线虚拟调试

在虚拟调试领域，西门子公司及上海智参、广州明珞等合作伙伴已开展了很多实践。虚拟调试技术是在现场调试之前，基于在数字化环境中建立生产线的三维布局，包括工业机器人、自动化设备、PLC和传感器等设备，可以直接在虚拟环境下，对生产线的数字孪生模型进行机械运动、工艺仿真和电气调试，让设备在未安装之前已经完成调试。

应用虚拟调试技术，在虚拟调试阶段，将控制设备连接到虚拟站/线；完成虚拟调试后，控制设备可以快速切换到实际生产线。通过虚拟调试可随时切换到虚拟环境，分析、修正和验证正在运行的生产线上的问题，避免长时间生产停顿所带来的损失。

虚拟调试技术对企业的价值体现在：早期验证优化研发+工艺+制造的可行性，减少物理样机投入成本；减少去用户现场做机器人调试时间和出错率，节约差旅成本；虚实融合后为整个工厂的数字孪生打好基础，工厂建成之后可以与SCADA系统融合，打造基于三维模型的可视化监控系统，实现工厂的数字孪生。

2019年，罗克韦尔自动化公司并购了Emulate3D软件，作为罗克韦尔Factorytalk/DesignSuite软件的一部分，可以实现对整个工厂自动化控制系统进行虚拟仿真和虚拟调试，还可以利用工厂的数字孪生模型对员工进行培训，降低工厂运营风险。

美的集团旗下的美云智数的MIOT.VC系统（图5-12）提供了基于数字孪生的虚拟调试解决方案。其组件库内置1400多个机器人组件，内置库卡、ABB、安川、川崎等各主流机器人协议；通过图形示教，可以快速进行机器人姿态设计、运动路径干涉检查和姿态合理性分析；支持机器人姿态和轨迹的离线编程与虚拟调试，与现场设备的实时联机；支持喷涂、焊接等机器人动作示教、离线编程及虚拟调试。该系统支持OPC UA（OLE for Process Control，OPC; Unified Architecture，UA）和西门子S7两大工业协议。

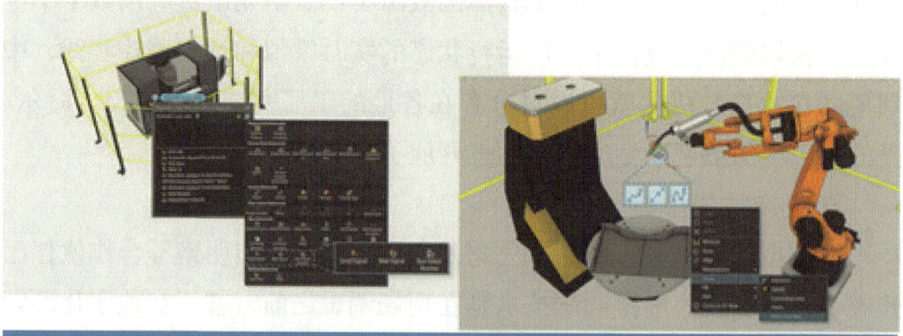

图5-12　美云智数的MIOT.VC虚拟调试系统

4. 机电软一体化复杂产品研发

对于高度复杂的机电软一体化产品，可以在研发阶段通过构建产品的数字孪生模型，并通过工程仿真技术的应用加速产品的研发，帮助企业以更少的成本和更快的速度将创新技术推向市场。运用数字孪生技术，能够综合利用结构、热学、电磁、流体和控制等仿真软件进行单物理场仿真和多场耦合仿真，对产品进行设计优化、确认和验证，还可以构建精确的综合仿真模型来分析实际产品的性能，实现持续创新。通过结合创成式设计技术、增材制造技术、半实物仿真技术，可以显著缩短产品的上市周期。

GE公司认为，从概念设计阶段开始推进航空发动机的数字孪生应用，更容易将设计和结构模型与运行数据相关联，同时，还有助于优化设计，提高生产效率。精航伟泰测控仪器（北京）有限公司提供了基于模型的卫星数字孪生设计解决方案，可以最大程度地将验证后的设计模型自动转化为卫星的物理实现，例如可以根据相关设计模型自动生成星载软件的代码。

5. 数字营销

对于尚未上市的新产品，通过发布其概念阶段的数字孪生模型，让消费者选择更喜欢的设计方案，然后再进行详细设计和制造，这样有助于企业提升销售业绩。同时，通过构建基于数字孪生模型的在线配置器，可以帮助企业实现产品的在线选配，实现大批量定制。图5-13是比特视界（北京）科技有限公司（BITONE）为宝沃汽车开发的在线配置器，可以查看各种配置的外观和内饰。

图 5-13　BITONE开发的汽车在线配置器

6

数字孪生在船舶与海洋装备中的应用与技术发展

6.1 国际海事中的发展与应用情况

6.1.1 挪威船级社《数字孪生系统的认定和保证》

挪威船级社（DNV）是世界最大的几家船级社之一，在世界船舶检验方面具有广泛的影响力。它与英国劳氏船级社（LR）、美国船级社（ABS）是世界最大的三家船级社，其业务已经遍及船舶、油气、航空、车辆、软件等领域。在我国船舶检验方面拥有相当的市场份额，我国大型船舶设计和建造企业都有其办事机构。2013年挪威船级社与德国劳氏船级社（GL）合并，简称DNVGL。

挪威船级社是一家从事质量保障与风险管理的国际公司，为油气、能源和可再生行业提供入级、技术支持、软件和第三方专家咨询服务，也为各行各业提供认证、供应链和数据管理服务，帮助客户建设一个更安全、更智能、更绿色的世界。

挪威船级社于2020年10月发布了一份关于数字孪生的技术报告——《数字孪生系统的认定和保证》。该报告描述了数字孪生体的组成、数字孪生系统的设计与应用、数字孪生系统的功能结构、FE的能力变化、FE各级能力水平描述表、FE置信度水平的确定表、数字孪生体质量保证流程等，见图6-1~图6-3、表6-1。

报告提出了许多好的观点和方法，包括：①数字孪生系统的目的是服务于决策；②建立了一个数据输入、计算、输出的数据孪生体总体逻辑；③提出数字孪生体核心功能实现的资产信息模型；④从应用与影响的角度对数字孪生体功能组件进行了分级等。

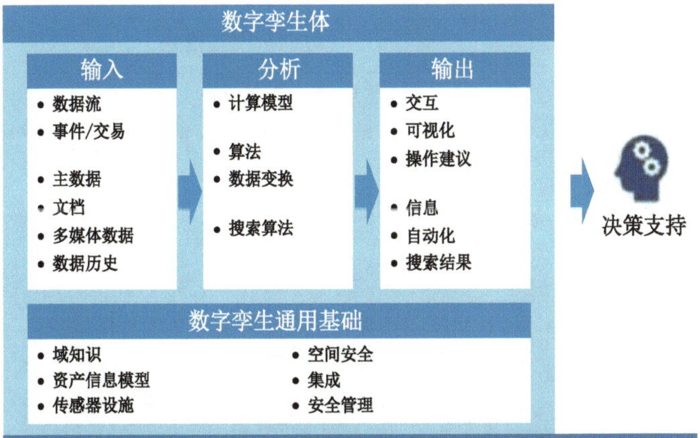

图6-1　数字孪生体组成图

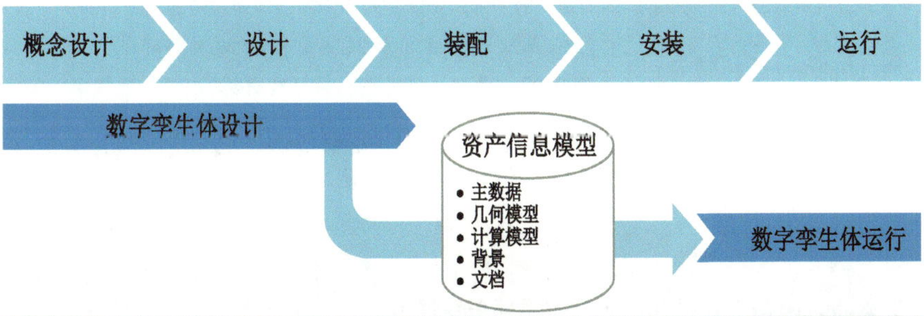

图6-2　数字孪生系统的设计与应用

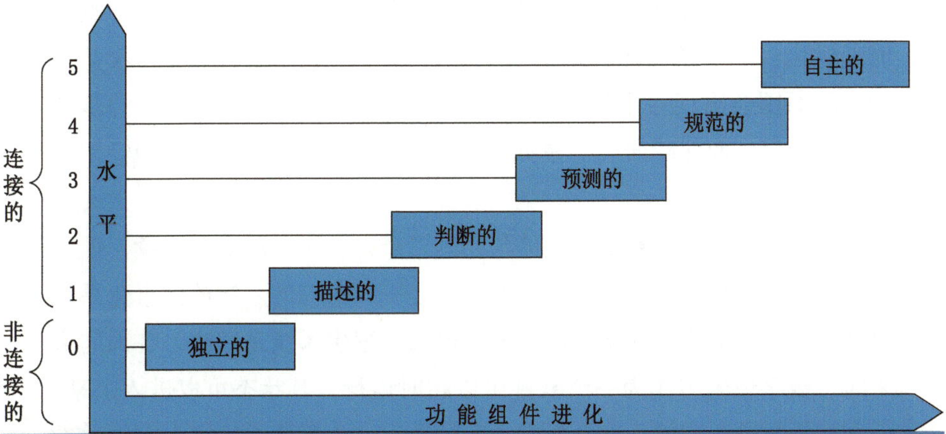

图6-3　FE的能力变化

表6-1 FE各级能力水平描述

能力水平	中文描述
0—standalone（独立的）	1.对应的物理实体还不存在，没有来自实体的数据流 2.基于人工输入的数据，功能组件可以描述和预测系统的行为 3.已经开发资产信息模型，具有提供资产的详细描述的能力。包含上下文关联和结构化的信息，如主数据、图形模型、物料清单、多域建模（体系）等
1—descriptive（描述的）	1.功能组件可以描述系统或资产的当前状态 2.具有来自资产的实时数据流 3.能够描述真实系统和状态、报警和事件 4.具有查询和提供当前和历史状态信息的能力
2—diagnostic（判断的）	1.可以提供诊断信息，如健康或状况指示器 2.能够通过状态监视、故障查找和定位
3—predictive（预测的）	1.能够预测系统未来的状态、性能和剩余可用寿命 2.健康和状态指示器进一步向具有诊断能力拓展
4—rescriptive（规范的）	1.基于可用的预测值，能够提供规范或建设性的操作 2.能够评估每个选项的影响，在不影响其他事项的情况下，优化未来的行动
5—autonomous(自主的）	1.能够通过在系统上自主建立决策和执行操作的闭环的控制循环来替代工人 2.人工在确保FE按预期方式运行方面起监督作用

但是报告也存在不足，主要是：数字孪生系统的建设者着眼点应该是优化，而不是保障。对于一个机构来说，其运行中的实际收益由于各种原因会出现一个具有上下限的振荡（数字孪生系统研究的是如何接近上限，而保障研究的是如何保证下限），正如这个报告中经常提的失效模式。

此外，报告中的数字孪生体与物理资产是一对一的实时连续。但往往数字孪生体与世界是对应的，但未必是一一对应的。当前信息化系统设计并没有解决这一问题，还需要通过数字孪生系统来解决。在面向未来时，数字孪生体作为一个软件可以超时运行，其状态可以进入未来，而物理系统是不能的。这是报告中有关数字孪生系统的研究没有解决的一个问题。

6.1.2 韩国造船应用情况

韩国现代重工研发的B型气体围护舱数字化健康管理（DHM）系统近日获得英国劳氏船级社（LR）颁发的原则批复（AiP）。

据悉，双方早在2019年11月就开始了这个联合开发项目。该系统名为Hyundai Prismatic Independent IMO Type B Tank eXcellence (HiPIX)，已经由LT的数字化专家根据该社的数字化合规ShipRight流程进行了评估，HiPIX最终获得了数字孪生就绪的原则批复。

此次的批复使现代重工成为了海事行业数字健康管理（DHM）供应商，可以以一种最佳成本效益的方式帮助客户运营和维护船舶B型气体围护舱，并且符合船级社和法定要求。

现代重工旨在开发一套完整结构的数字化健康管理系统，用于其LNG燃料B型舱，这种舱已被安装至现代三湖造船正在建造的全球首批双燃料超大型集装箱船。这将确保运营和安全的结构完整性，并提高船舶的运营性能和合规性能。

现代重工的HiPIX是一套软件和服务方案，设计用于确保B型舱的结构安全，运用数字孪生技术，用数字代替对实体进行检查，以保证B型舱的结构安全和通过对油箱部件所处环境的精确洞察来获取对调查的信任。

这将为船东在获得租船人合同时提供一个优势，即降低货舱的整个使用寿命成本，同时保持高度的安全性和可靠性。数字孪生能够处理实时数据，并对气体安全罐的健康状况产生深刻见解，通过及时提供特定的维护建议，提高维护效率。此外，其估计和定位初始故障条件的能力，允许在发生代价高昂的故障之前，对故障进行精确跟踪和进展。

现代重工初始设计部门执行副总裁Seung-Ho Jeon介绍说，“现在船舶运营商可以通过使用我们的HiPIX方案来满足船级社和挂旗国的严格管理要求，对运营我们的双燃料超大型集装箱船充满信心。我们计划通过与LR的船舶和海工创新团队的合作，进一步开发HiPIX，包括用于气体供应系统的机械数字孪生系统。”

6.1.3 英国将测试正在设计的船舶或者为现有船舶制造数字孪生

英国最大、最先进的航海模拟器中心可通过创新技术提供专业培训机会，包括各种模拟器和“虚拟造船厂”。其位于英国南安普敦的索伦特大学，价值700万英镑的中心将包含瓦锡兰的设备和软件，包括8个全任务驾驶台模拟器；超过50个部分任务模拟器；一个全任务机舱模拟器；高压模拟器；液压模拟器；陆上和船上起重机模拟器；GMDSS无线电通信和VTS套件；DP模拟器；四个多功能桌面模拟教室。

该大学Warsash海洋科学与工程学院院长Syamantak Bhattacharya教授说：“在快速发展的航海行业中，学生在初期学习中获得最佳教育基础至关重要，并且能够通过不断学习来扩展它。在他们的职业生涯中，这个新的模拟中心就是这样做的。”

专业培训课程将包括动力定位、船舶交通管理和冰上导航。

该中心将实现驾驶台和机舱或船舶和岸上之间的联合演习，还将包含数百种船型，将由学员和航海专业人员使用。

该中心的“虚拟造船厂”将测试正在设计的船舶，或者为现有船舶制造数字孪生。其允许船员在虚拟环境中进行培训，能够尽可能真实反映未来他们自己的工作场所。虚拟造船厂也将为大学游艇设计和制造课程的本科和研究生学位学生提供帮助。

6.1.4 美国完成数字孪生系统模型搭建

为响应国防部数字转型战略，提高网络安全性，增强系统功能，加快技术交付速度，以及减少安装时间和成本，美国海军信息战系统司令部（NAVWAR）已将研发流程从“设计—建造—测试”改为“建模—分析—建造”，可在硬件系统交付之前利用系统数字模型进行测试、评估系统性能，从而增加系统可靠性和网络安全，并降低作战人员使用过程中可能出现的问题。

该数字孪生模型采用基于模型的系统工程（MBSE）技术开发，使用相关的集成数据字典、架构、需求框架为“林肯号”上的五个互联系统开发端到端数字模型。其中，集成数据字典可为工程师开发数字模型提供所需部件清单，架构提供部件安装说明，需求框架则用于跟踪部件的连接方式和原因。五个互联系统的数字模型分别为：海军分布式通用地面系统；下一代海军综合战术环境系统；海上战术指挥与控制系统；全球海上指挥与控制系统；快速核心服务系统。此外，NAVWAR还为开发和安装数字模型提供了标准，将应用于CVN 69数字孪生系统的开发。

6.2 中国海事中的应用与发展情况

6.2.1 国家总体计划

2020年4月30日，工信部装备工业二司船舶处发布公告，对《智能船舶标准体系建设指南》征求意见。该建设指南在建设内容之“关键技术应用标准”中，明确指出了要建设“数字孪生（体）”。在列举智能船舶关键技术应用中，共列举了7项关键技术，分别是：信息感知、网络与通信、网络安全与信息安全、数据管理与应用、系统集成、分析与控制、数字孪生（体）。

建设指南中对于数字孪生（体）的说明如下：“数字孪生标准主要包括数字映射、协同交互等标准。其中，数字映射标准主要对智能船舶物理场景和数字孪生模型场景的实时同步映射进行规定，用于指导智能船舶虚实融合场景的构建；协同交互标准主要对数字孪生模型场景与实际物理场景的信息协同交互要求进行规定，用于实现智能船舶虚实融合场景协同交互。”在强调数字孪生体重点的时候，建设指南明确：“典型场景数字孪生模型构建、虚实融合场景实时映射技术等数字映射标准，模型场景与物理场景间多物理量信息协同交互标准。”

1. 建立数字孪生标准

主要包括数字映射、协同交互等标准。其中，数字映射标准主要对智能船舶物理场景和数字孪生模型场景的实时同步映射进行规定，用于指导智能船舶虚实融合场景的构建；协同交互标准主要对数字孪生模型场景与实际物理场景的信息协同交互要求进行规定，用于实现智能船舶虚实融合场景协同交互。

2. 关键技术应用标准建设重点

信息感知标准：传感器、可见光与红外景象目标识别设备等船舶航行态势感知设备以及水下环境感知设备标准，传感器组网、感知点布局等传感网络标准。

网络与通信标准：船域网络组网、通信协议与接口、数据传输与交换、现场总线等有线网络标准，船岸通信协议、数据传输与交换等无线网络标准。

网络安全与信息安全标准：网络结构安全、链路安全、访问控制、密码体系等网络安全标准，数据安全管理、数据加密、数据恢复等信息安全标准。

数据管理与应用标准：数据清洗、数据存储等数据处理标准，数据结构、数据格式等数据结构与格式标准。

系统集成标准：智能船舶设备和软件集成能力要求、集成架构、调试方法、协同交互标准，船岸计算能力与资源管理能力集成标准。

分析与控制标准：分析模型、信息知识转化、信息推演与辅助决策等分析决策标准，多智能体协同优化控制、决策执行命令转化等控制执行标准。

数字孪生标准：典型场景数字孪生模型构建、虚实融合场景实时映射技术等数字映射标准，模型场景与物理场景间多物理量信息协同交互标准。

6.2.2 基于数字孪生技术的数字化舰船及其应用

舰船是集流体、结构、机械、电气、控制、信息等多学科装备于一体，融入人员活动的一项复杂武器装备。典型的舰船系统组成一般包括船体结构与船舶装置、推进系统、电力系统、辅助保障系统、任务系统等。当舰船执行任务时，全舰以任务系统为核心，其他系统全面协调运行，全力保障任务作业，产生大量的装备流、物理流、信息流和人员流等动态要素。但采用传统的设计方法和理念设计出的舰船在面对日益突出的多系统、多维度协调任务作业时，在设计效率、验证准确性、辅助决策的高效性方面存在诸多不足。

从20世纪50年代开始，数字化设计技术经历了以计算机辅助设计和集成制造技术为代表的第二代数字化制造技术、以网络化制造技术为代表的第三代数字化制造技术和以智能制造技术为代表的第四代数字化制造技术。在此背景下，数字孪生技术逐渐引起国内外学者的关注。

6.2.2.1 数字孪生的技术内涵与国内外现状

数字孪生技术是以数字化方式创建物理实体的虚拟模型，借助数据模拟物理实体在现实环境中的行为，通过虚实交互反馈、数据融合分析、决策迭代优化等手段，为物理实体增加或扩展新的功能。作为一种充分利用模型、数据、智能并集成多学科的技术，数字孪生面向产品全生命周期过程，发挥连接物理世界和信息世界的桥梁和纽带作用，提供更加实时、高效、智能的服务。

在产品设计方面，西门子基于数字孪生技术理念构建了整合制造流程的生产系统模型，形成了基于模型的虚拟企业和基于自动化技术的企业镜像。

在故障预测与健康管理方面，NAS将物理系统与等效的虚拟系统相结合，研究了基于数字孪生的复杂系统故障预测和消除方法，并应用于飞机、飞行器、运载火箭等飞行系统的健康管理中。

在产品服务方面，PTC公司将数字孪生作为智能互联产品的关键性环节，致力于在虚拟世界和现实世界间建立一个实时连接，将智能产品的每一个动作延伸到下一个产品设计周期，并能实现产品的预测性维修，为客户提供高效的产品售后服务与支持。

在军事应用方面，美国海军宙斯盾项目办公室也在积极推进虚拟宙斯盾系统的研发工作。在这个项目中，一艘宙斯盾驱逐舰上会部署一套虚拟宙斯盾系统，该系统包含所有的宙斯盾软件，并配套协同测试系统。驱逐舰上物理宙斯盾系统所接收到的各种数据和信息，虚拟宙斯盾系统都会同步接收一份。舰上物理宙斯盾系统进行作战工作时，虚拟宙斯盾会同步接收相同的信息输入，看到和实体宙斯盾系统一模一样的图像，当舰上实体宙斯盾系统进行作战工作时，虚拟宙斯盾系统同步开展相同的工作。

在数字孪生概念不断发展和完善过程中，学术界主要针对数字孪生的建模、信息物理融合、交互与协作及服务应用等方面开展了相关研究。

（1）在建模方面，当前在数字孪生建模的框架和建模流程上已开展了一定研究，其中航天、航空的相关院所在多学科虚拟样机协同建模和仿真优化方面开展了相关研究，形成了多学科模型协同运行平台，为未来数字孪生模型的构建和运行奠定了一定的基础。

（2）在信息物理融合方面，北京航空航天大学团队将信息物理融合这一科学问题分解提炼为“物理融合、模型融合、数据融合、服务融合”4个不同维度的融合问题，设计了相应的系统实现参考框架，开展了系统性研究与探讨，提炼和归纳了相应的基础理论与关键技术。

（3）在交互与协同方面，已经开展了生产数据实时采集理论和人机交互的研究，这些研究有助于实现物理世界与虚拟世界的交互与协同。

（4）在服务应用方面，目前对数字孪生在疲劳损伤预测、结构损伤监测、实时运行状态检测、故障定位等方面的服务应用已开展一定研究，而在实现服务融合协同上仍有很多问题有待研究解决。

6.2.2.2 数字孪生舰船的总体架构

1. 基于数字孪生的数字化舰船内涵

基于数字孪生的数字化舰船是舰船全生命周期的虚拟样船，能够提供基于功能模型驱动的协同仿真和推演环境，具有与真实物理系统虚实映射的能力，并为舰船增加和扩展新的功能。数字化舰船具有以下几个技术特征：

（1）面向舰船全生命周期。数字化舰船在横向上面向舰船全生命周期，能够支持立项论证、方案设计、深化方案设计、技术设计，以及交付后的使用保障阶段的数字化协同设计、虚实映射等应用需求。

（2）面向舰船全系统。数字化舰船通过模型描述、集成接口等规范约束，针对不同时期的业务系统的应用需求，在纵向上能够支持相关的系统、分系统、设备设施等层级的数字化模型的构建与集成运行。

（3）面向多专业协同。数字化舰船能够支持船体、管系、动力、电气等多专业间协同开展设计，并围绕具体业务应用需求进行功能、行为等特性的协同验证。

（4）面向上舰使用。数字化舰船建立了数字化模型与舰船物理系统间的映射及数据连接，舰船运行数据可以作为数字化模型的输入，驱动模型运行或进行虚实混合的仿真运行，运行结果可以作为对舰船物理系统的行为预测、作业系统优化或应用决策的依据。

物理舰船和数字舰船的相互关系如图6-4所示。

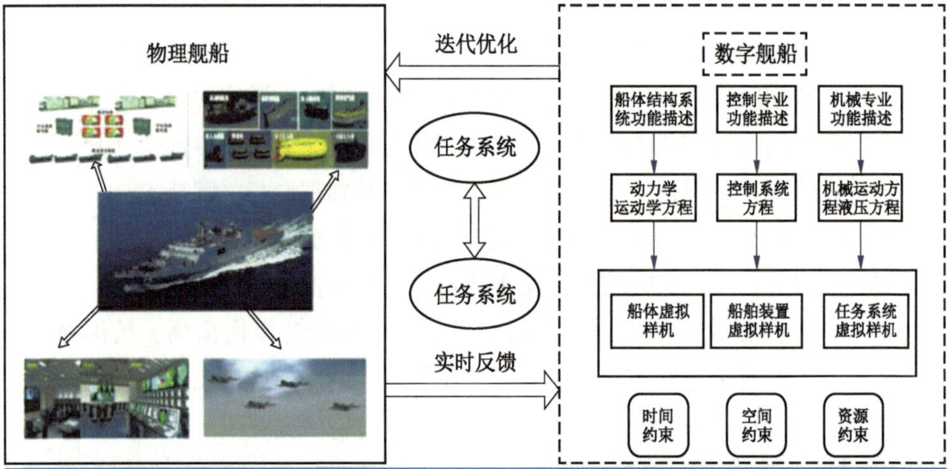

图6-4　物理舰船和数字化舰船的相互关系

2. 数字化舰船总体架构

数字化舰船运行在基础硬件环境之上，包括资源层、接口层、核心功能层、应用层，贯穿舰船研制的不同阶段，如图6-5所示。

（1）资源层：由舰船在设计、运行、业务应用等阶段涉及的资源组成，包括各专业系统的模型库，模型相关的物理属性库、行为属性库、关联特征库，舰船运行的实测数据库等。

（2）接口层：与底层资源库的接口是数字化舰船重要的内部数据接口，影响着对底层资源的组织管理和调用；数字化舰船的外部数据接口包括与舰船物理系统间的设备实时运行监测数据采集接口、应用驱动信息接口以及预留的与其他仿真平台的接口、虚拟现实系统的接口等。

（3）核心功能层：包括多学科建模与协同工具集、构造模型管理工具集、资源综合管理应用集、专业化分析计算集等。

①多学科建模与协同工具集：针对立项论证、方案设计、深化方案

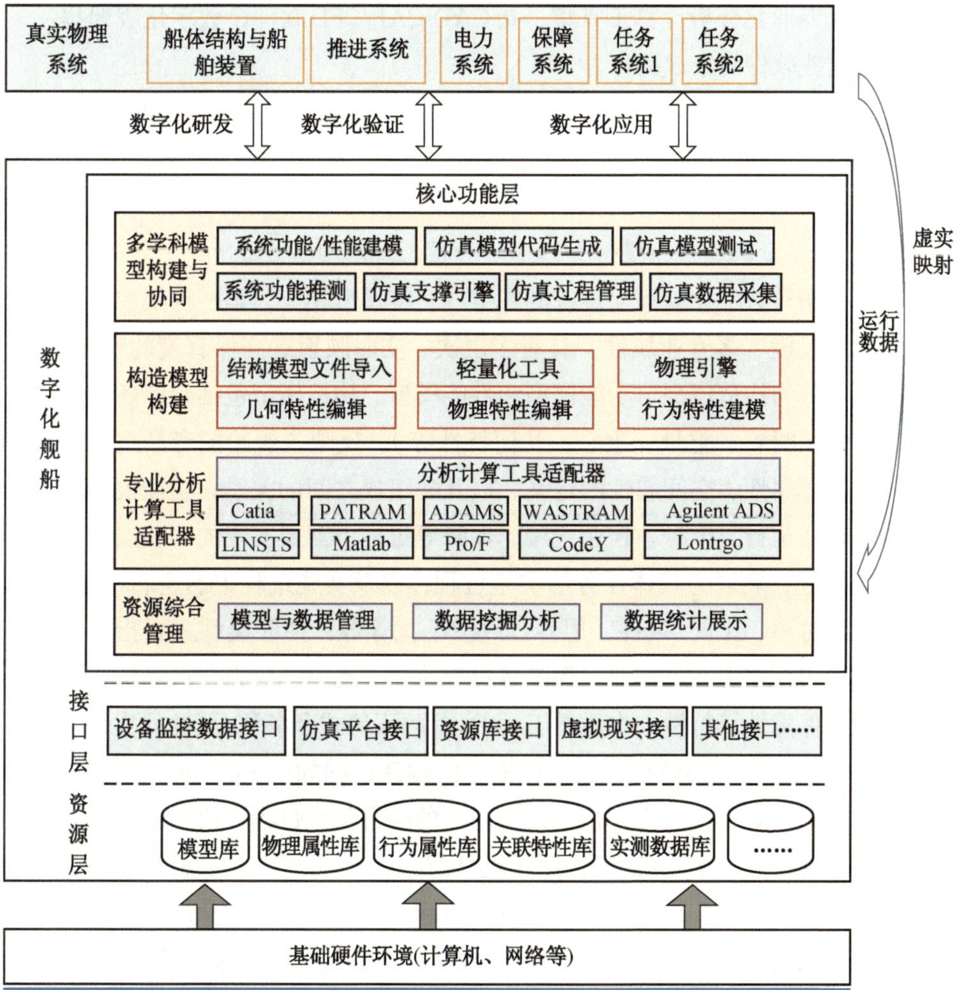

图 6-5　数字化舰船总体架构

设计阶段，提供舰船系统功能/性能建模、仿真模型代码生成、仿真模型测试、系统功能推演、仿真支撑引擎、仿真过程管理、仿真数据采集等功能，实现对设计方案的验证分析。

②构造模型管理工具集：针对技术设计阶段，以及交付后舰船的运行维护、作业应用等需求，提供大规模三维可视化场景，支持模型轻量化、模型文件导入及几何特性、物理特性、行为特性编辑等功能。

③资源综合管理应用工具集：主要提供对模型、数据等资源的管理、查询、分析、统计展示等功能。

④专业化分析计算工具集：指CAD/CAE/CFD软件，数字化舰船提供与这些软件的集成接口。

（4）应用层：基于各项核心功能服务，支撑业务应用系统的规划、运行、优化和决策。

3. 关键技术

1）多学科数字化模型的构建与协同

多学科数字化模型与传统的二维或三维模型相比，是一种集成多物理、多尺度、多专业属性，具有多层次、实时映射、高保真度的特性，一般可分为构造模型、功能模型和性能模型。构造模型包括舰船各种物理特性（材料、重量、重心、几何特性等），反映了舰船的产品组成结构，物理属性、空间属性的定义，以及各组成之间的关系；功能模型主要包括在运行、维护、作业应用、保障等过程中需要实现的功能或者完成的任务，表现为具体任务的实施过程，以及实施过程中的逻辑/流程/行为/时序、工况/条件、边界/环境/干扰等等；性能模型主要指性能视图，包括在运行、作业、保障等过程流体、动力、应力、可靠性、维修性、保障性等特性，本质是工程的方程/不等式和参数/属性的集合。

围绕上述三类模型，数字化模型的构建过程如图6-6所示，包括自上向下的分解建模过程，以及自下向上的综合集成过程。由于舰船系统的复杂性，其数字化模型具有所属学科专业多、形式异构、种类多、数量大等特点。为实现对模型的有效组织和管理，通过建立全舰数字化模型的结构树，将按照系统、分系统/设备的产品组成关系来构建。

2）模型的轻量化与降阶技术

对于构造模型，针对舰船这一复杂产品CAD模型数据量大，难以开展可视化仿真应用的问题，采用模型轻量化技术将包含冗余信息的CAD模型转换成紧凑存储的面片模型，实现模型数据量显著缩减和模型复杂度显著降低。采用实时绘制优化技术，实现模型数据实时按需动态调度，提升绘制刷新率。在超大规模CAD模型轻量化方面，从数据本身入手，通过特征删除、格式转换、面片简化、并行轻量化处理等方面实现超大规模CAD模型的数据规模缩减，如图6-7所示。

在超大规模CAD模型实时绘制方面，在轻量化模型的基础上，应用动态数据调度、可见性剔除、并行绘制等技术实现。

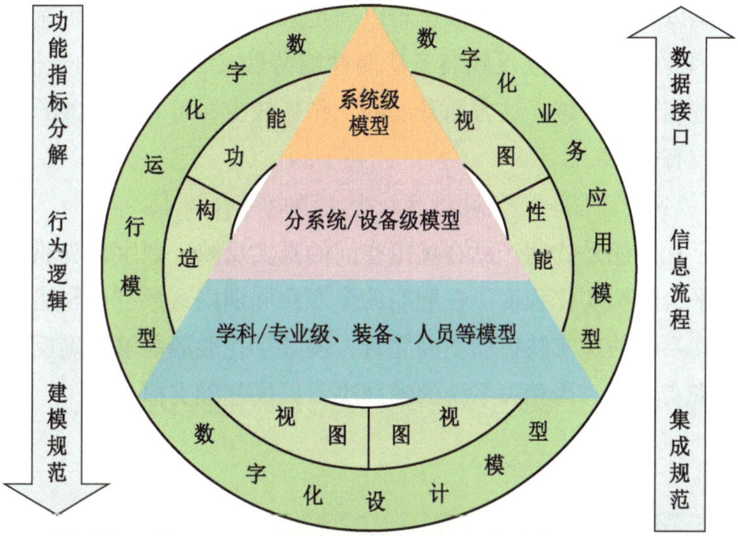

图 6-6　多学科数字化模型的构建过程

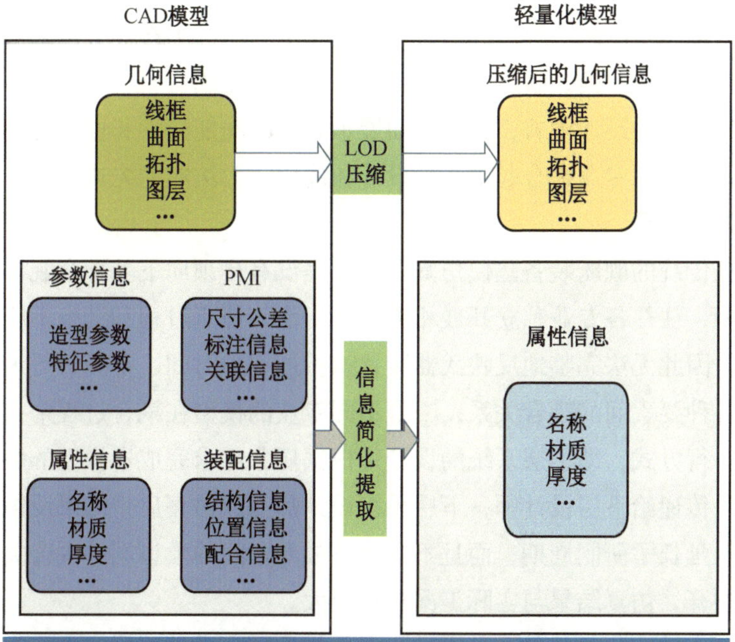

图 6-7　模型轻量化流程

对于功能模型和性能模型，由于舰船系统设备内在特性非常复杂，且大多涉及多物理场的耦合作用，但完全和真实系统各种表征完全一样的模型难以建立，且即使建立也难以满足系统级实时仿真和快速优化的需求。因此，需要建立反映装备功能性能特性又较为简单的降价模型。目前在舰船设计领域，这方面开展的工作还较少，可直接借鉴的经验和范例比较有限。

3）数字化舰船与全舰物理系统虚实映射融合技术

数字化舰船是物理产品在虚拟空间的真实反映，数字化舰船的成功取决于平台的拟实化程度。在舰船的全寿命周期内，数字化舰船通过与各个物理系统的虚实映射而不断完善，使数字化舰船能够准确反映物理实体的真实状态，为相关系统的辅助决策提供基础支撑。

6.2.2.3 应用探索

1. 基于数字化舰船的产品设计

舰船设计是根据研制要求，通过论证、分析和设计形成解决方案的过程。舰艇装备涵盖多个专业领域的知识，当前的设计中往往采用理论计算、按照规范制图等传统的总体设计技术，设计工作几乎全部由设计师通过文档的归类、编写、整理、思考和决策完成。

但这样的设计模式，无法全面展示装备的功能特性和性能特性，因此难以将不同专业综合起来开展设计和优化，无法借助先进的设计工具提升设计水平。

在传统的舰艇装备建模仿真中，一是没有自顶向下基于全舰构建基本模型，往往各专业独立开展相关仿真工作，仿真过程和结果不能有机结合，因此无法完整地反映武器装备执行过程中时间、空间、行为、资源等各种要素间的耦合关系；二是不同专业的模型在耦合过程中，通常采用串行方式，即上层系统的设计师根据任务需求完成本模型的解算后将结果传递给下层设计师，下层系统设计师完成仿真后将结果反馈，如此不但延长了研制周期，而且不同学科或专业间的模型间的耦合关系也被割裂开，仿真结果与实际工况相差很大。

基于数字化舰船的产品设计，在总体论证和设计阶段，支持在全舰总体级、系统级和设备级建立数字样机，从功能、性能、行为等方面全面真实地模拟装备，设计人员可以以数字化舰船为基础，实现基于多学科数字样机的协同仿真与优化，实现对装备功能性能的各类仿真，支撑总体设计，缩短设计改进周期。

在样机联调阶段，设计人员可以通过数字化舰船与相关物理样机虚实融合，使数字化舰船不断更新迭代，在外在物理特性和内在功能特性上逐渐趋近于真实物理系统，能够较准确地反映舰船的真实状态。

通过基于数字化舰船的产品设计，在设计驱动上由基于经验知识和文档规范的设计方式转化为基于数字孪生模型的驱动方式；验证方式由样机试制，全物理样机联调转为高拟真度的仿真验证。

考虑到舰船设计是一项非常复杂的体系工程，数字孪生在建模框架和要求上还未取得一致性的成果，因此通过构建舰船所有的构造模型、功能模型和性能模型完全模拟舰船的功能、性能特性在短时间内还存在较大难度。

由于舰船具有明确的作战或作业任务，因此可以以全舰三维构造模型为基础，充分梳理作战或作业流程中所涉及的主要人员、物资、装备、信息等约束条件，对这些要素优先开展数字化模型（功能模型和性能模型）的建模工作，从而形成典型任务剖面下的数字化舰船模型。一方面可以为舰船设计过程中的多学科协同仿真优化提供手段支撑，另一方面亦可为上舰后的辅助决策、健康管理等应用提供基于模型驱动的数据支持。

2. 基于数字化舰船的作业任务全流程全要素辅助决策

舰船作业任务一般有补给、救援、支援、舰内保障等。这些作业过程往往是一种具有实时性、目标性、层次性的任务，任务过程中受限于人员、物资、装备、作业空间、作业时间等条件限制，这些资源的调度贯穿整个作业流程的执行过程，而不同的作业方案又会产生不同的资源需求。因此，必须对相关资源要素进行统一规划、合理安排，才能有效保障任务顺利执行。同时由于涉及众多相互耦合的要素，在作业过程中一旦出现突发应急事件，不及时形成具有可行性的应急决策，这些事件又会随着时间不断演化导致更大的后果。

随着舰艇装备的信息化水平越来越高，在装备运行过程中产生了大量数据，有着明显大数据的特征。这些数据既包括装备实时产生的数据，也包括装备的内在特性。传统开展作业任务辅助决策一般是基于传感器数据和经验积累的，但对于装备自身的内在特性没有充分关注和重视，而装备的内在特性实际上隐藏着复杂的逻辑关系和算法模型，很难通过物理手段直接获取。数据的不完整，就会导致各种基于数据的辅助决策的可信度和可行性不足。

在数字孪生技术的驱动下，实体舰船通过传感器实时感知作业过程中产生的各种状态数据，数字化舰船通过虚实映射分析、解析各种状态，结合辅助决策的算法或策略对作业方案进行实时的生成、调度、决策和评估，并在出现异常情况时，具有更好的变化适应能力和异常解决能力。

目前，国内已在多型舰船上开展了面向任务的指挥管理系统研究工作，积累了良好的基础，具备了一定的任务规划智能辅助决策能力，因此可以在前期技术的积累上，借鉴相关技术成果重点围绕任务系统的数字孪生模型建模以及复杂任务模式下的智能规划算法开展工作，从而形成基于数字化舰船的作业任务全流程全要素辅助决策（图6-8）。

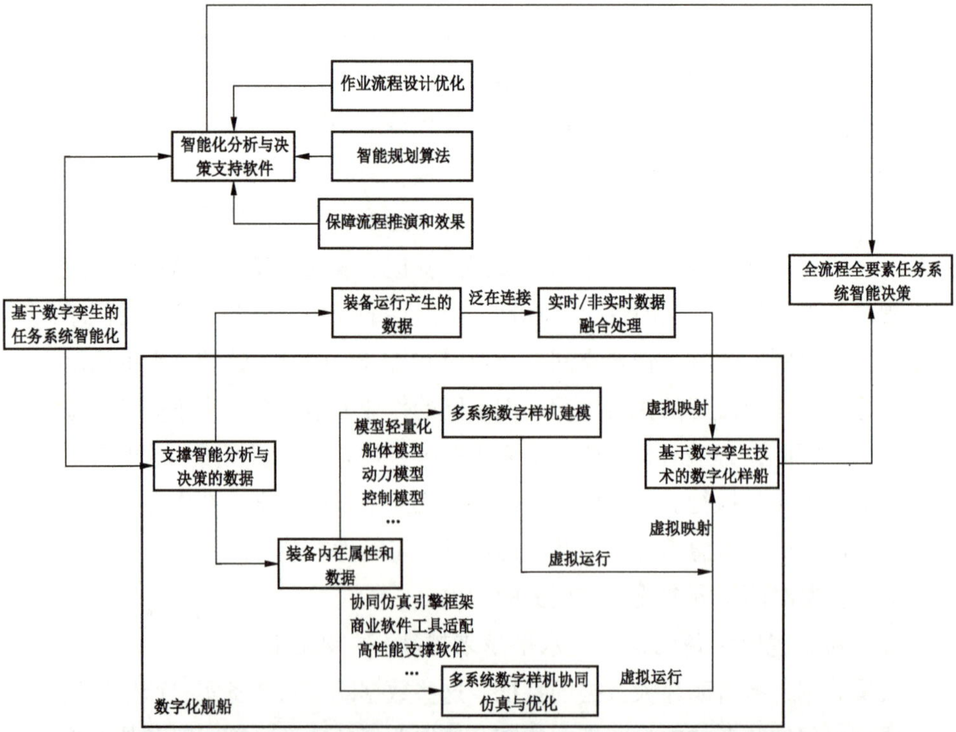

图 6-8　基于数字化舰船的作业任务全流程全要素辅助决策

3. 基于数字化舰船的故障预测与健康管理

军用舰船在海上长时间执行任务时长时间处于潮湿、盐雾、震动等恶劣环境下，各类装备的功能性能的完好性对提升舰船整体的可靠性有重大影响。我国《国家中长期科学和技术发展规划纲要（2006—2020）》明确指出，重大产品和重大设施寿命预测技术是提高运行可靠性、安全性、可维护性的关键技术。故障诊测与健康管理（PHM）能够利用系统中产生的各类数据，通过信号处理和数据分析等运算手段，实现对复杂系统的健康状态进行检测、预测和管理，从而提高系统的可靠性和安全性，并为未来装备的快速、准确维修保障提供有力支撑。

故障预测与健康管理技术包含两个方面，一是故障预测，即能够预先评估系统或设备功能性能的完好性和能够正常工作的时间长度；二是健康管理，即通过诊断对维修行为进行辅助决策，从而将事后维修变为事前维修。

传统的故障预测与健康管理主要是基于历史数据的静态对比和物理设备的特征采集与分析实现，虽然能较好地捕捉和发现故障现象，但不能较快速和准确地定位故障，也无法做出较为合理的维修策略并仿真验证。

基于数字化舰船的故障预测与健康管理，在各系统设备模型的驱动下，物理装备和虚拟装备的状态可实时动态地进行比较和分析。物理设备在实时运行的同时，虚拟设备也与物理设备同步运行，产生各种评估和分析数据。维修决策的方式也由传统的基于经验算法转为基于高可信度的虚拟仿真验证。

在具体实现上，由于不同装备的内在健康管理特性千差万别，短时间形成基于数字孪生模型的故障预测和健康管理模式还有一定困难，而总体设计单位对舰船结构状态监测和评估已积累了相当丰富的实船经验，可以通过相关监测设备获得实时的海况信息、装载信息、船体运动信息和重要结构应力状态信息，结合船体结构的相关模型进行信息融合处理，从而提供舰船航行及任务作业时的船体实时应急和疲劳寿命状态信息，有助于掌握船体结构健康状态。

6.3

数字孪生技术在船舶制造全生命周期的管理

面对全球制造业产业转型升级的趋势，设计能力落后、运维管控数字化水平低、配套产业发展滞后等问题仍然制约着船舶行业的发展。如图6-9所示，将数字孪生技术与船舶工业结合，参照数字孪生五维模型，开展基于数字孪生的船舶设计、制造、运维、使用等全生命周期一体化管控，是解决上述问题的有效手段。

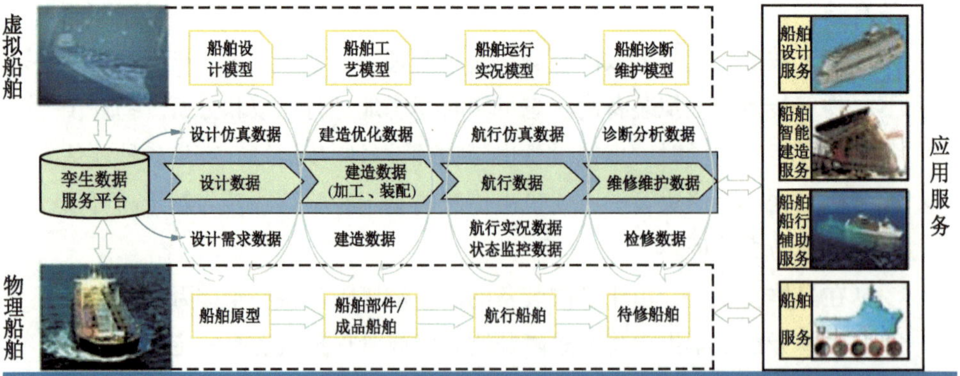

图6-9　数字孪生船舶全生命周期管控

6.4

基于数字孪生技术的舰艇电力电子器件健康管理方法

2020年9月，受美国海军研究署资助，美国南卡罗莱纳大学研究团队提出利用数字孪生技术实现舰艇电力电子变换器的实时健康管理，并在半实物仿真条件下进行了有效性验证。这种方法可对舰艇中复杂的电力电子变换器进行状态监测与在线故障诊断，有助于降低电力系统维护成本、延长系统寿命。

6.4.1 发展背景

数字孪生（Digital Twin）概念采用数字化技术构建实体的多维、多时空、高保真、高精度的动态演化模型来模拟实体在真实工作环境中的行为，具有数字化、实时交互等特点，可广泛应用于工业产品的设计、生产与健康管理，如图6-10所示。该概念最早由美国密歇根大学于2003年提出，目前主要应用于航空航天、工业自动化等领域。

舰艇电力电子变换器主要包括变流器、变频器等，工作时间普遍较长、运行工况复杂。传统的运维方式是当电力电子变换器出现故障时，才对故障设备进行维修与更换。此方式是一种事故后的反应性措施，无法避免事故所导致的重大损失。

随着可靠性理论的发展，维护人员开始对电力电子设备采取定期巡检和定期更换的预防性维护措施，将功能完备的电力电子器件定期更换，这种维护方式效率低、成本高、存在浪费现象。随着人工智能、半导体、大数据、数字孪生、传感器等先进技术的发展，电力电子变换器的故障预测与健康管理概念应运而生。电力电子变换器的健康管理是一

图6-10　数字孪生技术应用

项人工智能、电气、计算机等多学科交叉技术，利用先进传感器获取电力电子变换器的状态参数（电流、电压、器件结温、电机转速等），通过信号处理、模型分析或神经网络等方法对电力电子器件运行状态进行在线评估，必要时可根据评估结果对运行状态进行实时调整，防止器件失效，延长器件的使用寿命。

6.4.2 原理内涵

南卡罗来纳大学研究团队提出利用数字孪生技术实现电力电子变换器系统的健康管理。这种方法构建了数字孪生概率模型，通过监视器比较电力电子变换器状态参数的测量值和模型给出的期望值，最后由控制器作出异常状态预警。

数字孪生概率模型考虑了电力电子变换器实际运行过程中随机因素（电磁干扰、器件热效应、制造缺陷、负载波动、传感器噪声等）带来的不确定性影响，可通过模型训练和定期更新给出电力电子变换器状态参数的期望值。该模型采用广义多项式混沌展开方法构建。

监视器用于评估电力电子变换器的运行状态，监测系统异常行为，主要由阈值计算器和数字孪生比较器两部分构成。阈值计算器能够读取概率模型的期望值，并输出状态参数的阈值。数字孪生比较器通过比较状态参数测量值和阈值，判定电力电子变换器的状态。不同层级控制与模型如图6-11所示。

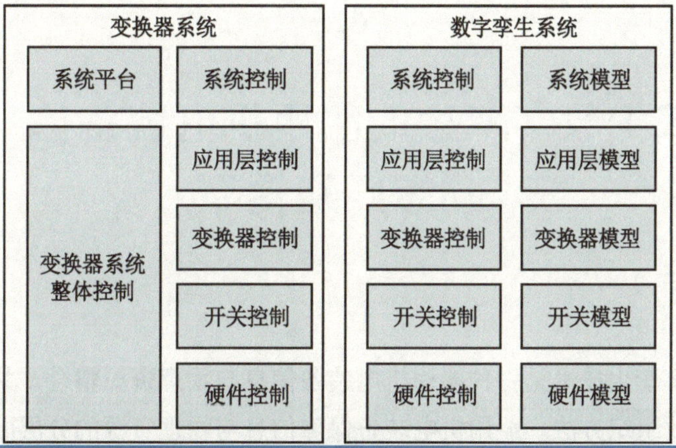

图6-11　不同层级控制与模型

6.4.3 发展现状

研究人员将模型算法集成至可编程逻辑阵列（FPGA）硬件，建立了半实物仿真平台，对常见的三相逆变电路进行了验证，考虑了测量值符合或偏离期望值、功率不平衡、电流扰动等工况。三相逆变电路的电压环采用PI控制器，电流环采用模型预测控制器，其中电流控制器的采样周期为300 μs，电压控制器、监视器和概率模型的采样周期均为1.2 ms。

6.4.4 应用前景

基于数字孪生技术的舰艇电力电子器件健康管理方法可对电力电子设备进行实时状态监测，在系统发生故障之前做出有效预测，并对不安全行为做出快速反应，从而有效提高电力电子变换器的设备完备率与维护效率，降低系统的维护成本，延长器件的使用寿命。研究人员表示，这种方法在实际应用中仍应考虑高精度信息采集、数字模型简化、老化与失效机理等问题。

6.5

基于数字孪生的船用机电装备信息动态匹配模型

数字孪生技术是一种船用机电装备信息与物理资源整合、共享和使用的高效组织方法。船用机电装备保障信息与物理资源的分层嵌套、结构庞杂、种类繁多，使得交互式电子手册用户当前操作请求面临信息选取的盲目性与数据冗余问题。构建船用机电装备数字孪生的船舶装备保障架构，设计装备信息与操作人员混合匹配网络模型，并提出一种用户动态需求驱动的信息智能匹配方法。船用机电装备信息保障案例仿真实验表明，与静态的分级点选方式下的定向扩散方案比较，该方法的信息获取效率提升了59.5%。

现代船舶制造与维修保障的无纸化模式已得到广泛应用，交互式电子技术手册已经延伸到船用机电设备的整个寿命周期。传统IETM面临新的挑战，在设计阶段产生机电设备分层装配、嵌套管理，且CAD图纸、数字仿真模型、技术指标等数字化信息庞杂、种类繁多。在维修保障阶段，新的物联网技术采集的各类设备传感器信息随时间变化，产生非结构化的动态实时数据，这与静态的船舶机电设备数字化模型匹配非常困难；在用户使用阶段，高度动态的实时数据以及用户兴趣的不确定性，使得用户当前操作请求面临信息选取的盲目性与拥塞性问题，信息与物理混合资源与用户兴趣匹配困难。因此，亟须开发新的数字与物理资源整合技术，以提高船用机电装备的动态匹配智能化水平，快速定位用户感兴趣的IETM内容，并提高船舶装备保障系统的响应速度和维修效率。

数字孪生技术是一种船用机电装备信息与物理资源整合、共享和使用的高效组织方法。数字孪生借助数字化模型技术构建真实的物理实体，使用数字化模型之间的交互来模拟物理世界的实体交互，融合数字化交互反馈，物理传感器数据、维修与决策数据的深度融合，拓展实际物理装备的功能，作为纽带连接数字化信息与动态物理数据。已有文献针对船厂厂区管理，提出了数字化船舶数字孪生生产模式，探索设计、生产决策、装备运行状态、故障诊断与管理等应用模式，将厂区所有信息进行建模仿真以优化生产工作流程。

数字孪生技术在船用机电装备保障方面已经开始应用，整合传感器网络获取的高品质发动机及机舱环境参数、船舶实时运行数据、邻近位置海况天气信息、实际维修历史记录、人员操控及估计模拟状态，实现船舶装备保障混合人机交互界面。但针对实际装备保障中，个人操作兴趣的影响问题研究较少，也少有文献报道人的操作兴趣与数字孪生数据匹配问题。

6.5.1 数字化孪生船用机电装备维修保障架构

为解决机电装备维修保障模型中人在回路的问题，在传统IETM的机电装备装配分层与信息组织方式基础上，考虑用户兴趣与信息自动匹配需求，构建了机电装备信息的数字孪生模型架构，如图6-12所示。

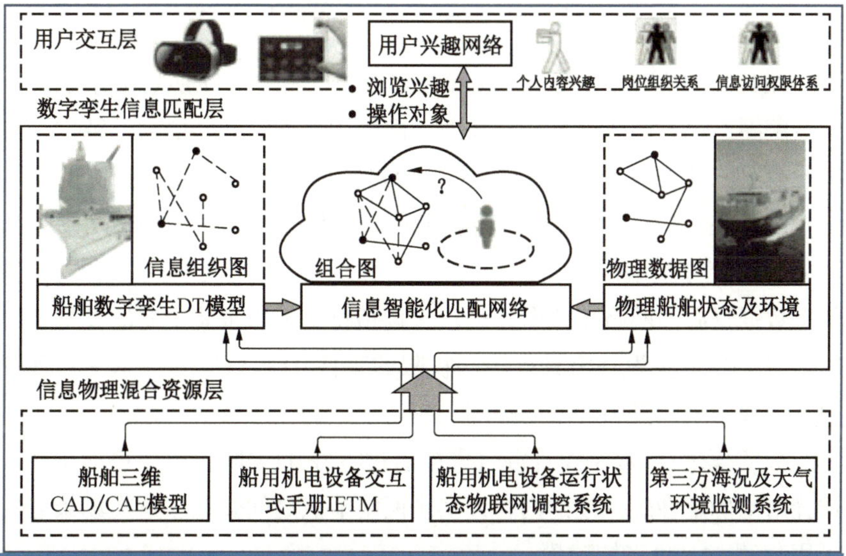

图6-12 数字化孪生船用机电装备维修保障架构

其中，船舶信息物理混合资源层为船舶数字孪生DT模型提供基础数据；以机电装备的设备编号系统作为基础ID编码，组织实时的物理世界的船舶维修保障传感器数据与船用机电设备控制指令，拓展数字孪生的信息的实时性、动态性与双向控制。

数字孪生信息匹配层，建立起船用机电设备DT数字化组件的属性关联。技术实现上，采用数字孪生DT模型建模方法；根据船舶系统关系构建DT数字化组件之间的网络关系，如船体结构与船舶装置、推进系统、电力系统、辅助保障系统、任务系统等装备及零部件之间的关联。物理船舶状态及环境数据通过人与装备动态交互事件进行组织，如船舶装备维修、保障物流、人员管理等全周期的动态交互。信息智能化匹配网络模块通过智能算法向用户推荐最合适的资源层信息与数据。

用户交互层，通过人机交互界面获取用户的个人访问兴趣、船员或维修保障人员的岗位组织关系及访问权限。该信息应作为数字孪生信息匹配的目标和约束条件。

6.5.2 信息—物理—人员混合网络模型

采用数字孪生DT模型建模方法，构建信息—物理—人员混合网络模型，如图6-13所示。

在IETM中，图纸及维修保障技术规范文件一般按照船舶系统及装备装配图组织，形成“系统—装备—部件—零件”的分层树形结构，且三维模型与维修保障信息通过零件ID进行关联，构成数字资源的网络拓扑图；在DT数字组件中，船舶实时运行数据由无线传感器网络拓扑及船舶系统分类编码组织，实时数据通过零件ID进行绑定，形成船舶状态数据资源的网络拓扑图；用户兴趣指特定维修包装主题的设备及维修信息，且本质为一组具有访问权限的零件ID所对应的信息—物理资源，形成的用户需求网络拓扑图。

数字孪生DT数字组件混合网络通过零件ID关联，由用户动态决策选择对不确定性感兴趣的内容，实现网络节点之间交互。这类场景通常可用Multi-Agent系统建模。

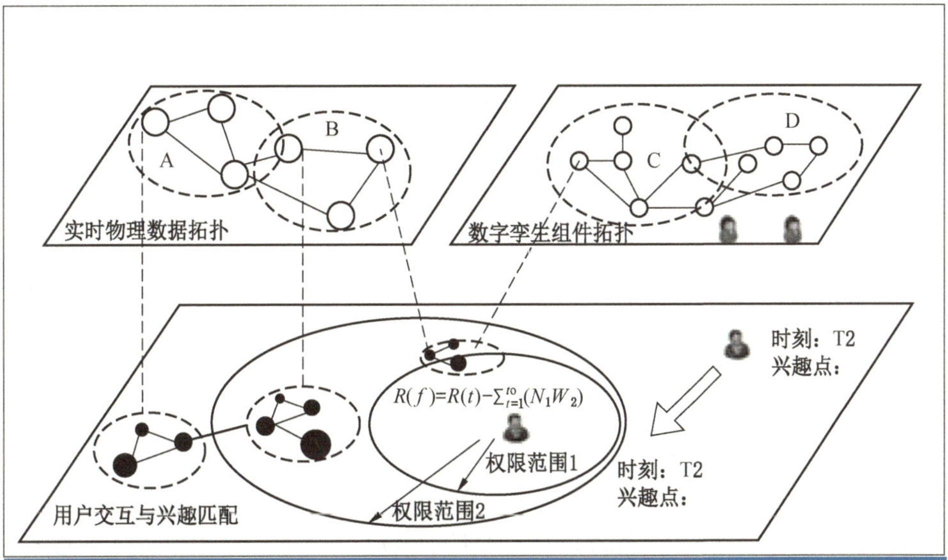

图6-13　信息—物理—人员混合网络模型

1.DT组件资源模型

当前被用户选择的DT组件提供信息资源，该资源由一组单元A_{gent}资源提供，该单元A_{gent}资源集合为$S_F(j)$：

$$S_F(j)=\{s_1,s_2\cdots,s_m\},m\in[0,N_i] \tag{6-1}$$

式中，S_i表示各个DT组件资源的输入和输出二元组。每个单元A_{gent}资源仅分别有一个输入和输出，$S_i=\left(\mathrm{inp}_k^i\ ,\mathrm{outp}_k^i\right):i\in N,k\in[0\ ,N_i]$，其中，$N_i$表示DT组件提供的信息资源数。如船员访问IETM电子交互式手册场景中，图纸单元A_{gent}资源，$S_i=(\mathrm{inp}_k^i\ ,\mathrm{outp}_k^i)$，以机电设备零件图纸信息资源为例，输入表示零件ID编号，输出表示该零件蓝图的PDF文件。

2.用户兴趣模型

用户交互层，人员产生IETM信息访问兴趣，对应一组数字孪生组件节点集合$S_t(h)$，并向权限范围内的DT网络资源发起请求，权限所包含的DT代理拓扑图为$g_a(V,E)$。人与DT资源混合网络图为$g_{depth}(V,E)$，数字孪生DT节点集合为V。用户兴趣节点$i(i\in V)$为

$$i=\left(S_t(i),L_i,g_{depth}(i)\right) \tag{6-2}$$

式中，$S_t(i)$ 包含满足用户需求所需要的DT单元A_{gent}信息，$S_t(i)=\{s_1,s_2...,s_n\},n\in[0,N_i]$，$S_i$表示DT单元$A_{gent}$资源，$N_i$表示节点$i$的访问需求中包含的单元$A_{gent}$资源的总数；$L_i$表示用户权限范围，装备被授权访问的系统、零件等信息分支的深度范围，$L_i=\text{depth}(G_t)$，如电子手册中信息或三维设备模型的ID树形结构的深度；$g_{depth}(i)$表示用户节点i内DT信息物理资源的代理连接关系图，来源于人机互操作中数字资源与物理数据的连接关系约束、人对设备信息历史遍历访问记录、DT组件节点的访问权限等。

3. 用户兴趣的动态性模型

根据节点的访问需求，电子交互式手册IETM信息资源节点J提供单元A_{gent}集合中被用户i选择的单元A_{gent}资源集合为$S_{depth}(j)$：

$$S_{depth}(j)=S_r(i)\cap S_p(j) \tag{6-3}$$

则获得节点j提供的信息资源后，用户节点i当前剩余的需求为

$$S'_r(i)=S_r(i)-S_{depth}(j) \tag{6-4}$$

用户节点个体访问请求集合包含的单元A_{gent}请求数量随时间渐进变化，且访问请求通过DT组件节点联盟的形式得到满足。

$$R(j)=R(i)-\sum_{i=1}^{ri}(N_iW_i) \tag{6-5}$$

式中，N_i同式（6-1），W_i表示当前被用户访问的DT组件所提供的DT节点能够向用户节点提供满足用户i需求的比例，$W_i\in[0,1]$。当$W_i=0$，表示用户访问的DT组件或者网页资源不提供任何有用信息；同时，当前DT组件绑定的智能设备信息能单独满足用户的访问请求。

6.5.3 信息智能匹配算法

人与信息物理资源网络的智能匹配问题，可以分解为人的选择规则和DT节点资源的主动推荐规则。通常，船舶人员访问电子交互式手册效率的评价指标为响应快速、反馈资料准确。除交互硬件及计算机网络因素外，减少授权过程可提升响应速度，即使用户关心的数据尽可能多地由具有访问权限的DT组件提供；除用户直接点击静态已知信息外，考虑根据历史使用记录推荐的相关资源可提高反馈的准确性。在理想情况下，在高度不确定的信息—物理—人员混杂网络中，DT组件资源之

间不可发起需求、人员之间不直接发起需求，仅人员与DT组件资源发生“需求—提供”交互。这种用户“需求”与DT组件资源“提供”之间的匹配具有类电磁特性，因此可采用电磁优化算法求解匹配问题。

设用户请求代理与DT组件信息资源提供代理为异种电荷，则节点j置于用户请求节点的需求势场中，在两个连线方向，用户请求代理与DT信息资源提供代理之间的虚拟引力$F(i,j)$：

$$F(i,j)=\left(k_0\cdot R(i)\cdot S_p(j)\right)/d_{ij}^{\ 2}$$

式中，k_0表示DT组件类型常量，d_{ij}是用户节点i到DT组件信息资源节点j的距离，$d_{ij}=L_{ij}$，权限L_{ij}定义同式（6-2）。同一个DT组件信息资源被选择的策略为：最大虚拟吸引力、历史最相关DT信息资源。可转换为如下优化问题：

$$\begin{cases}S_{\mathrm{r}}(i)=\left\{S_{\mathrm{p}}(j)\right\}\\ \max F(i,j)i,j\in g_{\mathrm{depth}}(i)\\ \min\sum\limits_{0}^{N_0}(1-W_i)N_0=\left|L_{ij}\right|,i,j\in G\cap g_{\mathrm{depth}}\end{cases}$$

式中，W_i表示历史访问记录中DT资源组件的数据集G_{t}与人兴趣的相关度。$\min\sum\limits_{0}^{N_0}(1-W_i)$将最大相关度转化为最短路径问题求解。

6.5.4 案例分析与性能评估

以某型船舶机电设备维修保障为例，面向船舶机电设备维修保障场景，设计船员操作IETM资源的仿真案例。

针对船员历史IETM操作数据、机电装备关键词偏好的动态性与不确定性，采用word Net搭建符合用户兴趣的关键词网络；设置IETM信息和物理混合资源与用户需求的相关度为[O,W]的随机平均分布；用户请求的单元$\mathrm{A_{gent}}$ DT组件资源数量为$N_{\mathrm{s}}=100$，用户权限包含单元$\mathrm{A_{gent}}$ DT组件资源数量$N_{\mathrm{s}}=100$，可提供DT组件数量为$N_{\mathrm{p}}=200$，其中每个DT组件包含的单元$\mathrm{A_{gent}}$组件资源设置为平均分布[0, 100]。考虑船舶系统的父子层次装配关系，DT组件采用树形结构来构建图纸、维修信息等数字信息的网络拓扑。

传统方法是船员逐级打开维修信息目录，依照机电设备天然的树形结构网络逐一访问。这是一类网络定向扩散（Directed Diffusion, DD）路由问题。新方案与传统DD方案性能比较如图6-14所示：DD方案中，提供单元A_{gent}资源的数量集中在20~40，表明每个DT节点被用户逐次访问的概率较大；新方案中，超过30个节点提供单元A_{gent}节点数为0，表明部分节点未被访问的情形下用户的需求得到满足，且第25号、33号、65号、200号节点单独提供单元A_{gent}服务数量大于70，表明能访问较少DT数字组件节点快速地满足用户需求。DD方案中DD提供单元A_{gent}资源节点的数量均值为37，而新方案的单元A_{gent}资源节点的数量均值为15，平均每个DT组件被浏览的次数减少59.5%，表征为信息匹配的效率提升。

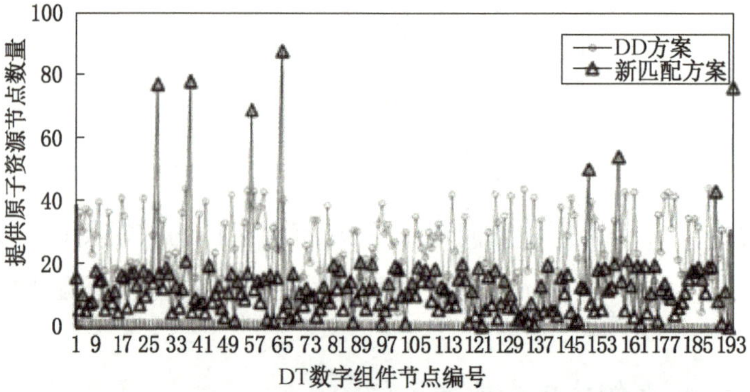

图6-14　新匹配方案与DD方案的效率比较

6.6

基于数字孪生的无人船航运安全性全寿命周期管理

面对全球制造业产业转型升级趋势，设计能力落后、运维管控数字化水平低、配套产业发展滞后等问题仍制约着船舶行业的发展。

如图6-15所示，将数字孪生技术与船舶工业结合，参照数字孪生五维模型，开展基于数字孪生的船舶设计、制造、运维、使用等全生命周期一体化管控，是解决上述问题的有效手段。

应用数字孪生技术的意义有：

（1）基于数字孪生的船舶精细化设计所存在的不足：①缺乏完整、充分、有效的船舶全生命周期数据支持，无法形成有效的知识库辅助设计决策；②设计模型复杂，各学科模型难以统一；③缺乏精确的仿真方法，设计验证困难、周期长。针对上述问题，将数字孪生技术引入船舶设计中，大量船舶数字孪生数据的产生能够支持知识库的建立，并辅助相关的数字建模工作；采用数字孪生建模技术及模型融合理论，能够为各学科模型的构建与融合提供解决思路；此外，数字孪生高拟真的仿真环境，可以提高设计验证能力，加快设计速度，提高设计精度。

（2）基于数字孪生的船舶智能制造的质量影响着船舶产品的最终性能、质量、研制周期及成本。当前，船舶设计制造正在向数字化转型，但仍然存在初步设计与生产设计脱节、零件管理复杂、二维工艺文件直观性与完整性较差等问题。搭建基于数字孪生的船舶智能建造系统，将自顶而下数字孪生船舶设计与生产制造工艺仿真相结合，可以实现对现场的实时监控、数字化管理与生产工艺优化，同时以三维工艺文件辅助工人操作，并将工人装配的经验与知识转化为知识库，用于后续的工艺指导与仿真训练。

（3）基于成本数字孪生的船舶辅助航行的船舶舱内信息相对封闭，舱外环境复杂多变，航行时难以监控。同时，对于大型舰船，其航行运转需要舱内各大系统的配合，整体系统调度缺乏数字化统一管控。针对上述问题，结合数字孪生技术搭建船舶辅助航行平台，一方面可以采集实时数据，监控船舶各种状况，实时反馈给操作人员（或智能系统），另一方面能够调度船舶各系统，并借助相关优化策略，辅助船员控制（或智能系统）航行。

（4）数字孪生驱动的故障预测与健康管控安全运维对船舶具有极其重要的意义，准确有效的运维方法能够大大提高船舶故障预测、健康管理的效率，从而减少成本。目前，我国对船舶结构的故障预测与健康管理仅初步建立，但船舶整体系统预测与生命健康管理缺少，既受制于船舶各系统方面实时数据的缺乏，也存在集成整合理论与模型上的不足。基于数字孪生技术的船舶故障预测与运营服役周期健康管理，能够基于动态实时数据的采集与处理，实现快速捕捉故障现象，准确定位故障原因，同时评估设备与系统状态，进行预测性运维。

为响应数字转型战略，提高网络安全性，增强系统功能，加快技术交付速度，以及减少安装时间和成本，已将研发流程从“设计—建造—测试”改为“建模—分析—建造”，可在硬件系统交付之前利用系统数字模型进行测试、评估系统性能，从而增加系统可靠性和网络安全，并降低操作人员在使用过程中可能出现的问题。

数字孪生模型采用基于模型的系统工程技术开发，使用相关的集成数据字典、架构、需求框架为舰船上的五个互联系统开发端到端数字模型。其中，集成数据字典可为工程师开发数字模型提供所需部件清单，架构提供部件安装说明，需求框架则用于跟踪部件的连接方式和原因。五个互联系统的数字模型分别为：海军分布式通用地面系统；下一代海军综合战术环境系统；海上战术指挥与控制系统；全球海上指挥与控制系统；快速核心服务系统。此外，还为开发和安装数字模型提供了标准，将应用于其他舰船数字孪生系统的开发。

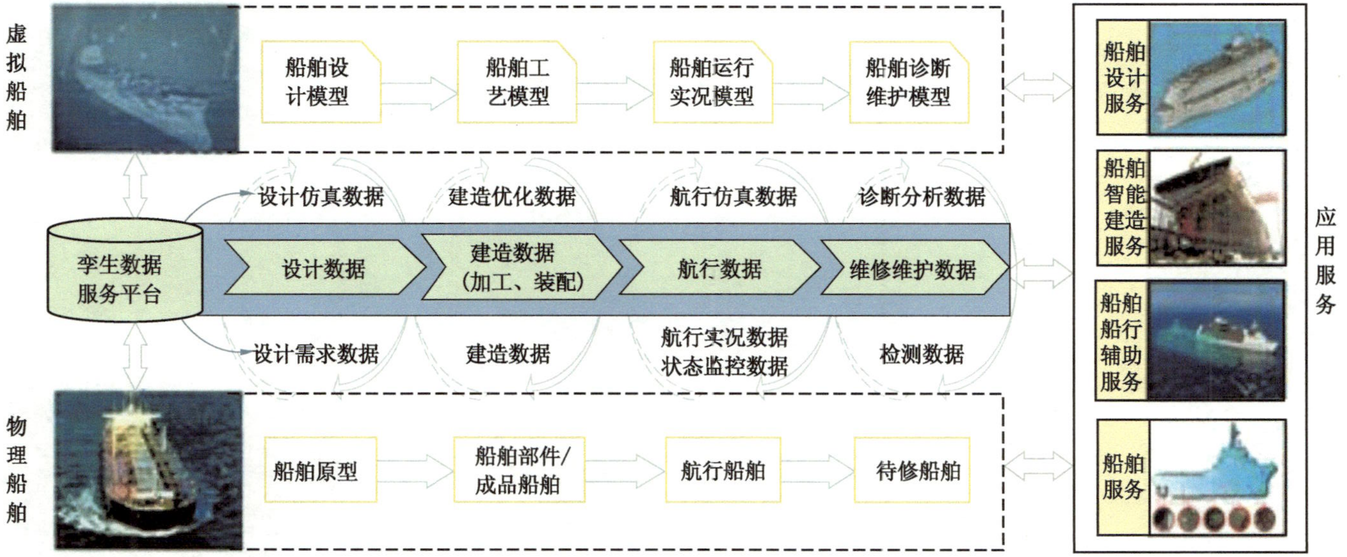

图6-15 数字孪生船舶全生命周期管控

参考文献

[1] 计宏亮，赵楠. 论美军国防信息基础设施的演变与推进[J]. 飞航导弹，2016（1）：9-14.

[2] 李增华，蒋玉娇，臧雪珺，等. 美军数据建设发展路径研究[J]. 中国电子科学研究院学报，2021（7）：10-15+21.

[3] 马化腾，孟昭莉，闫德利，等. 数字经济：中国创新增长新动能[M]. 北京：中信出版集团，2017.

[4] 余江，丁禹民，刘嘉琪，等. 深度数字化背景下开源创新的开放机理、治理机制与启示分析[J]. 创新科技，2021（11）13-20.

[5] 李培根，高亮. 智能制造概论[M]. 北京：清华大学出版社，2021.

[6] 梁鹏. 城市大脑：领航智慧城市新未来[J]. 战略前沿技术，2020, 46（11）1-6.

[7] 任慧龙，高志龙，郭宇. 海洋装备与船舶安全保障系统技术[M]. 上海：上海科学技术出版社，2020.

[8] 陶飞，张贺，戚庆林，等. 数字孪生十问：分析与思考[J]. 计算机集成制造系统，26（1）：1-17.

[9] 刘青，刘滨，王冠，等. 数字孪生的模型、问题与进展研究[J]. 河北科技大学学报，2019, 40（1）：67-68.

[10] 王飞跃，张军，张俊，等. 工业智联网：基本概念、关键技术与核心应用[J]. 自动化学报，2018, 44（9），1606-1617.

[11] 陶飞，刘蔚然，刘检华，等. 数字孪生及其应用探索[J]. 计算机集成制造系统，2018, 24（1）：1-18.

[12] 赵敏. 探求数字孪生的根源与深入应用[J]. 软件和集成电路，2018（9）：50-58.

[13] 陈健，基于数字孪生（Digital Twin）的A船舶企业制造全寿命周期管理研究[D]. 南昌：南昌大学，2020.

[14] 庄存波，刘检华，熊辉，等. 产品数字孪生体的内涵、体系结构及发展趋势[J]. 计算机集成制造系统，2017（4）：753-768.

[15] 陶栾，周军华，侯宝存. 基于虚拟样机的多学科优化技术研究与应用[J]. 系统仿真学报，2015（9）：2108-2116.